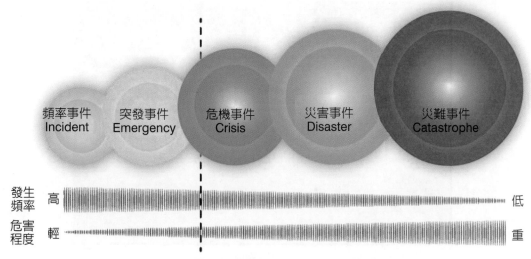

資料來源：林春男，2012，一元的な危機対応過程，京都大學防災研究所課程講義

圖1-1　災害與發生頻率、危害程度圖

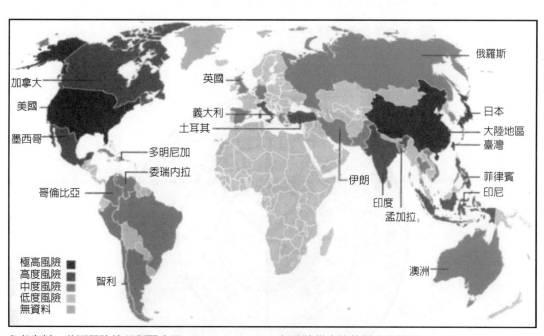

參考資料：英國風險管理顧問公司Maplecroft，2011，行政院災害防救辦公室整理

圖1-2　全球經濟活動之絕對災害風險指標圖

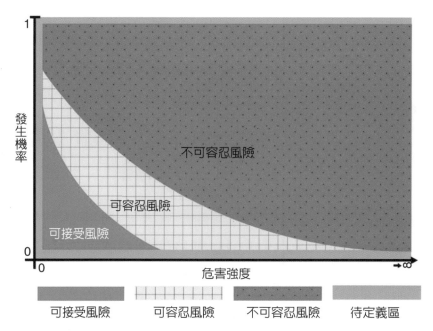

參考資料：IRGC，2005，Rick Governance – Towards an Integrative Approach

圖1-9　可接受、可容忍及不可容忍風險區間示意圖.

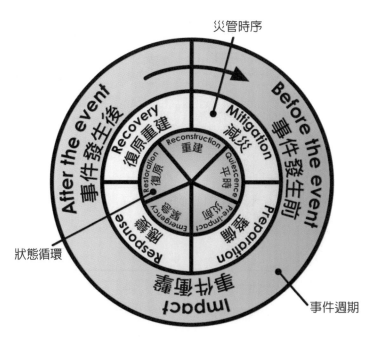

參考資料：Alexander, D. (2002). Principles of emergency planning and management. New York: Oxford University Press.

圖2-1　災害管理週期

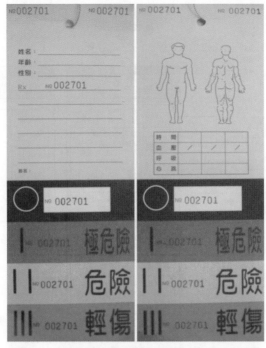

圖2-9　傷票正反面圖樣及使用方式介紹

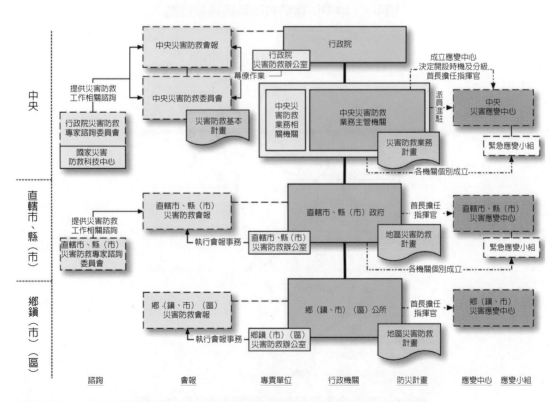

資料來源：中央災害防救會報，n.d.，https://cdprc.ey.gov.tw/Page/A80816CB7B6965EB

圖3-5　我國災害防救體系架構及運作圖

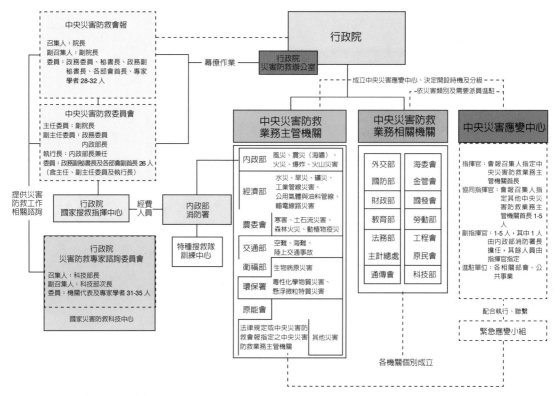

資料來源：中央災害防救會報，n.d.，https://cdprc.ey.gov.tw/Page/A80816CB7B6965EB

圖4-1　中央災害防救體系組織架構圖

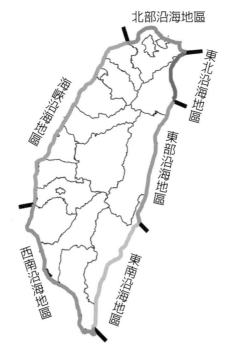

圖5-9　臺澎金馬沿海地區海嘯警戒分區劃分圖

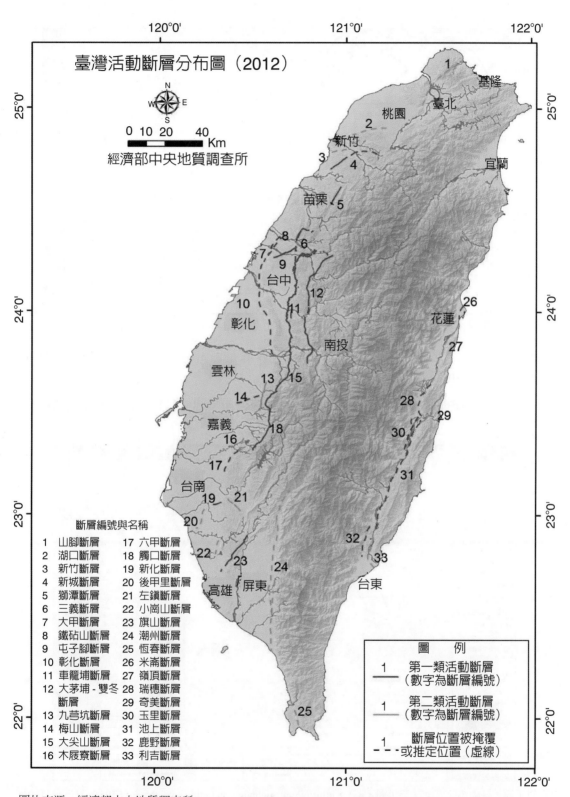

臺灣活動斷層分布圖（2012）

經濟部中央地質調查所

0 10 20   40 Km

斷層編號與名稱	
1 山腳斷層	17 六甲斷層
2 湖口斷層	18 觸口斷層
3 新竹斷層	19 新化斷層
4 新城斷層	20 後甲里斷層
5 獅潭斷層	21 左鎮斷層
6 三義斷層	22 小崗山斷層
7 大甲斷層	23 旗山斷層
8 鐵砧山斷層	24 潮州斷層
9 屯子腳斷層	25 恆春斷層
10 彰化斷層	26 米崙斷層
11 車籠埔斷層	27 嶺頂斷層
12 大茅埔－雙冬	28 瑞穗斷層
斷層	29 奇美斷層
13 九芎坑斷層	30 玉里斷層
14 梅山斷層	31 池上斷層
15 大尖山斷層	32 鹿野斷層
16 木屐寮斷層	33 利吉斷層

圖　例

1 第一類活動斷層
　（數字為斷層編號）

1 第二類活動斷層
　（數字為斷層編號）

1 斷層位置被掩覆
－－或推定位置（虛線）

圖片來源：經濟部中央地質調查所，n.d.b，http://fault.moeacgs.gov.tw/MgFault/Default.aspx?LFun=1

圖5-3　全臺灣活動斷層分布圖

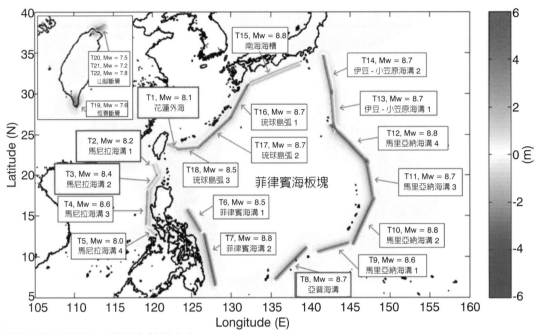

資料來源：財團法人豐泰文教基金會，n.d，http://www.fengtay.org.tw/paper.asp?page=2011&num
=1272&num2=198

圖5-10　18種海溝型（T1~T18）及4種斷層型海嘯源（T19~T22）空間分布

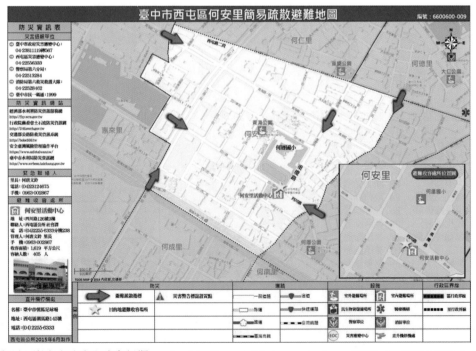

資料來源：臺中市政府全球資訊網，n.d.，http://www.taichung.gov.tw/lp.asp?CtNode=6593&CtUnit=3169&
BaseDSD=7&mp=100010

圖6-17　臺中市西屯區簡易疏散避難圖

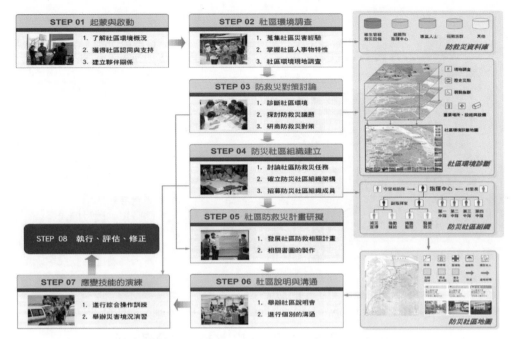

資料來源：教育部，2009，生活防災

圖8-4　防災社區推動八步驟流程圖

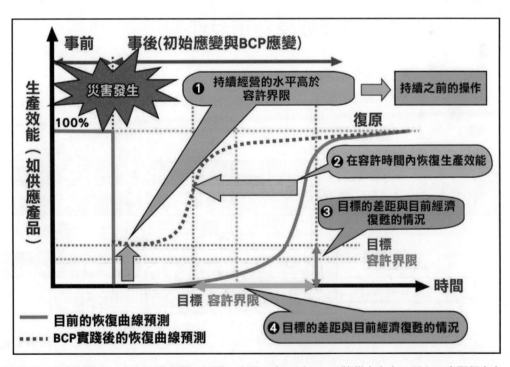

資料來源：日本內閣府，中央防災會議，民間と市場の力を活かした防災力向上に関する専門調査会

圖8-7　營運持續計畫示意圖

淹水（河川外水）預警

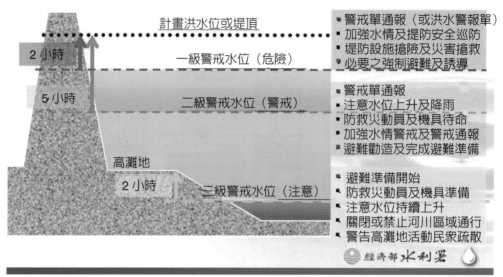

資料來源：經濟部水利署，n.d.c，http://epaper.wra.gov.tw/Article_Detail.aspx?s=E0AF20120A35313D

圖10-12　經濟部水利署河川警戒水位分級定義

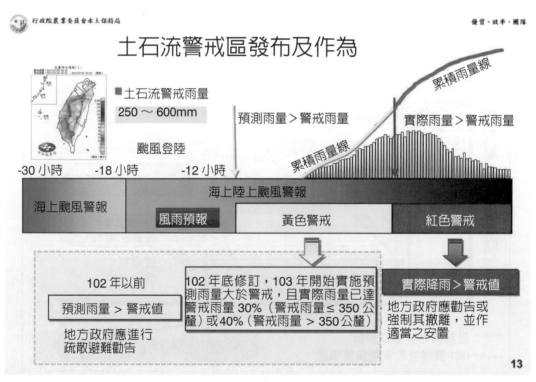

資料來源：行政院農業委員會水土保持局，n.d.e，https://246.swcb.gov.tw/disasterapplication/fancybox_
webcourse?num=289

圖10-19　土石流警戒區發布及作為

災害管理與實務 ■第二版■

Principles & Practice of Disaster Management

主　編　逢甲大學

總編輯　陳柏蒼

編著者　李秉乾、楊龍士、陳昶憲
　　　　連惠邦、葉昭憲、雷祖強
　　　　馬彥彬、李瑞陽、陳柏蒼
　　　　莊永忠、黃亦敏、何智超

五南圖書出版公司 印行

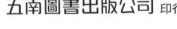

作 者簡介

作者群

李秉乾
- 德州大學奧斯丁分校博士
- 逢甲大學校長
- 逢甲大學土木工程學系教授
- 土木工程、地震工程、耐震補強、防災監測及預警系統

楊龍士
- 日本大學理工研究所博士
- 逢甲大學資深副校長
- 逢甲大學土地管理學系教授
- 環境規劃、都市計畫、建築設計、地理資訊

陳昶憲
- 國立臺灣大學博士
- 逢甲大學水利工程與資源保育學系教授
- 水文分析、洪水演算、人工智慧方法、水資源系統分析

連惠邦
- 國立中興大學博士
- 逢甲大學營建及防災研究中心主任
- 逢甲大學水利工程與資源保育學系教授
- 森林、水保及生態、土木工程（水利、大地）

葉昭憲
- 科羅拉多州州立大學博士
- 逢甲大學水利工程與資源保育學系教授
- 水資源規劃管理、水土保持、多評準決策、最佳化方法

雷祖強
- 國立臺灣大學博士
- 逢甲大學都市計畫與空間資訊學系教授
- 遙感探測、地理資訊系統、空間統計、數據資料挖掘

李瑞陽
- 堪薩斯大學博士
- 逢甲大學土地管理學系教授
- 環境與資源管理、遙感探測、地理資訊系統、防災科技

馬彥彬	・東海大學博士
	・逢甲大學公共政策研究所主任
	・逢甲大學公共政策研究所副教授
	・社會學理論、企業社會學、全球化研究、資訊社會學、博物館研究、全球化理論、全球治理、資訊化社會研究、非營利組織

陳柏蒼 （總編輯）	・國立成功大學博士
	・逢甲大學－臺中市災害防救協力機構執行長
	・逢甲大學水利工程與資源保育學系暨營建及防災研究中心研究副 教授
	・水資源系統分析、澇旱災害預警、災害管理、水文分析、環境生態評估、氣候混亂分析、人工智慧方法、程式設計、工程測量

莊永忠	・國立臺灣師範大學博士
	・逢甲大學都市計畫與空間資訊學系副教授
	・地理資訊系統、空間統計、地景生態學、坡地水文學、環境規劃

黃亦敏	・華盛頓大學博士
	・逢甲大學土木工程學系助理教授
	・土壤液化、災害監測系統、災害風險分析、土木大地工程、數值分析

何智超	・國立交通大學博士
	・逢甲大學營建及防災研究中心研究副教授
	・水資源規劃、最佳化分析，氣候變遷分析、水文水理分析、專案管理

編輯助理群

組長：**陳勝義**（逢甲大學營建及防災研究中心研究副理）
組員：**李彥德**（逢甲大學營建及防災研究中心助理研究員）
　　　李哲源（逢甲大學營建及防災研究中心助理研究員）
　　　董佩琳（逢甲大學營建及防災研究中心研究助理）

作者再版序

「災害」可具體定義為「造成人命、財產或資源損失」的危害、意外或突發事件。因此可言，災害隨人而至，甚至因人而致，也因此，人們在日常生活中，時常要面對各種各樣的「災害」；然而，災害的處理是經驗法則的累積，通常需經過慘痛之教訓或親身之經歷，方得以逐漸成熟。我國在1999年921地震後公布「災害防救法」全文52條，並成立中央災害防救委員會；2009年莫拉克風災後，總統旋即於同年8月18日宣示革新建構災害防救體系，行政院亦著手規劃成立災害防救辦公室，並於2010年2月1日正式揭牌。政府的宣示，帶動著災害防救各相關權責機關及科研學術機構，持續投入可用資源，以期能夠降低災害發生的可能性，或減少災害發生時可能造成的損失。

災害防救的知識是一門經驗累積的成果，既有書籍或文獻多就特定單一面向進行呈現，諸如「土木工程防災」、「風險管理」、「災害防救法規」、「災害應變」等，防救災從業人員不易由單一書籍或文獻取得較為完整之災害防救管理通則資訊，與經常面對之災害類別之防救災規劃實務論述。爰此，逢甲大學團隊秉持多年災害防救實務與教學及研究經驗，結合國內外災害防救專家學者與科研及公部門權責單位等之專業論述，嘗試編輯、彙整《災害管理實務》一書，供作災害防救工作從業人員與有心修習此一學科的莘莘學子參考之用。

本書分為三部、十一章，各部、章的編輯及彙整，係以本校多年災害防救實務的操作，就國家消防與災害防救職系「災害防救」職務選才設定編撰，以協助災防工作從業人員進行災害防救體系、災害防救計畫與作業程序、境況模擬、災害潛勢評析、預警精度提升與對策、災防資訊研析與決策輔助、災害風險辨識、觀測、監測與警報發布、災害防救訓練與演習、災情蒐集與查通報、災害應變中心、警戒區與災區劃設、疏散避難與收容、災情勘查與災後復原重建、社區防災與志願組織、災防科技應用落實及國際合作等工作之計畫、

研究、擬議、審核、督導及執行。本書將前述「災害防救」職務選才設定分為「災害防救概論」、「災害防救資訊及資源規劃」及「災害防救應變規劃」等三大部別進行撰述；其中第一部「災害防救概論」主就災害之管理、操作及法源依據進行概述，包含：「緒論」、「災害管理機制」、「防災體系及分工」及「災害防救法暨其施行細則概述」等主題；第二部「災害防救資訊及資源規劃」則就災害管理時序中的減災及整備相關作為及程序，進行說明與整理，包含：「災害特性與潛勢分析」、「防災地圖類別概述與繪製」、「避難收容之場所及物資整備」、「全民防災知識傳播」等主題；最後則就「災害防救應變規劃」涉及的規定及作業細節進行鋪陳，包含：「災情查通報分工與架構」、「天然災害預警系統及機制」及「災害防救演練規劃」等。

本書之初版承蒙臺灣大學土木系李教授鴻源、前臺中市林副市長陵三、銘傳大學陳教授亮全及前行政院徐副秘書長中雄等多位防災先進惠賜序言（依姓氏筆畫介紹）；再版時再獲國家災害防救科技中心陳主任宏宇賜序，特此申謝。本書之撰擬，初版歷時兩年有餘，再版時再依最新的法規與實事資訊進行更新，以呈現最新資訊給各界。但因災害管理事務牽涉範圍十分廣大、且相關科技及技術愈發蓬勃發展，書中許多層面或方案見仁見智，且因人、因時、因地而異，故或有疏漏、或有雷同、或有未能盡善盡美之處，還請讀者不吝指正，使未來再版時能修正至更臻完備。

為能讓本書的出版，實際的助益於臺灣的防災工作，本次出版所得版稅，將全數捐作充實臺中市避難收容處所硬體設備之用，以拋磚引玉、宣揚「全民防災」。

逢甲大學

李秉乾、楊龍士、陳昶憲、連惠邦、葉昭憲、李瑞陽、

馬彥彬、雷祖強、陳柏蒼、莊永忠、黃亦敏、何智超

謹識

陳序

　　聯合國減災辦公室（UNISDR）最近幾年一直在推動、並呼籲各個國家在面對天然災害衝擊時，能夠提出自己的防災應變策略及方法，希望能夠盡快讓受災的地區，復原得更快、更好（Build back better)，達到一個「韌性」城市應有的作為。在70年代中期過後，包括山崩、落石、土石流、洪水、地震、海嘯等全球性天然災害的發生頻率，有逐漸上升的趨勢，生命及經濟的損失，也同時呈現出令人恐懼的增加比例。因此，防災工作平時就要跨領域、跨單位的彙整各種基本的監測機制、災害的潛勢分布資料，以及建立災害風險評估分析的方法。進入應變整備階段以後，各項人員、機具的布署、收容安置及疏散撤離的準備工作，就應該依據風險預估的結果來進行規畫。當災害事件出現後，不僅要預防二次災害的發生，更要積極地進行災區復原的工作，除了讓遭受天災破壞的地區盡速恢復原狀外，也要讓該地區的生活功能恢復成常態的運作，才能達到「韌性」城市應有的特質。

　　國家災害防救科技中心每個年度出版的《災害紀實》，是綜整世界各地的天然災害，希望以科普方式的介紹，來提醒居住在這一塊土地上的所有民眾，要有居安思危的生活意識；而逢甲大學學研團隊出版的《災害管理與實務》，則是長年防災工作實務的縮影，以深入簡出的鋪陳，提供災害管理工作者一個相當明確的操作方向。本書的出版，從基礎的災害型態說明、災害防救資訊、資源整備，以及災害防救應變規劃應有盡有。將本土案例與實務經驗的分享，進行鉅細靡遺的撰述，腳踏實地的將受災經驗與防災科技提供的資訊，轉變成日常生活中減災、避災的實際作為，當成未來生活的準繩，這些寶貴的內容，不僅可以作為大學災害管理學程或通識課程的教材，更是提升我國災防軟實力的重要參考書目。

陳宏宇

國家災害防救科技中心主任

序

　　未來全球環境的變遷與劣化已勢不可免，如何面對這必有而不可預測的環境災害，其最有效根本的防治辦法，就是「國土規劃」，而國土規劃的思維則在於整體社會價值觀的扭轉，整體價值思維如果不改變，國土復育不可能達到，永續發展永遠只是無意義的專有名詞，不會有具體落實的真正行動。

　　災害的處理是經驗法則的累積，如何改變舊有思想，協助解決問題，並通過啟發性的個案，來落實利益大眾的想法與創造新的企業及機構規則和文化，則為未來需要進一步構思的永續發展策略。一個永續發展的防災管理策略，不僅需要好的科學研究與良好的溝通，還需要「值得信任的科學」、「明確的政策」和、「公眾參與創造性的夥伴關係」。只有政府的角色對了，才能提出有效治理，包含引導公民新認同與價值、提供繼續發展成長的環境及提供創新且有效的公共服務等方向。

　　聯合國已將「災害」視為公共行政需要管理的對象，因為各項災害防救工作本身係屬公共行政之範疇；而依災害防救法規定，行政院、直轄市、縣市及鄉鎮市（區）公所應設災害防救辦公室；同法明定災害防救業務主管機關及相關公共事業，應置專職人員。依法制分析，中央與地方各級政府因應專責單位之成立，為推動其組織任務，有設置專業職系之需求。

　　如今災害防救專業職系已具雛形，組織成員亟需知識素養的培訓，包含災害的科學、管理、實務操作乃至於法規等層面的教育養成；逢甲大學團隊在臺中市執行災害防救計畫已有多年，今結合校內教師多年的教學、研究及實務操作經驗，編輯、彙整《災害管理與實務》一書，內容分作三部、十一章，以深入淺出的說明，帶出災害管理工作的整體框架，可作為災害防救工作從業人員及志於防災領域的莘莘學子參考之用，故樂之為序。

臺大土木系教授

林 序

　　根據聯合國緊急災難資料庫（Emergency Disasters Data Base, EM-DAT）全球天然災害的紀錄顯示，天然災害發生的頻率有持續增加之趨勢。臺中市主要面臨之天然災害風險為地震、颱風、豪雨、坡地（崩塌、土石流）等四大災害，近年汛期期間，發生短延時強降雨及颱風帶來之豪大雨影響最大，豪大雨所引起之崩塌及土石流更是本市防災重點項目之一。此外，聯合國已將「災害」視為公共行政需要管理的對象，隨著政府對防災工作的宣示，如何就當下可用資源、考量災害潛勢與地方需求，做最有效的預布，並適時、適地、適當的揭露相關資訊，成為災害防救權責機關及科研學術機構致力的目標。

　　臺中市政府團隊自2014年上任以來，便積極推動各項災害防救施政措施，並將災害防救工作及保護人民生命財產安全列為本市最優先的施政目標。惟災害防救領域事涉水利、環保、工程、資訊、通訊、社會救助、人命搶救等多元專業事項，在專業防災職系正式成案前，仍有賴於防災相關知識系統化的傳遞。逢甲大學過去數十年於防災領域投入大量的專家學者及行政資源，其多面向研究及豐碩成果有目共睹，並為本府長年以來的防災協力機構故。今欣聞逢甲大學團隊，將長年以來的研究經驗與成果集結成冊，並以本土案例及在地經驗進行內容鋪陳，內容深入淺出，除有助於現行防救災工作人員的知能提升外，並可協助各單做好災害管理的工作，相信本書的出版，可為災害防救體系中，防災、救災、減災作業執行之重要寶典，故樂之為序。

林陵三

前臺中市副市長

徐序

　　風險和災害防救這兩項工作，近年來幾乎成為全世界共同關注的重點。德國社會學者Ulrich Beck曾指出，我們已經從工業社會過渡到「風險社會（risk society）」，而如何減少與降低風險社會中存在的生態、人為風險，決定了管理機構的權威和聲望，以及能否在民眾心中贏得信任與支持的關鍵因素。

　　過去擔任立法委員十八年，曾經參與《災害防救法》的修訂，深知災防法規的重要；之後回到臺中市政府擔任副市長，主責督導災害防救業務，才深刻體會專業法規與實務經驗，必須俱進，否則都將失衡。因此對於災害防救工作的核心概念，第一線從業人員的整備操作，如能有系統性的知識體系，絕對能夠有助於防災實務工作的強壯，同時對於國土安全、民眾身家安全及防災人員的精進，能有所助益。

　　值此之時，欣聞逢甲大學陳昶憲院長和逢甲大學團隊，編輯出版本書，將深耕多年的災害防救經驗，累積付梓，對於教學和實務上的貢獻，不可言喻。

　　未來，不論個人、家庭或社會，如何強化面對風險的能量，將是環境給我們最大的考驗。作為國家行政單位的一分子，如何能減少和降低社會風險所造成的災害，本書將是我和行政團隊最重要的參據之一。

徐中雄

前行政院副秘書長

陳序

　　無論是2010年世界銀行公布之各國天然與人爲災害風險的調查報告，或是最近2014年11月，瑞士的再保公司從經濟損失觀點，針對全球616個都會區發生五種巨大天災的風險評估報告，都把臺灣或臺灣的幾個主要都會區列爲災害高風險，甚至是最高風險的國家或都會區。不過，臺灣本來就處於西太平洋颱風必經的路徑上，也在菲律賓板塊與歐亞大陸板塊相互交錯、隱沒的位置；若再加上這個島嶼高山峻嶺林立，超出3,000公尺以上的高山達260餘座，以及人口密集、人民不怕艱辛，在島嶼各處不斷開發建設等幾個自然與人爲因素，前述世界銀行與再保公司的高災害風險報告結果，也就不足爲奇了。

　　由於如前述，臺灣自古就是颱風、地震等天然災害頻發的島嶼，因此政府當局與學者專家都十分重視災害及其防救的議題。早自1982年，行政院國科會（今科技部的前身）就開始推動三期的五年，合計十五年的大型防災科技計畫，自1997年起更以「防災」作爲第一個國家型科技計畫的主題，整合學研機關與相關行政部門的科技人力、經費，展開兩期、約八年的大規模研發工作。另在九二一集集地震，以至莫拉克颱風之後，除了國科會與相關部會持續推動災害防救相關科研計畫外，更成立了國家災害防救科技中心、臺灣颱風洪水研究中心，以及許多大專院校內的防災相關研究中心。總之，在近三十年期間，臺灣已在各類大規模災害及其防救議題上，投入相當多的人力與經費，也累積了可以與國際對話、一定程度以上的研發成果。

　　然而，災害及其防救，亦即所謂的災害管理雖是一全球性的議題，但更是一本土性與在地性的課題。災害因其發生的空間、時間，以及所處的社會、經濟環境，而會形成不同的災情內容與規模，也唯有釐清災害發生的特定時空條件、社會經濟環境，甚至政治機制，才能更精準對災害予以掌握、因應。例如，臺灣在2000年頒行災害防救法，逐漸建立現行的災害防救體制之前及之後，針對大規模災害的應變體系與運作機制已大爲不同。

　　其次，災害防救科技不僅在意科技研發的好壞，更重視研發結果能否落實應用。換言之，實務操作的經驗回饋給科技研發工作，或是以實務應用結果來檢視科技研發是十分重要。因此，對於本土的、在地的災害防救實務的了解、彙整，以至檢討等一連串的作業是不可或缺的。

　　第三，災害防救或災害管理是一「跨域」的課題與科學。所謂的跨域，除了前述的跨「科研」與「實務」之外，尚具有跨不同學科或學術領域，以及跨不同部會、管理單位，甚至不同利益關係人之意涵與特性。尤其越來越重視或必須面對所謂的複合型災害或全災害管理的時代，此一特性更顯重要。但如此跨域的特性在很強調個別學術專業領域或部會權責的情境下是難於操作，甚至能夠被充分了解的。

　　從前述有關災害防救在臺灣的發展歷程及其特性來看，這本《災害管理與實務》正可提供災害管理工作者得以參考，以及可以做為有心學習災害管理者的適切讀本。《災害管理與實務》為逢甲大學集結近十位不同專業領域的學者專家，並基於他們過去數十年，甚至更長期間，投入於災害管理多面向研究的成果，以及參與、協助行政部門災害管理實務工作的寶貴經驗，累積、彙整、編輯出來的一本內容豐富與細緻詳實的參考書籍。而且其範圍涵括了災害防救概論、災害防救資訊及資源規劃，以及實際面對災害時的災害防救應變規劃等三大部分、十一分章，可謂鉅細靡遺。而如此的書本內容當可回應前面談及的重視本土性與在地經驗、既含理論、科技又具實務操作，以及跨不同專業領域、不同業務部會等災害管理的特性與需求；相信對於臺灣未來在災害管理實務與科研水準的提升以及災害管理人員的培訓上，能夠提供相當的助力、貢獻很大。

陳亮全

銘傳大學都市規劃與防災系客座教授

前國家災害防救科技中心主任

目錄

第 2 部　災害防救資訊及資源整備

第 3 部　災害防救應變規劃

第 1 部

災害防救概論

災害防救領域包含水利、土木、工程、資訊、通訊、社會救助、人命搶救等多元專業事項，欲行之以整合，必先視之其所以。本部由災害之定義、特性、管理、操作及法令等帶出「災害」議題涉及的範疇，內容包含「災害概論」、「災害管理概論」及「災害防救法規」等「消防與災害防救職系」預劃考科，除為本書《災害管理實務》的前導資訊外，亦為災害防救工作實務的推動基礎。

第1章 緒論

　　自然界的變動原為地球物理現象的反應，然在全球人口突破七十億之際，天、地、人之間的交會衝突，卻成了一次又一次的強烈文明震撼，災害防救的課題也在如是的大環境下，成了世界各國致力發展的重點。根據國家災害防救科技中心（National Science and Technology Center for Disaster Reduction, NCDR）引用聯合國緊急災難資料庫（Emergency Disasters Database, EM-DAT）的統計結果可知，近20年（82-101年；1993-2012），災害平均每年約340件左右，前10年平均發生308件，後10年平均發生373件，顯高於前10年（行政院，2014），前述顯示天然災害發生的頻率有持續增加之趨勢。事實上，防災工作並非獨賴少數族群即可成就，日本311事件更點出了「有無防災意識」為臨災時生死存亡的分界點。「防災意識」的建立，有賴於國家政策的推動及國民教育的實施，為具體化「災害」的基本概念，本書於本章首以災害的定義、風險以及管理的角度初步切入檢視「災害」議題涉及的範疇，並於其後各章建置、細述本章所提及以及相關領域所需之各類相關知識，包含基本原理以及在地化的實務推動原理，以為學生、管理及操作人員入門之參考。

　　一般而言，「災害」可具體定義為「造成之人命、財產或資源損失」的危害、意外或突發事件，因此可言，災害隨人而至、甚至因人而致，也因此，人們在日常生活中，時常要面對各種各樣的「災害」；在臺灣，隨著氣候混亂的影響、人口的增長，災害所致的危害愈發鮮明，儼然形成一另類的專有名詞，並一再經由媒體及教育管道重複周知予一般民眾。宣傳是有用的，提到災害幾乎人人皆知，但要進入到實質的防災工作推行，確切的定義與認知仍有其較為精確的前示必要性。本章將先就災害的定義、範疇、型態與分類進行說明，續行導入災害風險基本觀念，作為本書系列章節鋪陳的前導。

⚡ 1.1 災害的定義與範疇

　　災害一詞，最早出現在中國古籍《左傳》中——成公十六年中提及之「以神降之福，時無災害」。言災者為人，人，是災害的基本元素，人在所處之時空背景，自有其自成一格的「災害」定義，因此，防災是一門需客製化的學問，茲羅列國際組織、美國及臺灣對災害的定義，供作讀者參考比較之用。

壹、國際組織對災害的定義

　　國際紅十字會（International Committee of the Red Cross, ICRC）定義之災害（Disaster）泛指颱風、龍捲風、暴風雨、水災河水高漲、暴風夾帶的大水、潮波、地震、乾旱、雷擊、蟲災、飢荒、火災、爆炸、火山爆發、房屋倒塌、交通事故或其他造成人類苦難，致人於無法自助、生存的地步（非經援助無法生存）的事件。

　　世界衛生組織（World Health Organization, WHO）定義災害為人類與環境之間發生巨大的生態破壞，在相當規模之嚴重破壞下，災區需外界幫助或國際援助者。

　　災害流行病學研究中心（Center of Research on the Epidemiology of Disaster, CRED）則就人為災害之定義，分為短暫突發性與長期性兩類：

1. 短暫突發性：如重大交通事故、房屋倒塌、科技災害（如火災、爆炸等）、以及海洋、環境、大氣汙染等。
2. 長期性：如戰爭（內戰、國際性戰爭）與大量人口被迫遷移（如福島核災）等。

貳、美國對災害的定義

　　美國對災害定義的共識大致為：「由於極端的自然、人為因素或共同的作用，超過了當地的承受能力者，是為災害」（U.N, 1992）。而美國聯邦緊急事務管理總署（The US Federal Emergency Management Agency, FEMA）對災害用詞—「hazard」與「disaster」有不同的定義，其中「hazard」定義為潛在危險或有害狀況的來源；「disaster」則指一連串社會機能的崩解，導致人類、物資、

經濟或環境的損失，而這些損失超過社會既有資源所能應付者。

參、臺灣對災害的定義

「災害防救法」第一章、第2條定義災害為下列災難所造成之禍害：

1. 風災、水災、震災（含土壤液化）、旱災、寒害、土石流災害等天然災害。

2 火災、爆炸、公用氣體與油料管線、輸電線路災害、礦災、空難、海難、陸上交通事故、森林火災、毒性化學物質災害、生物病原災害、動植物疫災、輻射災害、工業管線災害、懸浮微粒物質災害等災害。

中央氣象局災害的定義：凡危害人類生命財產和生存條件的各類事件通稱為「災害」、「災難」（中央氣象局，2015）。

⚡1.2 災害的形態與分類

人類生存環境中對人類生命的危害事件可分為頻發事件（incident）、突發事件（emergency）、危機事件（crisis）、災害事件（disaster）與災難事件（catastrophe）等五個級別（林春男，2012），各事件發生機率與危害程度可概表為圖1-1所示，其中頻發事件發生機率較高，危害相對較低（例如車禍）；而

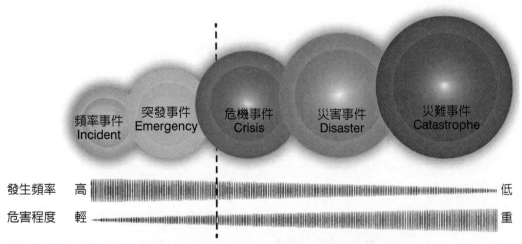

資料來源：林春男，2012，一元的な危機対応過程，京都大學防災研究所課程講義

圖1-1　災害與發生頻率、危害程度圖

災難事件發生的機率最低，然其一旦發生，其危害程度重、影響範圍較廣（例如海嘯），可能擴及國際救援層級。

在災害分類的部分，各種切入觀察的面向各有其自成一格的區分方式，茲以災害的起因、空間範圍、時間範圍、因果關係與社會學的角度進行各式分類的說明：

壹、以災害的起因區分

一、自然災害

1. 氣象災害：水、旱、風、雪、冷凍、雷擊、焚風、龍捲風等。

2. 海洋災害：風暴潮、海嘯、潮災、海水入侵、海平面上升和海水倒灌等。

3. 地質災害：地震、火山爆發、地陷、土石流、滑坡（landslide）、雪崩、水土流失等。

4. 地震災害：包括由地震引起的各種災害及由地震誘發的各種次生災害，如土壤液化、噴沙冒水。

5. 水文災害：風暴潮、泥砂淤積、海嘯、海浪、海冰、赤潮等。

6. 生物災害：病蟲害、鼠害、外來生物入侵等。

7. 環境災害：水汙染、大氣汙染、酸雨、臭氧層空洞等。

8. 天文災害：彗星碰撞、隕石衝擊、太陽輻射異常、電磁暴等。

二、人為災害

1. 社會災害：由少數人的直接主動行為所導致的嚴重災難。如：美國911事件，日本地鐵毒氣事件、毒品泛濫等。

2. 科技災害：由於科技因素而引發的各類災害事故，一般是由科學設計缺陷或科技操作失誤所造成的重大事故或事件。如：核電廠泄漏、油輪失事等。

三、複合型災害

災害之發生型態通常不會單一發生，多種自然災害同時發生、自然災害與人為災害同時發生或單一災害的發生，衍生、肇發、連帶發生另一災害

時，以致人類需同時或接連進行直接災害、次生災害與衍生災害的應變作業，則為複合災害，例如颱風引發土石流，或地震引發海嘯導致核災等。

貳、以災害的空間範圍區分

一、全球性災害

空間尺度達到全地球皆會受到影響之範圍，如大氣汙染、溫室效應等。

二、區域性災害

災害影響範圍為一區域，此處區域之定義可由洲的尺度到某地區之範圍，如：旱災、海嘯等。

三、局部性災害

災害影響為一小範圍，如：土石流、陸上交通事故。

參、以災害的時間範圍區分

一、突發性災害

在致災原因的作用下，在數月、數天、數小時，甚至數分鐘、數秒鐘內呈現災害形態的災害，如地震、洪水、颱風、風暴潮、冰雹、交通事故等。而旱災、農作物病蟲害等，雖然成災時間一般需要數個月的時間，但災害的形成和結束仍然比較快速、明顯。一般來說，突發性災害容易使人類猝不及防，因而常造成死亡事件及巨大的經濟、社會損失。

二、緩發性災害

在致災原因長期發展的作用下，幾年甚至更長時間逐漸呈現出災害形態的災害，如土地荒漠化、水土流失、生態失調、環境惡化等。

肆、以災害之間的聯繫和因果關係區分

一、直接災害

相關聯災害中首先發生的災害，如因地震造成的地面破裂、地形變動、建築物損壞……等。

二、次生災害

由原生災害誘導出來的災害，如風災—沙塵、暴雨—洪澇、颱風—

暴雨等。一次地震災害是直接災害，緊隨而來的水災（潰壩或潰堤）、火災、滑坡、土石流等，便成為次生災害。

三、衍生災害

次生災害之後發生的相關聯災害，如旱災－蝗災、水土流失－水旱災。大地震導致次生災害之後，由於衛生環境急劇惡化，死傷人員大量出現，從而引起瘟疫等衍生災害。

伍、以社會學理念區分

一、自然災害

以自然變異原因為主產生的呈現為自然形態的災害，如地震、火山爆發、風暴潮等。

二、人為災害

以人為原因為主產生的呈現為人為形態的災害，又稱人文災害，如人類故意行為造成的社會災害、人類疏忽所帶來的科技災害、人為引起的火災、交通事故（車禍、空難、海難）、工程災害（如水庫、油田誘發地震）、生產事故、醫療事故、環境汙染（如酸雨、煙霧、沙塵暴）、城市公害，還包括毒劑外泄、放射性物質擴散、人口過剩、社會騷亂、戰亂、恐怖襲擊等。

三、自然人為災害

以自然原因為主引發的人為形態災害，如太陽活動峰年發生的傳染病大流行及地震、水災過後引起的瘟疫蔓延等。

四、人為自然災害

以人為原因為主引發的自然形態災害，如人類自身造成的生態災害、過量採伐森林引起的水土流失、過量開墾放牧引起的土地貧瘠災害等。

⚡ 1.3　災害風險管理概述

臺灣被列為是全世界最容易致災地區之一，歸納其原因可概分為自然環境的

敏感性升高及社會的易致災風險增加（行政院災害防救辦公室，2010）。根據英國風險管理顧問公司Maplecroft於公布之「2011年天然災害風險地圖（Natural Hazards Risk Atlas, 2011）」，如圖1-2所示，我國經濟活動之絕對災害風險指標（Absolute Economic Exposure Index）列為全球第四，與美國、日本與大陸地區並列為具有極端風險之國家（行政院災害防救白皮書，2012）。

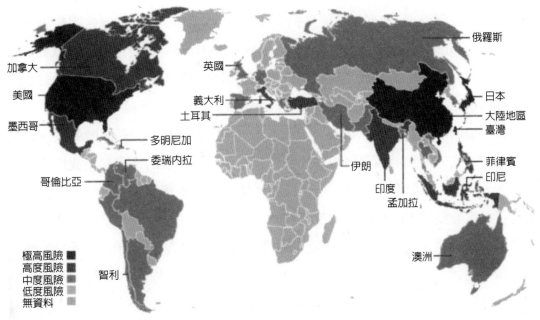

參考資料：英國風險管理顧問公司Maplecroft，2011，行政院災害防救辦公室整理

圖1-2　全球經濟活動之絕對災害風險指標圖

　　韋氏字典（Websters Unabtidged Dictionary, 1970）將「風險」定義為「遭受傷害、損害和損失的可能性」；而面對疾病、火災、地震、交通事故、環境汙染、通貨膨脹、企業破產、國家之間的政治或經濟爭端等，都在不同程度上影響人們，使得任何個人、團體、經濟單位、國家都不得不面對災害風險問題；人們必須切實了解災害風險的本質和特性，採取各種辦法處理災害風險，並加以「管理」，以人民生活的安全和幸福和社會經濟的進步為「災害風險管理」的最後歸宿（張繼權等人，2012）。因此，如何面對災害、如何減輕災害給人類造成的損失、如何為可能來臨的巨大災害提前做好準備，是人類與災害共存的過程中必

須關切之議題，這類議題發展至今，就是災害風險管理（黃崇福，2012）。本節將就災害風險管理的課題，分就災害風險與災害風險管理概念及災害風險處理方法進行說明。

1.3.1　災害風險概念

　　風險的概念，最早可以追溯到海因斯（Haynes）在1895年出版的著作*Risk as an economic factor*，其定義風險為損失發生的可能性。1991年聯合國救災組織（United Nations Disaster Relief Organization, UNDRO）定義自然災害風險是由於某一特定的自然現象、特定風險與風險元素引發的後果所導致人們生命財產的損失和經濟活動的期望損失；2004年聯合國國際減災策略組織（United Nations International Strategy for Disaster Reduction, UNISDR, 2004）對風險的概念定義為：「自然或人為致災因素與脆弱性條件相互作用而導致的危害結果或期望損失（包含人員傷亡、財產、生計、經濟活動中斷、環境破壞等）發生的可能性。科技文明過度發展帶來的可控制或不可控制之災害，涉及了對事物不確定性和社會價值觀的整合過程，事件有可能發生的機率性，而對人類能造成負面的影響」（趙鋼、黃德清，2010）。黃崇福（2012）則認為，風險的內涵是「與某種不利事件有關的一種未來情景」，如圖1-3所示，一塊石頭由鉤子勾住，位於一個工人的上方，如果一陣強風刮來，可能刮落這塊石頭砸在工人的頭上，造成災害性後果。未來威脅到我們生命的情境即是一種風險，但如果石頭已砸下來，無論後果如何，都不再有風險。

　　綜整近十餘年來近期的風險認知，概可歸納如下（張繼權等人，2012；吳宜臻，2002；周桂田，2003；王靜儀，1999；Warner, 1992）：

　　1. 風險是損失發生的不確定性；
　　2. 風險是一種可能導致損失的條件；
　　3. 風險是實際結果與預期結果的偏差；
　　4. 風險是事件未來可能結果發生的不確定性；
　　5. 風險是指損失的大小（事件後果的規模大小及嚴重程度）和發生可能性的組合及次數。

參考資料：修改自黃崇福，2012

圖1-3　「石頭—鉤子—工人—風」系統

　　基於上述風險相關定義可知，風險的概念大致上可定義為「所有可能危及人類生命財產安全之自然或人為災害，其於未來發生之嚴重程度（損失大小），與發生機率或頻率的組合。」目前，比較公認的觀點認為災害風險（risk）是由一定區域內災害的危害度、暴露度和脆弱度綜合作用形成的（亞行技援中國乾旱管理戰略研究課題組，2011）。就「危害」涉及層面的考量，不同領域有各自的災害風險定義，如圖1-4所示，在防恐領域中，是脆弱度、暴露度以及威脅度的乘積（vulnerability × exposure × threat）；在單一災害領域裡，則是脆弱度、暴露度以及危害的乘積（vulnerability × exposure × hazard）（陳禹銘等人，2009）；而國際減災策略（International Strategy for Disaster Reduction, ISDR）則就廣泛的災害領域範疇，將災害風險定義為脆弱度與危害的乘積。

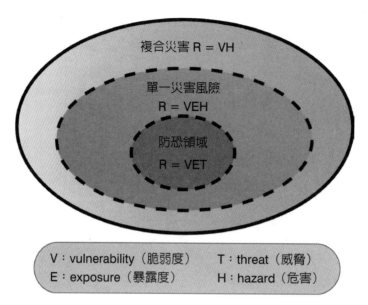

參考資料：陳禹銘等人，2009

圖1-4 災害風險廣泛度示意圖

前述暴露度、脆弱度及危害度可定義如下（教育部，2009；陳禹銘等人，2009；張繼權等人，2012）：

1. 暴露度（exposure）：是指可能受到危險因素威脅的所有人和財產，如人員、牲畜、房屋、農作物等承受災害的對象（承災體）受影響的程度。一個地區暴露於各種危險因素的人和財產越多，即受災財產價值密度愈高，可能遭受潛在損失就愈大，災害風險愈大。

2. 脆弱度（vulnerability）：亦稱為易損性，是災害受體（承災體）面對災害威脅時，可能產生之危害程度，其取決於物理性、社會性、經濟性與環境性的因素。以地震災害舉例而言，鋼筋混凝土造的建築，其脆弱性一般均小於磚造的建築，亦即鋼筋混凝土造的建築抗震能力高於磚造的建築。

3. 危害度（hazard）：是具備物理性毀壞之潛在事件、現象或人為活動，此類潛在事件可能造成傷亡，財物損失，社會面與經濟面之崩潰或環境面之退化。例如地震、颱風、暴雨等所造成的危害程度與發生機會。就地震而言，危害度即指震度的大小及發生的頻率；就颱風、暴雨災害而言，危害度即指可能造成的淹水範圍及深度等。

　　而最早提出災害風險模型的是聯合國人道主義事務局（The Un Office for the Coordination of Humanitarian Affairs, OCHA），在其1991年出版的《減輕自然災害：現象、效果和選擇》著作中提到，災害風險是特定地區在特定的時間內由於災害的衝擊所造成的人員傷亡、財產破壞和經濟活動中斷的預期損失，易言之，即災害風險R（risk）是由一定區域內災害的危害度H（hazard）和脆弱度V（vulnerability）所構成，可表示為：

$$R = H \cdot V \tag{1-1}$$

　　其後，再有部分學者提出，災害風險與特定地區的人和財產暴露（exposure）於危害因素的程度有關，即該地區暴露於危險因素的人和財產越多，衍生的災害風險也就愈大，相對災害造成的損失就愈重。如圖1-5所示，特定區域的災害風險是由災害危害度H（hazard）、承災受體的脆弱度V（vulnerability）或暴露度E（exposure）三個因素相互綜合作用而形成的。因此，災害風險的評估可再表示為：

$$R = H \cdot V \cdot E \tag{1-2}$$

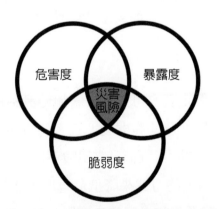

圖1-5　災害風險形成三要素示意圖

　　吳瑞賢（2012）蒐羅國內外對災害風險的相關定義，如表1-1所示。

表1-1　災害風險定義

出處	災害風險定義
Hammer, 1972	Risk＝Probability×Consequence
UNDRO, 1980；UNDHA, 1992；Satu K., 2006；K.M. DeBruijn, F. Klijn, 2009；行政院，1995；林漢良，2008	風險（Risk）＝危害（Hazard）×脆弱度（Vulnerability）
Alexander, 2000	Risk＝ Elements at risk × Hazard × Vulnerability
Benouar and Mimi, 2001	Risk＝ Hazard × Vulnerability / Disaster Management
The World Bank Hotspots, 2005	Risk＝ Hazard × Vulnerability × Amount
Villagra'n de Leo'n, 2006	Risk＝ Hazard × Vulnerability / Coping Capacity
Yasuo Kannami and Kuniyoshi Takeuchi, 2008	Risk＝ Hazard × Exposure × Vulnerability / Capacity
蘇文瑞等，2010	R（災害風險）＝ S（災害潛勢）×P（發生機 ）×L（損失程度） R（災害風險）＝ H（危害度）×L（損失程度）
陳慶和等，2012a，2012b；黃筱媚，2012	Risk＝（1- 減緩危害能 ）× 危害性 × 危害暴露 ×（1- 受災對象抵抗衝擊能 ）

參考資料：吳瑞賢，2012

　　綜前「風險」的認知與定義，可歸納災害風險評估的主要工作即在了解並掌握「危害度」、「暴露度」及「脆弱度」三者的特徵，續就其三者進行妥適的規劃與管理，以降低災害風險。降低災害風險不僅可以利用降低脆弱度的方式得到，也可以通過減少暴露度的方式來降低危害度可能帶來的損失。以圖1-6為例，災害風險為危害度、脆弱度和暴露度三者的交集，在初始狀態下，其面積較大，表示災害的風險較高。當暴露度向右移動，表示暴露在危害中的比例減少，如果脆弱度也隨著降低，則三者的交集就更小，災害的風險也相對降低；而降低災害的脆弱度，即為提高抵抗災害的能力，例如經由設施的改建、補強，以增加設施的耐震、耐風、耐洪或耐火等能力，進而減少災害損失的發生或降低損失的程度。減少危險地區的暴露度，可透過制定法律和減災規劃的方法，規範易受災

地區的建築，也可透過提高風險的社會認知，改變人們習慣於在易受災地區居住和建房的意識，從而達到減少暴露度的目的，例如將土石流高危害地區的住戶遷離或是斷層帶限建等。

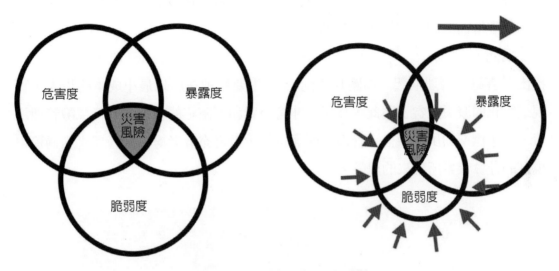

圖1-6 　災害風險變化示意圖

1.3.2 　災害風險管理概念

　　風險的不確定性來自其背景條件或變動因素的難以掌握，「風險管理」則在於就個人、團體或國家的角度，對可能或潛在的風險進行權衡，進而決策選擇適當的處理方法加以控制或處理，期以最小的風險管理成本，達致最大的安全效能。災害風險管理的目的即在於利用現有的人力、物力、科技及有限的資源，在災害發生之前做好相當程度的準備，以降低災害發生後所可能造成的損失。災害風險管理與災害管理的最大區別在於前者著力於不確定災害事件的防範與控制，後者則就明確災害事件進行管理與處置。例如，在某地區設立救災物資儲備庫，屬於災害管理；針對某地區地震風險水準和人口分布確定儲備何種物質、儲備量多寡，屬於災害風險管理。又例如，向某受災地區的恢復重建投入多少資金，屬於災害管理；震後恢復重建的選址，需避開活動斷層，但民眾並非對其瞭若指掌，具體建築的恢復重建屬於災害風險管理。

　　災害風險管理是一項長期改善脆弱度之計畫，藉由法令、規範之研議，以及防、減災策略之決行，長期執行至脆弱度降至可控制之範圍；而災害風險評估之整體性與實用性更是擬定防、減災不可缺乏的重要依據。而在專家學者積極探討與研究災害風險評估技術時，首務當要是確認風險評估後之產出是否可具體的應用於管理層面（陳禹銘等人，2009）。

　　為此，國際風險管理委員會（International Risk Governance Council, IRGC）提出災害風險管理框架，如圖1-7所示，其主要精神在於以最小成本的投入，實現最大化的減災效益。因此，為了在非常複雜和不確定的條件下進行風險管理決策，除了標準的風險評估、管理和溝通以外，還需充分考慮風險管理實施過程中現實的社會背景所帶來的風險。

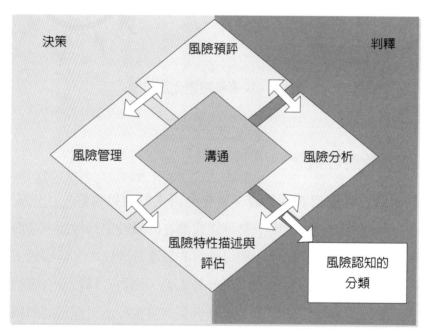

參考文獻：IRGC, n.d., IRGC Risk Governance Framework, http://www.irgc.org/risk-governance/rgc-risk-governance-framework/

圖1-7　國際風險管理委員會（IRGC）災害風險管理架構圖

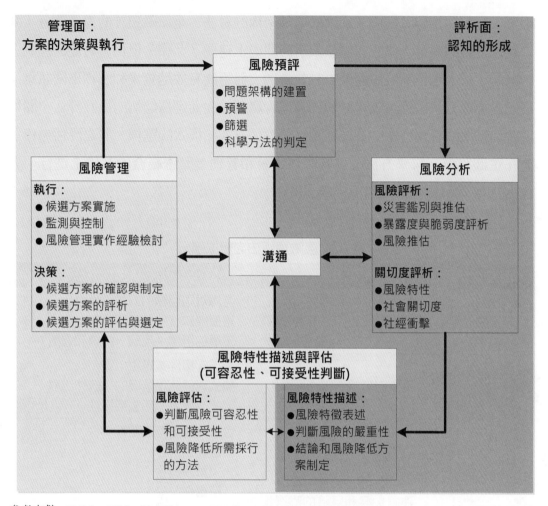

參考文獻：IRGC，2005，Rick Governance – Towards an Integrative Approach

圖1-8　國際風險管理委員會（IRGC）災害風險管理架構組成元素

　　圖1-7中，IRGC的風險管理架構組成元素概可區分為「管理面」與「評析面」兩大部分，如圖1-8所示，前者屬風險管理決策制定的範疇，其包含風險管理過程中權責的劃分；後者則屬風險分析的層面，以為決策制定之據，前後兩者相輔相成，彼此的連結，則由五個階段連結而成，茲將之分述如下。

壹、風險預評（Risk Pre-Assessment）

　　為風險管理框架制定之首，目的在於就當下問題的處理，提供進一步的背景資料。其包含四個部分，首先是找出問題架構，不同參與者觀點可能並不一致，

理解不同利益相關者對同一風險的風險架構的看法,是風險預評的重要部分;其二是進行早期預警,儘管在風險架構的問題上達成了共識,但仍有可能因體制上的問題,造成監控風險訊息缺少有效溝通,而不能有效地蒐集和解釋風險訊息;其三是風險資訊篩選,就可能的風險進行篩選,從而選擇適切的風險評估、關切度評估和風險管理方法;最後則是風險評估方式和模式的選擇,其之評估過程需要在主觀判斷、科學方法及風險評估人員和管理者緊密結合的基礎上進行。表1-2羅列者為風險預評之四項組成之細節。

表1-2　風險預評估之組成部分

預評估組成部分	定義	指標
問題架構的建置	議題概念化方式的各種觀點	選擇規則目標的同意或反對; 證據關聯性的同意或反對 架構的選擇(風險、機會和運氣)
預警	災害潛勢的系統性搜尋	非正常事件或現象 模式與觀測現象間的系統性比對 新的(異常)活動或事件
風險篩選	建置災害和風險的篩選程序並定義評估和管理的方式	合宜的篩選方法定義: 篩選評估因子 　災害潛勢 　持續性 　普遍性 選擇風險評估程序的評估因子 　既知風險 　緊急事件 判定和衡量社會關切度的評估因子
風險評估和關切度評估的科學方法	定義科學模式的假設和參數,並評估衡量風險和關切度使用的方法和程序	無害影響程度的界定 風險評估方法和技術的有效性 關切度評估的方法論規則

參考資料:IRGC,2005,Rick Governance – Towards an Integrative Approach

貳、風險分析（Risk Appraisal）

　　風險分析係就風險來源和風險承擔者利益評估的角度，向決策者提出需要面對哪些風險以及這些風險會帶來的後果。風險分析的目的是判識、探究，甚至量化特定風險危害的類型、強度和可能性。風險分析的流程因風險來源和地方組織文化的差異而有所不同，但基本的三個核心部分是沒有爭議的，即災害鑑別與推估、暴露度與脆弱度評析及風險推估，如表1-3所示。

表1-3　風險分析之組成部分

風險分析組成部分	定義	指標
災害鑑別與推估	判別潛在的有害影響，並評估因果關係的強度	特性（如易燃性） 持續性、不可逆性、普遍性 延遲效應、危害能力 劑量—反應（dose-response）關係
暴露度與脆弱度評析	風險標的的擴散、暴露和影響的建模	暴露路徑 標準化（normalised）的標的行為 標的脆弱度
風險推估	定量：有害影響的機率分布 定性：致災因子、暴露和定性因子的組合（情境建置）	期望風險值 信賴區間 風險描述 風險建模，為狀態變數和參數變動的函數

參考資料：IRGC，2005，Rick Governance – Towards an Integrative Approach

參、風險特性描述與評估（Risk Characterization and Evaluation）

　　根據風險分析的結果，不同的風險承擔主體根據其各自的評估標準進行判斷，評估是否能夠接受，續而進行風險管理。而是否能夠接受，最有爭議的部分就是描述和判斷特定風險的可容忍性和可接受性。可容忍性（tolerable）是指儘管需要採行特定風險降低措施，但由於所帶來的收益而視之爲值得執行的活動；可接受性（acceptable）是指風險較低，沒有必要採取額外的風險降低措施的活動；不可容忍風險或者不可接受風險，則爲社會認爲無法接受的區間。一般可接

受風險、可容忍風險及不可容忍風險三者的定義,多以事件的發生機率與該事件發生所造成的危害結果,其兩者的組合,做進一步的定義,如圖1-9所示,各評估區域因當地的文化、經濟及社會活動對特定災害的風險區間定義將有所不同。

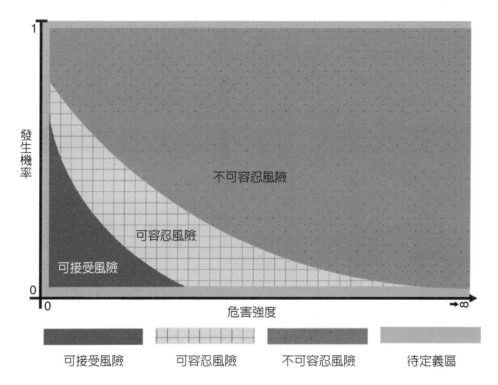

參考資料:IRGC,2005,Rick Governance – Towards an Integrative Approach

圖1-9　可接受、可容忍及不可容忍風險區間示意圖

肆、風險管理(Risk Management)

　　風險管理係指設計和執行降低風險的各種措施,風險管理包括六個步驟,分別為:(1)判別和制訂風險管理方案;(2)以已界定的評估因子,評估風險管理方案;(3)比較風險管理方案;(4)選擇風險管理方案;(5)實施風險管理方案;(6)監測方案實行的結果,各步驟之定義及指標如表1-4所示。如此步驟因特定原因在風險管理階段無法提出適切的改善方案,則回頭進行「風險特性描述與評估」階段的調整。

表1-4　風險管理之組成部分

風險管理基本步驟	定義	指標
制定方案	確定可能的風險處置方案，特別是風險降低（如：預防、適應作用、風險減除、風險避免、風險轉移和風險保留）	標準 施行規則 限制暴露或脆弱性 經濟激勵 補償 保險與償債 自願協議 標識 資訊／教育
方案評估	方案的影響調查（經濟、技術、社會、政治和文化）	有效性 效率 負面影響最小化 可持續性 公平性 法律及政治上的可實行性 道德上的可接受性 公眾的可接受性
方案比較與選擇	候選方案評估（多評準分析）	均衡的分配 利益相關者與公眾的結合
方案實施	最適方案的實施	責任 連續性 有效性
監測與反饋	實施效果觀測（與預警聯繫）前期後評估	預期影響 非預期影響 政治影響

參考資料：IRGC，2005，Rick Governance – Towards an Integrative Approach

伍、風險溝通（Risk Communication）

　　風險溝通係讓風險利益相關者了解所面對的風險，並參與決策，從而充分理解風險管理的作用，在風險管理的過程中能相互信任。風險溝通具有以下作用：(1)教育和啓發；(2)風險素養的養成與行為改變的誘導；(3)對風險評估和管理的體制建立信心；(4)參與風險決策和解決衝突。

1.3.3 災害風險處理方法

　　風險處理的方法，不外乎避免、減除、自留（保留）、移轉等四種，在透過風險辨識（或認知）了解自身所面臨的災害危險類別後，採取適當的風險處理方法，將災害可能造成的影響降低。風險處理方法的選擇，可採取單一或多種的組合，來完成風險管理的目標。風險處理方法的選擇，可表示如圖1-10所示，在風險辨識後，依序評估是否選擇風險避免、風險減除（損失預防或控制）、風險移轉及風險自留等方法，以減少災害的影響。茲將各風險處理的方法分述於下：

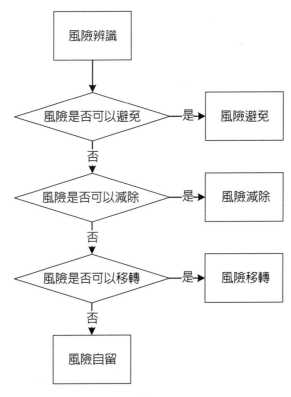

圖1-10　災害風險處理方法的選取流程

1. 風險避免：對高發生可能性或毀滅性（如土石流災害）的災害而言，遷徙為一勞永逸的方法，惟其耗資甚鉅、牽涉層面甚廣，需在經濟與其他條件（如土地取得）許可下，方能成案，而若風險避免標的物較大，如社區、村莊或學校等，則往往有賴於政府部門的介入，才有推動的可

能。

2. 風險減除：對無法避免的災害，則需依據災害潛勢特性與分布採取適當的減災、避災或防災措施，以降低災害損失的發生機率或或控制災害發生時影響的範圍與程度。就個人與家庭的災害風險管理中，應注意居家周遭可能的災源細節，各種災害應注意的細節可參考本教材其它各災害單元。風險減除的各項措施，有些為個人或團體即可處置完成者，例如物品的耐震錨定、水溝的清理或擬訂疏散避災計畫等，應儘早處理；而需由各層級政府協助來完成者，則應透過適當管道，協請相關單位處理。

3. 風險移轉：災害保險為災害風險移轉最常見的一種方式，亦為較易取得並即時發揮功效的方法之一。在面對如洪水或土石流等災害風險，危險區域較為明確，危險性愈大者愈有投保意願，反之危險性愈小者其投保意願愈低，而易造成逆選擇之現象產生，因此保險公司承保之意願一般多不高，抑或會要求高額的保費（教育部，2009）。

4. 風險自留：當風險無法避免或經由風險減除後，剩餘之風險如要再進一步減除或移轉的成本太高時，則可以自留方式承擔，此時需由個人或團體準備災害準備金，作為災後復原之用。

教育部（2009）指出，對個人與家庭而言，災害風險管理的目標為保障家人及財產的安全。對社區而言，災害風險管理的目標為保障社區的居民、個人財產、公共設施及社區運作的安全。由於社區包含有許多住戶及單位，其災害風險管理的推動需要有大部分居民的共識，並推派社區相關幹部負責推動執行。其風險識別及風險評估的重點，為社區內部及鄰近周遭環境，住戶居家之風險識別及風險評估則由住戶自己負責。就學校部分，由於學校中經常很多學生與老師在其中活動，而且學校通常被規劃作為災害的臨時收容避難處所，為一重要災害防救據點，其災害風險管理更形重要。學校的風險管理目標，為保障學校內師生與各項設施設備安全及學校運作的正常。學校由於有老師的高教育水準，對災害知識較充足，同時學生服從性高等特性，如在校長的支持下，災害風險管理的推動相對較為容易。而學校風險識別及風險評估的重點，為學校內部及鄰近周遭環境。

習 題

一、何謂災害？災害的型態與分類爲何？

二、請說明災害風險形成的三要素。

三、何謂災害風險管理架構？請說明災害風險管理架構組成元素？

四、請簡述災害風險管理的處理方法。

⚡ 參考文獻

王靜儀，1999，「環境災害消費與比較性風險評估之研究」，國立臺北大學都市計畫研究所碩士論文。

中央氣象局，2015，天然災害災防問答集，交通部中央氣象局。

行政院災害防救辦公室，2010，「100年災害防救白皮書」，臺北。

行政院，2012，「災害防救白皮書」，臺北。

行政院，2014，「災害防救白皮書」，臺北。

車安寧，2011，災害學新論，中共中央黨校出版社。

吳瑞賢，2012，「水土資源利用管理及災害風險管理方法與系統之研究 —— 水土資源利用管理及災害風險管理方法與系統之研究：水土災害預警與風險評估機制與系統之研究（I）」。行政院國家科學委員會專題研究計畫（NSC 100-2621-M-008-006-）。

林春男，2012，一元的な危機対応過程，京都大學防災研究所課程講義。

亞行技援中國干旱管理戰略研究課題，2011，「中國乾旱災害風險管理戰略研究」，中國水利水電出版社。

黃崇福，2012，「自然災害風險分析與管理」，科學出版社，北京。

張繼權、劉興朋、嚴登華，2012，「綜合災害風險管理導論」，北京大學出版社，北京。

詹中原，2004，「危機管理：理論架構」，聯經出版事業股份有限公司，臺北。

陳禹銘、許秋 、樊國恕，2009，「我國複合災害風險系統架構之探討」，危機管理學刊，第6卷第2期，第1-12頁。

趙鋼、黃德清，2010，「災害防救管理」，中華消防協會。

段華明、劉敏，2000，災害社會學研究，甘肅人民出版社。

段華明，2010，城市災害社會學，人民出版社。

段國仁、蘇睿智與張子祥譯，環境科學，（G. T Miller jr.,1997, Environmental Science: Working with the Earth. Wadsworth），國立編譯館，臺北。

張乃平、夏東海，2009，自然災害應急管理，中國經濟出版社。

教育部，2009，「生活防災」，教育部。

IRGC, n.d., IRGC Risk Governane Framework, http://www.irgc.org/risk-governance/irgc-risk-governance-framework/（擷取日期：2014.11.18）。

IRGC (2005), Rick Governance – Towards an Integrative Approach.

Mileti, D.S. (1999), Disasters by Design, Joseph Henry Press, Washington D.C.

Warner. F. (1992), Introduction. In Royal Society Study Group, Risk: Analysis, perception, management (pp.1-12). London: The Royal Society.

第2章 災害管理機制

　　災害的處理是一種經驗累積的法則，大部分的國家都是在受過嚴重災難慘痛教訓後，才意識到必須提升防救災決策與執行層級、全面充實防救災軟硬體設施及建立整體性之災害管理制度，而在下一次災害發生時能減少受創程度（趙鋼、黃德清，2010）。因此，對於重視與善用災害管理手段的國家而言，每次災害狀況的應變、救災與復原過程，都是用來檢討、修正既有防災施政方針的寶貴經驗，如此才能善盡事前的規劃作業，進而達到減災的目標。

　　目前世界各國防災作為，多參考美國聯邦緊急事務管理總署（Federal Emergency Management Agency, FEMA）提出之「減災（Mitigation）」、「整備（Preparedness）」、「應變（Response）」和「復原重建（Recovery）」等四個階段的推動業務，鑑於國內目前尚少針對此四階段之作業管理機制詳述及說明，因此，本章導入國外學者Damon P. Coppola（2011）之「國際災害管理概述（Introduction to International Disaster Management）」的部分論述並綜整國內相關學者相關研究，就災害管理之四階段加以詳細描述及說明，並以此原則就「災害管理與實務」之所需，規劃本書整體架構。

⚡ 2.1　災害管理概述

　　災害管理（disaster management）是透過科學、技術、計畫和管理，用以避免風險與回應災難的一套過程與方法（馮燕，2011）。一個有效的災害管理，端賴於政府和民間組織能有效整合災害管理中各階段計畫（Wilson & Oyola-Yemaiel, 2001），根據美國聯邦緊急事務管理總署（Federal Emergency Management Agency, FEMA）於1979年發表的綜合急難管理（Comprehensive Emergency Management）文中，FEMA負責聯邦政府對大型災害發生前的準備與演習、災

中的應變與救濟、災後的復原重建，以及整體減災的規劃等事項。FEMA將災害管理的基本工作項目區分為四個部分，分別為減災、整備、應變和復原重建，此四部分分別為災害管理時序循環的四個階段，其與「災害狀態循環」與「災害事件週期」間的關係，可表示如圖2-1所示。在災害管理的工作中，四個階段各有其自有的管理任務與工作要項，茲將之分述如下。

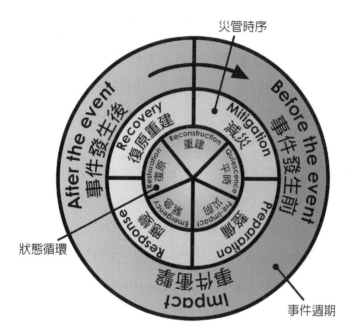

參考資料：Alexander, D. (2002). Principles of emergency planning and management. New York: Oxford University Press.

圖2-1　災害管理週期

壹、減災（Mitigation）

　　減災觀念的產生，可謂災害管理的里程碑（詹中原，2008）。減災泛指以實際行動或措施，消除或減輕災害事件發生之機會與影響，為防災工作中最重要的一環。Petak（1985）認為減災階段需要評估社會健康、社會安全和社會福利等領域面向的風險，並發展降低風險的方案；Godschalk（1999）認為此階段是一種事先的預防行動，用以降低或消除災害對人民生命財產的長程威脅；Coppola（2011）認為減災階段是試圖舒緩災害對社會的危害程度；Mileti（1999）認為減災是藉由政策及行動，降低特定地區在面對未來災害時的易致災性。操作面向可概分為為結構性及非結構性兩類：

1. 結構性減災：以工程手段避免災害或強化結構設施，降低人及結構設施的災害風險，例如：築堤、強化水電等基礎設施。

2. 非結構性減災：分散人群及建成環境的損失程度。例如土地分區法令可藉由優惠稅率、限制開發強度、開放空間設置或禁止特定使用在高風險地區，或可以透過保險手段，引導降低易致災性，或減緩災民的財務負擔，並藉由投保人的共同分擔，承擔災害風險（馬士元，2002）。

　　災害管理為一週期性循環（如圖2-1所示），減災階段屬平時階段、亦屬災後重建階段的延伸。減災階段的工作，係從上一次災後的重建，到下一次災害發生的「整備」開始之間，就所掌握災害可能發生的情況，進行各種境況的模擬、潛勢分析及危險度調查等工作，據以提出各種降低災害的因應對策與行動方案，以持續的行動來減低或消除各類災害發生或衍生的影響。減災階段需有專業學術研究的支援，依據災害的特性進行檢討，針對各種災害發生的地點、規模及強度，以及可能造成的損失進行評估，藉以提供政府或相關的救災單位擬定防災之對策，詳細減災作業管理機制請參閱本章2.2節。

貳、整備（Preparedness）

　　整備係指災害發生前，做好先前規劃，藉由計畫、訓練及演練的方式，建立災害緊急應變的能力，以便臨災時，有效率地使整個社會能隨時、適切的應對災害、危機，或任何型態之緊急事件情境，將災害的傷害減至最低。David Sink（1985）認為此階段有三項主要任務，分別為計畫（plan）：如繪製疏散避難路線圖；準備（readiness）：如訓練與演習的操作；警報（warning）：如災害預警系統之建立。Godschalk（1999）認為整備階段為短程規劃，針對可能發生的災害，事先預想一套處理方案；Mileti（1999）認為應在災前建構緊急應變及管理的能力，以利必要時有效的緊急應變；Coppola（2011）認為整備係指就可能被災害所影響的人或可使用特定方法給予一定程度幫助的人，賦予其降低生命財

產損失的能力。簡言之，整備階段之目的為讓相關人員具有充分的應變能力，在災害發生之後，知道該做什麼、如何去做，以及如何使用合適的工具有效地執行，以提升民眾預先防備的能力與意識，保護人民的性命與財務；此階段的工作包括下列事項：易致災性（脆弱度）分析、風險分析、預警系統建置、緊急支援及通訊系統的維護、緊急應變組織的啟動、傷亡人員的運送、救援物質的調度、避難收容處所的開設、災情的掌握及傷亡的統計、避難疏散撤離引導、民眾的教育訓練、平時的災害管理計畫和模擬演練等，詳細整備作業管理機制請參閱本章2.3節。

參、應變（Response）

應變階段是災害管理四大工作中最複雜的，因其係處於一高壓、高時間限制環境中，以有限的資訊進行，當災害發生時，必須在第一時間掌握到正確的災情資料，如此才能有系統、有效率的將救災資源集中，提供民眾協助，採取緊急應變的措施，並減少二次災害（secondary damage）之可能性。Godschalk（1999）認為此階段為災害發生時的緊急救援；Mileti（1999）認為災害應變的好壞，取決於災前準備的工作充實與否；Coppola（2011）認為此階段包括減少或消除已經發生或正在發生的災害影響，進而防止衍生的損害及財務損失。應變階段的工作包含前二階段（減災、整備）所累積的資訊，其必須有效傳達至災害應變中心或前進指揮所，作為災害搶救所需的背景資訊，並動員政府、國軍及民間團體三個體系投入救災，再加上即時傳入的現場狀況資訊，指揮官方能有效的調度相關救難組織與系統進行救援的工作。此外，應變階段亦需提供避難收容處所，供作受災民眾的緊急避難、緊急設備與補給品的配置、生活物資的提供與分配、受災者的搶救與醫療照顧等工作之用，避免災情擴大，而災害應變更涉及迅速恢復關鍵基礎設施，如開放交通路線、恢復通信和電力、確保食物和水的分配，以確保復原重建工作得以展開，並減少進一步生命財產的損失，以加速正常社會機能的回復。最後，演習和訓練有助於提升應變者的技能，但各災皆有其特有的未知變數，即便是經過精心策劃的應變計畫都難以周詳考量。再者，特別是國際性的災害應變，災區往往瞬間湧入來自世界各地的團體和人員，並各有其自有的期待、

裝備和使命，詳細應變作業管理機制請參閱本章之2.4節。

肆、復原重建（Recovery）

　　復原重建為災害管理的最後階段，復建工作將持續至所有系統回復正常或較佳狀況態；復原重建任務包含短期及長期兩種，短期屬安置階段，為民生支援體系的短期處置，如：清理環境、布設臨時住所、恢復公共事業、醫院和社區的功能，以及其他生活所需的服務等，以緩解人民日常生活的困境；長期為重建階段，著重於社會需求結構的改善，如：社會生活計畫、生計產業計畫、心理及家庭復原、法律扶助、重建貸款等（馮燕，2011）。Godschalk（1999）認為此階段為災後硬體環境的重建與社會運作的恢復；Mileti（1999）認為復原重建包括短期的維生系統修復，以及長期產業與生活機能復建，或遭破壞建物的重建，並以綜合災害評估的結果，決定事情的優先順序；Coppola（2011）認為此階段包含協助受災戶恢復至正常生活，「復原重建」一般在災後應變結束後立即開始，並能持續至數月或數年；趙鋼、黃德清（2010）引述 Quarantelli（1999）與 Wu（2003）的界定，其中「重建」特別強調災後受損或毀壞之建物或實質設施（結構物）的重建、「恢復」強調重置主要或災前的實質或社會型態、「恢復生活機能」的主張與恢復類似，然較強調人的生活機能恢復、「復原」所牽涉的層面較廣泛，其隱含欲將災後受損情況，恢復至某個可接受的水準，此水準不必然與災前的水準相同（可能更高）。此階段工作可能產生的資訊包含各項設施破壞情況、範圍，以及經濟損失的量化數據等，這些實地調查資料，特別值得整理分析，成為災害研究的主要輸入資料，提供下一減災階段的啟動資訊。

　　近年我國政府在進行重大天然災害之復原重建過程中，均於災後透過社會安全網絡的建立，提供災民（災戶）相關社會福利措施，如「九二一震災重建暫行條例」及「莫拉克颱風災後重建特別條例」，皆藉由提供救助金、臨時工作津貼、勞健保費及年金減免、生活重建服務、就業協助、優先僱用災民、受損土地及房屋租稅減免等福利措施協助災民，但在個別災害特別條例，多存有不同處理作法與標準。由於災後復原重建任務龐雜影響深遠，重建計畫包含家園（住宅）重建、設施重建、產業重建、生活重建與文化重建等多重領域，除公共基礎

設施及公共服務重建，爲政府本於職責推動之核心事務外，其他重建事項則涵括民眾在災害風險責任分攤與自我復原重建能力的培養。在重建復原過程中，政府對於相關社會福利措施提供之方式與程度，將影響民眾對於災害風險意識的準備及重建復原的角色認知與投入，進而影響整體重建復原成果（李宗勳、王文君，2014），詳細復原重建作業管理機制請參閱本章之2.5節。

災害管理是一門複合的學科，其涉及尋求減輕災害事件發生的影響，確保人們能在事先準備、規劃，一旦災害事件發生時，能即時反應利用，並在災害事件過後的幾個月甚至幾年，幫助人們復原重建（Coppola, 2011）。實務的運作成功必然來自理論的系統建構，理論是行動的指引，而經驗是理論的回饋。鑑此，災害管理的實際運作必須奠基於健全的理論基礎（趙鋼、黃德清，2010）。

以下章節將就減災、整備、應變、復原重建各階段之管理機制進行描述。

⚡ 2.2 減災作業管理機制

減災（Mitigation），顧名思義爲災害的預防或降低風險，是爲「災害管理的基石」（FEMA, 2010）；災害管理週期的其他三個階段（整備、應變、復原重建）爲對災害或預期結果的反應，而減災則爲災害發生前試圖降低災害風險或預期損害程度所採行的措施或方法。透過相關政策、制度、法規及各種因應措施，如制訂各種規範與法令來管理、調和人文環境和實質環境，防止可預防之災害或減輕災害之影響。本節茲就減災階段之管理機制，分就減災之類型及減災之運作機制進行說明。

2.2.1 減災之類型

一般而言，減災措施主要可分爲兩個類型，結構性與非結構性。結構性減災爲透過工程方案的施設改變自然環境，進而降低災害風險的方法；非結構性減災爲透過改變人類行爲或自然界過程而不使用工程結構手段達到降低災害風險的措施。結構性減災因有具體建築工事的存在，就民眾的角度而言，因政府的施政轉變爲具體的成果，除較易民眾所接受外，並有助於刺激地方的發展，例如：堤防

興建後，儘管堤防興建的原因爲抵抗該地頻發的災害，民眾仍會認爲該地區較爲安全，進而於該地區引入更多的發展計畫；而反觀非結構性減災措施，雖其較具彈性，可因應環境的改變制定調適政策，但因難收立竿見影之效，較不易獲致民眾的支持。以下分就結構性減災與非結構性減災作進一步的敘述。

壹、結構性減災（Structural Mitigation）

結構性減災措施係指爲降低災害風險的可能性或結果，就目標構造物、工程形式做必要物理特性的更改或改善。結構性減災措施用於自然災害的防治，往往被認定爲「人定勝天」想法的實踐。結構性措施往往要價高昂，並涉及法令規章、承諾、執行、檢視、維護及更新等議題。

各類災害都有其自有的結構性減災措施可用於相對的風險，這些措施可依其類別進行歸納，計有抗性建築物、建築法規和管制措施、遷村 / 鎮 / 社區、建築物改造、避難收容處所的建置、屏障、導流結構物或滯留系統、檢測系統、物理改性、處理系統、維生基礎設施等類別，下就各類別措施於特定災害可發揮的減災形式做進一步說明（Coppola, 2011）：

一、抗性建築物（Resistant Construction）

抗性建築物，係以其抵抗特定災害類別之最大影響爲設計考量，當生活文化能接受與災害共存，則建築物的設計需考量抵抗災害的能力，如對洪氾好發區，發展出高腳屋（各式抗洪結構物改造，可參見FEMA, 2014, Homeowner's Guide to Retrofitting），如圖2-2所示；就地震頻發區，建造能抵抗地震晃動之結構物等。

二、建築法規和管制措施（Building Codes and Regulatory Measures）

如前所述，抗性建築物的施作確爲降低特定災害易致災性的有效途徑，然而，前提是建商或建物所有者能未雨綢繆的採用這些措施，才能實際達致減少人類族群整體脆弱性的目標。爲此，世界上已有相當多國家就建築物減災措施的施行進行規範與管制，隨著防災科技及知識的進步，工程師可以發展指導建商的建築法規，來確保其設計足以抵抗一定程度的災害危害。雖然理論上很簡單，但其之有效性，仍有待既有法規和條例相關問題的突破。

圖2-2　高腳屋建築示意圖

　　各類災害對結構物有一定的外力威脅，建築法規可規範結構設計納入環境中各種形式威脅的抵抗力營造考量，例如：地震的橫向或垂直晃動；暴風、颶風或龍捲風的氣旋壓力；建物火災、野外火災及森林火災的極端高溫；冰雹、雪災及落塵的屋頂載重；洪水及暴潮的水文壓力等。由於建築法規的規範於設計階段即整合保護措施於結構物，而非完工後才予以套用，因此，如應用得當，建築法規對大範圍之災害可提供相當的保護程度。

三、遷村／鎮／社區（Relocation）

　　遷村／鎮／社區係指因風災、水災或地震等自然災害或過度使用自然資源，造成地形、地貌改變並嚴重威脅居住安全，而經評估後難再以工程手段復原，或復原之成本過高，為避險之目的而產生之遷徙行為。Coppola在2011年指出：「有時，保護結構物或人民最明智的方法，就是重新安置或使其遠離災害潛勢區」。我國在1999年九二一大地震後，原本敏感之地質變得更加脆弱，因此只要是風水災過後，一有聚落因山洪爆發而遭土石流肆虐或因海水倒灌而積水不退時，就很容易出現「遷村」之議，使得「遷村」逐漸成為每次重大災難後熱門之議題（謝志誠等人，2008）。

　　當災害潛勢區範圍較大且潛在危害甚鉅時，整個社區的移動可能變成必要的作為，例如阿拉斯加瓦爾迪茲（Valdez, Alaska）的一個小鎮，由於

整個小鎮坐落在不穩定的土壤層上，其在1967年的災後評估後決定遷移，事件中，52個原建築物遷移到4英里外的新址，其餘則拆毀後於新址重建；國內也有遷村的案例，和平鄉博愛村（今和平區博愛里）松鶴部落在2004年七二水災中，因松鶴一溪、松鶴二溪溪流暴漲，引發之土石流導致部落內40多戶民宅受損。為安置危險區內受災戶，經討論後決定選定位於南勢村之原民會技藝研習中心作為遷居地，闢地興建40戶住宅，並由中華民國紅十字總會、九二一基金會與社團法人聯合勸募協會等非政府組織共同認養住宅重建經費，以先建後贈之方式完成住宅重建，讓遷住戶在無需負擔任何費用之條件下取得新建住宅。整個過程，在中央與地方政府之全力配合與支援下，創下最短時間內成功完成遷村之案例（謝志誠等人，2008）。

四、建築物改造（Structural Modification）

科學的進步和研究的精進，不斷提供有關災害潛勢的新資訊，這些資訊係用於顯示建築物所在區域的風險，而非提供建築物抵擋災害之能力。就建築物的抗災方式而言，概可分為三種：第一，保持原狀；第二，改建，評估拆除建築物的可能性，並以新的災害資訊為考量進行重建；第三，結構補強，是較為適切的作法，即補強建築物的結構，使其能抵抗預期或特定的災害，如圖2-3所示。

五、避難收容處所的建置（Construction of Community Shelters）

通常避難收容處所的規劃，目的在提供民眾住家以外，於特定災害下可以保障生命安全的去處。避難收容處所的有效運作必須配合預警及防災教育機制的建立。預警系統建置的目的，在於能有效的在災害事件發生前發出警報，提供民眾足夠的時間前往避難收容處所避難，而這類預警功能，不包含不可預測或難以預測的災害類別，如地震、山崩等；而防災教育的目的，除重申避難收容處所存在之意義外，並教導民眾如何判斷何時應前往並協助開設避難收容處所。

在冷戰期間，許多國家建立避難收容處所或指定建築物，提供市民於核武攻擊時輻射落塵危害下的保護。世界上各貧困區，特別是房屋結構物缺乏的地方，避難收容處所更顯其重要性。因此，公共建築物，如學校、村里

圖2-3　臺中市政府消防局西屯分隊外部鋼架強化結構

活動中心、廟宇或教堂等，通常亦供作避難收容處所開設之用。

六、屏障、導流結構物或滯留系統（Construction of Barrier, Deflection, or Retention Systems）

　　各類災害施予人類或建成環境的外力，可以特殊的工程構造物加以保護，這些構造物可概分為屏障、導流結構物和滯留系統等三類，茲將之分述於下（Coppola, 2011）。

（一）屏障結構物（Construction of Barrier）

　　屏障結構物係設計作阻擋自然界外力之用，使其消失於其運行軌道上，亦即屏蔽設施。屏蔽牆可以由天然材料施作，如：樹木、灌木、或現地土壤，亦可由外來材料所製作，例如：石塊、混凝土、木材或碎石。依不同災害類別，屏障結構可只建立在標的構造物一側或完全將之包圍。屏障結構物種類與其所設計防禦之災害別，對應範例如下：

1. 海堤（seawalls）：暴潮（cyclonic storm surges）、海嘯（tsunamis）、高波（high waves）、風浪（rough seas）和海岸侵蝕（coastal erosion）。

2. 防洪牆、堤、屏障（floodwalls, dikes, berms）：洪水（flood）、暴洪（flash floods）。

3. 防風林、堤防、護堤（natural or synthetic wind and particle movement barriers）：季節性強風（strong seasonal winds）、風沙（sand drift）、沙丘運動（dune movement）、海灘侵蝕（beach erosion）、雪堆（snow drift）。

4. 防衛空間（defensible spaces）：野火（wildfires）、森林火災（forest fires）。

5. 塊體運動防護牆（mass movement protection walls）：崩塌（landslides）、泥滑（mudslides）、岩崩（rockslides）、山崩（avalanches）。

6. 安全圍欄、檢查站（security fences, checkpoints）：恐怖分子（terrorism）、內亂（civil disturbances）。

7. 災變應急部隊防護裝（hazmat linings）：地表汙染（ground contamination），如圖2-4所示。

（二）導流結構物（Construction of Deflection）

　　　　導流系統設計之目的在於轉移災害自然界的力量，使其改變行徑方向，保護原始行徑上之建築物免於破壞。猶如屏障結構，導流系統可以各種天然或人造的材料製作。導流系統種類與其所設計防禦之災害別，對應範例如下（Coppola, 2011）：

1. 雪崩橋（avalanche bridges）：雪崩（snow avalanches）。

2. 導槽（chutes）：崩塌（landslides）、泥流（mudflows）、火山泥流（lahars）、岩石崩落（rockslides）。

3. 熔岩流道（lava flow channels）：火山熔岩（volcanic lava）。

4. 引水溝槽、河道、溝渠、溢洪道（diversion trenches, channels, canals, and spillways）：洪水，如圖2-5所示。

圖2-4　毒化物防護裝

圖2-5　員山子分洪道模型

（三）滯留系統（Retention Systems）

滯留系統設計的目的在於控制災害的破壞性力量釋放。此類結構一般用以提升對災害的保護程度，諸如（Coppola, 2011）：

1. 壩（dams）：乾旱、洪水（drought, floods）。
2. 堤防和防洪牆（levees and flood walls）：洪水（floods）。
3. 切口壩、梳子壩（slit dams）：沉積、洪水（sedimentation, floods）。
4. 崩塌（邊坡保護）牆（landslide walls）：包含砌石、混凝土、石籠、筐籠牆、格柵牆、支壁牆等。
5. 坡面保護覆蓋（slope stabilization covers）：包含混凝土、結網、鋼索網、植生覆蓋等山體滑坡、泥石流及落石保護等，如圖2-6所示。

圖2-6　坡面以植生護坡（雲林古坑）

七、檢測系統（Detection Systems）

檢測系統設置的目的在於判釋不易為人類所察覺的災害，這些技術的應用包含自然、科技及蓄意災害。隨著越來越多資金投入檢測系統的研究與

發展，其已具備災害預防或災前預警的能力。在自然災害方面，檢測系統主要用於預警，以預防性的作為減少可能的傷亡；在科技型和蓄意型的災害方面，其可用作防止攻擊、爆炸、火災、意外事故或其他有害事件之用。檢測系統的實例如：衛星影像、化學／生物／放射／爆炸物檢測系統、地面運動檢測系統、洪水測站、氣象站、海下浮標洋流運動移動偵測、資訊系統等。

八、物理改性（Physical Modification）

物理改性是改變自然樣貌，以降低災害發生的可能性或影響後果的一種減災措施。其可由簡單的景觀改善措施，或由工程器械的使用來達成。地表改性的例子包含：坡地階梯化，坡地排水、陡坡編整、地錨施作、溼地再造、河道疏濬及槽化、水庫清淤、涵洞建置等。

九、處理系統（Treatment Systems）

處理系統主要目的在於將災害移除於人類賴以為生的自然系統之外。在既知的災害威脅下，處理系統可能持續運作或運轉於特定環境中，例如水處理系統、空氣過濾通風系統、空氣病原淨化系統、有害物質（核生化）淨化系統等。

十、維生基礎設施（Redundancy in Life Safety Infrastructure）

隨著人類科技與文明的進步，人類的生活與公共建設已與維生基礎設施密不可分。時至今日，公民營維生基礎設施公共建設可提供食物、水、汙水處理、電力、通訊、交通、醫療等服務，隨著與日俱增之依賴性，任何一個維生基礎設施的失效，極可能快速的引致災害的發生。維生基礎設施包含：電力設施、公共衛生設施、緊急管理設施、水儲存、處理、輸配系統、交通設施、灌溉系統、食物物流等。

貳、非結構性減災（Nonstructural Mitigation）

非結構性減災，通常所指為不使用工程方法，而以改變人類行為或自然過程，進而降低災害風險發生的可能性或發生後所導致之影響所使用之方法。非結構性減災為「人類順應自然」的一種機制，並易於以較低的成本或技術資源達

成。非結構性減災措施有管控措施、社會意識教育方案、非結構性物理調整、環境控制、行為調整等，茲就各非結構性減災方法說明如下（Coppola, 2011）：

一、管控措施（Regulatory Measures）

　　管控措施係藉由法律規範人類行為來束限災害風險。管控可用於社會和個人生活的數個面向，當其被認定為有助於提升社會福祉時，則將予以執行。雖然管控措施相當普遍，但其之落實也往往因執法成本過高或執法人員素養不良（諸如訓練不足、效率低落與收受賄絡等情事）而成為一個普遍的問題。以下例舉數個常見的管控措施：

1. 土地使用管理（land use management）：土地基本利用應依據土地政策進行規劃，例如分為商業區、工業區、住宅區等，並應就洪氾區（flood plains）、斷層帶（fault zones）、地滑區（landslide areas）等災害潛勢區予以限建，以降低災害風險。

2. 開放空間〔或稱綠色空間（green spaces）〕保留（open space preservation）：就既知單一或多個災害類別的高風險潛勢區域，限制人類居住或活動的範圍。

3. 防護資源維護（protective resource preservation）：在某些情況之下，雖土地本身不在災害的風險中，然而外力對這片土地的干擾將引致新的災害，故需對特定防護資源予以維護，例如保護森林用以防風和溼地保育等。

4. 抑制高風險區域的公用事業（denial of services to high-risk areas）：當高風險區域有非法遷入而無視於既有的管控措施的居住行為，可藉由阻斷電力、自來水、通訊等服務來抑制或削減其之成長趨勢。此方法一般多結合提供替代、安全住所的計畫執行，否則可能衍生人道主義迫害的問題。

5. 密度控制（density control）：控制災害潛勢區的人數，以就既知的災害類別，限制相對的脆弱度（vulnerability）並確保所能提供之防護資源的有效性。此係因潛勢區的災害作用（如傷亡人數），往往超乎預期而令人手足無措。

6. 建物使用規章（building use regulations）：為了防止特定危害，必須就建物可能衍生的行為類型採取限制措施，這些限制可以是針對人、材料或特定活動行為。

7. 減災地役權（mitigation easements）：地役權是私人個體或機構和要求特定土地如何使用的政府間之協定。減災地役權為限制私有土地使用，以降低災害風險的協定。

8. 危害物質之製造、使用、運輸和處置（HAZMAT manufacture, use, transport, and disposal）：危害物質在世界各國皆為主要的生命財產威脅。大多數政府已制定安全標準和作業程序，規範這些材料於交易往來和單獨的製造與使用，包含兩地間的運輸以及儲存的方法和設施。

9. 安全標準和規章（safety standards and regulations）：規範安全的活動和作業的規則相當多，分別應用於特定的條件下，並非本章節可以道盡。安全規章可用於個人（例如安全帶的法律）、家庭（例如煙霧偵測器的使用）、社會、企業和政府。而前面結構性減災章節提到的建築法規的建立，也是安全規章建置的例子。

10. 自然資源使用規章（natural resource use regulations）：常見的自然資源使用可做適當控管，以降低災害風險，例如使用地下水的操作管控可稍為舒緩旱災的加劇。

11. 環境保護規章（environmental protection regulations）：某些環境單元，例如：河流、溪流、湖泊和溼地，為減少社會或國家脆弱度的重要組成部分；而環境保護規章可防止某些行為，例如：胡亂傾倒或汙染環境，其有助於確保這些環境資源可有效持續提供降低風險的助益。

12. 公眾資訊揭露規章（public disclosure regulations）：房地產交易時，賣方如可揭露既知之災害風險，如洪水、地震等，可確保買方土地開發或做其他活動利用時，可有一定的災害意識，並對既知的災害採取適當的作為。此部分我國在災害資訊指露與配套措施的研擬上仍有相當的進步空間。

13. 貸款減災規定（mitigation requirements on loans）：當銀行和其他貸

款機構借錢給開發商時，需冒相當大的風險，因此，放款人可要求減災條件規定或至少要求進行危險評估，而政府可以要求貸款機構落實這類措施，如是政策可限縮不安全建物的開發。

二、社會意識教育計畫（Community Awareness and Education Programs）

如能先行告知民眾災害風險的存在，並且教育民眾相對的因應作為，則民眾本身就是最能保護自己免受災害影響的資源。公眾教育活動被視為減災和整備階段的作為，受過教育的民眾，能夠利用適當的方式在災害發生前降低其本身受災的風險，即是減災作為的體現。「風險溝通」這名詞對民眾而言，即在於教育：災害風險意識、災害管理週期各階段作為（包含災前減災及整備、災中應變與災後復原）及災害預警資訊的解讀等。

防災宣導工作為災害預防工作中重要的一環，其之強化應向下紮根，亦即透過各級學校相關課程、軍事、公民營事業、醫療機構等，辦理防災常識教育，規劃防災演練及宣導，並運用大眾傳播媒體強化宣導工作，結合民間團體推廣防災觀念。為建立全民防災觀念，落實全民防災工作，可先就國民防災意識的建立與提升著手，其次為灌輸其防災知識，最後，乃是透過各種場合實施防救災的演練。

就全民防災意識提升的部分而言，各級政府應蒐集各類型災害之相關資訊及歷史災例，研擬災害防救對策，依地區災害潛勢特性與季節條件，實施各類型災害防救教育宣導，並定期檢討實施成效，以強化民眾防災觀念，建立自保自救及救人之基本防災理念。

就災害預警的部分而言，預警系統建置之目的在於告知民眾，當災害風險已到達特定之門檻值時，需採行相應之保護作為。根據不同的災害類型和預警系統的技術能力，民眾需隨著時間變化而採取必要之行動。就部分人為災害而言，特別是科技或蓄意造成的災害，目前難以就災害的發生與造成的結果提供警報，例如：化學工廠的洩漏或危險物質槽車的意外事故。聯合國預警平台（The UN Platform for the Promotion of Early Warning, PPEW）就預警的有效性提出四個要素：(1)民眾對當下災害風險的認知；(2)針對災害風險所建置之監測和預警系統的有效性；(3)各類風險預警訊息的宣傳；

(4)人民對風險當下的反應與行為能力的認知。

三、非結構性物理調整（Nonstructural Physical Modifications）

　　除了結構性的減災方式外，另有數種的減災方式，其本質非屬建築物的結構調整，而就建築物的結構或屬性進行物理性的調整，例如：

1. 家具、掛圖及器具的加固與在櫥櫃上安裝閂鎖：一般而言，地震事件中大多數的受傷者，多因建築物內掉落的家具及其他未固定的不安全物品所造成，因此，透過簡單的措施，例如：不需鐵釘、螺絲即可防止家具傾倒之固定器，如圖2-7所示，其可以最少的成本達到降低災害風險的目的。

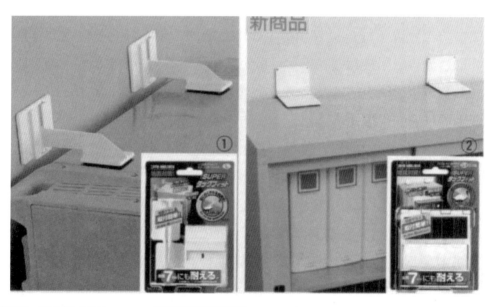

資料來源：船山株式會社，2013，防災避難用品型錄。

圖2-7　防止家具傾倒固定器

2. 可能拋射物件的移除或加固（Removal or Securing of Projectiles）：地震或龍捲風事件中，常見的拋射物，例如：烹調設備、家具和木櫃，都可能變成空中的拋飛物，進而導致傷害、事故或財產損失。

四、環境控制（Environmental Control）

　　結構性減災包含控制災害的工程結構，而其也可以是透過非工程結構

方法去控制或左右災害的危災程度，這些非結構性方法依災害特性而定，例如：以炸藥引爆減輕地震所造成的壓力（用於地震）、發射或置放炸藥移除積雪的覆蓋（用於雪崩）、催雲化雨（用於冰雹、颶風、乾旱、大雪）、化學表面的處理（用於冰和暴風雪）、延燒控制（用於野火）、火山流爆破（用於火山熔岩）、沙丘和海灘的恢復或保存（用於風暴潮、海嘯、侵蝕）、森林和植被管理（用於山體滑坡、土石流、洪水、侵蝕）、河岸、水庫泥砂和侵蝕控制（用於洪泛）、山坡排水（用於崩塌、土石流、水土流失）、坡面整級（用於滑坡、土石流、崩塌、侵蝕）、病媒源根除（用於流行病）等（Coppola, 2011）。

五、行為調整（Behavioral Modification）

　　透過集體的行動，社會可以改變個人的行為，進而獲致風險降低的效果。自發性的行為調整可能造成及部分權利的犧牲，故往往較前述的管控措施不易達成。然而，透過有成效的教育訓練，民眾行為的調整還是有其運作的空間。行為調整的減災方法有（Coppola, 2011）：

1. 定量配給（Rationing）：定量配給通常在乾旱之前和之間實施，而實際上政府對民眾維生必需品（如供水）的提供加以限制有其相當的難度，故其仍有待民眾對其個人使用的自發性節約。同樣的，酷寒或炎暑期間，為確保所需的氣候調節系統可以正常運行的限電措施亦同。

2. 環境保育（Environmental conservation）：許多政策的施行，對都市與鄉村地區的環境皆具相當的破壞性，而當環境的一部分，如水體、森林或山坡遭到破壞，則可能衍生二次災害。若能透過合適的教育和提供替代方案，具破壞性的政策可在造成更多傷害之前止於未然。環境保育的方式有：環保的耕作方式、不濫伐的合理木材取得，以及限漁的礁岩保護政策。

3. 安全行為的賦稅優惠、補貼和其財政獎勵（Tax incentives, subsidies, and other financial rewards for safe practices）：個人和企業可以透過財政獎勵的方式誘導其施行可降低整體風險的安全作為，例如以保險津貼或購屋方案誘使其搬離高風險區域、提供農業津貼使農田供作緊急滯

洪之用和環境友善農耕等策略（不砍伐森林、合理牧作及彈性耕作及種植等）。

4. 加強社會聯繫（Strengthening of social ties）：當社會關係緊密連結，其有助於加強抗災能力。城市化往往造成人際關係的疏遠，例如在1995年芝加哥熱浪導致739人死亡，事後檢討發現薄弱的社會關係，間接導致朋友、家人或鄰居的不必要犧牲。

2.2.2　減災之運作機制

經參考美國FEMA有關災害管理之內涵與運作模式，國內學者趙鋼、黃德清（2010）建議我國災害防救體系與運作機制採取下列政策面向與模式：

壹、一元化：整合因應各種災害

一、災害管理體系一元化

災害概分為天然災害及人為災害等不同災害類型或危機事件，現行政府災害防救管理體制，係由各災害之中央災害防救業務主管機關負責有關減災、整備、應變及復原工作之整合、協調與督導，而面對現今之複合性災情，即需整合全災害管理體制與方式。

1. 整合性管理模式（Comprehensive Approach）：整合性管理系統為風險評估、減災性災害預防、整備、應變與復原重建之政策與配套措施，政府與人民不能等到災害來臨時，才想著如何處理與搶救，整合性管理以降低人民生命財產損失為最大宗旨，因此，各項災害管理階段彼此是具備相當之關聯性的。

2. 全災害管理模式（All Hazards Approach）：全災害管理模式係對於重大災難所可能造成的巨大傷亡與損失之管理模式，應付各類災害所採取的各項措施，例如早期預警監控機制、避難疏散、醫療服務、社區抗災能力等預防措施。

3. 專業機構處理模式（All Agencies Approach）：所有的政府機構與民間組織在應變管理方面都必須建立專業（專責）處理單位，負責有關災害

管理事項。

4. 基層準備就緒模式（Prepared Community）：災害管理重點即在避免人類生命財產的損失，故世界各國均以人類活動範圍為防治重點，中央平時即需建立管理機制，並應特別重視地方政府的災害管理能力，尤其近年來更重視第一線鄉、鎮、市（區）公所之防救災能力，輔導、支援、深耕到每一個社區與工作區域。

二、專業（責）人力一元化

於災害減災、整備、應變、復原重建四階段，從中央到地方政府，專業（專責）人員之專職化與配置人力數，是工作成功與否的關鍵，各級政府應強化災害防救專業單位作業人員之專業化、多元化與常態化，提供其待遇、福利與升遷管道，使其長期累積防救災經驗，並建立中央與地方輪調制，兼具政策規劃、法規訂定及實務執行的交流經驗。

三、作業流程一元化

為強化各部會間的橫向協調、聯繫合作界面，中央與地方的縱向協調機制，及政府與軍方、公共事業機構、民間組織的合作與支援關係，應建立整合的災害危機管理系統、縣市間緊急支援功能及事故現場指揮系統等，由法制面到執行面，中央主導政策與法規計畫，地方因地制宜採行適當措施，確立災害防救階段所應進行的工作事項及標準作業程序，以為各相關機關實際運作時的依據。

貳、全方位：整合銜接減災、整備、應變、復原重建四階段工作

一、四階段平衡發展

為能夠減少可能導致災害或危機發生的因子，降低災害發生的機率與發生時之損失規模，應重視災前減災、平時整備、災時應變救災及災後復原重建等各階段災害防救工作之平衡發展與強化，而能於救災時，具體展現強大動員能量及撤離居民，各國均特別強調減災、整備的工作，即所謂的「預防勝於治療」。

二、各種災害同步處理

以全方位而非單一思維處理災害防救，整合處理天然、人為災害，重新思考調整災害防救體系。

參、全民參與：整合動員政府民間

一、建立中央地方伙伴關係

明確劃分中央與地方在災害防救體系中的角色，中央係負責預警、特殊勤務及支援功能，地方負責指揮、第一線救災工作，並將災害防救工作之規劃、決策單位與執行單位分離，明確權責分工與強化督導、考核的功能。

二、強調政府民間共同參與

推動防災社區，建立區域聯合防災機制，並整合國軍、消防、警察、相關政府機關、公共事業機構、後備軍人組織、民防團隊、社區災害防救團體及民間災害防救志願組織等各方面的資源，形成全民參與的災害防救網絡。

三、尊重專業發揮實務機制

以學者專家為專業之必要支援後盾，強化專家諮詢機制與災害應變中心分析研判之功能，並建立緊急應變支援專家群及具備災害防救經驗的學者專家參與模式。

⚡ 2.3　整備作業管理機制

整備（preparedness）階段泛指災害來臨前的準備，使其有足夠的能力熟悉運作程序、減少災時損失。雖然減災措施在降低風險上是非常有效的方式，但其仍無法完全消除災害對社會或國家的威脅，災害的發生常為一瞬間的變化，要臨危不亂、避免災害擴大與災情損失，必須於平時做好充分準備，以應付災害發生時可能產生的各種狀況。

災害整備行動的推行，包括緊急應變機構、政府、企業和民眾等組織和團

體。當災害發生時，每個個體都扮演其獨有之角色並履行各自之的責任，在災害管理的整備階段工作相當多元，這些工作的操作將決定實際應變的成功與否。本節將先就細部的規劃過程進行論述，包括緊急應變計畫（Emergency Operation Plan, EOP）、演習、訓練、裝備、預警和民眾的整備，同時，考量媒體所扮演角色的重要性，本節亦就大眾媒體在災害訊息傳播上所扮演的關鍵性角色進行探討。

2.3.1　政府的整備

　　幾乎所有國家的人民，都預期政府會在災害發生時，提供其適當的協助。同樣地，許多國家的政府也向他們的人民保證，當災害發生時，政府會盡力的滿足人民的需求。而無論政府平時就其能力所及規劃之指導和保護人民的方案為何，實際的災害事件將反映呈現這些規劃適切與否。一般而言，政府的整備行動可具分為四大類：計畫、演習、訓練、設備，茲將之分述於下。

壹、計畫

　　急難和災害應變計畫就政府層級而言，是一個必要且複雜的過程。在災害事件中，政府各管轄層級需就其職責與事件所需執行相關的任務。因此，應變計畫的整備並非始於事件當下，政府需就其職責，預就相關作為、所需設備及其他可為助益之事項及需注意之事項進行規劃。

　　災害整備最理想的做法為建置社會或國家的緊急應變計畫。這些計畫的規模可視社會和特定災害的需求去放大或縮小，以能提供災害應變和復原所需為原則。

　　石富元（2008）指出，事件應變行動計畫是指在指揮架構的各層級，要達成所設定的目標所必須採取的行動，而原先在事件之前所規劃的，稱為緊急應變計畫（EOP）。舉例來說，醫院針對H5N1流感疫情有制定EOP，如發生必須啟動EOP的情況，指揮官會針對當下的情況，要求所有人員的執行與配合。較為重要的步驟包括下列幾個：

　　1.了解事件的狀態：必須蒐集現有的情報，加以整理及分析，讓事件的現

況獲得完整的全貌。

2. 事件應變的策略制定：在目標確定之後，就必須訂定完成這「目標」所需要的策略（strategy）。

3. 確認應變架構：現場應變指揮體系（Incident Command System, ICS）的架構是可因事件的大小而伸展或縮小，故在確認策略之後，即可確認應變的架構。大部分的情況不需要想的太複雜，只要想這些事情是該由四大功能群（執行、後勤、財務行政、計畫）的哪一功能群來做、由誰來監督即可。

4. 傳遞資訊：必須很有效率地將狀態分析的結果、各種應變計畫的會議結果傳遞給每一個需要這些資訊的人，這些文件包括：

(1) 事件應變行動計畫（Incident Action Planmng, IAP）；

(2) 狀況評估報告（situation reports）；

(3) 執行任務簡報（operation briefings）；

(4) 公共資訊散布（public information）。

5. 有效地指引應變行動：在目標及策略決定之後，就必須要有完善的戰術（tactics），包括適當的任務分配、相關標準程序的執行等。把適當的任務交給適當的人，讓他們用適當的程序在適當的時間及地點完成。

6. 評估及監控應變行動的成效：在應變行動的進行中，必須持續監控及評估是否達成原先目標的期望，以完成任務為最優先。

7. 必要時修改應變計畫：如果在評估的過程中，發現其成效與原先設定目標的預期有差距時，就必須要做修改。

良好的應變計畫妥善利用有限資源，更可進一步避免災損擴大。如訂定土石流災害防救業務計畫、地方政府的防災應變計畫、擬定疏散避難演練計畫等。

貳、演習

演習是社會或國家災害反應能力的整備工作項目之一。演習係於平時、非緊急情下進行，除整備事件中個人所擔負角色的職責外，並有助於發掘計畫中問題之所在，以及早進行修正，避免於災害事件中重蹈覆轍。此外，演習的另一個重

要整備功能為——帶出個人和政府相關部門間的互動。由於災害發生前，應變官員們通常並未親歷災害，在應變期間他們可能不知道彼此要做什麼，甚至職責為何；因此，透過災前演習，官員能立刻在對的時間打電話給對的人，而不需要去猜測此人是否能夠勝任此任務。

　　演習的主要目的在於檢驗災害應變系統的功能和確保應變期間的運作順遂，因此，透過實作的演習找出紙上作業及規劃的盲點，才是演習的主要目的。根據美國聯邦緊急應變總署（Federal Emergency Management Agency, FEMA）的定義，演習的內容依據規模大小及參與層級大致上可區分為以下幾類（李鴻源等人，2003；單信瑜等人，2004；石富元，2005；林志豪，2010；陳勝義等人，2012）：

1. 簡報導引演習：簡報導引演習係由計畫主持人或是熟知計畫內容的人，以授課、影像、講座的方式，將計畫的內容、精神、注意事項等要點，逐一向參與人員闡述，以達到教育之目的。

2. 技術演習：技術演習主為特定技術或技巧的反覆訓練，以訓練該項技術操作的純熟度和正確度，包含緊急醫療、消防救助，甚至後勤物資儲備管理等。

3. 桌上演習：桌上演習為在某個假設條件或模擬情境中，透過討論的方式，來檢驗災害應變能力的一種演習。

4. 功能性兵棋推演：功能性兵棋推演為仿傚軍方的演習模式，是一種互動式的演習。功能性兵棋推演主持人由該地區／區域之指揮官擔任，以各單位主管為參演人員，推演期間之狀況下達有其即時性，參演者的任何決策和反應將立即獲致相應之結果，推演之狀況不會因下了錯誤之決策而終止，藉以測試部門與部門之間的合作機制。

5. 全面性實兵演練：全面性實兵演練為前述四項演習的檢核，演習期間，所有參與人員全面動員，並就所有物資、資源全面上線測試。

　　前述事項之細部說明，及演習整備所需之前置架構與程序請參閱第十一章。

參、訓練

訓練有助於災害應變官員更有效率的做好本職工作，而前提是在災害管理中需採取更進一步的作為，讓從未身歷災害或危險實境的官員，就特定或特殊災害的反應進行適當的訓練。而未受訓或受訓不足的人員會增加二次災害或急難的可能性，進而讓有限的應變資源更為吃緊。

災害管理訓練並非普遍有效。儘管第一線應變官員，如警察、消防和緊急醫療服務人員（Emergency Medical Services, EMS），無論其身任何職，幾乎皆有一定的基本標準入門訓練，然而相較於技術性的訓練，災害應變的專業教育更為重要，例如：避難疏散、大規模傷亡事故管理、緊急通報機制、颱風應變機制、恐怖攻擊應變機制、火災救援等。許多已開發國家已建置集中或區域性的訓練機構，目的即在於導入、提升地方層級災害應變的專業素養。然而，多數國家仍然依賴外部訓練的援助或僅建立少數、作為災害布署之用的特殊受訓團隊。

肆、設備

災害發生時，人命救助是首要考量要素，為了使災害現場傷亡降至最低，平時即應準備各項搜救及緊急醫療器材、裝備。所謂「工欲善其事，必先利其器」，為執行各類災害之緊急災害應變，針對各類災害事故處理，充實各種裝備、器材，使現有資源發揮最大之功能。茲將針對各式設備之應用實例，分述如下（Coppola, 2011）：

1. 滅火設備（Fire suppression equipment）：滅火設備用於限制陸地或海上各類結構物及車輛火勢的蔓延。滅火設備的類別從手持設備到大型車載工具皆有，常見設備包含：消防車、滅火器、室內（外）消防栓、自動撒水設備、水霧滅火設備、泡沫滅火設備、二氧化碳滅火設備及乾粉滅火設備等。

2. 救援設備（Rescue equipment）：救援設備係用於拯救陷於困境或無法從危險情況下自救的人類或動物，救援的狀況可能是從燃燒或毀損的建築物，或從自大然災害環境中，如：土石流、水災、地震、雪崩等災害中拯救出生命。此類設備包含：穩定或支撐建築物之設備、挖掘、切割

器具、監聽、定位設備、專門的醫療及緊急救援設備等。

3. 個人防護裝備（Personal protective equipment）：個人防護裝備（或稱為人員防護裝備）係用於保護執勤者所面對的災害生命威脅。不同形式的人員防護裝備，有其自有的災害防護能力，如：極熱或酷寒、低氧狀態、化學危害、放射性危害、爆炸危害、噪音危害、意識喪失等。

4. 危害物質裝備（Hazardous materials equipment）：涉及危害物質的災害，需要特殊的應變專門知識和設備，以進一步限縮對人員、財產和環境的傷害。以大規模毀滅性武器（生物、化學、放射性或爆炸裝置）的恐怖襲擊事件而言，危險物質應變所需的設備可能包含：專門的滅火裝置、專門的個人防護裝備、中和設備、清理設備、淨化設備等。

5. 超過常規急救照護的災害醫療照護（Disaster medical care goes far beyond regular emergency care）：災害可能導致超過非災時處置能量的大量傷病患或人員死亡，醫院群及醫護人員頓時超載，此類事件可能需要設備包含：大規模傷亡運輸車輛、運送醫療人員專車、臨時醫療醫院、太平間等。

6. 通信系統設備（Communications systems equipment）：災害指揮應變體系的有效運作，很大程度取決於決策及應變者能透過通信系統進行有效的溝通，來傳達決策者的決策及第一線應變者之救援需求，通信系統設備應用層面包含：有線電話、行動通信、多點傳真、語音網路、視訊傳播、數據網路、無線電通訊、衛星通信、微波通信等。

7. 公眾警報及警戒系統設備（Public warning and alert systems equipment）：公眾警報及警戒系統對災害管理系統有相當大的價值。在整備階段，需能夠即時蒐集及監測災害資訊，進而加以彙整、分析、預測，並進行災害早期預警作業及規劃避難逃生路線等。國內目前公開的預警系統包含——颱風預警系統、河川監視系統、土石流預警系統、道路邊坡預警系統、水文觀測監測系統等。

2.3.2　民眾的整備

　　災害發生時，第一時間的「自救」與「社區鄰里的互助」為公認最有效之避免或降低災害衝擊的方法。近年來，社會大眾對於降低生命財產損失的需求與認知與日俱增，然缺乏對周遭環境的了解、災害的認識，缺乏災害預防及災害應變的知識，使得災害防救工作效能無法全面提升（趙鋼、黃德清，2010）。民眾防災教育、宣導、訓練必須從小紮根，唯有了解自然災害的相關知識與自救觀念，才能意識到周遭環境可能產生的災害型態，進而擬具相對的應變措施。根據日本火災學會出版的「兵庫縣南部地震火災調查報告書」一項阪神地震的調查統計顯示，在阪神大地震發生初期，民眾受困的救助方式，有34.9%民眾係以自己力量脫困、31.9%民眾由家人協助脫困、28.1%民眾係由鄰居或友人協助脫困、2.6%民眾由路人協助脫困，只有不到1.7%民眾直接由救助隊協助脫困。這項調查統計結果，後來衍生出極為重要的災害防救法則，即是大災害來臨時，「自助：互助：公助」比例是「7：2：1」（行政院災害防救委員會、經濟部水利署，2008）。因此，整合社區內、外資源，凝聚防災共識，激發社區居民建立「自救而後人救」的觀念，共同致力於社區抗災、避災、減災的預防措施，為民眾整備行動的一大重點。本節將著重於民眾防災教育、民眾防災意識、改變民眾行為及民眾災前預警作為等事項的說明。

壹、民眾防災教育

　　民眾防災教育之目的主要著重於提升民眾之災害意識，使其了解可能發生之災害事件，並知道如何應變。而災害管理之根本概念並非嘗試控制災害的發生，而是減緩災害發生時或災後對人類所造成的傷害與衝擊。至於防災教育的推動模式，即是要透過教育的方法，協助民眾養成積極的防災行為，當下次災害侵襲時，能把災害降至最低（林秀梅，2001）。通常民眾防災教育亦稱作「風險溝通」，目的在教育民眾利用適當的方式去降低風險，在災害發生前執行的整備行動，包含括以下三個主要目標：(1)提升災害風險意識；(2)改變民眾行為（災前降低風險、災前整備、災中反應、災後復原）；(3)災前預警。

貳、民衆防災意識

　　民衆防災教育最重要的目的在於調整民衆對災害及風險的認知。在Morgan（2002）的研究中，Morgan讓市民列出其最在意的危害清單，市民列舉的項目五花八門，從可能的傷亡威脅，例如意外、疾病及犯罪活動等，到個人所關切的危害類別，例如愛情生活問題或學校、工作上的問題等，研究結果顯示，民衆列舉的項目僅有10%與自然環境或人爲災害有關。鑑此，就提升災害風險意識的公民教育而言，其必須準確、可靠及盡可能有效，如同前述研究所呈現的，知識的傳播仍需克服社會及心理的既成障礙。

　　防災公民教育的傳播者必須了解目標群衆平時如何取得他們的災害風險資訊，續就這樣的背景框架設計其欲傳播的訊息。許多團體，特別是貧困的人民，平時訊息的來源多經由日常社交網絡，而非報紙、政府資訊或其他正規通訊方式；他們可能不信任政府及其他官方資訊，進而忽視其體制下的資訊。另外，在流動人口的部分（例如觀光客），由於其身處異地，對所在地災害特性認知有一定理解上與時間上的限制，透過特定目標性的教材，如飯店客房的標語和指南手冊，這些族群可快速、有效的進行整備訓練，以就火災、海嘯等災害進行應變；而每個社會族群的弱勢人口，如老人、小孩、殘疾人士、文盲等，必須融入其特定的認知和學習方式來達成教育的目標。以下分就三種類別敘述達成公衆教育目標的方式（Morgan, 2002）。

1. 勸導與指示觀念的建立：適用於已經做好準備而等待行動指示的民衆。如果民衆具有充足的時間與一定的防災素養，僅需提供民衆所及範圍的明確指示、概括陳述即可。這就如同我們需要一個值得信賴的醫生、律師、保險代理人或投資顧問，告訴我們細節及該做什麼。

2. 量化數字意義的推廣：適用於欲行自主決策的民衆。部分民衆通常想自己做出選擇，他們想要專家知識的量化結論。舉例來說，民衆可能需要知道成本、成功的機率或替代醫療方案不良副作用的可能性，在得到這些資訊後，其可針對個人情況，做出對自己最有利的決策。

3. 過程和編制的建置：在某些情況下，民衆需要知道的不僅僅是一些數字。民衆需要學習風險如何而來、如何控制，這些資訊使他們能夠監控

自己的生活環境、識別危險情況並制定適當的應變能力，這些知識可以讓民眾參與公眾討論而為稱職的公民。

參、改變民眾行為

倘如民眾可意識到災害潛勢的存在，則有助於其去接收相關資訊，進一步協助他們減低受災的風險，並減少整體的脆弱度。民眾可以根據災害的週期與目標採取適當的行動類別：(1)災前風險降低行為；(2)災前的整備行為；(3)災後應變行為；(4)災後復原行為。

災前減災的公民教育，係嘗就已意識到災害風險存在民眾，指導其可降低他們個人或團體災害脆弱度的方法，例如，對地震潛勢區的民眾教導其如何固定家具來避免傷害，經告知其各類適切的反應對防災的成效後，民眾更可能對有助於避免災害的作為付諸行動。

災前的整備教育，目的在於讓民眾於災害發生前知悉可行作為，包含儲備特定物資、擬定個人、家庭、社區行動計畫，以及選定安全的集合地點等；而災後應變行為的教育，則旨在教導應變群眾在災害當下和災害之後如何反應，例如：必須教育民眾識別預警資訊並告知各預警資訊的應變方式，包含參與疏散時的正確方法。此外，幾乎所有的災害中，第一時間可提供傷者最大生命救助援助的往往是一般民眾，而非正規急難管理資源。這類型教育也讓民眾能在應變初期，協助家人、朋友、鄰居和自己，用以補充其社會因應突發事件的急難管理資源。

最後要提到的是災後復原教育，這部分往往僅在災後進行，教導民眾如何重建他們的生活。這包含幫助民眾尋求政府、非營利組織或國際資源的協助進行救災和重建，以及如何為他們自己提供這些服務。個人和家庭可於日常生活中做好所有災害的準備，但大部分災害類型有其特定的整備、應變及復原運作方式，民眾教育者必須做好準備並闡明相關細節。

肆、民眾災前預警

災害管理民眾教育的最終目標是預警。預警主要用於幫助接收者了解其風險情勢的增加或一定程度的改變，並提供可信賴、依循的行動指示。而預警與災害意識不同的地方在於預警指示訊息接收者採取立即的行動。

　　預警系統與預警資訊的設計必須廣布至社會族群內可能接收訊息者所在的範圍，無論其身在何處或何時，使用包含各種非官方、非營利組織組成的複合系統通常是達致最大化人口覆蓋的唯一途徑。災害預警計畫考量的群眾包含：在家裡的、在學校的、在工作的、在公共空間的、在車裡的——弱勢族群、各語言族群、低階教育族群及貧窮族群等（Coppola, 2011）。

　　預警除需預先告知民眾即將發生的危難或災害外，並需具體指示災害前、中、後的相應作為，同時，必須考量以更多的途徑讓民眾更容易獲致相關的資訊，例如：網站、電台、電視台或電話等。公眾預警所指者並非為單一個訊息，預警係建立為各類災害、族群和環境所設計的複雜系統之上，廣義的預警系統其目的不外乎下列事項（Coppola, 2011）：

1. 檢測災害的存在與否：這個步驟包括收集多個可預先推論的感測和檢測系統，包括天氣感測器，水流量感測器，地震活動和地表形變感測器，空氣和水的監測裝置，以及衛星資料。

2. 評估災害的威脅：所有災害的發生風險，可由特定變數長期的紀錄資料評估其發生可能性。而感測和檢測系統蒐集的資料，則有助於災害管理者災害潛勢推估的更新，進而評估可能對國家社會造成的影響。

3. 判定災害事件中的保全對象：最有效的預警是就特定災害的保全對象，以災害管理的方式確保其不在相對的風險中、避免採取不必要的行動。目標性的預警也讓應變者可以集中援助資源給最迫切需要的人。

4. 通知民眾：災害管理者最難的決策為是否要發出預警。如果災害沒有形成，多數災害管理者會憂慮其之決策造成民眾的恐慌，抑或者通報的預警訊息並未具體發生，會讓民眾產生「狼來了」的效應。然而，研究者們發現，前述的兩種狀況在實際的執行過程中甚少發生，而若災害管理單位係根據既已建置的風險評估方式，其預警的發布決策僅屬其職責範圍。

5. 決定適切的可行防護行為：根據最新的情勢評估，災害管理者必須判定民眾需遵行的防護行為。就某些災害而言，如化學物質洩漏，民眾可能被告知多種、互異的防護行為，例如：適當的疏散和避難地點。

6. 指引民眾執行防護行為：透過先前的教育，民眾應已具備一定的防災知識，對特定預警訊息所應採行的防護行為有相當程度的認知，災害管理者必須決定最佳行動方針，並通過先前建立的機制傳達信息給民眾。被預警的民眾將就接收的訊息，評估下一步，因此，提供明確的訊息去引導民眾是相當重要的。

7. 支援民眾採行的防護行為：實際的應變資源，如警察和消防人員、急難管理官員、志工和相關權責人員等，應協助民眾進行發布的指示，例如：協助進行疏散撤離。

預警系統的有效性相較於科技本身或最後的決策更為重要。一個有效的預警系統包含三個明確而重要的步驟，讓民眾可以確切的採取必要的作為（Coppola, 2011）：

1. 預警計畫建置：本階段中，災害管理者必須考慮何類災害可被預警、如何及何時對民眾發布預警、民眾可對預警訊息如何應變、使用何種專門用語、需發布預警的對象（特定單位或設備）為何。預警計畫可納為社會或國家緊急應變計畫的機能附件。

2. 民眾教育：對於警報器、通知或其他形式的預警，民眾不會僅因警報的發布而自行應變。有研究指出，既使已施行防災預警的教育，僅有40%的接收者會採取適當的行動，而若沒有事先的教育，可以預期到對預警訊息有所反應的人將會更少。災害管理者需就完整的預警訊息說明納入相關的公民防災教育訓練活動中，包含：民眾會聽到怎樣的預警、其所代表的意義為何、何處可取得更多的資訊、可採取的應變作為為何等。

3. 測試和評估：最後，對官方應變人員而言，測試和評估為其之必要作為，以確保災害當下第一時間預警作為沒有遺漏到任何預警對象。測試可以讓民眾在平時不會緊張、害怕狀態下，去體驗預警發布的聲音或用詞。就災害管理者而言，測試可以確保其就系統與程序的假設，在實際預警事件中的表現。而預警系統的評估有助於先行確保系統可發揮其預期的效用。

2.3.3　大眾傳播媒體溝通

壹、大眾傳播媒介

　　人類的傳播形式大致可區分為大眾傳播與人際傳播二分類。大眾傳播是利用大眾傳播媒介來傳遞交換訊息，而人與人之間的溝通，未利用大眾媒介者，謂之人際傳播。臺灣知名新聞傳播學者鄭瑞城提出以下二點看法（喬金鷗，2011）：

　　1. 大眾傳播是傳播活動的一種，但傳播並不限於大眾傳播。

　　2. 透過大眾傳播媒介的傳播，一定屬於大眾傳播，但大眾傳播並不限於透過大眾傳播媒介，例如：大型演講的面對面傳播。

　　傳統上所謂「大眾傳播媒介」包括：電視、廣播、電影、錄音（影）、報紙、雜誌及書籍等，前面四種媒介在形式上比較傾向電子的型態，又稱電子媒介，後面三種媒介，型態上較傾向印刷，又稱印刷媒介。事實上，無論以傳統的七大傳播媒介稱之，或以電子媒介、印刷媒介來區分，在科技整合的時代觀察，都不是非常恰當的，因為傳播媒介在科技的帶動下，已經發展出新的風貌，例如：電子報、電子書、網路廣播、網路電視、電子郵件、資料庫、Skype、Plurk、Twitter、Youtube、Facebook、Line等都是新媒介，而且與現代生活息息相關。因此，傳統上的媒介分類已經逐漸模糊，然而無論大眾傳播媒介如何發展創新，本質依然不變，那就是媒介的功能是用來傳達、交換訊息之用的（蔡念中，2005）。

　　民眾在發生災害時，會試圖透過各式資訊媒體與外界聯繫或取得相關資訊。鄭宇君、陳百齡（2012）就災時可用之傳播體媒體以二維象限進行屬性分類，提出災害媒體的分布光譜，如圖2-8所示。圖2-8中，以水平線區分資訊流通結構，水平線以上為資訊橫向傳遞（民眾與民眾間或民眾與既有資訊間）之水平式媒體，水平線以下為資訊縱向傳遞（民眾與政府體系間）之垂直式媒體；以垂直線區分資訊使用模式，以垂直線右側為訊息的情感性使用類別，以垂直線左側為訊息的工具性使用類別。其中，垂直式媒體的部分，大眾傳播媒體為滿足民眾對災害訊息的工具性使用與情感性使用需求，分別有透過純淨新聞報導讓觀眾了解災情最新狀況及政府作為者，及開放民眾call-in以反應求救需求、焦慮情緒、

抱怨政府、提供意見等多元心聲者，但垂直向、不同層級間訊息形式之轉換，需透過記者進一步採訪與報導才能完成，例如：民眾在call-in中表示某處淹水受困的情況，無法直接轉換為一則電視新聞，必須透過記者的查證、描述詳細情況，甚至是前往拍攝畫面之後，才能成為一則播出的新聞。

　　相較之下，水平式媒體（社交媒體）屬開放性資訊，平時以滿足民眾情感性使用或開放式討論為目的，而一旦傳播情境及需求改變時，其亦可因應民眾在危機時刻的緊急需求，透過社群動員的集體協作，在短時間內進行工具改造，彈性調整為收斂式資訊結構的災情網站，將原有的訊息流量與參與人數，轉化或導入至臨時性的救災網站，以迅速在災害期間完成資訊有效傳遞的功能。

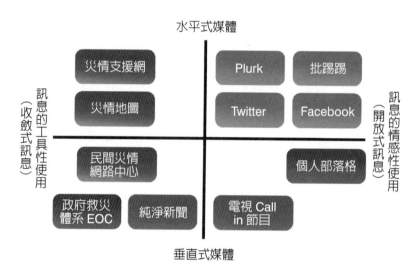

參考資料：修改自鄭宇君、陳百齡，2012

圖2-8　災害媒體的分布光譜

　　一般而言，由於社交媒體（如Plurk、Twitter、Facebook等）屬多元、開放的分散式訊息，其本身無法有效地在災害期間呈現災情的不確定性，必須再透過一定程度的整合，才能就資訊的傳遞發揮其最大的效用。以莫拉克風災為例，建置災情查通報網站的目的即在於整合災區民眾於社交媒體流通的資訊，藉此引導社交媒體中各種的不確定性訊息匯入到災情查通報網站，進行後續的資訊彙整、查證、協力解題等災害資訊傳播行動。

貳、媒體溝通

　　媒體溝通在危機處理過程中，具有舉足輕重的地位（林宜君，2010）；東京大學社會情報系教授廣井脩認為：「媒體不僅是報導災難而已，也是防災和危機處理的下部組織」（趙鋼、黃德清，2010）。Coppola（2011）更進一步指出，媒體在災害及急難管理上，不論是災前或災後皆有其不可或缺的重要性。就公共安全的危機而言，傳播媒體扮演下列重要的角色（林宜君，2010）：

1. 媒體報導增加危機處理的困難度：危機由傳播媒體發布即成為大眾關注的焦點，尤其電子媒體動輒以現場轉播方式報導危機事件，對組織的危機應變能力造成更大的挑戰。學者蔡樹培（1998）以混沌理論（Chaos theory）說明媒體在危機中會產生「擴音作用」（Amplification），致使原本不起眼的議題擴大成巨大的雜音。

2. 媒體報導影響大眾對組織形象的認知與評價：這是一個媒體邏輯的時代，在危機事件發生時尤其如此。依據林宜君（2010）引述Erbinger（1997）和Stocker（1997）指出，在危機真相未明之前的媒體報導，常造成一種「媒體審判」（media trial）效果，直接衝擊組織的形象，甚至不知不覺地製造假新聞，造成溝通雙方對傳播媒體有一定程度的不信任感。

3. 各方團體在危機時利用媒體爭取解釋權：基於傳播媒體競爭生存空間的考量，傳播媒體愈來愈受到相關系統的操作，媒體成為各種利益競逐的舞台（孫秀蕙，1996），甚至落入集團、黨團之新聞體系，在言論評論、報導立場角度，進行偏頗而獨斷的資訊揭露，使媒體溝通更加困難。

4. 危機本身即具備新聞價值：危機事件具備衝突性、影響性和特殊性等新聞的要件，在本質上即容易吸引記者報導，相對地，危機事件皆在極短暫時間發生，傳播媒體要在極短的時間內詮釋、彙整相關資訊內容，而內容是否客觀、理性、真實，是值得商榷之處。

傳播媒體在災害風險事件中具有下列之功能（趙鋼、黃德清，2010）：

1. 災害風險資訊的報導傳播；

2. 災害風險資訊內容的詮釋；

3. 培養大眾正確的風險認知態度與共同的價值觀；

4. 適時動員社會的能量進行防災、救災的工作。

由此可知，在災害事件發生時，與媒體互動、溝通之最大關鍵之處為政府需扮演訊息提供之角色，在第一時間內提供明確完整的資訊，且政府與媒體雙方需不斷地進行溝通，避免一些誇大不實之報導產生，影響民眾心理，甚至國際媒體，造成負面效果出現。

依據趙鋼、黃德清（2010）指出，利用傳播媒體力量協助政府救災，在國外方面，日本早在1951年於「災害對策基本法」中，即指定國內新聞傳播媒體最大型企業組織NHK作為國家防災單位之一，故NHK與氣象廳、消防廳、警察廳、防衛廳等同屬中央防災一級機構。而韓國在1995年發生501人死亡的三豐百貨公司倒塌事件之後，也參考日本的作法，於1996年在「災難管理法」中將韓國公共電視台（KBS）列為災難報導的指定台。至於美國則以聯邦災害管理署（Federal Emergency Management Agency, FEMA）為最高防災專責機關（隸屬於國土安全部），其中負責媒體協調的公共事務部門，屬一級單位。FEMA平日即以各種傳播管道提供防災訊息，並在災難發生時，透過各種途徑（結合廣播與電視媒體、Facebook、Twitter、Plurk等管道）主動提供緊急訊息給傳播機構。反觀，在國內臺灣方面，政府在災害防救等過程中，與新聞傳播媒體之互動則稍嫌不足，對於媒體總是抱著「敬鬼神而遠之」之公務員心態，以致於媒體在災害發生時，捕風捉影，憑藉蛛絲馬跡即進行報導或臆測災情，並於災後復原與重建階段，化身為「扒糞者」或「揭弊者」追究事件發生原因以及政府災害應變過程是否有所疏失；也就是說政府一開始就沒有利用媒體傳播力量來產生合作救災的職責。

因此，在災害發生所造成的危機情境下，面對種種的不確定性，如何維持訊息傳遞管道暢通，並確保訊息的正確性，使民眾能迅速獲得所需資訊，藉此達到救援與撫慰人心的目的，對災害傳播是格外重要的課題（鄭宇君、陳百齡，2012）。而政府、民眾與媒體三方之間做到充分溝通並取得信賴，讓大眾傳播媒體溝通真正做到「記者的自由就是所有人的自由；記者的意志就是所有人的意

志；記者的選擇就是所有人的選擇；他所見到的世界就是全世界」之境界（周金福，2003）。

⚡ 2.4　應變作業管理機制

前面章節就個人、團體及國家於整備及減災過程，如何減少其面對災害的脆弱性及提升其抗災能力的相關作為進行了闡述。而儘管有最周密的應變計畫、最全面的整備計畫和最有效的減災計畫，災害仍無時無刻可能發生。一旦災害發生，個人、團體及國家必須在有限的資金、資源、能力和時間下，即時進行應變操作，以避免災情失控，衍生更大的災難。

基本上，災害規模左右著災害應變方式。就單一個人常遇到的急難事件而言，如房屋火災或車禍意外等，這些事件的危害往往超越個人的應變能力，而此時地方應變資源，如消防或緊急醫療單位等，必須分派去處理這些狀況；團體也多有遇過大於自身處理能力的災害，而需所屬的地方政府或中央政府提供援助的經驗，屬國家型災害；而更大規模、超過國家應變體系可以處理的大型災害事件，在這樣的情況下，則需要國際應變團體的迅速動員，協助受災的國家處理當下的災情。

本節的重點在於闡述災害管理中應變作為，以下將先就緊急應變的定義進行概述，續就災前應變整備及災後應變操作細節做進一步說明。

2.4.1　緊急應變

無論是否會成為更進一步的「災難」的災害事件都屬緊急情況。日常生活之外，必須就已訓練和未訓練的人員有所掌握。災害發生時之因應措施，除依事先擬定之災害應變計畫外，對於災害發生時的應變作業，依照急迫性可分為災害緊急通報、災害應變中心開設及災害發生後等三個時期，茲將之分述如下：

1. 災害緊急通報時期：災害緊急通報於應變小組成立前進行，係為爭取救災時效，於災害發生或有發生之虞時，於第一時間進行各級政府災害權責單位複式多元通報。而如需申請行政院國家搜救指揮中心搜救，其通

報申請作業程序依行政院國家搜救指揮中心作業手冊辦理。

2. 災害應變中心開設時期：災害應變中心時期起始於災害應變中心成立，主要任務為動員救災人力並啟動緊急醫療救護系統，以備於或做為第一時間搶救人民生命及財產，及迅速疏散、收容與撤離災民等工作之用。

3. 災害發生後時期：在緊急情況的最後階段，災害已發揮其最大的作用，並預期不會有更進一步的災害造成。此時應變者不再去處理災害效應，而著重於處理受災者的需求、死亡者的處置並確保建築物和環境的安全。此時，緊急情況仍然存在，且有惡化之可能，但災害事件誘因已不存在。

2.4.2　災前應變整備

災害事件下迫切展開的應變作為係由政府官員依其職責權屬進行（請參見本書第三、四章）。其之界定可藉由單一或多個程序，取決於面對的災害特性和可用的技術。每個災害都有其特定的指標因子，災害發生之前，政府必須建立檢測這些指標的方法，或尋求其他具有相關鑑測技術的國家政府支援。

雖然如野火、乾旱和颱風等災害具有一定的前置時間（數小時、數天、甚至數週），但如地震災害，其之發生幾乎毫無預警，亦即，直至其實際發生，無法加以界定。災害管理者需發布的災害預警訊息，隨著科技的持續進步而增加，災害管理者必須發布災害預警。雖然這種技術的可用性往往侷限已開發國家，但國際間的合作可擴大其涵蓋率（Coppola, 2011）。

然而，科技不是「銀彈」單獨可造就的解決方案，國家的政府必須能就其可取得的資訊採取相當的行動，例如：美國政府在取得海嘯監測系統就2004年亞洲和非洲的海嘯事件及2009年南太平洋的海嘯事件的警報訊息後，旋即就此兩事件所經路徑依序警告許多國家和區域，然而，大部分接收這些資訊的國家及區域缺乏有效、可迅速警告當地民眾，進而撤離至較高區域的作業程序（Coppola, 2011）。

如果災害在發生之前可判別其知發生與否，災害管理者有幾個災前應變程序可以依循：

1. 預警和疏散：如已建置預警系統，民眾在災害來臨前，可有時間做最後的防護準備或自災害潛勢區域撤離至個人或公有避難收容處所。

2. 資源和供給品的預置：依國家大小及應變人員、裝備、供給物資數量事先分散預布。資源的預布可有效減少災後倖存者取得物資和資源的等待時間。而爲簡化災前的資源預布作業，許多國家已建置便於運輸的災害應變設備套件，如藥物和醫療用品、食品、衣服和避難所等（Coppola, 2011）。另，在災害情況和後果可被控制的情形之下，資源管理中的「囤貨」方式也是另一種形式的資源預布方法，亦即是在災前事先預備好可能需要的物資，等災害發生時，直接將物資「塡」到應變現場，以因應後續所需，滿足「預期性的需求」（林志豪，2010）。

3. 最後的減災和整備措施：如減災和整備的動作能早在災前完成，其爲災害管理工作中最爲有效的災害防救作爲。例如：洪水來臨之前，沙包用作增加堤防的高度或建構環繞建築物和其他結構的屏障；風暴之前，門窗以木板封閉或加固；以疫苗和其他預防措施減少流行病的感染率。就大多數的災害類型而言，如果還有一定的緩衝時間，可以呼籲民眾儘早進行物資儲備和相關整備行動，如採購儲備的水、食物、電池和蠟燭等。而少部分的災害，特別是蓄意或科技類的災害，全面性的降低甚至是排除是有可能的。就其特有的本質而言，其係由人類所創造，也因此更可能再由人類予以糾正，不像自然災害，一旦發生幾乎無法阻擋，例如：在預估電腦千禧蟲將造成世界各地電腦系統故障的當下，許多國家在其具體發生之前採取因應措施去解決問題（Coppola, 2011）。

一般而言，國際間的支援很少在災害發生之前展開，其原因不外乎下列兩點。其一，大部分政府傾向於儘可能維持其能處理當前情況、無需外界支援的形象。受災的國家政府需在國際應變組織參與任何應變之前提出徵求，但基於政府尊嚴考量，通常不太可能於災害實際侵擊之前提出此類邀請。其二，國際支援很少在災害發生之前展開，多數政府或組織沒有儲備備用資源可供無條件餽贈或布屬，因此，國際援助通常視災害的嚴重性相對於當地政府應變能力的情況而定（Coppola, 2011）。

2.4.3　災後應變操作

　　一旦災害事件發生，並達致法定災害應變中心開設之要件，政府應立即成立災害應變中心，以逐行救災人員的指揮調度（縱向聯繫）與各部門的溝通協調（橫向聯繫）等重要工作，並迅速發布或傳遞災害警報。災害應變中心之運作有賴平時完善計畫的擬定、演訓計畫的執行與防災意 的建立。大規模災害發生時之救災人力整建，主要動員對象包含政府（警察、消防人員）、軍方與民防三個體系。

　　一旦災害應變開始，首要任務是拯救生命，包含疏散、搜索和救援、急救等工作，可能會持續數天或數週，取決於災害的類型和嚴重程度。隨著應變資源的調動，應變任務將持續增加，包括：評估災害、處理災害後續的影響、提供物資資源、避難處所、罹難者管理、環境衛生監控、治安安全維護、社會服務、關鍵基礎設施的恢復、捐贈管理、志願者管理等。以下茲就各類別工作之重點進行說明（Coppola, 2011）。

壹、搜索和救援

　　許多災害造成受害者被困在倒塌的建築物、瓦礫殘骸或流動的水中。地震、颶風、颱風、風暴、龍捲風、洪水、潰壩、公安意外、恐怖攻擊及有害物質釋放等皆有可能需要組織性的搜救。搜索和救援包含三個獨立而又相關的行動：定位受災者、救援受困受災者和提供初步的醫療急救處置，以穩定受害者情況，使他們可以送往正規的緊急醫療院所（Coppola, 2011）。

　　一般民眾、受災者朋友、家人及鄰居，會在災害初期的數分鐘或數小時進行大部分的搜索與救援工作。這部分的群眾透過聆聽求救呼喊、目測其他生命的跡象或以既有資訊（例如知道某人會在特定時間在家）來推估人員可能受困位置。據估計，半數獲救的人會在災後6小時內獲救，因此，普通民眾災後搜救的貢獻相當重要。而就普通民眾能力所及以外的部分，就需要正規搜救組織來協助。正規搜救隊平常即就其所配備之特殊器材、裝備及動物等進行常規訓練。搜救隊可執行一般的搜索和救援，或就特殊區域進行搜救，如荒野救援、城市搜救或急流救援等。搜救隊的裝備包含醫療裝備、救援裝備（如繩索、鋸、鑽、錘子、特定

物件等）、通訊設備（如電話、無線電、電腦）、特殊科技裝備（如相機、熱能與動能感測器）、後勤設備（如食物、水、特殊衣物），大大增加他們定位與拯救受害者的能力（Coppola, 2011）。

　　許多國家搜救隊的訓練、裝備和維護，部屬在世界任何地方，這些團隊能夠執行下列部分或全部任務（Coppola, 2011）：

　　1. 搜救倒塌建築物內的受災者；

　　2. 定位和搜索埋在泥土、雪堆和其他瓦礫殘骸下受災者；

　　3. 搜救急流或深水中的受災者；

　　4. 定位和搜索損毀或倒塌礦區中的受災者；

　　5. 定位和搜索荒山野地中迷路的受災者；

　　6. 提供遭困的受災者緊急醫療；

　　7. 提供訓練犬隻透過聲音和氣味來定位受災者；

　　8. 評估和控制天然氣、電力服務及有害物質等；

　　9. 評估和穩定受損的結構物。

貳、急救醫療

　　雖然意外事故和急難情況通常包含受傷的人，一旦災害中傷患超過一定數量，非為當地診所或醫院所能負荷者，則稱之為大量傷病患事件（Multiple Casualty Incident, MCI）。災害管理人員必須快速地找出方法安置這些傷病患，提供其急難需求及穩定他們的情況，如有必要，並將其轉置於能收納、滿足拯救生命所需的處所。

　　目前國內衛生機關及醫療機構處理大量傷病患緊急醫療救護作業要點所稱大量傷病患緊急醫療救護，係指單一事故、災害發生之傷病患人數達十五人以上，或預判可能發生十五人以上傷病患之緊急醫療救護。然而這顯然不是合理的定義，因為各地的資源不同，救災所需要動員的資源及複雜程度也不相同。比較合理的定義是：傷病患的數目增加到不能以平常的方式去進行救護時，就應該以大量傷病患（MCI）的模式去進行現場的處理（趙鋼、黃德清，2010）。

　　災難現場救災救護人員採取的第一步驟之一是檢傷分類（Triage）。當大量

傷患災難事件發生的同時，每一個到場的醫護人員除了治療病人之外，即需要進行檢傷的措施，以決定病患的醫療迫切性。一般大量傷病患檢傷分類系統通常分成四個等級，依照顏色來標示，如圖2-9所示，各級別傷患狀況分述於下（林志豪，2010）：

1. 死亡：或是瀕死治療（deceased），檢傷分類以黑色標示。多處重大創傷或已經明顯死亡的傷病患，即使投入很多資源和積極的治療，救活的機會也相當渺茫。例如嚴重的頭部外傷、百分之九十五以上的嚴重燒傷病患等。

2. 重傷：又稱立即治療（immediate），檢傷分類以紅色標示，也就是最需要優先處理的傷病患。傷者通常傷勢嚴重，會危急生命，但是如果及時

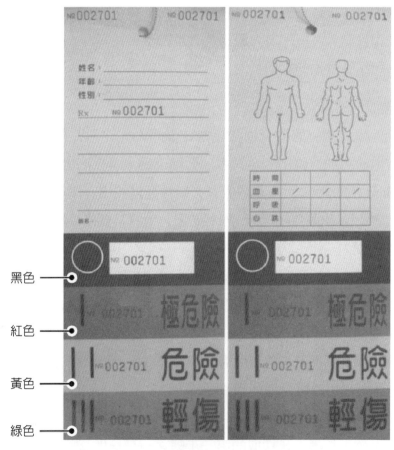

圖2-9　傷票正反面圖樣及使用方式介紹

治療，很有可能可以存活。例如身體大量的出血、上呼吸道阻塞或張力性氣胸等。

3. 中傷：又稱暫緩治療（delayed），檢傷分類以黃色標示。傷者一般受到相當顯著的傷害，但是稍微晚點處置並不會危及生命，也不會造成嚴重的後遺症。例如骨折。

4. 輕傷：只受到皮肉輕傷（minor），通常可以自己行走，檢傷分類以綠色標示。延遲處理不會造成生命的問題，也不會有後遺症，而且往往不需要受過專門訓練的人員就可以處理。例如擦傷、扭傷、挫傷、出血已經控制的撕裂傷等。

檢傷分類是「為大量的傷患做最完善的處理」，通常是對於那些處於危急狀況需救援的傷患優先給於關心與治療，意即將一群病人依傷病情況輕重程度而分類，並依其需要醫療照護之迫切性，評估是否應給與優先處理或轉診之特權，主要用意為提升醫療處置的恰當性或轉送的速度。國際間最常使用的方法為START（Simple Triage and Rapid Treatment），即「簡易分類並迅速治療」之意，初期快速檢傷所期望的是希望能用一分鐘以內的時間，快速的評估一個傷病患，了解其嚴重度及緊急程度，盡量能用最短的時間內完成所有的傷病患檢傷。救護技術員使用START可以依照下列五個簡單而實用的步驟執行（林志豪，2010）：

1. 評估運動：呼喚所有的傷病患，能夠步行的傷病患就是「輕傷」，以綠色標示。

2. 評估呼吸：如果沒有呼吸，就嘗試打開呼吸道，如果仍然沒有呼吸，則是「瀕死治療」，以黑色標示。

3. 評估呼吸速率：如果仍有呼吸，或是一開始評估就有呼吸的人，就要評估呼吸速率。呼吸很快（大於每分鐘三十次），則為「重傷」或「立即處理」，以紅色標示。

4. 評估呼吸循環：如果呼吸小於三十次，則評估循環，測量橈動脈脈搏，無法感觸橈動脈脈搏的傷病患屬於「重傷」或「立即處理」，以紅色標示。

5. 評估意識：如果橈動脈可以摸到脈搏，代表血壓應該有八十毫米汞柱以上。這時要再評估意識，如果病患無法遵從簡單的口頭指示，那就當成「立即處理」。如果意識清楚，則屬於「中傷」或「延遲處理」，以黃色標示。

簡言之，如果可以走動的，就是綠色；沒有呼吸的，就是黑色。此外，同時達到呼吸、循環、意識這三項評估標準的，就是黃色；其他的都是紅色。

參、疏散撤離

「疏散撤離」是指民眾自主或政府透過勸導、強制等手段，將處於災害發生影響範圍或研判可能受到影響的民眾，遷移至安全或相對安全的環境或避難場所。前述安全避難收容處所應於平時即就災害潛勢區域或高風險地區進行事先規劃，同時預擬緊急疏散逃生路線並建置保全清冊，以利災前或災後應變緊急操作之用。然而，周全的準備往往不代表執行的順遂，有時即便疏散撤離命令已經下達，但仍有部分民眾不願撤離，或因特定因素無法撤離，如貧困、殘疾、恐懼或無法接收、理解預警資訊等情事。一旦災害的威脅進逼，這些民眾仍需撤離或被迫撤離，在生死交關的情況下，最常見的就是緊急、倉促的以自己認知的方式進行撤離，而倉皇的行事卻也往往造成這些民眾讓他們自己身陷更大的災害風險中。因此，一旦達到疏散撤離標準，政府應劃定警戒區域（災害防救法第三十一條）並下達撤離命令，此時，消防和警察人員可就單一建築物或社區下達疏散撤離指示；而就較大規模的疏散撤離而言，通常需行政首長下令執行，包含勸告性的或強制性的疏散撤離。

針對災害高潛勢地區執行「預防性疏散撤離」，是積極有效的防災措施。民國98年莫拉克颱風小林村滅村事件發生後，「預防性疏散撤離」更成為地方政府災前應變的致力重點。翌年，凡那比颱風事件造成屏東縣來義鄉來義村發生土石流，由於該村已先執行預防性疏散，原居該地的50戶180人得以免於傷亡。此一事件，更凸顯「預防性疏散撤離」的重要性。

肆、災害評估

應變官員必須在災害發生後，儘速開始蒐集用以運作應變工作所需之資料與

資訊。應變者必須知道在任何特定時間或特定時距發生什麼事、在哪裡發生、需求為何、如何滿足這些需求，以及可用資源為何。這些資料蒐集的過程，即為災害評估，其之困難與複雜程度隨災害規模與影響範圍而增加，災害評估可分為兩類，根據其所尋找的資料類型而定（Coppola, 2011）：

1. 狀況評估（situation assessment）：亦作損害評估（Damage Assessment），目的在確定發生什麼事而造成災害。狀況評估有助於確定災害的分布範圍，以及其如何影響民眾和建築物的安全；在本質上，其為災損的估列。資料蒐集包括：受災面積、受災人數、傷亡人數及傷病患類型；災害效應特徵和狀況的說明；醫療、健康、營養、水和環境衛生狀況的說明；持續或新出現的災害及災害效應；以及基礎設施和關鍵設施的損害、住宅和商業結構的損害、農業和食物分配系統的損害、災區社經狀態的損害、目前應變成果的進展等。

2. 需求評估（needs assessment）：包含彙整滿足災情所需的服務、資源及其他協助等資料，其係用作定義拯救和維持生命之所需。這評估涉及蒐集災區服務、資源和其他協助的資料。它被用來確定什麼是需要保存和維持生命。災害管理人員可以使用一系列的方法來進行此項評估，其可能包括：

(1) 內部資訊彙整：此需彙整、呈現幕僚和分支機構既知的資訊。

(2) 多光譜影像判釋：包含各種的觀測方法，包括衛星影像、航空拍攝等。

(3) 抽樣調查：藉訪談具代表性的受影響人口彙整資訊。通常採用簡單隨機抽樣、系統性隨機抽樣調查、分層隨機抽樣、群集抽樣等方法。

(4) 哨點監測（sentinel surveillance）：某些災害的特徵（預警信號）往往預示著更大的問題，當有這樣的預警特徵存在時則予以持續監控。

(5) 各領域專家的評估：各領域專家，如交通、能源、健康或供水等，就其專業背景所做的公共基礎設施調查。

(6) 持續的訪談：指定專人持續的進行訪談，以彙整資訊供更新評估資料之用。

伍、避難收容處所與民生物資資源管理

在災害發生後，民眾的住家可能遭受破壞或無法居住，交通路線和通訊可能完全中斷，災區可能完全被隔離。如果沒有避難收容處所，倖存者、傷者和健全者不久將因環境及不安全感和心理壓力，變成二次災民；而對於大型、毀滅性的事件，如地震、颱風和洪水，需要避難的人數可能是在數萬或數十萬人。再者，由於正常的供給線可能會中斷，受災者取得食物的管道有限或根本不存在，此時，災害管理者需立即介入，協助民眾。

然而，避難收容處所與民生物資資源的建制並非一蹴可幾，其端賴於減災階段的整備，包含：

1. 各類、各功能性的避難收容處所，及各類民生物資儲備所需數量的評估及規劃。

2. 平時及災時避難空間與儲備物資的管理機制建置。

3. 災時可能衍生的避難空間、儲備物資及管理人力的緊急調度及支援機制建置。

因前述工作項目涉及議題相當廣泛，本書設立專章作進一步陳述（請參見第七章），就承擔災害防救責任的各地方政府而言，應積極地針對轄區內存在的災害潛勢，預先做好前述工作與管理機制之規劃與建置，並定時進行檢討與操作演練，方能在災後應變時有所依循，提供災民收容、維生之所需，進而減少二次災害的可能性或避免其擴大。

陸、志願服務者管理

依據志願服務法第3條定義志願服務者（以下簡稱志工）：「民眾出於自由意志，非基於個人義務或法律責任，秉誠心以知識、體能、勞力、經驗、技術、時間等貢獻社會，不以獲取報酬為目的，以提高公共事務效能及增進社會公益所為之各項輔助性服務。」在重大或特別災害發生後，第一時間會出現志願幫忙的民眾主動投入應變救援行列，這些所謂的志工，既可能提高應變救援的效率，亦可能導致救援現場的混亂，因此，志工管理的重要性可見一斑。

志工管理的重點進年來已由志工的招募轉為讓已納編的志工適才適所執行

特定的工作，以發揮志工團隊最大的功能，因此，若志工要處理專業性的應變操作，如何驗證志工是否具有專業的能力是值得探討的問題。林志豪（2010）指出專業認證至少需考慮三個面向：

1. 身分認證：最基本的認證，確認持有證照者是否為本人。
2. 資格認證：確認持證者已經接受過某項訓練，或是能夠達到某訓練的特殊要求。
3. 授權認證：已通過身分認證、資格認證（或證照認證）的者，應該獲得災害應變事故指揮官的授權，才能來執行任務。

在國外的例子有美國所謂的「紅卡制度」，日本也有所謂的「災難醫療卡」，只要通過制式的課程和測試，便可以取得全國認可的證照，因此，如何發展災害應變的專業認證，並且在災害應變現場迅速有效地查驗證照，這是國內日後必須面對的重要課題（林志豪，2010）。

志工一直以來都是非政府組織（Non-government organizations, NGO）人力資源的重要來源，由過去的災害經驗可以知道，志工的協調最好是透過經常性的志工團體處理，如紅十字會、慈濟功德會、鳳凰志工、民防團體、社區志工等。前述志工團體係為具有一定規模之組織，施以編組訓練，定期邀請各志工團體領導幹部召開聯繫會報，配合參與災害防救演習，交流救災經驗與資訊，溝通觀念與做法，建立有效的防救災協勤機制。前述志工透過平時的教育訓練、災害防救演習等，熟悉防救災之系統及功能，於災時即可配合市府運作，進駐災害應變中心配合人力、物力調度事宜（包含災情通報工作、人命搶救及搜救、緊急救護、辦理物資管理及避難收容處所開設之災民收容事宜），並於災後配合政府協助災區環境打掃、弱勢族群協助、生活與心理重建等事宜。

因此，良好的志工管理有其存在之必要性，目前各級政府也正致力於這個面向的努力，良好的志工管理方式蓋述如下：

1. 志工招募：擬定招募計畫、述明團體目標及服務內容，集合有心卻尋訪無門的潛在民力。
2. 多元的工作內容：志願管理單位需知悉災害管理各時段各項工作推行所需人力，以提供多元化的工作內容，讓志工選擇符合自己專業、興趣的

工作內容，並可彼此交流，達成互助、互惠的長程目標。

3. 登記及資格審查：管理者依志工的專業背景及興趣條件進行登記註冊，將志工基本資料完整記錄並保存。若災時需要特定的專業技能，可透過事先造冊資料協請志工前往協助。

4. 教育訓練及演習：定時舉辦相關災害防救之課程或演練，提升志工的防災知能與實務操作能力，並可以之為種子，延伸教育訓練的知識和技能于親朋好友，擴大教育訓練可發揮的能量。在災害應變演練中，各目的事業主管機關應對志工的應變行為給予必要的指導及監督，討論未來可再精進部分，持續鼓舞志工並凝聚災害的經驗，供作未來操作時的參考。

5. 提供年度獎勵：適時獎勵表現良好之志工，讓志工感受到組織的重視程度，凝聚彼此之向心力。

志工管理是一項結合民力、凝聚眾人可用時間並發揮參與徵集人員專長的複雜作業，對於管理標的的不明確，如何維持民力的投入熱忱並保持投入人力的可用程度，是志工管理制度的建置未來需再著墨、致力的事項。

⚡ 2.5　復原重建作業管理機制

災害造成生活方式、建築結構物及環境的破壞，而災管時序中的「減災」、「整備」作為即在於降低災害的脆弱性，「應變」作為則在於降低生命財產的損失。然而，既使有最好的減災、整備和應變計畫，災害幾乎總是會造成一定程度的環境、財產、基礎設施和社經系統的破壞，以及其他生理和心理健康的影響。Hass, Kates and Bowden（1977）指出，災後復原重建應包含四個階段：

1. 緊急應變：包含廢棄物清理、短期避難所提供、傷亡搜尋與救助。

2. 公共服務的恢復：如水、電、瓦斯等維生系統、通訊與物資系統。

3. 資產或建物的重建或改建：恢復資產或建物至災前水準。

4. 生活重建：改善、重建或促進地方之發展。

而國內將復原重建階段分為短期與長期政策，短期復原重建重點為維生管線（Lifeline Systems）之恢復，包括電力、通訊、自來水、汙水系統、運輸等系統，提供居民基本食物、衣物、避難之需求，並維持災區的治安；長期復原重建重點為恢復經濟活動、重建社會公共設施與居民生活。因此，災後復原重建需重視的內涵不僅是結果，而是包含整合災前的防減災、易致災性降低與災後重建、復原與生活機能重整的整體決策過程。

本章節首先說明災害對社會的影響，其次是災前復原重建整備及災後復原重建原則進行說明。

2.5.1　災害對社會的影響

災害對社會造成不少負面的影響，提到負面影響，最為大多數人所知悉的，往往是透過媒體所知悉的歷次災害的傷亡、損害及財產損失等統計數字，亦或者是災害摧枯拉朽的影像；然而，災害實際所產生的後果，對受災者整體生活品質的影響遠大於這些統計數字、圖片、影片所呈現的。

在災害肆虐期間，災害的破壞性影響有可能漫及更大的範圍，造成更多人、更多結構物、更多行業和更多社會要件的影響，是為二次災害；而二次災害影響的不僅是災區，還可能延伸、超過災害實際的物理影響範圍，並導致其後衍生的後勤和經濟影響。

災害的後果導致社會混亂並降低社會中個體生活品質的例子包括：由於交通基礎設施的損壞或毀壞，降低移動或旅行的能力；由於學校的損壞、師生的受傷或因為復原重建的壓力影響上學的能力因而中斷教育的機會；文化遺產、宗教設施和社區資源的損失；由於客戶、員工、設施、存貨或事業的損失所造的經濟損失；由於基礎設施的損壞或損失所造成的通訊困難；房屋和財產的損失造成無家可歸的情形；由於食品供應鏈中斷導致短缺和物價上漲所造成的飢餓或飢荒；由於工作中斷、工作場所的損壞或復原需求的衝突（如日間托兒服務）所造成的失業；社區稅負基礎的損失；環境的損失、損害和汙染等（Coppola, 2011）。

2.5.2　災前復原重建整備

在規劃過程中，災害管理人員必須進行災害預評、分析風險並決定降低風險的方法。Coppola（2011）指出根據災害的經驗與預評的資訊去規劃社會的復原重建計畫是有效的。災前規劃有時也被稱為「對事件後復原所做的事件前規劃」，可以減少倉促重建決策衍生的風險。雖然目前仍無法精確的預測災害對社會的影響，但對於所有的災害類型（例如颱風）而言，多數程序是共通的，並可事先確認與學習。

災前可能做出的復原重建決策的例子包括：長期臨時收容住所的選址；物資發放地點的選址；可隨時參與協助基礎設施和住所修復和重建的開口契約承包商；應變團體領導者、成員和信息共享等協調機制；志工和捐贈管理等。

2.5.3　災後復原重建原則

災後復原重建主要目標，主要是恢復災區民眾的生活，並減少重建環境的易致災性，以降低災害風險與永續發展為目標，根據趙鋼、黃德清（2010）引述參考Blaikie et al.（1994）、Ladinski（1997）、Burby（1998）與洪鴻智（2001；2002b；2005）等，歸納以下七項災後重建參考原則：

一、確認與整合可支援重建的民力資源與相關機制

在災後復原重建過程，往往需要政府部門的支援，但更重要的資源則來自於鄰里、親友、家族與非政府部門的協助。故「彈性」與「即時性」的災後重建策略是降低損害與面對重大災害的最有效策略。

二、避免長期依賴心態

在災後復原重建的資源與資金支助，若缺乏管理機制，將會造成災區長期依賴或形成不正常的期待；因此，應讓災民主動參與復原重建工作，成立社區自主的防災能力，進而降低再次遭受災害侵襲的風險。

三、充分授權

由於災害發生後，地方政府之基礎建設會有部分喪失或毀損，此時，中央政府的協助與支援扮演著重要的角色。但復原重建過程，中央政府盡可

能不要過於集權，需適時順應地方政府需求，避免層出不窮的問題出現；若適時充分授權給地方政府，可培養地方自我發展能力的機會。

四、保存與更新的平衡

災後復原重建過程中，難免會造成更新或破壞原有的生活機能、土地利用、社區開發模式等，因而衝擊當地生活品質。為使復原重建的推動，對當地原有機能的衝擊最小化，及易於推動重建的相關工作，如何取得保留原有機能與導入新的重建與開發策略間的平衡，乃是災後復原重建機制建立不容忽視的課題。

五、尋求公平的資源分配模式

災後在重建區域資源分布上，必將依據現有資源、政治與社會經濟條件重新分配原有之資源，因此，如分配妥當，將會改變社區之易致災性條件，甚至改變社區生活機能；若分配不均，不僅無法改變社區之易致災性條件，甚至於下次災害來臨時，造成更大生命財產的損失。

六、培養災區政府與災民責任感與主動精神

災後復原重建的主要目的是恢復災民日常生活之運作，而政府應盡量依據災民的實際需求，配合原則五之精神，建立公平的資源分配模式；且需建立復原重建參與者的責任感與主動精神的誘因機制，才有利於復原重建之推動。

七、從災後損害的緩解轉為積極與永續

災後復原重建之工作，對於減少災損是短期目標，重要的目標應在於受災地區的易致災性之降低，及培養災區再發展能力與潛能。災區重建並非回復原本樣貌，而是改善原有的易致災性條件及提供永續的生活條件。如在易致災性無法獲得改善的區域重建，災害風險因而無法降低，下次災害來臨時，仍會造成此區造成莫大災損，故積極的重建模式，應協助重建區改善易致災性的條件，降低風險與災害潛勢，協助重建區避免災害的二次侵襲，以使社區能永續發展。

習題

一、何謂災害管理四階段？請說明各階段之重點內容及措施。

二、減災階段措施可概分為哪兩個類型，試說明之。

三、您認為現階段我國政府之整備工作有那些課題。

四、大眾傳播媒體溝通目前已在災害發生前、中、後扮演著重要的角色，試說明大眾傳播媒體溝通所扮演之角色有哪些？

五、災害應變階段又分為災害發生前、中、後，在災前應變整備階段，災害管理者有哪些應變整備工作可依循？在災後應變操作階段，又有哪些工作重點需要注意？

六、在復原重建階段，試說明災前復原重建整備工作及災後復原重建原則。

⚡ 參考文獻

石富元，2008，「事件管理與決策的觀念與作法」，感染控制雜誌，第18卷第4期，第217-232頁。

江明修、鄭勝分，2002，「非營利管理：非營利組織與災區重建」，元照出版社，臺北，第433-434頁。

江燦騰，2004，「志工管理的理論與實際」，光武技術學院。

行政院，2012，「災害防救白皮書」，臺北。

行政院災害防救委員會、經濟部水利署，2008，「日本全民減災教育運動與企業防災之研修」。

馬士元，2002，「整合性災害防救體系架構之探討」，國立臺灣大學建築與城鄉研究所博士論文。

李鴻源、林永峻，2003，「水災應變模擬系統建置研究案 —— 以汐止地區基隆河為例」，行政院災害防救委員會委託報告。

李宗勳、王文君，2014，「我國政府災後重建的合理社福角色與風險分擔之實證研究」，中央警察大學警察行政管理學報，第10期，第21-39頁。

李淑珺譯，2000，「志工實務手冊」，Steve McCurley、Rick Lynch原著，張老師文化，臺北。

周金福譯，2003，「新聞倫理～存在主義的觀點」，巨流圖書公司，臺北。

林秀梅，2001，「國民中學防震教育課概念分析」，國立臺灣大學地理環境資源學研究所碩士論文。

林志豪，2010，「災難來了怎麼辦？災難應變SOP」，英屬蓋曼群島商家庭傳媒股份有限公司城邦分公司，臺北。

林宜君，2010，「災害風險管理專題」，中央警察大學出版社，桃園。

單信瑜、馬士元、林永峻，2004，「大型災害危機管理決策模擬兵棋推演體系建置之研究」，行政院災害防救委員會委託報告〈PG9303-0268〉。

馮燕，2011，「環境變遷中社會工作專業新發展——災變管理社會工作」，災害救助與社會工作，中華救助總會。

喬金鷗，2011，「非傳統安全概論」，黎明文化事業股份有限公司，臺北。

詹中原，2004，「危機管理：理論架構」，聯經出版事業股份有限公司，臺北。

陳勝義、陳柏蒼、馬彥彬、雷祖強、葉昭憲、陳昶憲、李秉乾，2012，「鄉鎮市（區）級災防演練考量元素與其之架構研議評估」，2012臺灣災害管理研討會，社團法人臺灣災害管理學會，臺北。

蔡念中，2005，「大眾傳播概論」，五南，臺北。

蔡樹培，1998，「媒介與危機溝通管理——以經濟日報所引發的搶匯危機為例」，第二屆媒介與環境學術研討會。

趙鋼、黃德清，2010，「災害防救管理」，中華消防協會，臺北。

鄭宇君、陳百齡，2012，「溝通不確定性：探索社交媒體在災難事件中的角色」，中華傳播學刊，第二十一期，2012.06，第119-153頁。

賴世剛、邵珮君、洪鴻智、陳建元，2010，「都市安全與災後重建」，五南，臺北。

謝志誠、張紉、蔡培慧、王俊凱，2008，「臺灣災後遷村政策之演變與問題」，住宅學報，第十七卷第二期，第81-97頁。

孫秀蕙，1996，「公關人員與媒體之間的互動模式對於議題管理策略的啓示-以
　　非營利性的弱勢團體爲例」，廣告學研究，第八集，第153-174頁。

船山株式會社，2013，「防災避難用品型錄」。

Alexander, D. (2002). Principles of emergency planning and management. New
　　York: Oxford University Press.

Dennis S. Mileti (1999), Disasters by Design.

David Sink (1985), "An Interorgnization Perspective on local Emergence manage-
　　ment", Ploicy Studies Review, Vol.4 (May), No.4,. p.699.

Damon P. Coppola (2011). Introduction to International Disaster Management.

Federal Emergency Management Agency.(2010). Federal Insurance and Mitigation
　　Administration (FIMA). http://www.fema.gov/about/divisions/mitigation.shtm.

Hass, J. E., Kates, R. W. and Bowden, M. J. (1977), Reconstruction Following Di-
　　saster, Cambridge:MIT Press.

Morgan, M. G., Fischhoff, B., Bostrom, A., & Atman, C. J. (2002). Risk communica-
　　tion: A mental models approach.

Cambridge, UK: Cambridge University Press.

Petak, W. J. (1985), "Emergency Management: A Chall enge for Public Admini stra-
　　tion," Public Administration Review 45, special issue, January.

Wilson, J. & Oyola-Yemaiel, A. (2001), "The Evolution of Emergency Management
　　and the Advancement towards a Profession in the United States and Florida."
　　Safety Science, 39, pp.117-131.

第3章 災害防救體系及分工

⚡ 3.1 世界各國災害防救體系

臺灣目前的災害防救體制，在法制及組織方面受到美國與日本災害防救體制特性影響，其主要原因除了此兩國對臺灣歷史發展都有重要影響之外，也與兩國在國家發展上的進步和領航地位有關。因此，以下將探討此兩國家的災防體系發展歷程，以及災防體系的體制組成與運作方式。

3.1.1 美國災害防救體系概況

美國是一個聯邦制國家，各州擁有獨立憲法規範，且環境特質各有不同，因此各地受災情形與頻率的差異甚大。就災害防救體系的發展而論，美國是災害管理體系發展相對較早的國家，加上其科技與現代化的優勢，因而經常成為其他國家的學習對象。

壹、災害防救體系的沿革

美國的天然災害處理機制經常以「緊急應變管理」（Emergency Management）做為組織與職掌的名稱，而非「災害」（disaster）字眼，由此可知其體制之格局和職能含括且超越一般天然災害防救的範圍。美國災害防救體系的發展，約可分為以下幾個階段：

一、民防導向的應變體制（1960 年前）

美國近代首次成立的災害處理組織為「國家緊急應變委員會（National Emergency Council）」，創設於1933年羅斯福總統任內，設立原因係在處理經濟蕭條所衍生出的相關問題，同時提供天然災害的受災人員財物相關補助與救濟。

　　隨著經濟逐漸復甦，國家緊急應變委員會於1939年隨著組織改造併入總統行政總署（Executive Office of the President），隔年於總署之下設立緊急應變辦公室（Office for Emergency Management）與民防辦公室（Office of Civil Defense）聯合辦公。此一體制於二次大戰期間解散，1950年杜魯門總統於白宮之下設立聯邦公民行政組織（Federal Civil Defense Administration），該組織於1958年與其他機構併為民防與防禦動員辦公室（Office of Civil Defense Mobilization）（陳崇岳，2012）。

二、核戰導向的應變體制（1960～70年代）

　　美國聯邦政府在二戰後成立了不同組織以分別對應各類型的災害，形成多部門組織分治的治理體制，各部門之間缺乏協調機制。1960年代，因冷戰而使核戰問題的重要性大為提升，因此，1961年甘迺迪總統將民防與防禦動員辦公室改組為緊急應變計畫辦公室（Office of Emergency Planning），直屬白宮以處理災害事務，並將民防事務改隸國防部民防辦公室（Office of Civil Defense）。

　　1960年代末，核戰的威脅逐漸解除，加上幾場嚴重颶風與地震的衝擊，因此促使1966年「緊急應變整備辦公室（Office of Emergency Preparedness）」、1973年「應變整備辦公室（Office of Preparedness）」，以及1975年聯邦整備機構（Federal Preparedness Agency）的設立和改組（陳崇岳，2012）。

　　1968年美國國會通過「國家水災保險法（National Flood Insurance Act）」，規定1973年後居處淹水潛勢區域的居民，必須購買水災保險，否則不僅無法獲得政府補償，地方政府補助款也將被減扣。該法案除了實現普遍投保的政策規劃，也促進淹水潛勢圖的評估與製作。

三、FEMA的創設與困境期（1979～1993年）

　　1979年是美國緊急應變體制發展的重要分水嶺。受到三哩島核能事件的衝擊，卡特總統大幅整併相關組織並設立「聯邦緊急應變管理署（Federal Emergency Management Agency, FEMA）」直隸總統，以期統合災害管理相關事權。FEMA成立後於1988年通過史丹佛災害救助及緊急事件協助

法案（T. Robert Stafford Disaster Relief and Emergency Assistance Act）擴大了FEMA對於災害應變、整備和減災事務的權限，同時也規劃龐大的財政資源專用於減災事務。此一法案雖然賦予FEMA應災的相關權限，卻因為對災害分類與補助標準的規範不夠明確，因而使得FEMA處理災害的回應效率不彰，甚至無法處理小規模的災害，隨即招致國會調查與1993年「NAPA報告」的產生，險些使得FEMA遭遇改組的命運（陳崇岳，2012；NAPA，1993；熊光華等，2011）。

四、FEMA 的轉型與大力發展（1993 ～ 2001 年）

1993年柯林頓總統任命威特（James Lee Witt）出任FEMA新署長，並隨即進行大刀闊斧的改革，不僅使FEMA提升了預算與員額，也透過「國家衝擊準備計畫」的制定，將天然災害的防治設定為組織的優先目標。總體而言，FEMA在柯林頓總統任內不僅大幅擴權，其運作績效也明顯提高。

五、911 事件後的國土安全體制

2001年小布希總統甫上任，即發生了911恐怖攻擊事件，該事件致使恐怖主義成為國家最重要的治理課題，2003年隨即成立國土安全部（United States Department of Homeland Security, DHS），並將FEMA納入組織，自此，FEMA此一天然災害的專責機構，復納入了緊急應變的行政體系內，成為二級機關（熊光華等，2011）。

六、卡崔娜颶風後應變計畫體系更迭

2005年美國遭受史上最嚴重的天然災害「卡崔娜颶風」之襲擊，迫使美國聯邦政府修正「國家應變計畫（National Response Plan, NRP）」，於2008年重新制定「國家應變架構（National Response Framework, NRF）」，以期強化聯邦、州與地方政府間的整合、協調與應變能力。然而，即便受到如此重創，FEMA仍維持隸屬國土安全部下之二級機關（熊光華等，2011）。

茲將美國緊急應變體制之沿革概況彙整如表3-1。

表3-1　美國緊急應變機構之變遷

	聯邦代表緊急應變機構	組織位階
1960 前	國家緊急應變委員會（1933, National Emergency Council） 緊急應變辦公室（1940, Office for Emergency Management） 聯邦公民行政組織（1950, Federal Civil Defence Administration）	非正式機構，目的在減損災害造成的經濟損失
1960-1973	緊急應變計畫辦公室（1960, Office of Emergency Planning） 緊急應變整備辦公室（1968, Office of Emergency Preparedness） 應變整備辦公室（1973, Office of Preparedness） 聯邦整備機構（1975, Federal Preparedness Agency）	直屬白宮之附屬機構，處理災害事務白宮內部組織再造產生之機構，負責減災、民防與防禦動員
1973-1979	聯邦災害救助署 Federal Disaster Assistance Agency (FDAA)	隸屬於住屋與都發部，只負責減災（民防與整備業務外移）
1979-2001	聯邦緊急應變機構 Federal Emergency Management Agency (FEMA)	獨立機構，負責減災，民防與整備
2001 迄今	同上	改隸屬國土安全部，成為二級機構，兼辦部分防恐業務

資料來源：參考陳崇岳（2012）、NAPA（1993）、熊光華等（2011）製作。

貳、各級政府災害防救的權責分工

美國防災體系分為聯邦、州與縣市郡，屬於三級制的體系，分別說明如下。

一、聯邦政府的災害防救權責

FEMA平時依據聯邦緊急支援功能計畫（Emergency Support Function, ESF），協調相關主管機關準備所需之設備、補給及人員即時待命。當災害發生且其規模和衝擊超出縣市郡政府處理能力時，縣市郡政府即請求州政

府協助，州政府即需肩負起救災之任務，若災害規模和強度超出州政府能力時，則由州政府向總統請求聯邦政府支援。FEMA評估確定後，總統宣告該區為重大災區，FEMA總部隨即成立指揮中心，並立即進駐災區，成立聯邦災區協調辦公室（Federal Coordinating Office, ECO），並依災情做出決策、編組聯邦救援團隊、協調相關部會、提供救災資源，並通告社會大眾災情之變化，在應變救災的過程中，FEMA也持續修正未來防救災的相關規劃與策略。

二、州政府的災害防救權責

　　美國各州、縣、郡的災害管理組織名稱不一，功能分布也不相同，配套法令及政策亦因地而異。就州的災害管理機構而論，每個州的機構名稱和職能配置各有所不同。以加州為例，該州成立緊急應變辦公室（Office of Emergency Services, OES）其下四組職掌如下：

1. 應變與重建組：負責災時應變與災後重建。
2. 整備與訓練組：負責減災、整備與訓練業務。
3. 執法與災民服務組：負責宣導公共安全，協助地方政府簽署同意書，並協助災民。
4. 行政組：負責一般行政、資源管理及輔助業務。

　　OES於加州沿海、內陸以及南方地區分設三個區域辦公室，每個區域辦公室又與轄區內的縣級政府成立運作區，每個運作區也包含轄區內的市級政府。1993年起，OES立法要求加州境內災管組織使用標準化的緊急事務管理系統（SEMS），以便提升各單位合作處理緊急事務的效率。

　　在重大災害應變過程中，OES能召集所有州級單位提供援助，較常被召集的單位有國民兵、公路警察、林務、消防、部隊、社服、衛生、交通等單位，此外，OES也擁有自己的緊急應變資源，可協助地區政府，其所屬人員也能24小時投入處理州與地區的緊急事件。

三、市（郡縣）政府的災害防救權責

　　以下以洛杉磯市為例。自1980年起，洛杉磯市議會通過「緊急事件處理條例」，並成立「緊急任務組織（Emergency Operations Organization,

EOO）」，以統一管理該市平日的整備工作，災時的應變事務及災後復原，則由災害應變中心（EOC）指揮調度。1997年重新建立一個全新的緊急事件整備處，2002年正式通過設立緊急事件整備局（Emergency Preparedness Department, EPD）的法令。

參、災害防救的區域相互支援機制

美國區域聯防機制始於1992年安德魯颶風（Hurricane Andrew）侵襲佛羅里達州（Florida），此事件顯示，災害發生時不能只依賴聯邦的支援，應該建立更有效與立即的支援系統，並朝向州與州之間的相互合作機制發展。因此，美國南方州長協會（Southern Governor's Association, SGA）協調維吉尼亞州的緊急服務部（Department of Emergency Services, DES）研擬建立州與州的相互支援協定，於1993年成立南方地區緊急管理支援協定（Southern Regional Emergency Management Assistance Compact, SREMAC）。又於1995年1月開放有意加入的州政府簽署協定，此後擴大稱為「緊急管理支援協定」（Emergency Management Assistance Compact, EMAC）並成立專責組織負責運作此相互支援協定相關事宜，一併交由國家緊急管理協會（National Emergency Management Association, NEMA）負責管理。

EMAC是由國家緊急管理協會（NEMA）所屬EMAC委員會負責該協定的組織運作，其中三個主要部門分別為運作部門、行政部門及管理部門，當中EMAC運作部門負責災時應變協調聯繫，又分為四個作業小組，分別為國家協調中心（National Coordination Group, NCG）、國家協調小組（National Coordinating Team, NCT）、地區協調小組（Regional Coordinating Team, RCT）及先遣部隊（A-Team），如圖3-1所示。

一、緊急管理支援協定（EMAC）

1995年成立EMAC，並於1996年由美國國會簽署Public Law 104-321，授權其成為因應災害應變而設立的州與州之間的相互支援協定，現今成員包括美國50個州及華盛頓哥倫比亞特區（District of Columbia）、波多黎各（Puerto Rico）、關島（Guam）、美國維爾京群島（US Virgin Islands）。

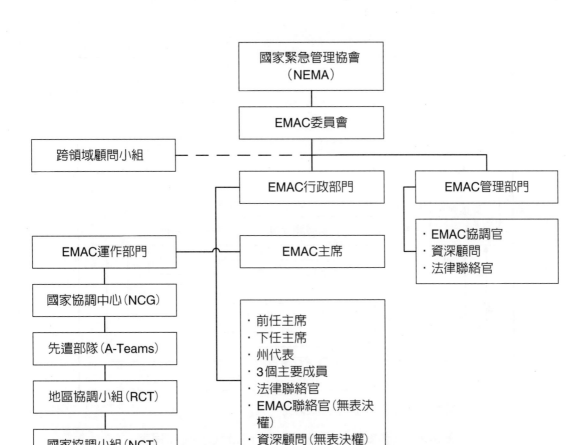

資料來源：轉引自張寬勇，2008，區域聯防機制之研究

圖3-1　美國緊急管理支援協定（EMAC）委員會組織架構圖

二、EMAC 的運作方式

　　EMAC設立目的在於災害發生時協助州與州之間的相互支援，有效整合資源迅速應變，提高應變能力防止災害擴大。EMAC在災害時的運作，首先確認州長所宣布的緊急事件，受災州評估需要的支援事項，向支援州提出支援請求，支援州接獲受災州支援請求後，確認支援有效性及費用，當受災州接受支援內容，支援州隨即展開支援任務，當支援任務完成後，支援州會向受災州請求支援相關費用，最後由受災州償還支援相關費，如圖3-2所示。

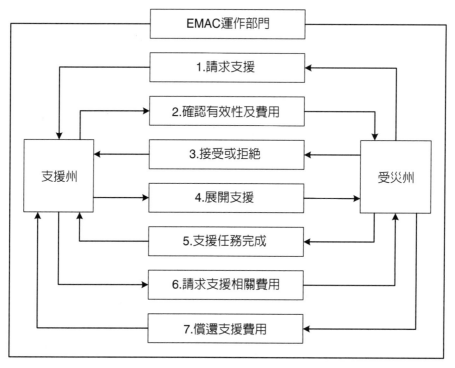

資料來源：轉引自張寬勇，2008，區域聯防機制之研究

圖3-2　美國緊急管理支援協定（EMAC）運作程序

3.1.2　日本災害防救體系概況

壹、災害防救體系的沿革

　　日本的災害管理體系是建立在過去發達的災害應變體系之上，其發展過程可概分為以下四個階段：

一、第一階段（1950 年代前後）

　　　　此階段是採單項管理來進行各種事務的防災減災管理，主要制定了「災害救助法（1947年）」、「消防組織法（1947年）」、「國土綜合研發法（1950年）」，以及關於治山、治水、防洪、防火和防震等各項法的法律制定和規劃（陳崇岳，2012）。

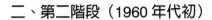

二、第二階段（1960 年代初）

　　此階段防災管理體系已從單項管理轉向多項管理的「綜合防災管理體系」，這是日本防災史上的第一大轉折點。1959年伊勢灣颱風災害造成5,040人死亡，日本總結了單項災害管理的弊端和教訓，於1961年制定了「災害對策基本法」，至此防災體制發生了根本的變化（陳崇岳，2012）。

三、第三階段（1995 年阪神大地震後）

　　1995年1月17日發生的阪神大地震後，日本立即建立了加強內閣功能的新型管理體系──「內閣官房危機管理小組」，由內政審議室等內閣官房（相當於我國行政院秘書處）的6室派遣10人，在緊急時期配合正副官房長官採取對策。同年5月，建立「內閣訊息匯總中心」並在新首相官邸地下一樓設立了用來蒐集和匯總訊息的危機管理中心，以實行24小時5班制的應變處置（陳崇岳，2012）。

　　依據災害對策基本法所設置的中央防災會議是日本防災體制的最高樞紐，以內閣首相為會長，委員則由首相分別指派內閣閣員、公職人員以及專家學者擔任，該會議最主要的工作在於制定與推動實施「防災基本計畫」。此外，依據災害對策基本法第十一條第四項之規定，舉凡防災的基本方針、防災措施的重要綜合調整、非常災難的臨時必要緊急措施之大綱、災害緊急事態的布告、以及重要的防災事項等相關防災事項，首相必須先諮問中央防災會議。換言之，中央防災會議不僅是首相的幕僚參贊機關，亦是政策審議機關。

四、第四階段（1997 ～ 1999 年核輻射災害後）

　　「防災基本計畫」係災害對策基本法的直接產物，亦是該法的具現化成果，至今因歷次重大的核能事件而進行多次修改。例如，1999年9月30日，日本核燃料鈾加工廠（JCO）發生臨界意外事故，同年日本政府為加強核子防災應變能力，制定了原子力災害對策特別措置法（林培火等，2009）。2000年「防災基本計畫」因1997年動燃東海事業所核廢料處理廠火災事故的教訓，並因應原子力災害對策特別措置法（1999）之實施，針

對「原子力災害對策篇」（核輻射災害）進行全面修正。2011年與2012年的修正，則是追加「津波災害對策篇」（海嘯災害）、強化大規模廣域災害對策，以及基於原子力規制委員會設置法等法律之制定而再次強化原子力災害對策等（陳建仁，2013）。

貳、各級政府災害防救的權責分工

日本行政體系是由中央、地方的都道府縣（如同我國省、直轄市）和市村町（相當於我國的縣市）所組成。在此行政體制之下，日本各層級政府的防災體系分工方式如下：

一、中央層級的災害防救權責

日本有關防災之最高機構為中央防災會議，會長由總理大臣（首相）擔任並綜理會務，自2001年起任命一位內閣閣員為防災特命擔當大臣，並兼任國家公安委員會委員長，在內閣府內設有七名政策統括官，其中一位負責防災全部業務，進行具體的防災行政管理工作，其下設有審議官及分別負責綜合業務、災害預防、災害應變對策、災害復原重建、地震、火山、大規模水災對策之參事官，另設有防災通信官一名及企劃官四名，合計約六十餘員，並就相關防災事項進行規劃、定案及總和調整（詳見圖3-3）。

當受災區域廣泛而災情嚴重的災害發生時，經認定為重大災害後，內閣首相會徵詢中央防災會議意見，並經內閣會議通過，在內閣府國土廳設立任務編組之「重大災害對策本部」，針對該重大災害發揮協調統籌的應變指揮調度。

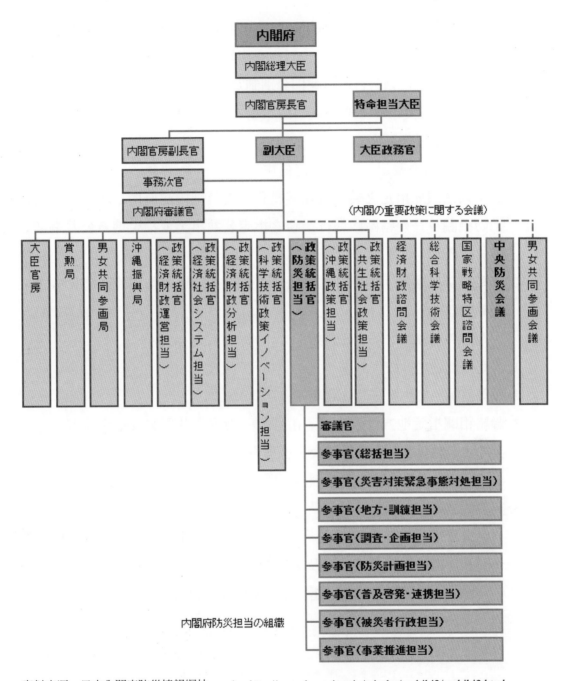

資料來源：日本內閣府防災情報網站，n.d.，http://www.bousai.go.jp/taisaku/soshiki2/soshiki2.html

圖3-3 日本內閣府防災組織架構

二、地方層級的災害防救權責

除了中央層級的防災會議之外，災害對策基本法亦規定都道府縣與市

町村層級的防災會議，兩會議的成員組成如下所示，都負有制定與推動所屬層級的「地域防災計畫」之責。以中央與地方政府制定「防災計畫」為依據，中央與地方所轄各行政機關則分別制定「防災業務計畫」，籌劃與推動管轄權限的防災事務。因此，災害對策基本法透過計畫等級之劃分，而確立各防災計畫之優先順序（陳建仁，2013）。

1. 都道府縣防災會議：由知事擔任主席，綜理會議事務，主席發生事故時，則由預先指定之委員代理其職務。委員則由政府內之職員、警察及消防機關首長、轄區內執行業務之指定公共事業或指定地方公共事業之職員擔任。

2. 市町村防災會議：由市町村長擔任主席，委員比照都道府縣防災會議之組織聘任。

　　地方防災會議之基本任務如下：

1. 訂定及推動地區防災計畫。

2. 蒐集轄區內發生災害時之資訊。

3. 聯絡相關指定地方行政機關、市町村、指定公共事業及指定地方公共事業間，有關災害之應變措施及災害復原事項。

4. 訂定及推動重大災害之緊急因應相關計畫。

5. 其他依法規定屬權限事項。

　　中央層級設立任務編組之「重大災害對策本部」時，在地方上相對應的，則是都道府縣的防災會議及災害對策本部。圖3-4為日本重大災害發生時，中央防救災體系與地方之運作互動關係（陳崇岳，2012）。

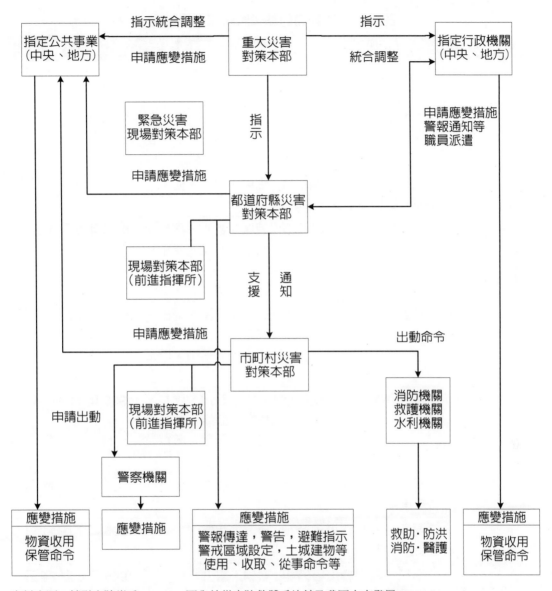

資料來源：轉引自陳崇岳，2012，國內外災害防救體系比較及我國未來發展

圖3-4　日本重大災害現地對策本部運作關係圖

參、災害防救的區域相互支援機制

　　1995年1月17日日本發生阪神大地震後，該年7月即修改災害對策基本法，修正重點之一為「強化都道府縣間廣域支援機制」。至今全國各都道府縣簽訂的災害時相互支援協定，分為全國型、區域型及個別型協定，詳如表3-2。

表3-2 日本都道府縣災時廣域支援協定

區域	相互支援協定名稱	都道府縣成員	簽訂時間
全國	全國都道府縣災時廣域支援協定	全國都道府縣	2006 年 7 月 12 日
北海道、東北	大規模災害時北海道、東北 8 縣相互支援協定	北海道、青森、嚴守、宮城、秋田、山形、福島、新潟	1995 年 10 月 31 日
關東	災害時福島縣、茨城縣及栃木縣三縣相互支援協定	福島、茨城、栃木	1996 年 3 月 26 日
	關東 1 都 9 縣震災時相互支援協定	茨城、栃木、群馬、埼玉、千葉、東京、神奈川、山梨、長野、靜岡	1996 年 6 月 13 日
	8 都縣市災害時相互支援協定	東京、千葉、埼玉、神奈川、橫浜市、川崎市、千葉市、埼玉市	2005 年 5 月 15 日
中部、北陸	中部 9 縣 1 市災害支援協定	富山、石川、福井、長野、岐阜、靜岡、愛知、三重、滋賀、名古屋市	1995 年 11 月 14 日
	新潟縣、群馬縣災害時相互支援協定	新潟、群馬	1995 年 7 月 11 日
	新潟縣、長野縣災害時相互支援協定	新潟、長野	1995 年 7 月 11 日
	新潟縣、富山縣災害時相互支援協定	新潟、富山	1995 年 8 月 24 日
	石川縣、岐阜縣災害時相互支援協定	石川、岐阜	1995 年 8 月 9 日
	北陸三縣災害相互支援協定	石川、富山、福井	1995 年 10 月 27 日
	岐阜縣、福井縣災害時相互支援協定	岐阜、福井	1995 年 10 月 6 日
	石川縣、新潟縣災害時相互支援協定	石川、新潟	1996 年 1 月 9 日

區域	相互支援協定名稱	都道府縣成員	簽訂時間
近畿	近畿 2 府 7 縣震災時相互支援協定	大阪、京都、滋賀、奈良、兵庫、和歌山、福井、三重、德島	1996 年 2 月 20 日
	紀伊半島三縣災害相互支援協定	三重、奈良、和歌山	1996 年 8 月 2 日
	兵庫縣、岡山縣災害時相互支援協定	兵庫、岡山	1996 年 5 月 31 日
	兵庫縣、鳥取縣災害時相互支援協定	兵庫、鳥取	1996 年 5 月 31 日
中國	中國 5 縣災害時相互支援協定	鳥取、島根、岡山、広島、山口	1995 年 7 月 13 日
	中國、四國地方災害時相互支援協定	鳥取、島根、岡山、広島、山口、德島、香川、愛媛、高知	1995 年 12 月 5 日
	岡山縣、香川縣防災相互支援協定	岡山、香川	1973 年 5 月 10 日
四國	四國 4 縣廣域支援協定	香川、德島、愛媛、高知	1995 年 10 月 20 日
九州	九州、山口 9 縣災害時相互支援協定	福岡、大分、佐賀、長崎、熊本、宮崎、鹿兒島、沖繩、山口	1995 年 11 月 8 日

資料來源：轉引自張寬勇，2008，區域聯防機制之研究

全國型協定爲全國47個都道府縣共同簽署的「全國都道府縣災害時廣域支援協定」，其係依據災害對策基本法第5條之2及第8條第二項第12號訂定，將全國分爲七個區域，各由一個知事會負責廣域支援，另外，對於廣域區域內的統籌聯絡，以及廣域區域內各地方政府與全國知事會之間的聯繫機制也有明確的規劃，再者，對於廣域支援的相關支援內容，受災縣的實際請求，經費負擔，以及相鄰縣的相互支援，與其他協定之間的區隔，和平時的演習施行，都含括在其內容。

　　區域型協定是由多個都道府縣所共同簽訂的相互支援協定，此類協定以「大規模災害時北海道、東北八縣相互支援協定」爲代表；至於個別型協定則是由二個都道府縣簽訂之協定，如：新潟縣、群馬縣災害時相互支援協定，以及北陸三縣災害相互支援協定。

　　區域型及個別型協定之內容，訂定聯絡單位、支援內容、請求支援程序、經費負擔及訓練等項目，簽訂相互支援協定後，應定期舉辦會議，討論規劃相互支援演練及相關事宜。災害發生時，受災縣的災害對策本部有許多請求支援的途徑，包括全國知事會（全國都道府縣災害時廣域支援協定）、簽訂相互支援協定都道府縣、簽訂相互支援協定民間團體、非常災害現地指揮本部、總務省消防廳及相關省廳（張寬勇，2008）。

3.1.3　美日災害防救體系發展的啓示

　　美國以All-Hazard之精神設立FEMA，911後又將其併入國土安全部下，因此美國的災害管理體制也與緊急事件的處置密不可分。Sandy颶風後的相關改制措施，持續賦予並擴大FEMA協助引導地方的能力；綜觀美國災防治理經驗，可借鑑重要的災防治理課題如下：

1. 地方應變組織與FEMA的協調互動，包含各種資源補助管道的提供，地方相關部門指揮權的協調，防災計畫的協調等。
2. 各州與地方自建緊急應變與防災組織（辦公室）之內部組織分工和分區辦公室之設置布局。
3. 境內各單位（消防、警政）的合作機制與重要設施物品（車輛、船隻）的統籌調度。
4. 緊急管理支援協定之運作與經費分攤。
5. Sandy颶風後的改制議題：補助資源的擴大與途徑的多元化、災防人力聘僱補助、提供災防經費預支、簡化相關行政流程。

　　再就日本而言，綜觀中央防災會議防災對策推進檢討會議的「最終報告」可以發現，日本不再將災害視爲侷限一地之非常事態，而係將其提升到「國家災難」，乃至於「救亡圖存」的衛國戰爭層級。換言之，日本已開始預想災害導致

地方政府甚至首都滅亡而導致行政機能停止的緊急事態之對策。與此同時，日本朝野亦警覺，面對大規模複合災害的事前訓練與事後救援的龐雜業務，過去由中央單方主導的防災體制實難以獨撐，權力下放（devolution）與協力治理的需要迫在眉梢。這是何以「最終報告」中再三強調，必須重新檢討中央與地方的事務權限與財政收支分配之原因。除了國家機器內部的分權需要外，國家與社會之間的權力重分配亦受到關注。在整個防災體制當中，人民不再扮演政策受動者與災難受害者的消極角色，相反地，人民被期待在平時參與防災計畫的決策與執行、災難發生時能夠扮演自助與協力的積極角色。防災治理的關鍵已逐漸從中央轉移到地方政府與民間社會。

從日本災防治理經驗之探討，可借鑑重要的災防治理課題如下：

1. 地方「防災計畫」與各功能單位「防災業務計畫」之擬定分工。
2. 地方防災會議可指定專門委員，負責防災計畫擬定與推行、資訊蒐集、跨組織聯繫等事務。
3. 相互支援協定分全國型、區域型及個別型三種型態，且簽訂成員橫跨不同政府層級。組成成員常進行大規模跨縣市聯合演練。
4. 311大地震後的轉變：防備措施的強化、快速有效的重建措施、大規模總動員機制。

茲將美日與我國災防治理經驗彙整比較，如表3-3：

表3-3　美日與臺灣災防體系與跨域支援機制之比較

	美國	日本	臺灣
災防體系層級	聯邦、州、縣市郡三級制	中央、都道府縣、市村町三級制	中央、直轄市及縣市、鄉鎮市及區三級制
平時災管組織	聯邦 FEMA 州自設應變組織 縣市郡自設應變組織	中央防災會議 都道府縣防災會議 市村町防災會議	行政院災防辦 直轄市、縣市災防辦 鄉鎮市及區主責課室
災時應變組織	FEMA 於各地成立「聯邦災區協調辦公室」搭配地方自設應變組織	各級政府成立「災害對策本部」	各級政府成立「災害應變中心」

	美國	日本	臺灣
跨域支援機制	EMAC 州為主體 明訂任務與費用 行政程序簡化	災害時相互支援協定 都道府縣為主體 明訂任務與費用 請求支援順序明確	相互支援協定 縣市與直轄市為主體 任務與費用未明訂
對我國之啓示	1. 全災害體制優勢 2. 一體災防規劃 3. 聯邦主導並補助	1. 巨型災害應變課題 2. 行政單位統整挑戰 3. 提升政府回應效能	N/A

資料來源：本書繪製

⚡ 3.2　我國現行防災體系及分工

　　我國現行災害防救法規範，各階段災害防救任務皆以各級政府做為任務主體，災害防救採「地方負責、中央支援」模式，地方政府扮演第一線執行角色，中央政府則扮演後續增援協助角色，彌補地方不足。

3.2.1　我國災害防救法制的沿革

　　臺灣災害防救法制的沿革，可分為下列五個時期：

壹、災害防救相關法令制定前（1945～1965年）

　　臺灣光復至1965年約二十年間，曾發生過八七水災（1959.08.07），雪莉（1960.07.31）、波蜜拉（1961.09.12）、歐珀（1962.08.04）、葛樂禮（1963.09.09）等多次颱風豪雨，以及震央位於臺南白河附近之嘉南地震（1964.01.18）等重大災害，皆造成各地慘重的災情。這段時期並無災害防救法令或規章，遇到天然災害發生時，主要是由中央和省政府直接指揮軍警及行政單位人員進行救災與災害重建工作，工作重點在於災後撫恤。因此，此段時期與救災相關的法規，包括「災害協賑辦法（1948年3月）」及「臺灣省人民因災死傷及民間房屋因災倒塌救濟辦法（1956年4月）」，內容主要以災害救濟為主，例如救濟金的發放（陳崇岳，2012；黃素慧，2009）。

貳、處理辦法時期（1965 ～ 1994 年）

臺灣省政府於1965年5月25日頒訂「臺灣省防救天然災害及善後處理辦法」，作為執行應變救災時的依據，這項辦法主要是針對風災、水災、震災等天然災害。此辦法歷經多次修訂（最後一次於1991年提出），確立了災害防救組織體系三級制度：

1. 當時災害防救組織的最高層級是省政府災害防救會報，由省府各災害相關廳處首長組成，負責處理天然災害防救聯繫、協調與監督事宜，下設「綜合防救中心」，處理災害中的緊急防救事宜。

2. 各地方縣市政府設「防救災害指揮部」，由轄內各災害相關管理單位主管組成，以縣市長為指揮官，警察局局長為副指揮官，該部受會報的指導、指揮監督，辦理災害的防救、查報及善後處理事宜。

3. 在鄉鎮縣轄市層級設「防救災害執行中心」，受防救災害指揮部的指揮監督，執行災害防救事宜。另臺北市與高雄市兩地在升格為直轄市後，也分別參照制定各自的處理辦法（陳崇岳，2012）。

參、災害防救方案時期（1994 ～ 2000 年）

1994年有鑑於美國洛杉磯大地震造成之重大損失，行政院遂邀集內政部等相關部會及省市政府，規劃強化天然災害防救體系，並由內政部研擬「天然災害防救方案」草案，至此我國的災害防救體系才有初步的雛形。

「天然災害防救方案」草案的訂定目的係為健全天然災害防救法令及體系，強化天然災害預防相關措施，有效執行災害搶救及善後處理，並加強天然災害教育宣導，以提升全民之災害應變能力，減輕災害損失，以保障全民生命財產安全，故政府相關單位就預防天然災害之措施、編組、演練、宣導與教育、醫療體系乃至災害發生時民眾之食衣住行等各方面研擬具體可行之計畫。但內容僅針對天然災害加以預防、應變，範圍並未涵蓋意外災害。

後因該年中華航空公司於日本名古屋發生墜機之重大空難事故（1994.04.26），於是「天然災害防救方案」草案擴大修正為「災害防救方案」草案，並於1994年8月4日正式函頒「災害防救方案」，至此確立災害防救的基

本方針及政策，並促使各級政府能落實執行災害防救工作，提升災害應變處理能力。內政部消防署亦於次年（1995）成立，此方案確實提升了災害防救之制度面、法制面與實務面的功能（陳崇岳，2012）。

「災害防救方案」之災害防救範圍包括颱風、洪水、坡地崩塌、大規模地震等常見之重大天然災害，以及大規模火災、爆炸、交通事故等部分的重大人為災害。內容除了緊急應變事務，另規定災害防救工作的重要「實施項目」，包含了災害預防、災害應變及災害善後等三大類，合計三十二項工作項目與六十三項的採行措施。此外，災害防救方案時期也重新確立了四層級災害防救組織體系，規定四級政府（中央、省市、縣市、鄉鎮市）中應設置平時的「防災會報」與災害發生時的「災害防救中心」，並指定中央相關部會與公共事業單位於災時需成立「緊急應變小組」，另責成中央訂定「防災基本計畫」、縣市與鄉鎮訂定「地區防災計畫」，相關部會及指定公共事業單位訂定「防災業務計畫」。

「災害防救方案」建構我國堪稱較具災害防救專業基礎之施政計畫，並將非天然災害亦納入考量，雖然對災害防救重視程度已有所提升，但仍然強調的是災害之緊急處理，雖成立有消防署並擔任主要承辦角色，但其組織任務僅以火災處理為主、其他災害為輔，顯有不足。此外，「災害防救方案」的法律位階仍屬行政命令，雖然初步架構出全國一致性的災害防救體系，但仍未完成法制化，是以此時期仍屬政策宣示性性質，而無法談及運作（熊光華等，2011）。

肆、災害防救法時期（2000 年 7 月 19 日～ 2019 年）

九二一大地震（1999.09.21）造成2,415人死亡，並帶來嚴重財物損失，使得國家整體災害防救體系及緊急應變能力，遭受空前未有的考驗與挑戰，為使日後各項災害防救工作有明確的法源依據與規範，行政院於隔年完成「災害防救法」三讀並頒布實施（2000.07.19），對於體系內各主要單位所應該負擔的災前、災時、災後等重要工作項目及其運作，都有明確的規範。

災害防救法是我國第一部全國性的災害防救法規，共分為總則、災害防救組織、災害防救計畫、災害預防、災害應變措施、災害復原重建、罰則與附則等，共計八章五十二條，其重點包括：

1. 層級精簡：防救體系由原來的四個層級，精簡為中央、直轄市、縣（市）及鄉鎮（市）區三個層級，強調由下而上的均衡發展，除了平時設「災害防救會報」，災害發生時則視災害規模成立「災害應變中心」，重大災害發生後則成立「重建推動委員會」等決策與指揮單位。另責災防業務計畫及地區災防業務計畫指定之機關、單位公共事業，應設緊急應變小組執行各項應變措施。

2. 分工執掌：訂定災害防救業務主管機關，不同類型的災害分別由不同的中央災害防救業務主管機關負責，各機關負責災害類型分別是：內政部負責風災、震災（含土壤液化）、火災、爆炸、火山災害；經濟部負責水災、旱災、礦災、工業管線災害、公用氣體與油料管線、輸電線路災害；行政院農業委員會負責寒害、土石流災害、森林火災、動植物疫災；交通部負責空難、海難及路上交通事故；行政院環境保護署負責毒性化學物質災害、懸浮微粒物質災害；衛生福利部負責生物病原災害；行政院原子能委員會負責輻射災害。

3. 專署督導：設立災害防救專責機構，2000年8月25日「行政院災害防救委員會」依法正式成立，主任委員由行政院副院長兼任，並配置專職人員分六組處理災防業務。直轄市、縣市政府及鄉鎮市公所亦指定單位辦理。

4. 分層負責：落實災害防救方案時期之擬訂各類災害防救計畫要求，中央層級擬訂災害防救基本計畫，地方層級擬訂地區災害防救計畫，各相關行政機關與公共事業擬訂災害防救業務計畫，並由災害防救委員會與國家災害防救科技中心協助地方研擬並建立合作機制。

5. 借重科技：重視災害防救科技的研發、落實與應用，成立災害防救科技中心，並於中央及直轄市、縣市設置「災害防救專家諮詢委員會」。

災害防救法正式引領我國災害防救體系邁向法制化階段，依該法行政院正式成立了災害防救委員會。然而，災防法組織設計上仿日制，以中央防災會報做為最高統整機構，並設立災害防救委員會做為會報之執行機關或單位的同時，該法第四條又規定中央主管機關為內政部，或有疊床架屋之虞。此外，也有論者質

疑，此時期不管是「中央災害防救會報」或「行政院災害防救委員會」之幕僚人員，皆由內政部消防署成員為主，其他專業成員亦僅屬於兼任性質；再者中央災害應變中心開設之主導單位亦屬內政部消防署，而以消防署之專業背景仍然較著重於整備及應變階段，整體災防功能實無法充分發揮（熊光華等，2011）。

伍、災害防救法修正後時期（2010 年 8 月 4 日迄今）

災害防救法施行後，歷經八掌溪事件（2000.07.22）、桃芝颱風（2001.07.28）和納莉颱風（2001.09.16）等天災的考驗，亦陸續修法了三次。2009年8月莫拉克颱風襲臺帶來極端降雨，造成規模極大的複合型災害，事件中644人死亡、60人失蹤，為九二一震災之後最大規模的人員死傷，對當時災害防救體系產生強烈衝擊。為因應此類重大災害，建構完備之中央政府及地方各級政府整體災害防救體系，並強化國軍迅速主動支援救災機制，故修正「災害防救法」部分條文，並於2010年8月4日公布施行（陳崇岳，2012）。

2010年的災防法修正案主要有下列幾項修法重點（陳崇岳，2012；章光明，2010）：

1. 為提升行政效能，將行政院災害防救委員會改為「中央災害防救委員會」，並設「行政院災害防救辦公室」，置專職人員處理有關業務。
2. 要求各級地方政府（直轄市、縣市、鄉鎮市）設置災害防救辦公室以執行各地方災害防救會報事務，而區公所得比照鄉鎮市辦理。
3. 設置「行政院國家搜救指揮中心」，負責統籌、調度國內各搜救單位資源，執行災害事故之人員搜救及緊急救護之運送任務。
4. 為強化地方政府負責地方災害防救事項之義務，增訂地方政府應依地方制度法及本法相關規定辦理災害防救自治事項。
5. 增訂國軍主動進行救災任務規定，及國防部得為災害防救需要，運用應召之後備軍人支援災害防救。
6. 增訂異地設置「備援應變中心」，以確保災害應變中心正常運作。
7. 增訂行政院每年應將災害防救白皮書送交立法院。

針對此次修法重點之不足，有論著歸納出「法規層面」和「組織層面」的問題如下：

1. 現行災防法權責劃分不明確，相關災害預防、災害應變措施及災後復原重建條文僅規範「各級政府」應辦理事項，然而不同層級之組織，其能力及所該負擔責任應有所不同。

2. 依現行災防法區分各類災害業務主管單位，但複合性災害經常相互伴隨、同時發生，相對地權責模糊地帶增加，統整上的困難凸顯出災害防救事權過於切割；此外，中央重要災害防救業務主管部會、地方政府重要災害防救業務主管局處及鄉鎮市區均未設置專責單位，缺乏統合相關多元專業之功能。

3. 現行災防法制未賦予「區域型應變計畫」法源基礎，各種災害防救計畫及整備，皆以單獨行政區域為出發點，實在難以因應受災範圍往往跨越行政區域的現況（熊光華等，2011）。

3.2.2　我國災害防救體系之組織架構與運作

　　當前我國的災害防救體系，依據「災害防救法」劃分為中央、直轄市、縣（市）政府及鄉（鎮、市與區）公所三層級，規範各級政府在災害管理上應有的作為與角色，亦明訂各級政府及業務機關應擬定各類防災計畫，並經由防救災專責單位來推動各類防災業務的推行。

　　就組織面而言，我國目前之災害防救組織依據法令之規定，從中央到地方包括各級災害防救會報、災害防救專家諮詢委員會、災害防救辦公室及各級災害應變中心；各相關機關、單位於災時應成立所屬業務之緊急應變小組。整體災害防救體系的架構及運作如圖3-5所示。

壹、災害防救會報

一、中央災害防救會報

　　會報的任務為：(1)決定災害防救之基本方針；(2)核定災害防救基本計畫與中央災害防救業務主管機關之災害防救業務計畫；(3)核定重要災害防救政策與措施；(4)核定全國緊急災害之應變措施；(5)督導、考核中央及直轄市、縣（市）災害防救相關事項；(6)其他依法令規定事項。

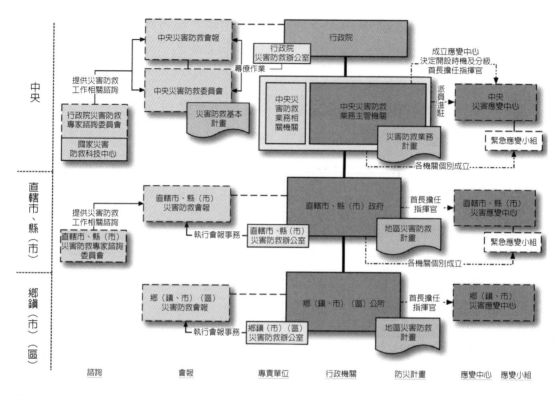

資料來源：中央災害防救會報，n.d.，https://cdprc.ey.gov.tw/Page/A1EE0B2787D640AF

圖3-5　我國災害防救體系架構及運作圖

二、直轄市、縣（市）災害防救會報

　　會報的任務為：(1)核定各該直轄市、縣（市）地區災害防救計畫；(2)核定重要災害防救措施及對策；(3)核定轄區內災害之緊急應變措施；(4)督導、考核轄區內災害防救相關事項；(5)其他依法令規定事項。

三、鄉（鎮、市）與區災害防救會報

　　會報的任務為：(1)核定各該鄉（鎮、市）地區災害防救計畫；(2)核定重要災害防救措施及對策；(3)推動疏散收容安置、災情通報、災後緊急搶通、環境清理等災害緊急應變及整備措施；(4)推動社區災害防救事宜；(5)其他依法令規定事項。

貳、災害防救專家諮詢委員會

　　依據「災害防救法」之規定，為提供災害防救工作之相關諮詢，中央及直轄

市、縣（市）之災害防救會報應設災害防救專家諮詢委員會。其目的在於藉由具備防救災專長且對於地區災害特性、災害潛勢有長期研究之專家、學者，本於其專長、學識提供災害防救會報業務諮詢及建議。

參、災害防救辦公室

　　除了行政院災害防救辦公室負責統合跨部會災害防救業務之規劃、協調、整合等任務之外，直轄市、縣（市）與鄉（鎮、市）亦應成立災害防救辦公室執行其災害防救會報事務；而直轄市所轄之區則得比照成立災害防救會報及災害防救辦公室。

　　關於行政院災害防救辦公室之運作，災防法第七條「……為執行中央災害防救會報核定之災害防救政策，推動重大災害防救任務與措施，行政院設中央災害防救委員會，置主任委員一人，由行政院副院長兼任，並設行政院災害防救辦公室，置專職人員，處理有關業務；其組織由行政院定之。」，該規定即指出行政院災害防救辦公室之主要功能「執行中央災防會報之政策」與「推動重大災害防救任務措施」。同時，該法亦規範災害防救辦公室以「專職人員」處理相關事務。

　　直轄市、縣市之災害防救辦公室規範，則定於災防法第九條「直轄市、縣（市）災害防救辦公室執行直轄市、縣（市）災害防救會報事務；其組織由直轄市、縣（市）政府定之。」，直轄市、縣市之災害防救辦公室之主要功能，與行政院災害防救辦公室並無差異，都在執行同級政府的災防會報政策與措施，然災防法並未提及直轄市、縣市災防辦應「置專職人員」。

　　至於鄉鎮市及區的災害防救辦公室規範，則訂於災防法第十一條：「鄉（鎮、市）災害防救辦公室執行鄉（鎮、市）災害防救會報事務；其組織由鄉（鎮、市）公所定之。區得比照前條及前二項規定，成立災害防救會報及災害防救辦公室。」。此一層級災害防救辦公室之功能定位不變，也未要求「置專職人員」，然對於「區」的災防辦規範，係採「得比照設置」。

肆、各級災害應變中心

一、中央災害應變中心

　　依災害防救法之規定，當重大災害發生或有發生之虞，中央災害防救業務主管機關首長應視災害之規模、性質、災情、影響層面及緊急應變措施等狀況，成立中央應變中心。成立後，並得視災情研判情況或聯絡需要通知直轄市、縣（市）政府成立應變中心。

二、地方災害應變中心

　　依災害防救法之規定，為預防災害或有效推行災害應變措施，當災害發生或有發生之虞，直轄市、縣（市）、鄉（鎮、市或區）之災害防救會報召集人應視災害規模成立應變中心，並任指揮官。

⚡ 3.3　我國災害防救計畫體系

　　災害防救計畫是各級政府執行災害防救任務的行動依據與準則。依據行政層級區別，臺灣的災害防救計畫區分為災害防救基本計畫、災害防救業務計畫、地區災害防救計畫等三類，用以規範各級災害防救組織所執行的各類災害的減災、整備、應變與復原事項。

　　災害防救計畫中，最上位的計畫是中央災害防救會報所頒訂的「災害防救基本計畫」，屬於全國綜合性、指導性的綱要計畫。其次是各災害防救業務主管機關與公共事業所訂定的「災害防救業務計畫」，屬於實務性的事業計畫。

　　在地方層級，則是由各直轄市（縣市）政府依據前揭計畫，以及該地區的災害潛勢模擬，進一步擬訂該直轄市（縣市）的「直轄市（縣市）地區災害防救計畫」；直轄市（縣市）所屬各鄉（鎮、市、區）公所則需依據該「直轄市（縣市）地區災害防救計畫」，擬訂各該行政區之「鄉（鎮、市、區）地區災害防救計畫」。以上的地區災害防救計畫屬於綜合性、規劃性的實質執行計畫。

　　各計畫之間，直轄市、縣（市）地區災害防救計畫不得牴觸災害防救基本計畫及相關災害防救業務計畫；鄉（鎮、市）地區災害防救計畫，不得牴觸上級災害防救計畫。此外，依據災防法第二十一條規定，前述各種災害防救業務計畫

或各地區災害防救計畫之間，若有所牴觸而無法解決者，應報請中央災害防救委員會協調之。各類防災計畫比較如表3-3，各類計畫的主要內容則分述於後。

表3-3　各類防災計畫比較

計畫類別	主政單位	性質	適用範圍
災害防救基本計畫	中央災害防救會報訂定	綜合性 指導性 綱要計畫	全國
災害防救業務計畫	災害防救業務主管機關及公共事業訂定	實務性 事業計畫	業務機關
地區災害防救計畫	各級地方政府之地方災害防救會報訂定	綜合性 規劃性 實質計畫	縣市、鄉鎮市區等單一區域

3.3.1　災害防救基本計畫與災害防救業務計畫

依據災防法的規定，中央層級的災害防救計畫可分為以下兩類：

一、災害防救基本計畫

依災防法第十七條規定，中央災害防救委員會擬訂「災害防救基本計畫」，經中央災害防救會報核定後，由行政院函送各中央災害防救業務主管機關及直轄市、縣（市）政府據以辦理災害防救事項。

依災防法第十八條規定，災害防救基本計畫的內容，應包括：一、整體性之長期災害防救計畫；二、災害防救業務計畫及地區災害防救計畫之重點事項；三、其他中央災害防救會報認為有必要之事項。

二、災害防救業務計畫

依災防法第二十條規定，公共事業應依災害防救基本計畫擬訂「災害防救業務計畫」，送請中央目的事業主管機關核定。中央災害防救業務主管機關則應依災害防救基本計畫，就其主管災害防救事項，擬訂「災害防救業務計畫」，報請中央災害防救會報核定後實施。

　　依災防法第十八條的相關規定，災害防救業務計畫的內容，應包括：一、災害預防相關事項；二、災害緊急應變對策相關事項；三、災後復原重建相關事項；四、其他行政機關、公共事業認為必要之事項。

3.3.2　地區災害防救計畫

　　地區災害防救計畫的目的在於為地方政府建立災害防救的目標、各種災害的潛勢預估與模擬、災害管理（減災、整備、應變、復原）的工作項目、人力編組、資源配置、作業流程的總體規劃，以利實際災害防救的準備、演練與實際運用；由於地方政府身處災害發生的第一線，直接接觸災害情境與受災民眾，因此地區災害防救計畫在災害防救工作中占有非常重要的地位。

壹、地區災害防救計畫的編定原則與內容架構

　　地區災害防救計畫屬於綜合性質之災害防救業務規劃，主要功能在於預先律定與引導防救災工作的進行，因此其內容的編定原則應符合：(1)計畫之完整性；(2)內容架構之統一性；(3)防救災分工之妥適性；(5)反映區域特性；(6)計畫之可操作性。

　　尤其，在氣候變遷加劇的趨勢之下，應配合災害潛勢分析、境況模擬、社經發展狀況、災害防救設施強化、應變搶救及重建復原經驗，每二年重新檢討修訂，使其能確實符合災害防救現況與需求。

　　地區災害防救計畫的內容架構，通常包括以下三個層次：

一、總則編

　　「總則」是地區災害防救計畫的核心，目的在於明確定位與說明計畫的以下三個基本面向：

1. 計畫的運作與定位：計畫依據、計畫目的、計畫位階、計畫架構與內容、計畫擬訂及運用原則、計畫檢討修正期程與時機、計畫編修歷程。

2. 計畫區域環境分析：自然環境、人文社經環境、地區災害特性的描述與分析，由此律定該地區的災害類別。

3. 防救災相關機關與任務：各類災害防救的法規依據、業務主管機關、災

害防救會報、災害防救專責單位、以及各級災害應變編組與任務分配等規劃。

二、災害專編

　　「災害專編」通常區分各種災害，並針對該災害進行災害潛勢分析、災害規模設定，以及說明減災、整備、應變、復建各階段之工作事項。

1. 災害潛勢分析：依據地區的災害歷史，以及自然與人文環境的變遷趨勢，針對較常發生的地震、颱洪（含水災、坡地）、海嘯、旱災、毒化災、生物病原災害、森林火災、核災、重大陸上交通事故等各類災害的潛勢，並評估防救災資源的需求與能量。

2. 減災計畫：災害規模設定、設施及建築物之減災與補強對策、二次災害預防、防災教育、防災社區等工作之規劃。

3. 整備計畫：災害應變中心之設置規劃、災害防救人員之整備編組、應變標準作業程序之研訂、災害應變資源整備、民生物資儲備、避難收容場所與設施之設置管理、避難救災路線規劃及設定、建置危險地區保全資料庫、防災地圖製作與宣導、防災演練等工作之規劃。

4. 應變計畫：災害應變中心之成立與運作、警戒資訊及預報之發布與傳遞、疏散避難指示、避難收容與弱勢族群照護、救災物資之調度與供應、災情查報通報、搜救與滅火及醫療救護、受災區域管理與管制、罹難者屍體安置等工作之規劃。

5. 復建計畫：災情勘查與緊急處理、協助復原重建計畫實施、社會救助措施之支援、損毀設施之修復、災區環境復原、災民安置等工作之規劃。

三、計畫執行與評核編

　　「計畫執行與評核編」是地區災害防救計畫的總結，主要目的在於說明防救災對策與工作重點、執行經費之運用情況，以及建立防救災的評核機制。

1. 各類災害防救對策：依據災害規模設定之條件，擬訂各類災害防救議題與對策，供日後各單位推動災害防救工作之參考依據。

2. 短中長期重點工作事項：於各年度之地區災害防救計畫，依地區災害條

件，擬訂階段目標及重點工作。

3. 計畫執行經費：說明災害防救經費之來源與運用情形。

4. 計畫執行評核機制：針對計畫執行與重點工作事項建立評核機制，包括評核目的、評核時機、評核方式、評核之計分與獎懲方式，以及標準化的評核表。

地區災害防救計畫以上三個層次相互扣連，每年計畫執行後，應對防救災工作進行確實的評核，再依據評核結果進行檢討與修正，促使地區災害防救計畫成為不斷檢討精進之良性循環。

貳、地區災害防救計畫的層級

在中央的災害防救基本計畫與相關災害防救業務計畫的規範之下，由地方政府擬定的地區災害防救計畫，可再區分為直轄市（縣市）、鄉（鎮、市、區）兩層級的地區災害防救計畫，分述如下。

一、直轄市、縣（市）地區災害防救計畫

依災防法第二十條規定，直轄市、縣（市）災害防救會報執行單位應依災害防救基本計畫、相關災害防救業務計畫及地區災害潛勢特性，擬訂地區災害防救計畫，經各該災害防救會報核定後實施，並報中央災害防救會報備查。

二、鄉（鎮、市、區）地區災害防救計畫

依災防法第二十條規定，鄉（鎮、市、區）公所應依上級災害防救計畫及地區災害潛勢特性，擬訂地區災害防救計畫，經各該災害防救會報核定後實施，並報所屬上級災害防救會報備查。

鄉（鎮、市、區）地區災害防救計畫應區別於縣市層級的地區災害防救計畫，兩者內容不應重複，但應保持鄉（鎮、市、區）層級與直轄市（縣、市）層級地區災害防救計畫之關聯性。而且，鄉（鎮、市、區）的幅員較小、災害防救的資源與能力有限，因此地區災害防救計畫通常不區分災害別，僅針對災害管理的減災、整備、應變、復原以及其他相關事項方式，擬定共通的工作內容；但若當地有易發生或損害較大的特定災害，則於特別事項中撰述。

一、我國災害防救體系的組織架構為何？各層級的分工與關係為何？

二、我國災害防救計畫區分為哪幾類？各自擔負的功能為何？彼此間的關係為何？

三、地區災害防救計畫的編製原則為何？應包括哪些主要內容？

⚡ 參考文獻

中央災害防救會報，n.d.，「中央災害防救體系組織架構」，https://cdprc.ey.gov.tw/Page/A80816CB7B6965EB（擷取日期：2019.03.29）。

日本內閣府防災情報網站，n.d.，http://www.bousai.go.jp/taisaku/soshiki2/soshiki2.html（擷取日期：2019.03.29）。

行政院災害防救委員會，2005，「0610豪雨災害應變處置報告（第1報至第16報）」。

林培火、洪明崎、黃景鐘，2009，「淺談美國及日本核子設施異常事件的通報及緊急局勢的判斷基準」，台電核能月刊，第318期，頁60-63。

李文正、莊明仁、張歆儀、許秋玲、詹士樑，2013，「災害防救專責機構組織探討」，國家災害防救科技中心技術報告。

李長晏，2011，「從多層次治理解構八八水災之政府失能現象」，載於張中勇、張世杰編著，災難治理與地方永續發展。

李宗勳主持，2012，「中央災害防救業務主管機關調整規劃及災害救助與災後復原重建體制之研究」，內政部消防罫委託研究報告（PG10102-0369），內政部消防署，臺北。

馬士元主持，2011，「建立我國救災資源調度制度化及推動落實之研究」，內政部消防署委託研究報告（PG10002-0626），內政部消防署，臺北。

馬士元主持，2012，「建立我國救災資源調度制度化及推動落實之研究（第2年）」，內政部消防署委託研究報告（PG10102-0333），內政部消防署，臺北。

馬彥彬，2011，「災害防救重點工作實務」，臺中市政府「100年強化防救災人員教育訓練——里長講習」教材，臺中市政府，臺中。

陳朝建，2010，「地方制度法專題：災害防救權責屬於地方政府？還是中央政府？」，陳誠法政專業教學網。

陳建仁，2013，「東京都治理總檢驗：以311震災與核災為例」，中國地方自治，66卷5期：22-35。

陳崇岳，2012，「國內外災害防救體系比較及我國未來發展」，消防學術與實務研討會議（11月16日）。

莊明仁、陳素櫻、張歆儀，2010，「地方政府災害防救法制落實之檢討」，國家災害防救科技中心技術報告（NCDR 98-T21）。網址http://enhance.ncdr.nat.gov.tw/Upload/ 201005/admin_201005513135521_110-精簡報告_地方政府災害防救法制落實之檢討_final.pdf。

莊明仁，2011，「我國防救災科技的組織體系與政策」，國立中央大學通識演講（2011年12月8日），http://140.115.103.89/ta_manage/speechreport/GS3344_505_2_ 20120112132154.pdf

張四明主持，2012，「防災應變體系中資訊網絡整合機制改善之研究」，行政院研考會委託研究報告（RDEC-RES-099-031），行政院研考會，臺北。

張寬勇主持，2008，「區域聯防機制之研究」，內政部消防署委託研究報告。

章光明主持，2010，「中央與地方災害防救組織與職能之研究」，行政院研考會委託研究，RDEC-TPG-099-003。

黃素慧，2009，「早期臺灣省政府的災害救濟介紹」，臺灣文獻館電子報，第41期，98年10月30日，http://www.th.gov.tw/epaper/view2.php?ID=41&AID=520

楊永年，2009，「八八水災救災體系之研究」，公共行政學報，第32期，頁143-169。

廖達琪主持，2013，「鄉鎮（市）業務在縣合併後之延續安排與運作挑戰：以「災害防救之規劃及執行」為例」，行政院研考會委託研究報告（RDEC-TPG-101-005）。行政院研究發展考核委員會，未出版，臺北。

熊光華、吳秀光、葉俊興，2011，「臺灣災害防救體系之變革分析」，http://web.ntpu. edu.tw/~fisher/public%20affairs/unit5-1.pdf。

蕭全政主持，2010，「大規模災害後災害防救法制之研究」，內政部消防署委託研究報告（PG9903-0651），內政部消防署，臺北。

Birkland, T. & Waterman, S. (2008). Is Federalism the Reason for Policy Failure in Hurricane Katrina? Publius: The Journal of Federalism volume 38 number 4, pp.692-714.

Birkland, T. A. & DeYoung, Sarah E. (2011). Emergency Response, Doctrinal Confusion, and Federalism in the Deepwater Horizon Oil Spill. Publius:The Journal of Federalism volume 41number 3, pp.471-493.

DHS (2013). Lessons Learned: Social Media and Hurricane Sandy. Virtual Social Media Working Group and DHS First Responders Group. DHS: Science & Technology.

FEMA (2013). Fact Sheet: Sandy Recovery Improvement Act of 2013. http://www. fema. gov/about-agency/sandy-recovery-improvement-act-2013.

Halpin, S. H. (2013). "Home Rule in NJ and Hurricane Sandy Recovery: Managing Power Restoration, Gas Rationing, Debris Removal and Temporary Housing" American Society for Public Administration 2013 Annual Conference. March 19, 2013. New Orleans

Kiki C. & MacManus, S. A. (2011). Interlocal Emergency Management Collaboration: Vertical and horizontal Roadblocks. Publius: TheJournal of Federalism volume 42 number1, pp.162-187.

National Academy of Public Administration (NAPA) (1993). Coping With Catastrophe: Building an Emergency Management System System to Meet People's Needs in Natural and Manmade Disasters. Washington D. C.: NAPA.

Roberts, Patrick S. (2008). Dispersed Federalism as a New Regional Governance for Homeland Security. Publius: The Journal of Federalism volume 38 number 3, pp.416-443.

Schneider, S. (2008). Who's to Blame? (Mis) perceptions of the Intergovernmental Response to Disasters. Publius: The Journal of Federalism volume 38 number 4, pp.715-738.

第4章 災害防救法暨其施行細則概述

　　我國政府有鑑於世界上重大災難的持續出現，如美國洛杉磯大地震、日本名古屋華航空難事件等，行政院於民國83年8月4日頒行「災害防救方案」，建立我國災害防救體系與運作機制，逐步提升國內的災害防救水準。而同時內政部亦著手草擬「災害防救法」（以下簡稱本法）。

　　臺灣地區常常因颱風、地震、土石流或其他因素而發生天然災害，使人民生命財產遭受損害，尤以民國88年9月21日臺灣集集大地震，震出了國內災害防救體系及緊急應變能力的不足及考驗，政府即刻進行災害防救整體總檢討，並於89年7月19日以總統（89）華總一義字第8900178710號令制訂公布本法全文52條。

　　然而，法令之制定並非一次到位，通常需經過慘痛之教訓或親身之經歷，方得以逐漸成熟，繼莫拉克颱風造成八八水災後，國防部也遵循總統的指示，加入「災害防救」的行列，因此，「災害防救」確實是全國最為關注的課題。本法頒行以來至目前為止，歷經九次修正，說明如下：

一、民國91年5月29日以總統華總一義字第09100108310號令增訂第39-1條有關災害搜救所生費用之求償機制之條文。

二、民國97年5月14日以總統華總一義字第09700055091號令修正公布第2、3、13、22～24、27、31～33、36、38、39、40、46、49及50條條文；增訂第37-1、37-2及43-1條條文；並刪除第29、39-1及第42條條文。

三、民國99年1月27日以總統華總一義字第09900017931號令增訂公布第47-1條有關核發被害失蹤人死亡證明書之條文。

四、民國99年8月4日以總統華總一義字第09900192631號令修正公布第3、4、7、9～11、15～17、21、23、28、31、34、44、47條條文。

五、民國101年11月28日以總統華總一義字第10100264191號令修正公布第26條條文。

　　本章就本法各條文與其授權訂定之法規，或依職權訂定之行政規則，逐條逐項搭配災害防救法施行細則加以整合並進行說明。

六、民國105年4月13日以總統華總一義字第10500030011號令修正公布第2、3、7、41、44、47-1、52條條文；並增訂第44-1～44-10條條文；除第44-1～44-10條條文自104年8月6日施行外，自公布日施行。

七、民國106年11月22日以總統華總一義字第10600141611號令修正公布第2、3、44-10條條文。

八、民國108年1月7日以總統華總一義字第10800002101號令修正公布第47條條文。

九、民國108年5月22日以總統華總一義字第10800050771號令修正公布第41條條文。

⚡ 4.1　災害防救法基礎架構

　　災害防救法的基本架構共分為八章，如表4-1所示：

表4-1　災害防救法基本架構

章次	章名	條文
第一章	總則	第 1 ～ 5 條
第二章	災害防救組織	第 6 ～ 16 條
第三章	災害防救計畫	第 17 ～ 21 條
第四章	災害預防	第 22 ～ 26 條
第五章	災害應變措施	第 27 ～ 35 條
第六章	災後復原重建	第 36 ～ 37-2 條
第七章	罰則	第 38 ～ 42 條
第八章	附則	第 43 ～ 52 條

而依據災害防救法第51條規定，其施行細則由內政部定之，而災害防救法施行細則至頒布以來，歷經五次修正，說明如下：

一、民國90年8月30日以內政府（90）台內消字第9087374號令訂定發布全文26條。

二、民國98年1月16日以內政部台內消字第0980820525號令修正發布全文20條；並自發布日施行。

三、民國100年2月21日以內政部台內消字第1000820937號令修正發布第7、18條條文；增訂第9-1條條文；刪除第6條條文。

四、民國106年1月18日以內政部台內消字第1060821048號令修正發布第2、3條條文。

五、民國107年4月19日以內政部台內消字第1070821704號令修正發布第2條條文。

⚡ 4.2　災害防救法與災害防救法施行細則之整合概述

4.2.1　第一章　總則

第1條　（立法目的）

　　為健全災害防救體制，強化災害防救功能，以確保人民生命、身體、財產之安全及國土之保全，特制定本法。

　　災害之防救，本法未規定者，適用其他法律之規定。

第2條　（名詞定義）

　　本法專用名詞，定義如下：

一、災害：指下列災難所造成之禍害：

　　（一）風災、水災、震災（含土壤液化）、旱災、寒害、土石流災害、火山災害等天然災害。

　　（二）火災、爆炸、公用氣體與油料管線、輸電線路災害、礦災、空難、海難、陸上交通事故、森林火災、毒性化學物質災害、生物病原災害、動植物疫災、輻射災害、工業管線災害、懸浮微粒物質災害等災害。

二、災害防救：指災害之預防、災害發生時之應變及災後之復原重建等措施。

三、災害防救計畫：指災害防救基本計畫、災害防救業務計畫及地區災害防救計畫。

四、災害防救基本計畫：指由中央災害防救會報核定之全國性災害防救計畫。

五、災害防救業務計畫：指由中央災害防救業務主管機關及公共事業就其掌理業務或事務擬訂之災害防救計畫。

六、地區災害防救計畫：指由直轄市、縣（市）及鄉（鎮、市）災害防救會報核定之直轄市、縣（市）及鄉（鎮、市）災害防救計畫。

【解說】

　　依據災害防救法施行細則第2條之定義規定，災害防救法第2條第1款第2目所定火災以外之各類災害（有關火災之定義回歸消防法令之適用，不在本法施行細則另為規範），其定義如下：

一、爆炸：指壓力急速產生，並釋放至周圍壓力較低之環境，或因氣體急速膨脹，擠壓周圍之空氣或與容器壁摩擦，造成災害者。

二、公用氣體與油料管線災害：指公用氣體燃料事業或石油業之管線，因事故發生，造成安全危害或環境污染者。

三、輸電線路災害：指輸電之線路或設備受損，無法正常供輸電力，造成災害者。

四、礦災：指地下礦場、露天礦場、石油天然氣礦場（含海上探勘、生產作業）等各類礦場及礦業權持續中之廢棄礦坑或捨石場，發生落磐、埋沒、土石崩塌、一氧化碳中毒或窒息、瓦斯或煤塵爆炸、氣體突出、石油或天然氣洩漏、噴井、搬運事故、機電事故、炸藥事故、水災、火災等，造成人員生命及財產損害者。

五、空難：指航空器運作中所發生之事故，造成人員傷亡、失蹤或財物損失，或航空器遭受損害或失蹤者。

六、海難：指船舶發生故障、沉沒、擱淺、碰撞、失火、爆炸或其他有關船舶、貨載、船員或旅客之非常事故者。

七、陸上交通事故：指鐵路、公路及大眾捷運等運輸系統，發生行車事故，或因天然、人為等因素，造成設施損害，致影響行車安全或導致交通陷於停頓者。

八、森林火災：指火災發生於國有、公有或私有林地，造成林木損害或影響森林生態系組成及運作者。

九、毒性化學物質災害：指因毒性化學物質事故，造成安全危害或環境污染者。

十、生物病原災害：指傳染病發生流行疫情，且對國家安全、社會經濟、人民健康造成重大危害，對區域醫療資源產生嚴重負荷者。

十一、動植物疫災：指因動物傳染病或植物疫病蟲害之發生、蔓延，造成災害者。

十二、輻射災害：指因輻射源或輻射作業過程中，或因天然、人為等因素，產生輻射意外事故，造成人員輻射暴露之安全危害或環境污染者。

十三、工業管線災害：指輸出端廠場與接收端廠場間，於相關法令設立、管理之園區範圍外經由第三地地下工業管線輸送工廠危險物品申報辦法之危險物品，因事故發生，造成安全危害或環境污染等第二款以外之災害者。

十四、懸浮微粒物質災害：指因事故或氣象因素使懸浮微粒物質大量產生或大氣濃度升高，空氣品質達一級嚴重惡化或造成人民健康重大危害者。

第3條　（中央災害防救業務主管機關）

　　各種災害之預防、應變及復原重建，以下列機關為中央災害防救業務主管機關：

一、風災、震災（含土壤液化）、火災、爆炸、火山災害：內政部。

二、水災、旱災、礦災、工業管線災害、公用氣體與油料管線、輸電線路災害、礦災：經濟部。

三、寒害、土石流災害、森林火災、動植物疫災：行政院農業委員會。

四、空難、海難、陸上交通事故：交通部。

五、毒性化學物質災害、懸浮微粒物質災害：行政院環境保護署。

六、生物病原災害：衛生福利部。

七、輻射災害：行政院原子能委員會。

八、其他災害：依法律規定或由中央災害防救會報指定之中央災害防救業務主管機關。

前項中央災害防救業務主管機關就其主管災害防救業務之權責如下：

一、中央及直轄市、縣（市）政府與公共事業執行災害防救工作等相關事項之指揮、督導及協調。

二、災害防救業務計畫訂定與修正之研擬及執行。

三、災害防救工作之支援、處理。

四、非屬地方行政轄區之災害防救相關業務之執行、協調，及違反本法案件之處理。

五、災害區域涉及海域、跨越二以上直轄市、縣（市）行政區，或災情重大且直轄市、縣（市）政府無法因應時之協調及處理。

【解說】

　　依據災害防救法施行細則第3條之規定：「本法所稱公共事業，指經中央目的事業主管機關指定之大眾傳播事業、電業、自來水事業、電信事業、公用氣體燃料事業、石油業、運輸業及其他事業。」故相關公共事業，於災害發生時，各司其職，例如：颱風天造成停電，則由臺灣電力公司負責搶修；自來水管線破損，則由臺灣自來水公司配合搶修管線等。

　　參照殯葬管理條例有關體例及「水利法」第6條及第7條、「地方制度法」第18條至第20條等規定，明定中央災害防救業務主管機關之各項權責；另民國91年5月25日華航CI611班機之空難地點係位於澎湖外海，由於非屬地方政府所轄行政區域範圍，為釐清權責機關，爰於修正條文第2項第5款定明於該等地區所發生之災害，由中央協調地方政府處理有關災害防救事項。

第4條　（主管機關）

本法主管機關：在中央為內政部；在直轄市為直轄市政府；在縣（市）為縣（市）政府。

直轄市、縣（市）政府及鄉（鎮、市）公所應依地方制度法第18條第11款第2目、第19條第11款第2目、第20條第7款第1目及本法規定，分別辦理直轄市、縣（市）及鄉（鎮、市）之災害防救自治事項。

【解說】

本法之「中央主管機關」與第3條所稱「中央災害防救業務主管機關」及第19條第1項所稱「中央目的事業主管機關」在權責、性質及法理上，均有所區別。說明如下（張易鴻，2011）：

一、中央主管機關：內政部為本法之中央主管機關，凡有關本法之制（修）訂、法條釋義、適用疑義之解釋及本法之宣導教育等事項，均屬內政部主管權責。

二、中央災害防救業務主管機關：係指內政部、經濟部、行政院農業委員會、交通部、行政院環境保護署、行政院衛生署、行政院原子能委員會，對於各該主管災害之災害防救事項，負責指揮、督導、協調各級災害防救相關行政機關及公共事業執行災害之預防、災害發生時之應變措施及災後之復原重建等各項災害防救工作。

三、中央目的事業主管機關：監督、管理相關公共事業，例如經濟部為油水電事業機構等之中央目的事業主管機關，國家通訊傳播委員會（National Communications Commission, NCC）為新聞媒體之中央目的事業主管機關。

第5條　（必要措施之採取及報告）

中央災害防救業務主管機關為達災害防救之目的，得採取法律、行政及財政金融之必要措施，並向立法院報告。

【解說】

　　民國90年8月7日行政院張前院長俊雄邀請立法院王院長金平及各黨團代表到行政院聽取有關行政部門對於桃芝颱風處置作為之專案報告，創下憲法上之首例。

4.2.2　第二章　災害防救組織

第6條　（中央災害防教會報之任務）

　　行政院設中央災害防救會報，其任務如下：

一、決定災害防救之基本方針。

二、核定災害防救基本計畫及中央災害防救業務主管機關之災害防救業務計畫。

三、核定重要災害防救政策與措施。

四、核定全國緊急災害之應變措施。

五、督導、考核中央及直轄市、縣（市）災害防救相關事項。

六、其他依法令所規定事項。

第7條　（中央災害防教會報之組織）

　　中央災害防救會報置召集人、副召集人各一人，分別由行政院院長、副院長兼任；委員若干人，由行政院院長就政務委員、秘書長、有關機關首長及具有災害防救學識經驗之專家、學者派兼或聘兼之。

　　為執行中央災害防救會報核定之災害防救政策，推動重大災害防救任務與措施，行政院設中央災害防救委員會，置主任委員一人，由行政院副院長兼任，並設行政院災害防救辦公室，置專職人員，處理有關業務；其組織由行政院定之。

　　行政院災害防救專家諮詢委員會、國家災害防救科技中心提供中央災害防救會報及中央災害防救委員會，有關災害防救工作之相關諮詢，加速災害防救科技研發及落實，強化災害防救政策及措施。

為有效整合運用救災資源，中央災害防救委員會設行政院國家搜救指揮中心，統籌、調度國內各搜救單位資源，執行災害事故之人員搜救及緊急救護之運送任務。

　　內政部消防署執行災害防救業務。

　　中央災害防救業務主管機關執行災害資源統籌、資訊彙整與防救業務，並應協同相關機關執行全民防災預防教育。

【解說】

　　有關中央災害防救體系組織架構如圖4-1所示，分別敘述如下：

一、中央災害防救會報及委員會：

　　（一）行政院為推動災害之防救，依災害防救法第6條，設「中央災害防救會報」。

　　（二）中央災害防救會報依災害防救法第7條第1款，置召集人、副召集人各一人，分別由行政院院長、副院長兼任；委員若干人，由行政院院長就政務委員、秘書長、有關機關首長及具有災害防救學識經驗之專家、學者派兼或聘兼之。

　　（三）為執行中央災害防救會報核定之災害防救政策，推動重大災害防救任務與措施，行政院依災害防救法第7條第2款設中央災害防救委員會，置主任委員一人，由行政院副院長兼任。

二、會報及委員會幕僚單位：依災害防救法第7條第2款設行政院災害防救辦公室，置專職人員，處理有關業務；其組織由行政院定之。

三、中央災害防救業務主管機關：依災害防救法第3條第1款各種災害之預防、應變及復原重建，下列機關為中央災害防救業務主管機關：

　　（一）風災、震災（含土壤液化）、火災、爆炸、火山災害：內政部。

　　（二）水災、旱災、礦災、工業管線災害、公用氣體與油料管線、輸電線路災害：經濟部。

　　（三）寒害、土石流災害、森林火災、動植物疫災：行政院農業委員會。

（四）空難、海難、陸上交通事故：交通部。

（五）毒性化學物質災害、懸浮微粒物質災害：行政院環境保護署。

（六）生物病原災害：衛生福利部。

（七）輻射災害：行政院原子能委員會。

（八）其他災害：依法律規定或由中央災害防救會報指定之中央災害防救業
務主管機關。

四、中央災害防救業務相關機關：依中央災害應變中心作業要點第6條第2款，
於災害發生或有發生之虞時，經評估可能造成之危害，必要時立即通知相關
機關（單位、團體）派員運作。包括如下：外交部、國防部、財政部、教育
部、法務部、勞動部、科技部、主計總處、海委會、工程會、金管會、原民
會、通傳會等。

五、專家諮詢委員會及國家災害防救科技中心：依災害防救法第7條第3款由行政
院災害防救專家諮詢委員會、國家災害防救科技中心提供中央災害防救會報
及中央災害防救委員會，有關災害防救工作之相關諮詢，加速災害防救科技
研發及落實，強化災害防救政策及措施。

六、行政院國家搜救指揮中心及內政部消防署：依災害防救法第7條第4款為有
效整合運用救災資源，中央災害防救委員會設行政院國家搜救指揮中心，統
籌、調度國內各搜救單位資源，執行災害事故之人員搜救及緊急救護之運送
任務。另依同條第5款由內政部消防署執行災害防救業務。

七、中央災害應變中心：依中央災害應變中心作業要點第4條，重大災害發生或
有發生之虞時，中央災害防救業務主管機關首長應視災害之規模、性質、災
情、影響層面及緊急應變措施等狀況，決定應變中心之開設及其分級，並
應於成立後，立即口頭報告中央災害防救會報召集人（以下簡稱會報召集
人），並由召集人指定該次災害之中央災害防救業務主管機關首長擔任指揮
官。其組織成員如下：

（一）應變中心置指揮官一人，綜理應變中心災害應變事宜。

（二）協同指揮官一人至五人，由會報召集人指定行政院政務委員及該次災
害相關之其他中央災害防救業務主管機關首長擔任，協助指揮官統籌

　　災害應變指揮事宜。

（三）副指揮官一人至五人，由指揮官指定之，襄助指揮官及協同指揮官處理應變中心災害應變事宜。

（四）應變中心二級以上開設時，中央災害防救業務相關機關應指派專責人員進駐應變中心，統籌處理各該部會防救災緊急應變及相關協調事宜，並另派幕僚人員進駐應變中心執行各項災害應變事宜。

八、緊急應變小組：依災害防救法第14條，災害發生或有發生之虞時，為處理災害防救事宜或配合各級災害應變中心執行災害應變措施，災害防救業務計畫及地區災害防救計畫指定之機關、單位或公共事業，應設緊急應變小組，執行各項應變措施。

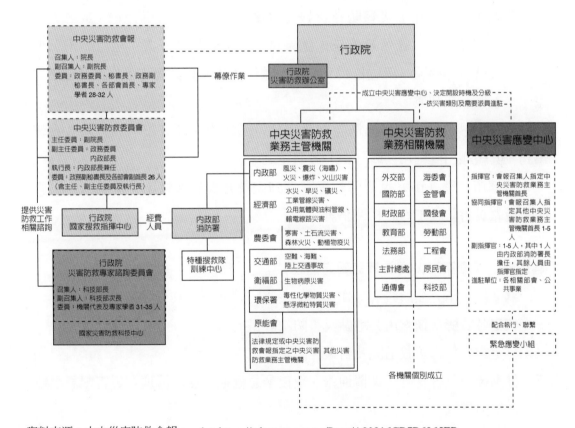

資料來源：中央災害防救會報，n.d.，https://cdprc.ey.gov.tw/Page/A80816CB7B6965EB

圖4-1　中央災害防救體系組織架構圖

第8條　（直轄市、縣市政府災害防救會報之任務）

直轄市、縣（市）政府設直轄市、縣（市）災害防救會報，其任務如下：

一、核定各該直轄市、縣（市）地區災害防救計畫。

二、核定重要災害防救措施及對策。

三、核定轄區內災害之緊急應變措施。

四、督導、考核轄區內災害防救相關事項。

五、其他依法令規定事項。

第9條　（直轄市、縣市災害防救會報之組識）

直轄市、縣（市）災害防救會報置召集人一人、副召集人一人或二人，分別由直轄市、縣（市）政府正、副首長兼任；委員若干人，由直轄市、縣（市）長就有關機關、單位首長、軍事機關代表及具有災害防救學識經驗之專家、學者派兼或聘兼。

直轄市、縣（市）災害防救辦公室執行直轄市、縣（市）災害防救會報事務；其組織由直轄市、縣（市）政府定之。

直轄市、縣（市）災害防救專家諮詢委員會提供直轄市、縣（市）災害防救會報災害防救工作之相關諮詢。

第10條　（鄉鎮市災害防救會報之任務）

鄉（鎮、市）公所設鄉（鎮、市）災害防救會報，其任務如下：

一、核定各該鄉（鎮、市）地區災害防救計畫。

二、核定重要災害防救措施及對策。

三、推動疏散收容安置、災情通報、災後緊急搶通、環境清理等災害緊急應變及整備措施。

四、推動社區災害防救事宜。

五、其他依法令規定事項。

第11條　（鄉鎮市災害防救會報之組織）

鄉（鎮、市）災害防救會報置召集人、副召集人各一人，委員若干人。召集人由鄉（鎮、市）長擔任；副召集人由鄉（鎮、市）公所主任秘書或秘書擔任；委員由鄉（鎮、市）長就各該鄉（鎮、市）地區災害防救計畫中指定之單位代表派兼或聘兼。

鄉（鎮、市）災害防救辦公室執行鄉（鎮、市）災害防救會報事務；其組織由鄉（鎮、市）公所定之。

區得比照前條及前二項規定，成立災害防救會報及災害防救辦公室。

第12條　（各地區災害應變中心之成立）

為預防災害或有效推行災害應變措施，當災害發生或有發生之虞時，直轄市、縣（市）及鄉（鎮、市）災害防救會報召集人應視災害規模成立災害應變中心，並擔任指揮官。

前項災害應變中心成立時機、程序及編組，由直轄市、縣（市）政府及鄉（鎮、市）公所定之。

第13條　（中央災害應變中心之成立）

重大災害發生或有發生之虞時，中央災害防救業務主管機關首長應視災害之規模、性質、災情、影響層面及緊急應變措施等狀況，決定中央災害應變中心開設時機及其分級，應於成立後，立即報告中央災害防救會報召集人，並由召集人指定指揮官。

中央災害應變中心成立後，得視災情研判情況或聯繫需要，通知直轄市、縣（市）政府立即成立地方災害應變中心。

第14條　（緊急應變小組之設立）

災害發生或有發生之虞時，為處理災害防救事宜或配合各級災害應變中心執行災害應變措施，災害防救業務計畫及地區災害防救計畫指定之機關、單位或公共事業，應設緊急應變小組，執行各項應變措施。

第15條　（災害防救會報結合民防及全民防衛動員準備體系）

　　各級災害防救會報應結合民防及全民防衛動員準備體系，實施相關災害整備及應變事項；其實施辦法，由內政部會同有關部會定之。

第16條　（搜救組織之設置）

　　內政部災害防救署特種搜救隊及訓練中心、直轄市、縣（市）政府搜救組織處理重大災害搶救等應變事宜。

【解說】

　　有關中央至地方防救體系架構如圖4-2所示，分別敘述如下：

一、中央及地方災防體系三級制：我國災害防救體依災害防救法規定，區分為「中央」、「直轄市、縣（市）」及「鄉鎮（市、區）」三層級。

二、會報及委員會決定災防政策：

　　（一）行政院為推動災害之防救，依災害防救法第6條，設「中央災害防救會報」。

　　（二）依災害防救法第7條第1款，中央災害防救會報置召集人、副召集人各一人，分別由行政院院長、副院長兼任。

　　（三）依災害防救法第7條第2款，為執行「中央災害防救會報」核定之災害防救政策，推動重大災害防救任務與措施，行政院設「中央災害防救委員會」，置主任委員一人，由行政院副院長兼任。

　　（四）直轄市、縣（市）政府依災害防救法第8條，設直轄市、縣（市）災害防救會報。鄉（鎮、市）公所依災害防救法第10條，設鄉（鎮、市）災害防救會報。

三、科技諮詢強化政策研擬：

　　（一）依災害防救法第7條第3款由行政院災害防救專家諮詢委員會、國家災害防救科技中心提供中央災害防救會報及中央災害防救委員會，有關災害防救工作之相關諮詢，加速災害防救科技研發及落實，強化災害防救政策及措施。

（二）直轄市、縣（市）依災害防救法第9條第3款，設直轄市、縣（市）災害防救專家諮詢委員會提供直轄市、縣（市）災害防救會報災害防救工作之相關諮詢。

四、各級政府設專責幕僚單位：

（一）行政院依災害防救法第7條第2款，設行政院災害防救辦公室，置專職人員，處理有關業務。

（二）直轄市、縣（市）政府依災害防救法第9條第2款，設直轄市、縣（市）災害防救辦公室執行直轄市、縣（市）災害防救會報事務。

（三）鄉（鎮、市）政府依災害防救法第11條第2款，設鄉（鎮、市）災害防救辦公室執行鄉（鎮、市）災害防救會報事務。

五、以計畫為基礎推動災防業務：

（一）依災害防救法第17條第1款，災害防救基本計畫由中央災害防救委員會擬訂，中央災害防救會報核定。

（二）依災害防救法第19條，中央災害防救業務主管機關應依災害防救基本計畫，就其主管災害防救事項，擬訂災害防救業務計畫，報請中央災害防救會報核定後實施。公共事業應依災害防救基本計畫擬訂災害防救業務計畫，送請中央目的事業主管機關核定。

（三）依災害防救法第20條1款，直轄市、縣（市）災害防救會報執行單位應依災害防救基本計畫、相關災害防救業務計畫及地區災害潛勢特性，擬訂地區災害防救計畫，經各該災害防救會報核定後實施，並報中央災害防救會報備查。

（四）依災害防救法第20條2款，鄉（鎮、市）公所應依上級災害防救計畫及地區災害潛勢特性，擬訂地區災害防救計畫，經各該災害防救會報核定後實施，並報所屬上級災害防救會報備查。

六、災害應變中心構成應變核心：

（一）依災害防救法第13條，重大災害發生之虞時，中央災害防救業務主管機關首長應視災害之規模、性質、災情、影響層面及緊急應變措施等狀況，決定中央災害應變中心開設時機及其分級。

（二）依災害防救法第12條，為預防災害或有效推行災害應變措施，當災害發生或有發生之虞時，直轄市、縣（市）及鄉（鎮、市）災害防救會報召集人應視災害規模成立災害應變中心，並擔任指揮官。

（三）依災害防救法第14條，災害發生或有發生之虞時，為處理災害防救事宜或配合各級災害應變中心執行災害應變措施，災害防救業務計畫及地區災害防救計畫指定之機關、單位或公共事業，應設緊急應變小組，執行各項應變措施。

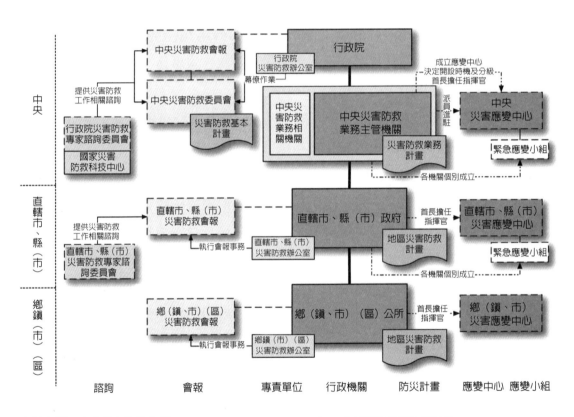

資料來源：中央災害防救會報，n.d.，https://cdprc.ey.gov.tw/Page/A1EE0B2787D640AF

圖4-2　中央至地方防救體系架構圖

4.2.3 第三章 災害防救計畫

第17條 （災害防救基本計畫之擬訂及檢討）

災害防救基本計畫由中央災害防救委員會擬訂，經中央災害防救會報核定後，由行政院函送各中央災害防救業務主管機關及直轄市、縣（市）政府據以辦理災害防救事項。

前項災害防救基本計畫應定期檢討，必要時得隨時為之。

行政院每年應將災害防救白皮書送交立法院。

【解說】

災害防救法施行細則第7條規定：「中央災害防救委員會每5年應依本法第17條第2項規定，就相關減災、整備、災害應變、災後復原重建、科學研究成果、災害發生狀況、因應對策等，進行勘查、評估，檢討災害防救基本計畫；必要時，得隨時辦理之。」鑑此，災害防救基本計畫乃以每5年定期檢討一次，如有必要，得隨時辦理之。為利國會進行監督，增列第3項規定，要求行政院應每年將災害防救白皮書送立法院。

第18條 （災害防救基本計畫之內容）

災害防救基本計畫內容之規定如下：

一、整體性之長期災害防救計畫。

二、災害防救業務計畫及地區災害防救計畫之重點事項。

三、其他中央災害防救會報認為有必要之事項。

前項各款之災害防救計畫、災害防救業務計畫、地區災害防救計畫內容之規定如下：

一、災害預防相關事項。

二、災害緊急應變對策相關事項。

三、災後復原重建相關事項。

四、其他行政機關、公共事業、直轄市、縣（市）、鄉（鎮、市）災害防救會
　　報認為必要之事項。

　　行政機關依其他法律作成之災害防救計畫及災害防救相關規定，不得牴
觸本法。

第19條　（公共事業防災業務計畫之擬訂及報核程序）

　　公共事業應依災害防救基本計畫擬訂災害防救業務計畫，送請中央目的
事業主管機關核定。

　　中央災害防救業務主管機關應依災害防救基本計畫，就其主管災害防救
事項，擬訂災害防救業務計畫，報請中央災害防救會報核定後實施。

第20條　（各地區防災業務計畫之擬訂及報核程序）

　　直轄市、縣（市）災害防救會報執行單位應依災害防救基本計畫、相關
災害防救業務計畫及地區災害潛勢特性，擬訂地區災害防救計畫，經各該災害
防救會報核定後實施，並報中央災害防救會報備查。

　　前項直轄市、縣（市）地區災害防救計畫不得牴觸災害防救基本計畫及
相關災害防救業務計畫。

　　鄉（鎮、市）公所應依上級災害防救計畫及地區災害潛勢特性，擬訂地
區災害防救計畫，經各該災害防救會報核定後實施，並報所屬上級災害防救會
報備查。

　　前項鄉（鎮、市）地區災害防救計畫，不得牴觸上級災害防救計畫。

【解說】

　　此條文強調各「下位計畫不得牴觸上位計畫」，亦即直轄市、縣（市）地
區災害防救計畫不得牴觸災害防救基本計畫及相關災害防救業務計畫；鄉（鎮、
市）地區災害防救計畫不得牴觸災害防救基本計畫、相關災害防救業務計畫及直
轄市、縣（市）地區災害防救計畫等上位計畫，並由各該層級會報核定後，報請
所屬上級之災害防救會報備查，亦即直轄市、縣（市）政府報請中央災害防救委

員會備查；鄉（鎮、市）地區則報請直轄市、縣（市）災害防救會報備查。

第21條　（防災業務計畫及地區防災計畫牴觸之協調）

　　各種災害防救業務計畫或各地區災害防救計畫間有所牴觸而無法解決者，應報請中央災害防救委員會協調之。

4.2.4　第四章　災害預防

第22條　（減少或防止災害發生擴大各級政府依權責實施之工作項目）

　　為減少災害發生或防止災害擴大，各級政府平時應依權責實施下列減災事項：

一、災害防救計畫之擬訂、經費編列、執行及檢討。

二、災害防救教育、訓練及觀念宣導。

三、災害防救科技之研發或應用。

四、治山、防洪及其他國土保全。

五、老舊建築物、重要公共建築物與災害防救設施、設備之檢查、補強、維護及都市災害防救機能之改善。

六、災害防救上必要之氣象、地質、水文與其他相關資料之觀測、蒐集、分析及建置。

七、災害潛勢、危險度、境況模擬與風險評估之調查分析，及適時公布其結果。

八、地方政府及公共事業有關災害防救相互支援協定之訂定。

九、災害防救團體、災害防救志願組織之促進、輔導、協助及獎勵。

十、災害保險之規劃及推動。

十一、有關弱勢族群災害防救援助必要事項。

十二、災害防救資訊網路之建立、交流及國際合作。

十三、其他減災相關事項。

前項所定減災事項，各級政府應依權責列入各該災害防救計畫。

公共事業應依其災害防救業務計畫，實施有關減災事項。

第1項第7款有關災害潛勢之公開資料種類、區域、作業程序及其他相關事項之辦法，由各中央災害防救業務主管機關定之。

【解說】

首先，依據災害防救法施行細則第8條規定：「中央災害防救業務主管機關每2年應依本法第22條第2項、第23條第2項、第27條第2項、第36條第2項規定及災害防救基本計畫等，進行勘查、評估，檢討災害防救業務計畫；必要時，得隨時辦理之。公共事業每2年應依災害防救基本計畫、相關減災、整備、災害應變、災後復原重建等，進行勘查、評估，檢討災害防救業務計畫；必要時，得隨時辦理之。」

再者，依據災害防救法施行細則第9條之規定：「直轄市、縣（市）政府及鄉（鎮、市）公所每2年應依本法第22條第2項、第23條第2項、第27條第2項、第36條第2項規定、災害防救計畫、地區災害發生狀況、災害潛勢特性等，進行勘查、評估，檢討地區災害防救計畫；必要時，得隨時辦理之。」

最後，依據災害防救法施行細則第9-1條之規定：「為落實本法第22條第1項第2款規定之事項，各級政府應針對具災害潛勢且易因災害致交通中斷無法對外連絡之村、里或原住民部落等，協助輔導設立自主防救組織，並加強教育訓練。」

目前各中央災害防救業務主管機關依據本條第4項訂定之災害潛勢資料公開辦法，計有(1)風災震災火災爆炸火山災害潛勢資料公開辦法（內政部）、(2)空難海難及陸上交通事故災害潛勢資料公開辦法（交通部）、(3)毒性化學物質災害潛勢資料公開辦法（環保署）、(4)土石流災害潛勢資料公開辦法（農委會）、(5)寒害災害潛勢資料公開辦法（農委會）、(6)森林火災災害潛勢資料公開辦法（農委會）、(7)礦災災害潛勢資料公開辦法（經濟部）、(8)輻射災害潛勢資料公開辦法（原能會）、(9)懸浮微粒物質災害潛勢資料公開辦法（環保署）。

第23條　（執行緊急應變措施之準備工作）

　　為有效執行緊急應變措施，各級政府應依權責實施下列整備事項：

一、災害防救組織之整備。

二、災害防救之訓練、演習。

三、災害監測、預報、警報發布及其設施之強化。

四、災情蒐集、通報與指揮所需通訊設施之建置、維護及強化。

五、災害防救物資、器材之儲備及檢查。

六、災害防救設施、設備之整備及檢查。

七、對於妨礙災害應變措施之設施、物件，施以加固、移除或改善。

八、國際救災支援之配合。

九、其他緊急應變整備事項。

　　前項所定整備事項，各級政府應依權責列入各該災害防救計畫。

　　公共事業應依其災害防救業務計畫，實施有關災害整備事項。

　　為確保防救災專用微波通信之暢通，內政部得就電波傳輸暢通之必要範圍，劃定電波傳輸障礙防止區域，並公告之。

　　建築物之起造人於前項公告區域內有新建、增建之建築行為，並符合下列規定之一者，直轄市、縣（市）政府始得給予建築許可：

一、與內政部協商達成改善方案。

二、同意內政部選擇損失最小之方法，使用該建築物屋頂層架設微波電臺或衛星地球電臺，以維持電波暢通。

　　內政部對於前項因協商達成改善方案，或使用該建築物屋頂層架設微波電臺或衛星地球電臺，致造成相對人損失，應給付相當之補償。

　　前項之損失補償，應以協議為之，作成協議書，並得為執行名義。有關損失補償之程序、方法、期限、金額及其他相關事項之辦法，由內政部定之。

【解說】

　　依據災害防救法施行細則第10條之規定：「本法第23條第1項第5款所定災害防救物資、器材，其項目如下：

一、飲用水、糧食及其他民生必須品。

二、急救用醫療器材及藥品。

三、人命救助器材及裝備。

四、營建機具、建材及其他緊急應變措施之必須品。

五、其他必要之物資及器材。

　　本法第23條第1項第6款所定災害防救設施、設備，其項目如下：

一、人員、物資疏散運送工具。

二、傳染病防治、廢棄物處理、環境消毒及衛生改善等設備。

三、救災用準備水源及災害搶救裝備。

四、各種維生管線材料及搶修用器材、設備。

五、資訊、通信等器材、設備。

六、其他必要之設施及設備。」

　　第1項第7款有關「妨礙災害應變措施事項之改善」，係參酌日本災害對策基本法第46條第1項第5款而定，舉凡流木、貨櫃集散地或垃圾掩埋場等，於颱風、豪雨侵襲前，有關加固或遷移等改善措施均屬之，因係於颱風、豪雨等天然災害發生前，應予整備事項。

　　第4項及第5項防救災微波通信系統支援本島及澎湖地區計124個重要據點災害防救通信傳遞，惟因新建大樓阻礙，影響防救災微波通信暢通。基於災害防救業務需要，有必要劃定防救災微波通信傳輸障礙防止區域並予公告；凡該區域內有新建、增建之建築行為者，建築物起造人需先與內政部達成協商改善方案，或同意使用該建築物屋頂層架設微波電臺或衛星地球電臺，始給予建築許可，以確保防救災微波通信暢通。

　　第6項及第7項對於達成協商改善方案，或使用該建築物屋頂層架設微波電臺或衛星地球電臺，以致造成相對人之損失，係屬人民之特別犧牲，應給予相當補償。又政府機關對該特別犧牲之相對人所為之補償協議，對人民權益有重大影響，應以書面要式行為為之，並授權訂定相關辦法。

第24條　（緊急避難之措施）

　　為保護人民生命、財產安全或防止災害擴大，直轄市、縣（市）政府、鄉（鎮、市、區）公所於災害發生或有發生之虞時，應勸告或強制其撤離，並作適當之安置。

　　直轄市、縣（市）政府、鄉（鎮、市、區）公所於災害應變之必要範圍內，對於有擴大災害或妨礙救災之設備或物件之所有權人、使用人或管理權人，應勸告或強制其除去該設備或物件，並作適當之處置。

【解說】

　　由於颱風豪雨過境時，常會有貨櫃、枯木、重機械等設備或物件阻滯河道水流，造成洪水漫流，影響人民生命及財產，如民國90年納莉颱風造成汐止、大臺北地區淹水等災例，因此，第2項定明直轄市、縣（市）政府、鄉（鎮、市、區）公所應執行勸告或強制移除貨櫃、重機械、廢棄物等設備或物件等必要措施。

第25條　（災害防救訓練及演習）

　　各級政府及相關公共事業，應實施災害防救訓練及演習。

　　實施前項災害防救訓練及演習，各機關、公共事業所屬人員、居民及其他公、私立學校、團體、公司、廠場有共同參與或協助之義務。

　　參與前項災害防救訓練、演習之人員，其所屬機關（構）、學校、團體、公司、廠場應給予公假。

第26條　（災害防救專職人員之設置）

　　各級政府及相關公共事業應置專職人員，鄉（鎮、市、區）公所於未置專職人員前，得置兼職人員，執行災害預防各項工作。

4.2.5　第五章　災害應變措施

第27條　　（實施緊急應變措施之工作項目）

　　為實施災害應變措施，各級政府應依權責實施下列事項：

一、災害警報之發布、傳遞、應變戒備、人員疏散、搶救、避難之勸告、災情蒐集及損失查報。

二、警戒區域劃設、交通管制、秩序維持及犯罪防治。

三、消防、防汛及其他應變措施。

四、受災民眾臨時收容、社會救助及弱勢族群特殊保護措施。

五、受災兒童及少年、學生之應急照顧。

六、危險物品設施及設備之應變處理。

七、傳染病防治、廢棄物處理、環境消毒、食品衛生檢驗及其他衛生事項。

八、搜救、緊急醫療救護及運送。

九、協助相驗、處理罹難者屍體、遺物。

十、民生物資與飲用水之供應及分配。

十一、水利、農業設施等災害防備及搶修。

十二、鐵路、道路、橋樑、大眾運輸、航空站、港埠、公用氣體與油料管線、輸電線路、電信、自來水及農漁業等公共設施之搶修。

十三、危險建築物之緊急評估。

十四、漂流物、沉沒品及其他救出物品之保管、處理。

十五、災害應變過程完整記錄。

十六、其他災害應變及防止擴大事項。

　　前項災害應變措施事項，各級政府應依權責列入各該災害防救計畫。

　　公共事業應依其災害防救業務計畫，實施有關災害應變事項。

　　第1項第13款有關危險建築物緊急評估之適用災害種類、實施時機、處理人員、程序、危險標誌之張貼、解除及其他相關事項之辦法，由內政部定之。

第28條 （災害應變中心之指揮權及運作處所）

　　各級災害應變中心成立後，參與編組機關首長應依規定親自或指派權責人員進駐，執行災害應變工作，並由災害應變中心指揮官負責指揮、協調與整合。

　　各級災害應變中心應有固定之運作處所，充實災害防救設備並作定期演練。

　　為免中央災害應變中心因重大災害致無法運作，或為支援跨直轄市、縣（市）處理區域性重大災害，應異地設置備援應變中心。

【解說】

　　依據災害防救法施行細則第11條之規定：「各級政府應依本法第28條第2項規定，充實災害應變中心固定運作處所有關資訊、通信等災害防救器材、設備，隨時保持堪用狀態，並每月至少實施功能測試一次，每半年至少舉辦演練一次，並得隨時為之。」

　　明定災害應變中心成立後，各參與編組機關首長應親自或指派獲得充分授權之權責人員進駐，並規定災害應變中心指揮官負有指揮、協調與整合之權。

　　為發揮危機處理的應變功能，各災害應變中心建築基地應十分穩固，具有高度耐震之強固結構，配備各種完善精良的通訊、資訊及機電等各項軟硬體設備，建構預警通報網路資訊系統、防災衛星資訊系統、決策支援專家系統，並應統合通訊網路系統。平時由防災委員會（或專責單位）與消防署（局）人員共同維護與管理，於重大災害發生時，由指揮官召集相關人員進駐，統籌各項救災工作。又參照美、日等國家體制，有關災害應變中心之結構體（含設施）宜在不同地點分別建構，以便相互支援因應，分散災害風險。

第29條 （各單位救災資源之統合、編組及訓練）

　　刪除。本條相關內容已整併至第31條，爰予刪除。

第30條　（通報災情及採取必要措施之責任）

民眾發現災害或有發生災害之虞時，應即主動通報消防或警察單位、村（里）長或村（里）幹事。

前項之受理單位或人員接受災情通報後，應迅速採取必要之措施。

各級政府及公共事業發現、獲知災害或有發生災害之虞時，應主動蒐集、傳達相關災情並迅速採取必要之處置。

第31條　（災害應變範圍內採取之處分或強制措施之項目）

各級政府成立災害應變中心後，指揮官於災害應變範圍內，依其權責分別實施下列事項，並以各級政府名義為之：

一、緊急應變措施之宣示、發布及執行。

二、劃定警戒區域，製發臨時通行證，限制或禁止人民進入或命其離去。

三、指定道路區間、水域、空域高度，限制或禁止車輛、船舶或航空器之通行。

四、徵調相關專門職業、技術人員及所徵用物資之操作人員協助救災。

五、徵用、徵購民間搜救犬、救災機具、車輛、船舶或航空器等裝備、土地、水權、建築物、工作物。

六、指揮、督導、協調國軍、消防、警察、相關政府機關、公共事業、民防團隊、災害防救團體及災害防救志願組織執行救災工作。

七、危險建築物、工作物之拆除及災害現場障礙物之移除。

八、優先使用傳播媒體與通訊設備，蒐集及傳播災情與緊急應變相關資訊。

九、國外救災組織來臺協助救災之申請、接待、責任災區分配及協調聯繫。

十、災情之彙整、統計、陳報及評估。

十一、其他必要之應變處置。

違反前項第2款、第3款規定致遭遇危難，並由各級災害應變中心進行搜救而獲救者，各級政府得就搜救所生費用，以書面命獲救者或可歸責之業者繳納；其費用之計算、分擔、作業程序及其他應遵行事項之辦法，由內政部定之。

第1項第6款所定民防團隊、災害防救團體及災害防救志願組織之編組、訓練、協助救災及其他應遵行事項之辦法，由內政部定之。

【解說】

本條為本法核心條文之一，為非常重要之規定。民國97年5月14日修正重點如下：

一、合併原條文第29條、第39條之1相關內容移至本條第1項第6款、第2項及第3項，並酌作文字修正。

二、本法施行細則第13條規定，災害應變中心指揮官實施強制措施或處分時，應以各級政府名義為之。為使指揮官、相關執行單位及民眾能明確了解執行之主體，爰於修正條文第1項序言定明關於實施災害應變事項，應以各級政府之名義為之。

三、各級災害應變中心成立後，首要事項即為宣示緊急應變措施，安定社會人心，並指示相關機關依權責辦理應變事宜，爰於修正條文第1項第1款定明。

四、盱衡國內近幾年來所發生之重大災害，如民國88年「九二一大地震」、89年「八掌溪事件、碧利斯颱風、新航空難及象神颱風」、90年「東方科學園區大樓火災、福國化工鍋爐爆炸、桃芝颱風、納莉颱風、奇比颱風」、91年「三三一大地震、梨山森林大火、華航空難、旱災」及92年「阿里山小火車翻覆事件、SARS疫災、大囍市社區大火、巨豐爆竹煙火工廠爆炸」等災例，擷取各災害處理經驗，爰將原條文第31條第2款修正分列為修正條文第1項第2款、第3款，以明確規定災害應變中心指揮官之強制處分權限與範圍。

五、參酌「民防法」第13條及「全民防衛動員準備法」第28條規定，除徵用必要物資及設施外，並得徵購國內外相關物資，以充分因應緊急救災需求；另對於徵用物資之必要操作人員，亦應併同徵調，爰將原條文第31條第1款及第3款酌作修正，並移列為修正條文第1項第4款及第5款。

六、參酌「中華民國八十八年九月二十五日緊急命令」第七點有關「徵用水權」規定，於修正條文第1項第5款增列「水權」，以供緊急應變使用。

七、由於各級災害應變中心係屬任務編組，有關請求支付搜救所生費用之主體應由各級災害應變中心所屬之各級政府為之。另考量旅遊業者明知災害應變中心已劃定危險區域，而仍有攬客旅遊之情形，如導致受難，有關業者尤應科以責任，以示警惕，並劃明責任之歸屬；另多人受困獲救時，應如何分擔搜救費用？若其中有人未獲救又如何分擔？搜救費用之計算方式？受困獲救者如係未成年人，得否向其法定代理人請求支付？均應有規定之必要，爰修正原條文第39條之1，並移列為修正條文第2項。

八、有關後備軍人組織之編組、訓練、協助救災事項，部分事項為原條文第十五條規定授權訂定之結合全民防衛動員準備體系執行災害防救應變及召集實施辦法之內涵，部分事項係國防部業務權責，爰刪除原條文第29條第2項所定「後備軍人組織」等字，並將該條授權規定，修正移列為修正條文第3項。

依據災害防救法施行細則第12條規定：「災害應變中心指揮官依本法第31條第1項規定實施相關事項時，應指定相關機關（單位）執行之。

前項指揮官依本法第31條第1項第2款及第3款規定所為之下列處分，應予公告，並刊登政府公報、新聞紙、利用電信網路傳送或其他足以使公眾得知之方式揭示；撤銷、廢止或變更時，亦同：

一、劃定警戒區域，限制或禁止人民進入或命其離去。

二、指定道路區間、水域、空域高度，限制或禁止車輛、船舶或航空器之通行。」

亦即，如果災害防救指揮官決定要採取避免災害的具體措施，而此具體措施是屬於災害防救法第31條第1項第2款以及第3款所規定之行政處分或是一般處分時，應加以公告，並利用相關媒體公告周知，在撤銷、廢止或變更時，也應該要遵循相同之程序，使人民在避難或是其他相關措施的採取上，知所遵循（廖震，2013）。

依據災害防救法施行細則第13條之規定：「依本法第31條第1項第4款規定被徵調之協助救災人員，各級政府應依實際需要供給膳宿、交通工具或改發代金。」

依據災害防救法施行細則第14條之規定：「依本法第31條第1項第4款、第5

款、第32條第1項規定為徵調處分、徵用處分或徵購處分時,應開具徵調書、徵用書或徵購書,分別送達被徵調人、徵用物之所有權人、使用人或管理權人(以下簡稱被徵用人)或被徵購人。但情況急迫者,得以電話、傳真或其他適當方式通知後,再行補發徵調書、徵用書或徵購書。

　　前項徵調書、徵用書或徵購書,必要時,得協調被徵調人、被徵用人或被徵購人所屬機關(構)、學校或團體代為送達。」

　　災害防救事項之具體執行,如涉及災害之救助、設施之修復以及其他具體作為事項,如政府資源不足,即有向民間徵用之需求。惟基於憲法第15條以及第22條保障人民財產權之意旨,如要徵用人民之財產(如大型吊車、工作機具等),在效果上為對於人民基本權利的限制,因此在要件之規定上有其嚴格之處,故施行細則規定有書面之要件,作為徵調或徵用之依據,使人民有所憑據。而如因情況緊急不能即時踐行書面徵用之程序,亦應於通知徵用後補行該程序,俾與憲法維護人民基本權利之性質相符(廖震,2013)。而此類書面之應記載事項,依據災害防救法施行細則第15條之規定:「徵調書應記載事項如下:

一、被徵調人之姓名、出生年、月、日、性別、國民身分證統一編號、住、居所或其他足資辨別之特徵。

二、主旨、事實、理由及其法令依據。

三、徵調支援地區。

四、徵調期限。

五、報到時間及地點。

六、處分機關名稱及其首長署名、簽章。

七、發文字號及年、月、日。

八、表明其為行政處分之意旨及不服行政處分之救濟方法、期間及其受理機關。」

　　又依據災害防救法施行細則第16條之規定:「徵用書、徵購書應記載事項如下:

一、被徵用人、被徵購人之姓名、出生年、月、日、性別、國民身分證統一編號、住、居所或其他足資辨別之特徵;如係法人或其他設有管理人或代表人

之團體，其名稱、事務所或營業所，及管理人或代表人之姓名、出生年、月、日、性別、國民身分證統一編號、住、居所。

二、主旨、事實、理由及其法令依據。

三、徵用物或徵購物名稱、單位、數量及規格。

四、徵用支援地區。

五、徵用期限。

六、交付時間、地點。

七、處分機關名稱及其首長署名、簽章。

八、發文字號及年、月、日。

九、表明其為行政處分之意旨及不服行政處分之救濟方法、期間及其受理機關。」

依據災害防救法施行細則第17條之規定：「被徵調人、被徵用人或被徵購人應於接到徵調書、徵用書、徵購書或受通知後，依規定時間、地點報到，或交付徵用物或徵購物。

災害應變中心或各級政府於被徵調人報到、徵用物或徵購物交付後，應發給被徵調人、被徵用人或被徵購人救災識別證或徵用物、徵購物受領證明，並對被徵調人、徵用物或徵購物為適當之調度及運用。

徵調或徵用期限屆滿，有繼續徵調或徵用之必要者，得延長其期限，並依第14條規定辦理。」

最後依據災害防救法施行細則第18條之規定：「各級政府應將實施災害應變措施所需被徵調人，及徵用物或徵購物等救災資源，建立資料庫，並定期檢討更新資料；必要時，得隨時為之。

中央災害防救業務主管機關應彙整前項規定資料，並建檔管理。」

第32條　（實施災害應變措施對必要物資業者採取強制之作為）

　　各級政府為實施第27條第1項及前條第1項所定事項，對於救災所需必要物資之製造、運輸、販賣、保管、倉儲業者，得徵用、徵購或命其保管。

　　為執行依前項規定作成之處分，得派遣攜有證明文件之人員進入業者營業場所或物資所在處所檢查。

【解說】

　　明定各級政府為實施災害應變措施，對於其所必要物資之業者得採取強制之作為。

第33條　（人民請求損失補償之範圍、方法及期間）

　　人民因第24條第2項、第31條第1項及前條第1項之處分、強制措施或命令，致其財產遭受損失時，得請求補償。但因可歸責於該人民之事由者，不在此限。

　　前項損失補償，應以金錢為之，並以補償實際所受之損失為限。

　　損失補償應自知有損失時起，二年內請求之。但自損失發生後，經過五年者，不得為之。

第34條　（請求上級機關支援災害處理之項目及程序）

　　鄉（鎮、市）公所無法因應災害處理時，縣（市）政府應主動派員協助，或依鄉（鎮、市）公所之請求，指派協調人員提供支援協助。

　　直轄市、縣（市）政府無法因應災害處理時，該災害之中央災害防救業務主管機關應主動派員協助，或依直轄市、縣（市）政府之請求，指派協調人員提供支援協助。

　　前2項支援協助項目及程序，分由各中央災害防救業務主管機關、縣（市）政府定之。

　　直轄市、縣（市）政府及中央災害防救業務主管機關，無法因應災害處理時，得申請國軍支援。但發生重大災害時，國軍部隊應主動協助災害防救。

國防部得依前項災害防救需要，運用應召之後備軍人支援災害防救。

第4項有關申請國軍支援或國軍主動協助救災之程序、預置兵力及派遣、指揮調度、協調聯絡、教育訓練、救災出勤時限及其他相關事項之辦法，由國防部會同內政部定之。

【解說】

明定直轄市、縣（市）政府、鄉（鎮、市）公所無法因應災害處理時，得請求上級機關提供必要之支援協助，上級機關亦得視災情狀況主動為之，災害緊急應變處理原則是「由下而上」之操作模式。

災害防救已納為國軍中心任務之一，因此，於重大災害發生時，國軍部隊應主動協助災害防救。當發生重大災害，而常備部隊兵力無法滿足災害防救任務時，國防部得運用應召之後備軍人支援災害防救任務。

第35條　（緊急應變所需警報訊號之種類、內容、發布等）

為緊急應變所需警報訊號之種類、內容、樣式、方法及其發布時機，除其他法律有特別規定者外，由各中央災害防救業務主管機關擬訂，報請中央災害防救會報核定後公告之。

前項或其類似之訊號，未經許可不得擅自使用。

4.2.6　第六章　災後復原重建

第36條　（災後復原重建之實施）

為實施災後復原重建，各級政府應依權責實施下列事項，並鼓勵民間團體及企業協助辦理：

一、災情、災區民眾需求之調查、統計、評估及分析。

二、災後復原重建綱領與計畫之訂定及實施。

三、志工之登記及分配。

四、捐贈物資、款項之分配與管理及救助金之發放。

五、傷亡者之善後照料、災區民眾之安置及災區秩序之維持。

六、衛生醫療、防疫及心理輔導。

七、學校廳舍及其附屬公共設施之復原重建。

八、受災學生之就學及寄讀。

九、古蹟、歷史建築搶修、修復計畫之核准或協助擬訂。

十、古蹟、歷史建築受災情形調查、緊急搶救、加固等應變處理措施。

十一、受損建築物之安全評估及處理。

十二、住宅、公共建築物之復原重建、都市更新及地權處理。

十三、水利、水土保持、環境保護、電信、電力、自來水、油料、氣體等設施
　　　之修復及民生物資供需之調節。

十四、鐵路、道路、橋樑、大眾運輸、航空站、港埠及農漁業之復原重建。

十五、環境消毒與廢棄物之清除及處理。

十六、受災民眾之就業服務及產業重建。

十七、其他有關災後復原重建事項。

　　前項所定復原重建事項，各級政府應依權責列入各該災害防救計畫。

　　公共事業應依其災害防救業務計畫，實施有關災後復原重建事項。

第37條　（重建推動委員會之設立）

　　為執行災後復原重建，各級政府得由各機關調派人員組成任務編組之重
建推動委員會；其組織規程由各級政府定之。

　　重建推動委員會於災後復原重建全部完成後，始解散之。

【解說】

　　相關案例如下所示（張易鴻，2011）：

一、九二一重建會：行政院在九二一大地震後，於民國88年9月27日以任務編組
　　方式成立「行政院九二一震災災後重建推動委員會」由當時行政院院長蕭萬

長先生擔任主任委員，副院長劉兆玄先生擔任副主任委員兼執行長；復於民國89年6月1日進行重建會組織調適改組，將重建會設置災區內（中興新村），由行政院院長、副院長擔任召集人、副召集人，相關部會首長、災區地方政府及民間團體擔任委員，下設企劃、公共建設、大地工程、產業振興、生活重建、住宅及社區、行政等7處。改組後的重建會設置專職執行長、副執行長負責重建工作。重建會於民國95年2月3日正式功成身退。

二、行政院於民國90年8月1日決定成立「行政院桃芝颱風災後復原重建專案小組」請陳前政務委員錦煌擔任召集人，黃前政務委員榮村為協同召集人，統籌各相關部會協助受災縣市政府緊急搶險、搶修及災民安置；中長期方面之政策為治山防洪、整合事權、善用捐款、輔導災民等具體措施。該專案小組係屬災後重建組織，雖無「行政院九二一震災災後重建推動委員會」之規模與架構，亦為跨部會的組織。

三、莫拉克重建會：民國98年8月莫拉克颱風肆虐後，行政院於民國98年8月20日通過特別條例草案送立法院審議，總統於民國98年8月28日以華總一義字第09800222031號令制定公布全文30條；並自公布日施行，適用期間為三年。依法成立「行政院莫拉克颱風災後重建推動委員會」下設綜合規劃處、基礎建設處、家園重建處、產業重建處及行政管理處等五處。

第37條之1　（簡化災區搶通或公共設施重建之行政程序）

因災害發生，致聯絡災區交通中斷或公共設施毀壞有危害民眾之虞，各級政府為立即執行搶通或重建工作，如經過都市計畫區、山坡地、森林、河川、國家公園或其他有關區域，得簡化行政程序，不受區域計畫法、都市計畫法、水土保持法、山坡地保育利用條例、森林法、水利法、國家公園法及其他有關法律或法規命令之限制。

前項簡化行政程序及不受有關法律或法規命令限制之辦法，由各該中央災害防救業務主管機關定之。

【解說】

　　災害復原重建事項，首要必須維持聯絡災區交通便利與順暢，最終目的在於保障人民生命財產安全，當災害發生，各級政府應迅速執行上述2項任務並確實完成。惟災害所造成之損害，依據現行相關法規規定，對於救災效率，可能有相當限制及困難，為免每次災害發生時，不斷重複檢討現行法規之窒礙與盲點，或另制定暫行條例，預先建立緊急應變之機制，藉由適當鬆綁正常法規作業程序，以應付災時，實有必要。

　　簡化行政程序之作為，屬於緊急狀態之性質，不免影響都市計畫、森林、山坡地等法規規範所欲實施之常態體制，故目的上限於有災害發生時，致聯絡災區交通中斷或公共工程有毀壞危害民眾之虞二項事由，方得執行，並參酌「中華民國八十八年九月二十五日緊急命令」第五點及其執行要點等規定，明定得執行簡化程序之範圍與事項，以提升救災效能及確保復原重建工作迅速進展。

　　有關災區交通中斷或公共工程之搶通及復建，所應實施之路線或地點，可能延伸經過或坐落都市計畫區、山坡地、森林、河川、國家公園或其他等區域範圍，為避免掛一漏萬，除列舉相關經過之區域外，並以「或其他有關區域」文字涵蓋，以表示係例示性質規定。

　　第2項授權由各中央災害防救業務主管機關檢討訂定簡化行政程序之辦法，其所援引之法律、法規命令應具體明確。

第37條之2　（簡化安置受災民眾及災區重建工作之行政程序）

　　因天然災害發生，致影響災區民眾正常居住生活，各級政府為安置受災民眾或進行災區重建工作，對於涉及用地及建築物之劃定、取得、變更、評估、管理、維護或其他事項，得簡化行政程序，不受區域計畫法、都市計畫法、建築法、都市更新條例、環境影響評估法、水土保持法及其他有關法律或法規命令之限制。

　　前項簡化行政程序及不受有關法律或法規命令限制之辦法，由各該中央災害防救業務主管機關定之。

【解說】

　　各級政府為執行災害復原重建之措施，得採租稅及各項規費減免、貸款融資、救助金發放、工作權媒介及保障、土地房屋有效使用等方式。其中，妥善照顧受災民眾居住生活及災區重建為災害復原之優先工作，使民眾居有定所後，其他如工作權之保障、貸款融資等災害復原重建措施，方能有效進展，本條爰明定安置受災民眾或進行災區重建等措施。

　　又現行有關法規對於實施安置照顧受災民眾或進行災區重建措施有相當程度之限制及困難，恐無法即時發揮應變救急之效，參酌「中華民國八十八年九月二十五日緊急命令」第四點及其執行要點等規定，增列有關用地及建築物之取得、變更、評估、管理及維護等事項得簡化程序規定。

　　第2項授權由各中央災害防救業務主管機關檢討訂定簡化行政程序之辦法，其所援引之法律、法規命令應具體明確。

4.2.7　第七章　罰則

第38條　（罰則）

　　有下列情形之一者，處新臺幣十萬元以上五十萬元以下罰鍰：

一、違反依第31條第1項第4款或第5款規定所為之處分。

二、違反依第21條第1項規定所為之處分。

第39條　（罰則）

　　有下列情形之一者，處新臺幣五萬元以上二十五萬元以下罰鍰：

一、違反依第24條第2項、第31條第1項第2款、第3款或第7款規定所為之處置。

二、違反第35條第2項規定。

第39條之1　（罰則）

　　刪除。本條相關內容已整併至修正條文第31條第2項，爰予刪除。

第40條 （罰則）

　　有下列情形之一者，處新臺幣三萬元以上十五萬元以下罰鍰：

一、規避、妨礙或拒絕依第32條第2項規定所為之檢查。

二、公共事業違反第22條第3項、第23條第3項、第27條第3項、第30條第3項或第36條第3項規定，致發生重大損害。

【解說】

　　為鼓勵公共事業積極從事災害防救工作，善盡社會公義責任，除擬訂災害防救業務計畫外，並應落實執行，對於不遵守業務計畫，或不主動通報災情並採取必要之處置者，致發生重大損害之公共事業，課以適當責任。

第41條 （罰則）

　　乘災害之際而故犯竊盜、詐欺、恐嚇取財、搶奪、強盜之罪者，得依刑法之規定，加重其刑至二分之一。

　　明知為有關災害之不實訊息而為第三十條第一項之通報者，科新臺幣三十萬元以上五十萬元以下罰金。

　　散播有關災害之謠言或不實訊息，足生損害於公眾或他人者，處三年以下有期徒刑、拘役或新臺幣一百萬元以下罰金。

　　犯前項之罪，因而致人於死者，處無期徒刑或七年以上有期徒刑；致重傷者，處三年以上十年以下有期徒刑。

第42條 （罰則）

　　刪除。有關罰鍰之強制執行，應依「行政執行法」相關規定辦理，本條已無規範必要，爰予刪除。

4.2.8 第八章 附則

第43條 （災害防救經費）

實施本法災害防救之經費，由各級政府按本法所定應辦事項，依法編列預算。

各級政府編列之災害防救經費，如有不敷支應災害發生時之應變措施及災後之復原重建所需，應視需要情形調整當年度收支移緩濟急支應，不受預算法第62條及第63條規定之限制。

【解說】

為有效實施災害預防、應變措施、災後復原重建事項，應編列預算，以積極推動各項防救災工作。又依財政收支劃分法第37條第2項規定上級政府立法交由下級政府執行者，其經費之負擔，應於立法時明文規定之，爰於第一項規定。

第2項明定各級政府機關得彈性調整災害防救所需經費之原則。

依據災害防救法施行細則第19條之規定：「各級政府依本法第43條第2項規定調整當年度收支移緩濟急，其辦理順序如下：

一、由各機關原列與災害應變措施及災後復原重建等相關科目經費支應。

二、由各機關在原列預算範圍內檢討調整支應。

三、由行政院或直轄市、縣（市）政府視需要情形在總預算機關間調整支應。

前項第2款、第3款規定之調整，應由各機關循修改歲出分配預算規定程序辦理。」

預算法第62條規定：「總預算內各機關、各政事及計畫或業務科目間之經費，不得互相流用。但法定由行政院統籌支撥之科目及第一預備金不在此限。」，預算法第63條規定：「各機關之歲出分配預算，其計畫或業務科目之各用途別科目中有一科目之經費不足，而他科目有賸餘時，應按中央主計機關之規定流用之。但不得流用為用人經費。」

第43條之1　（中央政府經費補助）

　　直轄市、縣（市）政府無法支應重大天然災害之災後復原重建等經費時，得報請中央政府補助。

　　前項所定補助之時機、要件、基準、請求程序及其他相關事項之辦法，由行政院定之。

【解說】

　　依本法及地方制度法財政自主等有關意旨，地方政府對於災害之搶修、搶險及救助等費用，應編列預算執行防災事務，其對處理一般災害，財政面應可支應無虞，至於重大災害發生時，由於應辦之救助及復原重建事項，相當繁雜、重大，且待支付費用龐大，財政不佳之地方政府恐無充裕能力負擔，為免造成地方政府產生財政之排擠效應及影響其他施政之困窘，考量現行財政實務運作機制，將中央政府予以地方政府適當補助作法，明文法制化。

　　地方政府請求補助原因及範圍，係以不可抗力之重大天然災害所致損失為限，又本法對於中央災害防救業務主管機關，已有明定，為確認地方政府請求之適當性，並使補助流程快速順利，第1項後段爰明定地方政府得報請中央政府補助之機制。

　　中央對於地方政府財政補助，參酌「財政收支劃分法」及中央對直轄市、縣（市）政府補助辦法等規定之精神，對於補助之請求原因、條件、基準等程序事項，應有明確、客觀及公平方法處理，第2項明定授權由行政院（主計處）規範之機制，俾各級政府遵循辦理。

第44條　（重建資金之貸款）

　　中央災害防救委員會應儘速協調金融機構，就災區民眾所需重建資金，予以低利貸款。

　　前項貸款金額、利息補貼額度及作業程序應報請中央災害防救會報核定之，利息補貼額度由各級政府編列預算執行之，補貼範圍應斟酌民眾受災程度及自行重建能力。

第44條之1

災區受災居民購屋貸款之自用住宅，經各級政府認定因災害毀損致不堪使用者，得經原貸款金融機構之同意，以該房屋及其土地，抵償原貸款債務。內政部得於原貸款剩餘年限，就承受原貸款餘額予以利息補貼。

前項利息補貼之範圍、方式、程序、補貼利率、自用住宅因災害毀損致不堪使用之認定及其他應遵行事項之辦法，由內政部會商相關機關定之。

金融機構承受、處置第一項房屋或土地，不受銀行法第七十五條、第七十六條及保險法第一百四十六條之二規定之限制。

第44條之2

金融機構對災區受災居民於災害前已辦理之各項借款及信用卡，其本金及應繳款項之償還期限得予展延，展延期間之利息，應免予計收，並由中央政府予以補貼。其補貼範圍、展延期間、作業程序及其他應遵行事項之辦法，由金融監督管理委員會會商相關機關定之。

前項本金償還期限展延致其放款期限超過三十年者，不受銀行法第三十八條規定之限制。

第44條之3

災區受災居民自政府或民間領取之各項救助金、慰問金或臨時工作津貼，免納所得稅。

營利事業透過合於所得稅法第十一條第四項規定之機關、團體對災區受災居民救助及重建之捐贈，得於申報所得稅時，列為當年度費用或損失，不受金額之限制，不適用所得稅法第三十六條第二款之規定。

災區內之土地及建築物，符合一定條件者，得減免地價稅及房屋稅。

前項一定條件、減免期限及範圍，由災區之直轄市、縣（市）政府以自治條例定之，並報財政部備查。

第一項之救助金、慰問金或臨時工作津貼，不得作為扣押、抵銷、供擔保或強制執行之標的。

第44條之4

災區受災之全民健康保險保險對象，於災後一定期間內，其應自付之保險費、醫療費用部分負擔及住院一般膳食費用，由中央政府支應並得以民間捐款為來源；其資格、條件、期間及其他應遵行事項之辦法，由衛生福利部定之。

第44條之5

災區受災之農民健康保險、國民年金保險、勞工保險及就業保險被保險人，於災後一定期間內應負擔之保險費，由中央政府支應。

勞工保險被保險人因天然災害致傷病者，得請領傷病給付，其所需經費，由中央政府支應。

前二項被保險人之資格、請領條件、給付額度、期間及其他應遵行事項之辦法，分別由內政部、衛生福利部及勞動部定之。

第44條之6

災區低收入戶未申請政府優惠融資或其他補助，經金融機構核放創業融資貸款者，得由衛生福利部對承辦該貸款之金融機構補貼利息，其貸款金額不得超過新臺幣一百五十萬元。

前項利息補貼額度及申辦作業程序，由衛生福利部會商相關機關定之。

第44條之7

災區之農地、漁塭與其他農業相關設施向金融機構貸款之擔保品全部毀損或滅失者，其擔保品得由金融機構依貸款餘額予以承受。

金融機構依前項規定承受者，由政府就其承受金額最高八成之範圍內予以補助。有關承受補助之範圍、方式、程序及其他應遵行事項之辦法，由行政院農業委員會會商金融監督管理委員會定之。

第44條之8

災區受災企業因受影響而發生營運困難者,各中央目的事業主管機關得予以紓困。

前項發生營運困難企業之認定、紓困措施與基準及其他應遵行事項之辦法,由各中央目的事業主管機關擬訂,報行政院核定。

災區受災企業因受影響而發生營運困難者,於災害前已辦理之貸款,其本金及利息之償還得予以展延。

前項展延期限,週轉金最長一年,資本性融資最長三年。

第三項合意展延期間之利息損失,由各中央目的事業主管機關補貼金融機構。

災區受災企業因受影響,於其復工營業計畫範圍內所需營業資金,向金融機構之貸款,其貸款之利息,於週轉金最長一年、資本性融資最長三年之範圍內,予以補貼。

前項貸款必要時,由相關信用保證基金提供信用保證,信用保證成數為九成,送保期間保證手續費免向受災企業計收。

前二項補貼範圍及作業程序,由各中央目的事業主管機關定之。

第44條之9

災區受災民眾對就其所受損害依法應負賠償責任之人提起民事訴訟者,暫免繳納裁判費,於聲請強制執行時,並暫免繳納執行費。

前項訴訟,受災民眾為保全強制執行而聲請假扣押或假處分者,法院依民事訴訟法所命供之擔保,不得高於請求標的金額或價額之十分之一。

前項擔保,得由主管機關出具保證書代之。

法院就第一項訴訟所為災區受災民眾勝訴之判決,得依職權宣告假執行。法院因宣告假執行所命預供之擔保,準用前兩項規定。

第44條之10

　　第44條之1至第44條之9所稱災區，指因風災、震災、火山災害或其他重大災害，造成嚴重人命傷亡之受創地區，其範圍由行政院公告並刊登政府公報。

第45條　（民間捐助救災款項之使用）

　　民間捐助救災之款項，由政府統籌處理救災事宜者，政府應尊重捐助者之意見，專款專用，提供與災民救助直接有關之事項，不得挪為替代行政事務或業務之費用，並應公布支用細目。

第46條　（防災功勞者之表揚）

　　各級政府對於從事災害防救之災害防救團體、災害防救志願組織或個人具有顯著功勞者，應依法令予以表彰。

第47條　（執行災害防救致傷亡者之補償）

　　執行本法災害防救事項人員，得另發給津貼；如致傷病、身心障礙或死亡者，依下列規定請領給付；其所需費用由政府編列預算支應：

　　無法依前項規定請領各項給付者，除依下列規定辦理外，應比照義勇消防人員傷病、死亡之請領數額，請領有關給付；其所需費用由政府編列預算支應：

一、傷病者：得憑各該政府出具證明，至全民健康保險特約醫療院所治療。但情況危急者，得先送其他醫療機構急救。

二、因傷病致身心障礙者，依下列規定給與一次身心障礙給付：

　　（一）重度身心障礙以上者：三十六個基數。

　　（二）中度身心障礙者：十八個基數。

　　（三）輕度身心障礙者：八個基數。

三、死亡者：給與一次撫卹金九十個基數。

四、因傷病或身心障礙死亡者，依前款規定補足一次撫卹金基數。

前項基數之計算，以公務人員委任第五職等年功俸最高級月支俸額為準。

第1項身心障礙等級鑑定，依身心障礙者權益保障法及相關規定辦理。

第1項所需費用由各該政府核發。

第47條之1　（災害失蹤人死亡證明書之核發）

對於因災害失蹤之人，有事實足認其確已因災死亡而未發現其屍體者，法院得依利害關係人或檢察官之聲請，確定其死亡及死亡之時間。

前項聲請，應於災害發生後一年內為之。

第1項失蹤人，以法院裁定所確定死亡之時，推定其為死亡。

確定死亡與死亡時間之裁定及該裁定之撤銷、變更，本法未規定者，準用家事事件法宣告死亡事件之規定。

法院准許第1項之聲請者，應公示催告，並準用家事事件法第130條第3項、第4項、第156條第2項之規定。其陳報期間，應定為自揭示之日起三星期以上二個月以下。

【解說】

家事事件法第130條規定，法院公示催告被繼承人之債權人報明債權時，應記載下列各款事項：

一、為陳報之繼承人。

二、報明權利之期間及在期間內應為報明之催告。

三、因不報明權利而生之失權效果。

四、法院。

前項情形應通知其他繼承人。

第一項公示催告應公告之。

前項公告應揭示於法院公告處、資訊網路及其他適當處所；法院認為必要時，並得命登載於公報或新聞紙，或用其他方法公告之。

第一項報明期間，自前項揭示之日起，應有六個月以上。

　　家事事件法第156條規定，法院准許宣告死亡之聲請者，應公示催告。

　　公示催告，應記載下列各款事項：

一、失蹤人應於期間內陳報其生存，如不陳報，即應受死亡之宣告。

二、凡知失蹤人之生死者，應於期間內將其所知陳報法院。

　　前項公示催告，準用第一百三十條第三項至第五項之規定。但失蹤人滿百歲者，其陳報期間，得定為自揭示之日起二個月以上。

第48條　（災害防救種類及標準之訂定）

　　災害救助種類及標準，由各中央災害防救業務主管機關會商直轄市、縣（市）政府統一訂定之。

【解說】

　　明定災害救助之種類及標準，由各中央災害防救業務主管機關會商直轄市、縣（市）政府統一訂定之。

第49條　（執行徵調或徵用補償辦法）

　　依本法執行徵調、徵用或徵購之補償或計價；其基準、程序、給付方式及其他應遵行事項之辦法，由內政部定之。

第50條　（民間災害防救志願組織之認證）

　　依本法協助執行災害應變措施之災害防救團體或災害防救志願組織，應向直轄市、縣（市）政府申請登錄；其登錄之申請條件、有效期限、撤銷、廢止、輔導及其他應遵行事項之辦法，由內政部定之。

　　前項經登錄之災害防救團體或災害防救志願組織，各級政府應為其投保救災意外險，並得協助提供救災設備。

【解說】

　　將「民間志願組織」修正為「災害防救團體」，原條文第九款所稱「民間災害防救志願組織」及「社區災害防救團體」，參考人民團體法及志願服務法之用語，酌作文字修正。為擴大民間組織及團體參與政府實施救災工作，除民間團體外，並增列「災害防救志願組織」，將相關組織與團體均納入管理與輔導。

　　本條有關立案與工作許可之認證事宜，為避免與現行「人民團體法」與「志願服務法」規定混淆，爰將「認證」修正為「登錄」，由災害防救團體或災害防救志願組織向直轄市、縣（市）政府申請登錄，納入政府之管理、運用，其登錄辦法由內政部定之。

　　依內政部所定辦法經認證之災害防救團體及組織，各級政府為其人員於參與救災時投保救災意外險，並提供相關救災設備，係由內政部協調中央災害防救業務主管機關或直轄市、縣（市）政府為之，藉資鼓勵該團體熱心公益，並保障執行救災人員之基本權益。

　　依據災害防救法施行細則第4條之規定：「本法所稱災害防救團體，指依人民團體法立案或依財團法人設立之相關規定取得許可，並依本法第50條第1項規定登錄，協助執行災害應變措施之團體。」

　　而依據災害防救法施行細則第5條之規定：「本法所稱災害防救志願組織，指依本法第50條第1項規定登錄，協助執行災害應變措施之志工團隊。」

第51條　（施行細則）

　　本法施行細則由內政部定之。

第52條　（施行日）

　　本法除中華民國105年3月25日修正之第44條之1至第44條之10，自104年8月6日施行外，自公布日施行。

<table>
<tr><td rowspan="6">習　題</td></tr>
</table>

習　題

一、請說明各種災害預防、應變及復原重建之中央災害防救業務主管機關為何？其權責內容為何？

二、臺灣位於歐亞大陸板塊與菲律賓海板塊交接處，地震頻繁，當發生重大震災時，中央災害防救主管機關為何？透過何種程序成立中央災害應變中心？其成立之時機為何？

三、何謂「災害防救基本計畫」？「災害防救業務計畫」？「地區災害防救計畫」？其位階及關聯性如何？

四、災害防救法有關緊急避難撤離措施之規定為何？並請就土石流災害潛勢區域之避難撤離，說明勸告撤離與強制撤離之區別為何？

五、依「災害防救法」之規定，中央災害防救會報之任務與組織各為何？

六、依據災害防救法之規定，各級政府為預防災害或有效推行災害應變措施，當成立災害應變中心，請說明指揮官之擔任時機及指揮官於災害應變範圍內，依其權責可實施之事項為何？

⚡ 參考文獻

中央災害防救會報，n.d.，我國防災體系，取自中央災害防救會報網站https://cd-prc.ey.gov.tw/Page/1A5E70CE467002F1（擷取日期：2019.02.20）。

全國法規資料庫，n.d.，災害防救法，取自全國法規資料庫網站https://law.moj.gov.tw/LawClass/LawAll.aspx?pcode=D0120014（擷取日期：2019.02.20）。

全國法規資料庫，n.d.，災害防救法施行細則，取自全國法規資料庫網站https://law.moj.gov.tw/LawClass/LawAll.aspx?pcode=D0120021（擷取日期：2019.02.20）。

張易鴻，2011，「災害防救法規解說」，鼎茂圖書出版股份有限公司，臺北。

廖震，2013，「消防與災害防救法規（含概要）講義」，鼎文書局，臺北。

第2部

災害防救資訊及資源整備

聯合國已將「災害」視爲公共行政需要管理的對象，隨著政府對防災工作的宣示，如何就當下可用資源、考量災害潛勢與地方需求，做最有效的預布，並適時、適地、適當的揭露相關資訊，成爲災害防救權責機關及科研學術機構致力的目標。本部的策編，目的即在於說明如何規劃及執行災害管理的前置整備動作，以期減少災害發生時可能造成的損失。

第5章 災害特性與潛勢分析

言「災」者為「人」，而人在不同時期、不同觀點就有不同的看法。時至今日，廣義而言，凡威脅或危害人類生命財產安全之事件，基本上都能稱之為「災害」。臺灣雖然地幅不廣闊，但可能的潛在災害並不亞於其他先進國家，且臺灣人口密集度相當高，倘若發生大規模災害，將會造成不可計數的傷亡，故人民在災害認知與災害防範上的意識更需根深蒂固。臺灣地狹人稠、環境特殊，易發生複合式災害，複合災害根據其起因的組合有複合天然災害、複合天然與人為災害、複合人為災害等三類，其中以複合天然與人為災害最為常見，例如地震發生所造成都市區的地表變動，可能導致維生管線斷裂甚至造成有害氣體外洩（公用氣體與油料管線災害）、引爆（火災災害）等情形；颱風之強風暴雨導致行駛車輛發生危安事件造成傷亡（重大交通事故）。

在天然災害發生頻率漸高之環境中，「災害潛勢地圖」的研製可為管理者就潛在的災害區域範圍與規模提供非常重要的參考資訊，以為災前整備、預防規劃、災時的災情研判之用，而基於災害類別及用途的考量，目前已衍生出各類型的災害防救地圖，本章以「地區災害防救計畫」之災害特性分析重點，就天然災害（風水災害、地震災害、坡地災害、海嘯災害）與人為災害（輻射災害、公用氣體與油料管線災害、毒性化學物質災害、重大交通事故災害及森林火災災害）之災害特性進行描述，並就各類災害潛勢分析原則進行說明。

⚡ 5.1 天然災害特性及潛勢分析

天然災害為人類無法因應或調適自然環境變化，所衍生危害人類生命、經濟活動之事件，例如：沖積平原原為地表水路漫淹、泥砂累積堆疊而出之土地，人類陸續遷入及開發後，無法因應水文現象的變化或進而調適，所導致之人類生命財產危害；或因地殼板塊運動所產生之地震，造成地表隆起（造山運動）、山

崩、地裂、土壤液態化或海嘯等危害人類生命、財產之毀滅性災害。本節天然災害將就風水災害、地震災害、坡地災害及海嘯災害等四種災害之特性及常用之潛勢分析分法進行概述。

5.1.1 風水災害

風水災害所指，包含「風災」及「水災」兩者，在臺灣地區常見且兩者並存之自然災害為「颱風」（typhoon）。「颱風」一詞，根據所在地方颱風的稱呼亦有所不同，例如中國和東南亞地區為熱帶風暴（tropical storm），在大西洋、加勒比海和北太平洋東部則稱之為「颶風」（hurricane），於澳大利亞稱為熱帶氣旋，而墨西哥稱為可爾多那左風（cordonazo），海地稱之為泰諾風（tai-no）。颱風是一種劇烈的熱帶低氣壓氣旋，於北半球時為逆時針旋轉，而南半球時為順時針旋轉，最容易形成颱風的區域在北緯10度至15度之間，侵襲臺灣的颱風大部分來自於北太平洋西部，亦有少部分來自於南中國海海面。而颱風強度之劃分是依據其中心附近最大風速而定，在風速評估上，目前國際通用風速強弱度之評估方式為蒲福風級（Beaufort scale）為標準，詳細分級資訊如表5-1。

表5-1　蒲福風級分級資訊

蒲福風級	風速級中文名稱	風速級英文名稱	一般敘述	風速（m/s）	浬／每時（KTS）
0	無風	calm	煙直上。	不足 0.3	不足 1
1	軟風	Light air	僅煙能表示風向，但不能轉動風標。	0.3-1.5	1-3
2	輕風	Slight breeze	人面感覺有風，樹葉搖動，普通之風標轉動。	1.6-3.3	4-7
3	微風	Gentle breeze	樹葉及小枝搖動不息，旌旗飄展。	3.4-5.4	8-12
4	和風	Moderate breeze	塵土及碎紙被風吹揚，樹之分枝搖動。	5.5-7.9	13-16
5	清風	Fresh breeze	有葉之小樹開始搖擺。	8.0-10.7	17-21

蒲福風級	風速級中文名稱	風速級英文名稱	一般敘述	風速（m/s）	浬／每時（KTS）
6	強風	Strong breeze	樹之木枝搖動，電線發出呼呼嘯聲，張傘困難。	10.8-13.8	22-27
7	疾風	Near gale	全樹搖動，逆風行走感困難。	13.9-17.1	28-33
8	大風	gale	小樹枝被吹折，步行不能前進。	17.2-20.7	34-40
9	烈風	Strong gale	建築物有損壞，煙囪被吹倒。	20.8-24.4	41-47
10	狂風	Storm	樹被風拔起，建築物有相當破壞。	24.5-28.4	48-55
11	暴風	Violent storm	極少見，如出現必有重大災害。	28.5-32.6	56-63
12	颶風	Hurricane	－	32.7-36.9	64-71
13	－	－	－	37.0-41.4	72-80
14	－	－	－	41.5-46.1	81-89
15	－	－	－	46.2-50.9	90-99
16	－	－	－	51.0-56.0	100-108
17	－	－	－	56.1-61.2	109-118

－：代表尚未定義。

資料來源：交通部中央氣象局，n.d.a，http://www.cwb.gov.tw/V7/knowledge/encyclopedia/me016.htm

　　根據中央氣象局西元1911年至2017年的統計資料（表5-2）顯示，臺灣地區計受365個颱風侵襲（註：颱風中心在臺灣登陸；或雖未登陸，僅在臺灣近海經過，但陸上有災情者），其中以8月最多，次為7月和9月，每年之7至9月為臺灣的颱風季，為汛期（依「河川管理辦法」（經濟部，2013），為每年5月1日至11月30日。）間主要降雨來源。

表5-2　西元1911年至2014年颱風侵襲臺灣次數統計

月分	4月	5月	6月	7月	8月	9月	10月	11月	12月	全年
個數	1	9	26	96	106	86	30	10	1	365
平均每年發生次數	0.01	0.08	0.24	0.90	0.99	0.80	0.28	0.09	0.09	3.48

資料來源：中央氣象局，n.d.b，https://www.cwb.gov.tw/V7/knowledge/encyclopedia/ty038.htm

　　中央氣象局將颱風侵臺路徑概分為9大類及其他類型（無法分類者），如表5-3所示，其中第二、三、六類路徑之降雨所造成之危害，以北部及東北部地區最為嚴重，而第三類路徑於颱風登陸前之雨勢以北部及東部地區最強，當穿過中央山脈後，南部地區雨勢會因偏南風吹入而加大，中南部山區雨量則增加最多；第四、五類路徑從臺灣南端或近海通過，東南部地區雨量較其他地區多；第六類沿東岸或東方海面北上，以東部地區降雨最多，北部及東北部地區有時亦有較大

表5-3　侵臺路徑類別

類序	說明	圖例
1	通過臺灣北部海面向西或西北進行者	
2	通過臺灣北部向西或西北進行者	
3	通過臺灣中部向西或西北進行者	
4	通過臺灣南部向西或西北進行者	
5	通過臺灣南方海面向西或西北進行者	
6	沿東岸或東部海面北上者	
7	沿西岸或臺灣海峽北上者	
8	通過臺灣南方海面向東或東北進行者	
9	通過臺灣南部向東或東北進行者	
其他	無法歸於以上的特殊路徑	

第一類：12.40%
第二類：13.46%
第七類：6.86%
第三類：12.93%
第三類：12.40%
第九類：6.86%
第四類：9.50%
第八類：3.43%
第五類：18.21%
其他類：3.96%

註：1911～2017年侵臺颱風路徑統計結果

資料來源：中央氣象局，n.d.c，https://www.cwb.gov.tw/V7/knowledge/encyclopedia/ty041.htm

雨勢；第七、八類路徑對西南部及東南部地區影響較大，雨量最多雨勢亦大；第九類路徑為特殊路徑，其影響視颱風強度及暴風範圍（半徑）而定，一般以中南部及澎湖地區最嚴重，其他地區次之。

　　颱風之行進路徑不同造成之傷害亦有所差異，例如颱風以第一類或第二類路徑行進時，颱風因避開中央山脈之阻擋而保有其結構完整性，使臺灣北部地區及臺北盆地會受強烈的「西北」氣流影響，即俗稱之「西北颱」，西北颱會帶來嚴重的風災與水患；如颱風以第三類路徑行進，其結構因受中央山脈阻擋破壞結構，威力削弱，對於臺灣西半部之影響較小，但迎颱面之東半部會有較大的損害。然，颱風生成時中央氣象局會進行颱風動態觀測預報，並視情況進行海上或海上陸上颱風警報發布與解除，詳請參閱第十章。

壹、風水災害特性概述

　　「風」災泛指颱風、龍捲風及強季風所帶來的危害，其中，颱風為臺灣主要、常見的風災種類。颱風除帶來豐沛之雨量之外，其瞬間強風壓力可能造成強風、焚風、鹽風、巨浪及暴潮等現象，各現象分述如下：（中央氣象局，n.d.d）

1. 強風：風壓可直接吹毀房屋建築物、電訊及電力線路，使稻麥脫粒、果實脫落等。
2. 焚風：乾燥且高溫使農作物枯萎。
3. 鹽風：海風含有多量鹽分，吹至陸上可使農作物枯死，有時可導致電路漏電等災害。
4. 巨浪：狂風會產生巨浪，颱風所產生的巨浪可高達10至20公尺，在海上易造成船隻顛覆、沉沒，波浪也會逐漸侵蝕海岸，而生災變。
5. 暴潮：強風使海面傾斜，同時由於氣壓降低，使得海面升高，導致沿海發生海水倒灌。

　　而相較於「風」的危害，「水」的問題對人民生命、財產的危害更有過之而無不及。臺灣位於亞熱帶氣候地區，且地理環境特殊，地形起伏險峻、集水面積小且河流短促水流湍急，再者臺灣以中央山脈貫穿其間，使降雨量在時間與空間上有明顯之差異，根據經濟部水利署2013年「水利統計簡訊」之臺灣地區102年

降雨量概況統計結果顯示，102年全年降雨量以臺北市北投鞍部站5,205.5毫米最多，平地氣象站以宜蘭縣蘇澳站4,265.1毫米最多；最少的是澎湖站所測的947.0毫米及澎湖東吉島站所測的970.8毫米。整年的降雨量多集中在豐水期，其集中程度依序為台南、嘉義、高雄站，約占9成，枯水期之雨量則僅有1成，可見南部地區的雨量分布極其不均；而蘇澳、基隆與蘭嶼站卻剛好相反，豐水期的雨量尚且不及全年之一半，其中蘇澳站僅占3成，呈現不同的景象。降雨現象除颱風、梅雨外，尚有熱帶性低氣壓所帶來豪雨、西南氣流引發之雷雨或熱雷雨、鋒面雨、東北季風雨（陳弘毅，2008）等原因，當上述之氣候條件挾帶大量雨水降於地表，易致使地表排水不及或蓄積於低窪地區造成淹水，或於坡地造成土石沖蝕崩塌進而形成土石流，而淹水地區退水後衍生之傳染病、病蟲害等，則更為另一層面待解的問題。水災之成因可概分為天然因素（雨量過大、地勢陡峻、地勢低窪、表土沖蝕及外水頂托）及人為因素（與水爭地、破壞水土保持、集水區／都市開發）兩種，茲將水災災害的致因整理如表5-4。

表5-4　水災致因

類型	致因	說明
天然	雨量過大	瞬間雨量或累積雨量超過排水設施之防護標準造成溢淹。
	地勢陡峻	上游集流時間短、雨量湧蓄於河道，導致下游排水不及造成溢淹。
	地勢低窪	下游因地勢低窪排水不良，造成積水不退。
	表土沖蝕	上游坡地因土壤含水達可承受範圍滑落或因大雨沖刷剝落，導致河川含土沙量大增，造成排水系統阻塞淹水。
	外水頂托	沿海地區因受潮位漲潮影響或區域排水因河川水位高漲，導致內水無法以重力排除，造成淹水。
人為	與水爭地	因人為開發，佔據河川洪泛區，使致洪水漫淹。
	水土保持破壞	山坡地因人為開發，大量樹木慘遭伐除，使地表失去原有保水保土能力，一經大雨沖蝕將造成土石流，危害下游平原。
	集水區／都市開發	集水區或都市開發都將會因柏油鋪面或其他不透水層，減少地表滲透能力，大雨時地表逕流量增加，使致短暫淹水情形。

　　水災之防治對策依使用手段可分為透過硬體結構消減或抵禦之工程方法（或稱結構性防洪）及使用都市計畫更新、洪水平原管制、洪水預警及教育宣導等非工程方法（或稱非結構性防洪）來達到防洪減災之目的（吳瑞賢，2006）。依據經濟部水利署2006年《河川治理及環境營造規劃參考手冊》，臺灣目前之中央管河川防洪保護標準為100年一次之洪水頻率（淡水河為200年一次之洪水頻率），縣市管河川之防洪保護標準為25～50年一次之洪水頻率，區域排水、農田排水及都市下水道之防洪保護標準為10年一次之洪水頻率，依都市區目前之防護標準已難負荷瞬間之豪大雨，如欲提高都市區之防護標準需花費大量的工程經費。治水理念與方法經過世代的演變，已漸朝向國土自然復育理念與自然共生共存之軟性手段進行防洪工程思考。

　　水災漫淹情形與地區特性有所關聯，例如低窪地區因集水快退水慢，故淹水速度明顯會較平緩區域來得快；河道水位高漲，內水無法以重力外排，將使沿河道附近排水溢淹至路上，此時需藉由抽水機或抽水站進行排水動作。

　　相較於風災成因與走向的難以推論與預測，在淹水潛勢分析部分，目前已有科學分析方法能夠進行地表積淹水的模擬與呈現，供作水災災害先期整備及應變參考之用，以下將就淹水潛勢分析及評估方式作進一步說明。

貳、淹水潛勢分析

　　根據水災潛勢資料公開辦法第二條之水災潛勢定義為「指經由調查基本資料，以設計降雨條件、特定地形地貌資料及客觀水理模式演算，模擬防洪設施在正常運作下，造成淹水之可能狀況。」可將水災潛勢分析程序概分為「災害規模設定」、「淹水模擬」及「淹水潛勢圖產製」三大步驟，而淹水潛勢圖的呈現可分為「定量降水」及「重現期降水」，兩種情境主題，圖5-1為水災潛勢分析流程，各步驟流程說明如下：

一、災害規模設定

　　　根據經濟部2015年《淹水潛勢圖製作手冊》定義，以定量降水及重現期進行區域災害規模設定，其中定量降水定義為連續6小時、12小時及24小時分別於平地及山區（以高程500公尺為界）分配定量降水，重現期降水主

要目的在於模擬極端降雨情形，以2年、5年、10年、25年、50年、100年、200年及500年，以及連續降水、越波及暴潮發生模擬24小時之2年、5年、10年、25年、50年、100年、200年及500年。國內於降雨重現期常用推估方法爲水文頻率分析，透過多種機率分布（如二參數對數常態、三參數對數常態、皮爾遜III型、對數皮爾遜III型及極端值I型等）進行水文頻率分析。

二、淹水模擬

淹水模擬步驟主要目的在於模擬地表淹水範圍，其根據災害規模設定條件再透過淹水演算模式而得，臺灣較常使用之地表淹水模擬方法有荷蘭WL|Delft Hydraulics所發展的SOBEK模式、臺灣大學發展之二維漫地流淹水模式及成功大學所發展的地文性淹排水模擬模式（Physiographic Drainage-Inundation Model, PHD model）等模式，各模式的選擇因地制宜，以能合理呈現區域淹水情形爲主要原則。

三、淹水潛勢圖產製

於淹水模擬程序所得之區域地表淹水模擬成果，可進行淹水潛勢圖的產製，其後續可應用於潛勢分析、防災地圖、救災路線規劃……等，主要目的在於提供災害前之預防、整備及應變所需資訊。淹水潛勢圖之進階應用請參閱第六章。

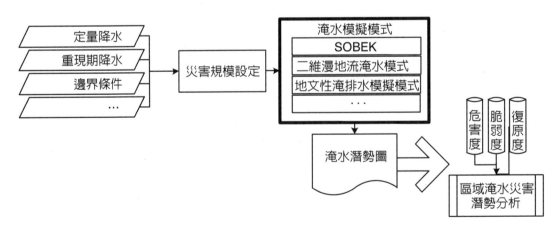

圖5-1　風水災害潛勢分析流程

5.1.2　地震災害

地球地表主要係由六大板塊（太平洋板塊、歐亞板塊、南美洲板塊、北美洲板塊、非洲板塊、印澳板塊及南極板塊）所組成（如圖5-2），各板塊會因地球內部之應力造成板塊位移，導致板塊之間的岩層會相互擠壓，在擠壓過程若應力大於岩層所能承受之強度時，將使岩層產生錯動或斷裂，同時產生足以撼動地表或造成地貌改變的波動能量，即所謂的「地震」。在最初錯動、破裂並釋放出能量之處稱為「震源」（hypocenter），若將震源透過地球表面投影後所得之點位為「震央」（epicenter）；而岩層因應力會持續擠壓、斷裂，直至岩層不再因力而動之前的震動稱為「主震」；當主震過後仍會有所謂的「餘震」，此為斷層周圍的岩體仍殘留些許應力，岩體為達穩定狀態產生的破裂所產生的波動，但能量較主震小，震動也較為輕微，但威力仍不可小覷。

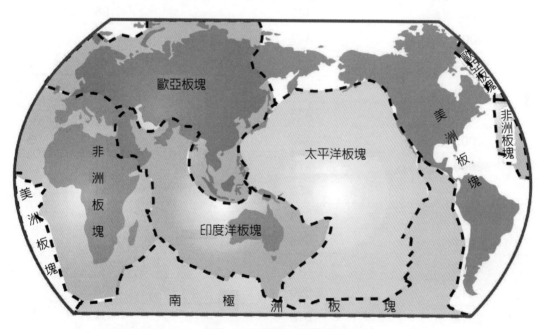

圖5-2　全球板塊分布

目前地球上已知有「環太平洋地震帶」、「歐亞地震帶」及「中洋脊地震帶」等三大主要地震帶，其中環太平洋地震帶是地震發生次數最多之地帶，臺灣正位於板塊擠壓運動最頻繁的環太平洋地震帶上，故地震發生次數相當高，且地

震引發之大規模破壞是所有自然災害中最具毀滅性的災害類型之一，斷層破 、地表錯動、山崩地 、土壤液化等都是常見的直接性破壞。間接性的危害則包括地震引起的火災、橋梁損害及建築物損害、維生管線破裂、毒性化學物質儲存槽損害引起的外洩事件、交通道路的阻斷或火山爆發等災害。根據中央氣象局所公布之分區地震觀測地震統計表（中央氣象局，n.d.e）中2001年至2018年地震統計結果（如表5-5），臺灣地區18年間平均年約發生約10,036餘次的地震（平均每日發生約1.5餘次），其中有感地震約2487餘次（約每日發生0.4餘次），臺灣地震發生頻率可謂相當頻繁。

表5-5　2001-2018年臺灣地震統計表

西元年	地震總數	有感地震
2001	334	136
2002	425	196
2003	347	148
2004	262	113
2005	558	167
2006	405	110
2007	426	91
2008	476	102
2009	752	154
2010	614	153
2011	666	172
2012	769	214
2013	690	166
2014	613	154
2015	549	100
2016	678	112
2017	465	60
2018	1007	139
合計	10036	2487

資料來源：中央氣象局，n.d.d，https://www.cwb.gov.tw/V7/earthquake/rtd_eq.htm

壹、地震災害特性概述

　　根據地震的起因可概分為構造地震、火山地震、塌陷地震及人為誘發地震等類型（如表5-6），其中以構造地震最為常見；臺灣有大屯火山群及基隆火山群，所以臺灣亦有因火山爆發而引發地震之可能；塌陷地震在臺灣多屬人為引發，例如礦業興盛時期，礦坑內部爆炸造成洞穴塌陷而產生地表的震動，但影響範圍相當小；誘發地震主要肇發於人為所導致之地表震動情形，例如水庫洩洪時，巨量水流的位能轉化為波動造成臨近河道之震動；核子試爆時所產生之震波造成地表震動，這些震動多屬短暫或緩和的。

表5-6　地震類型

因素	地震類型	說明
自然因素	構造地震	因岩層破壞或斷層錯動所造成的地震，最為常見的地震，佔全世界地震總數約 **90%**。其震源深度通常在 **70km** 以內（淺源地震），而世界上災害性地震大都屬於淺源地震。
	火山地震	火山爆發時氣體噴出或岩漿噴發所引發的地震，此種地震佔世界地震總數約 **7%** 左右，地震規模通常比較小，影響範圍有限。
	塌陷地震	因地下岩洞坍塌（天然或礦區）、隕石衝擊地表或山崩所引發的地震，此種地震佔世界總數的 **3%** 左右，但規模小、影響範圍有限。
人為因素	人工為誘發地震	人類引發或誘發地表工程構造物所積蓄的能量造成之震動，例如水庫洩洪、油田注水、核子試爆、工程爆破、大型機械震動等引起地面的震動。

資料來源：本文整理。

　　構造性地震通常發生於「活動斷層」（指過去10萬年內曾活動過且未來可能再度活動的斷層）附近，表5-7為中央地質調查所所採用的活動斷層分類標準。依據2010年中央地質調查所所公布的最新活動斷層分布資訊（參見圖5-3），全臺灣共有33條活動斷層，另列出4條存疑性活動斷層。斷層分布於北部有8條斷層，中部有8條斷層，西南部有9條斷層，南部有4條斷層，東部有8條斷層；其中屬於第一類20條，第二類13條。活動斷層多分布於臺灣中西部地區，其中臺中市為活動斷層分布最多的都會區，鄰近或橫越臺中市之主要活斷層共計

7條，且位於人口稠密區域，因此地震的潛在危害實不容忽視。

表5-7　活動斷層類別定義表

斷層類別	定義描述
第一類 活動斷層	1. 全新世（距今 10,000 年內）以來曾經發生錯移之斷層。 2. 錯移（或潛移）現代結構物之斷層。 3. 與地震相伴發生之斷層（地震斷層）。 4. 錯移現代沖積層之斷層。 5. 地形監測證實具潛移活動性之斷層。
第二類 活動斷層	1. 更新世晚期（距今約 100,000 年內）以來曾經發生錯移之斷層。 2. 錯移階地堆積物或台地堆積層之斷層。
存疑性 活動斷層	1. 將第四紀岩層錯移之斷層。 2. 將紅土緩起伏面錯移之斷層。 3. 地形呈現活動斷層特徵，但缺乏地質資料佐證者。

資料來源：經濟部中央地質調查所，n.d.a，http://twgeopublish.moeacgs.gov.tw/GipOpenWeb/wSite/ct?xItem
　　　　=125498&mp=105&ctNode=1233

　　斷層可略分為「正斷層」、「逆斷層」及「平移斷層」三種類型，由圖5-4中可知正斷層係指上盤對下盤相對向下移動，此類斷層多分布於中洋脊中的分離式板塊邊界；逆斷層為上盤對下盤相對向上移動，此類斷層易發生於聚合式板塊邊界上，臺灣中的斷層多屬此類型；平移斷層則以觀測者面對斷層相對之水平移動。

　　臺灣目前主要以芮氏地震規模（Richter Magnitude Scale），亦稱為近震規模（Local Magnitude,）進行地震規模大小的分級，此方法於1935年由芮克特（Charles Francis Richter）及古騰堡（Beno Gutenberg）兩位地震學家共同制定，其主要由觀測點處地震儀所記錄最大地震波振富的常用對數演算而來，當初此評估方法是為了研究美國加州地區所發生的地震並使用伍德-安德森扭力式地震儀（Wood-Anderson Torsion Seismometer）進行設計，因受限於環境條件與儀器，使得此評估方法在近震規模大於約7.5或觀測點距離震央超過約600公里便不適用。另外地震規模評估方式尚有地震矩規模（Moment Magnitude Scale）

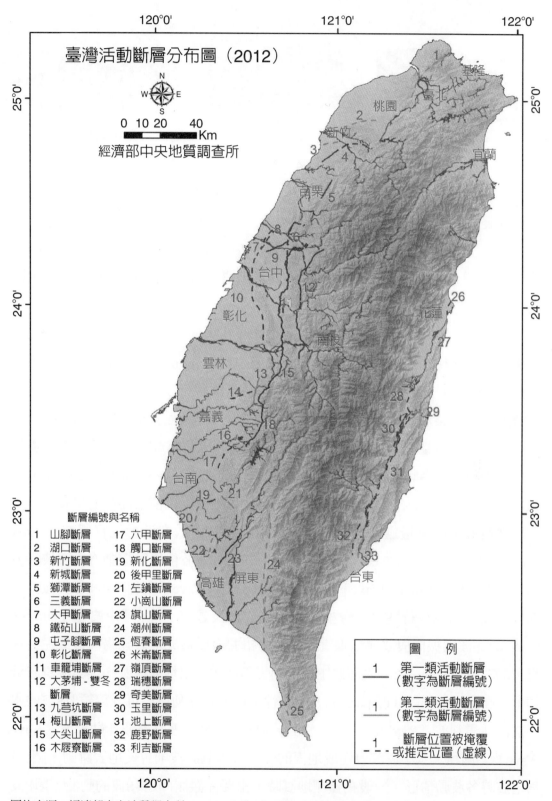

圖5-3　全臺灣活動斷層分布圖

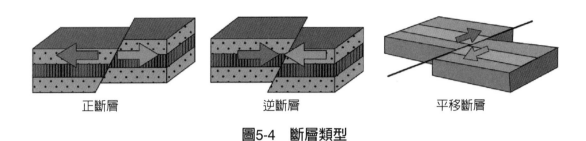

正斷層　　　　　　　　　逆斷層　　　　　　　　平移斷層

圖5-4　斷層類型

進行地震大小的描述，其計算公式如下：

$$M_W = (2/3)(\log_{10} M_0) - 6 \qquad （式5-1）$$

式中：M_0為地震矩，是地震學家用來表示地震所釋放出之能量數量，其定義為：

$$M_0 = \mu DS \qquad （式5-2）$$

式中：μ為斷層物質之剛性係數（Rigidity 或 Shear modulus）。D為斷層之平均滑動量（位移）。S為斷層面積。地震矩規模的優點在於不會發生飽和現象，即不會發生大於某規模後所有的地震數值都相同。地震矩規模與震源的物理特性有較直接的相關性，因此地震矩規模已經取代芮氏地震規模，成為全球地震學家估算大規模地震時最常用的尺度。美國地質調查所（U.S. Geological Survey, USGS）對於規模大於3.5的地震幾乎都已經使用地震矩規模來描述地震大小。

　　地震發生時會透過地球內部介質與地表朝四面八方進行能實體波（body waves）與表面波（surface waves）傳播，其中實體波依質點振動方向與波行方向可分為P波（Primary Wave）與S波（Secondary Wave）兩種，P波係指振動方向與波動方向為平行關係，會擠壓岩層造成地表建物上下移動P波速度約5～6 km/sec；S波為振向與波向呈垂直關係，會扭曲岩層造成地表建物前後或左右搖晃，S波約3～5 km/sec。表面波主要係因實體波帶動之地表震動，地表波具有低頻率、高震幅和頻散（dispersion）等特性，以地表晃動情形可分為類似S波的水平震波〔雷利波（Rayleigh Wave）〕，與類似P波的垂直震波〔勒夫波（Love Wave）〕兩種，水平震波會造成地表的搖動；垂直震波則會使地表跳動，圖5-5為地震時各波動情形。一般在預測地震時，主要係觀測P波與S波的動能，因P波

較S波之速度快且強，故較易觀測其抵達時間，而S波之預測時間會因P波干擾而導致誤差存在。

　　根據震源與地表之距離可分為極淺層地震（very shallow earthquake），介於0～30 km左右；在30～70 km之間稱為淺層地震（shallow earthquake）；於70～300 km稱為中層地震（intermediate earthquake）；超過300 km通常都稱為深層地震（deep earthquake），臺灣西部多為極淺層地震，而東部多為淺層地震，此因臺灣地理環境西部海床較東部高的關係。

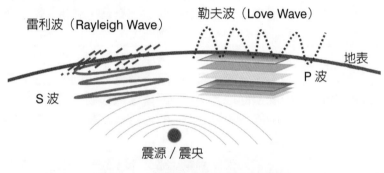

圖5-5　實體波與地表波示意圖

　　中央氣象局將地震發生時之地表加速度程度（震度）分成7級（如表5-8），其中地動加速度（gal）係指由地震記錄儀所記錄之東西向、南北向與垂直向之地表加速度值，以最大加速度值作為震度大小，值愈高表地震的震度愈大，1 gal等於 1cm/sec²，980 gal大約等於一個重力加速度（1 g）的程度，若向下以980 gal之加速度移動，將猶如自由落體。以垂直移動之電梯為例，當電梯以等速度向下移動時電梯內之乘客不會感到異常；電梯以98 gal加速度向下移動時，乘客會明顯感受到電梯向下移動速度；當電梯以980 gal之重力加速度掉落時，電梯與乘客將猶如自由落體，乘客會與電梯分離呈現騰空狀況。

表5-8　中央氣象局震度分級表

震度分級	地動加速度（cm/s², Gal）	人的感受	屋內情形	屋外情形
0 無感	0.8 Gal 以下	人無感覺。		
1 微震	0.8-2.5 Gal	人靜止時可感覺微小搖晃。		
2 輕震	2.5-8.0 Gal	大多數的人可感到搖晃，睡眠中的人有部分會醒來。	電燈等懸掛物有小搖晃。	靜止的汽車輕輕搖晃，類似卡車經過，但歷時很短。
3 弱震	8-25 Gal	幾乎所有的人都感覺搖晃，有的人會有恐懼感。	房屋震動，碗盤門窗發出聲音，懸掛物搖曳。	靜止的汽車明顯搖動，電線略有搖晃。
4 中震	25-80 Gal	有相當程度的恐懼感，部分的人會尋求躲避的地方，睡眠中的人幾乎都會驚醒。	房屋搖動甚烈，底座不穩物品傾倒，較重傢俱移動，可能有輕微災害。	汽車駕駛人略微有感，電線明顯搖晃，步行中的人也感到搖晃。
5 強震	80-250 Gal	大多數人會感到驚嚇恐慌。	部分牆壁產生裂痕，重家具可能翻倒。	汽車駕駛人明顯感覺地震，有些牌坊煙囪傾倒。
6 烈震	250-400 Gal	搖晃劇烈以致站立困難。	部分建築物受損，重家具翻倒，門窗扭曲變形。	汽車駕駛人開車困難，出現噴沙噴泥現象。
7 劇震	400 Gal 以上	搖晃劇烈以致無法依意志行動。	部分建築物受損嚴重或倒塌，幾乎所有傢俱都大幅移位或摔落地面。	山崩地裂，鐵軌彎曲，地下管線破壞。

資料來源：中央氣象局，n.d.g，https://www.cwb.gov.tw/V7/earthquake/quake_preparedness.htm

　　地震來臨前兆特徵，目前科學上乃未有定論，但可藉由觀察自然環境變化或動物行為略知一二，例如地震來臨前可能出現山鳴、地震雲、大氣游離層出現異常現象（如紅光）、動物行為異常（如遠離棲地）；地震時會產生P波與S波，而P波會比S波先傳達，一般會先感受到上下震動，再左右或前後搖晃，由表5-8中可知，當震度達3級以上時，在行動中的人是能夠明顯感覺到地動加速度

所帶來的晃動，此時屋內物品會隨因震動過大而掉落，如果P波與S波超過建物之防震設計標準，則可能損毀或倒塌，於屋內者應先找掩避物，盡量找可遮掩全身之處，目前消防署公認地震災害當下應採行的動作為趴下（Drop）、掩護（Cover）及穩住、抓住桌腳（Hold on）三者，若無法找到掩護，則建議以保護頭部為優先考量；於屋外者則應視情況進行掩避或至空曠區；待主震過後，於屋內者如所待之處安全無虞，應進一步檢查屋內受災情形（例如玻璃、家俱等）避免人員二次災害，並關閉火源、瓦斯開關、電源等可能引發二次災害之來源，待災後確認安全無虞後再行啟用。

貳、地震潛勢分析

地震災害因不確定因素甚多難以掌握，例如地震來源、深度、強度、地震波傳遞方式、地質特性、地表建物特性及人口分布等均會影響地震潛勢分析結果。地震潛勢分析主要目的在於了解當某區域發生某種規模下的地震時，可能造成之損害程度，可利用最大地表加速度（Peak Ground Acceleration, PGA）表達潛勢分析的物理量。地震潛勢分析可經由區域鄰近之活動斷層分布，考量適合之震源參數（包括活斷層帶、地震規模及深度）及震度衰減率來推估尖峰地表加速度值，此種方法亦稱為定量地震危害度分析（Deterministic Seismic Hazard Analysis, DSHA）。

一、災害規模設定

地震所帶來之災害為大範圍且嚴重，因此於進行地震災害規模設定時應考量斷層類型、方向、破裂長度、震源深度、強度、地物建物、人口等資訊，讓模擬模式之結果更擬合實際災害發生情形。以臺中市為例，其以轄內七條活動斷層設定921事件地震規模（地震規模7.3、震源深度10公里）進行臺中市地震災害模擬，再透過所得之PGA數值進行各里之危害程度分級。

二、地震模擬

臺灣於地震模擬多使用國家地震工程研究中心所開發之臺灣地震損失評估系統（Taiwan Earthquake Loss Estimation System, TELES）進行模擬評估，其可進行區域地表之一般建物與公路橋梁損害評估、人員傷亡評估和一

般建物與公路橋梁之直接經濟損失評估等運算。

三、地震潛勢圖

　　取得災害損害推估成果後，可針對所推估出之災損結果進行危險度分級並繪製地震潛勢圖，提供災前預防或災時應變之參考依據，圖5-6為地震潛勢分析之參考程序。

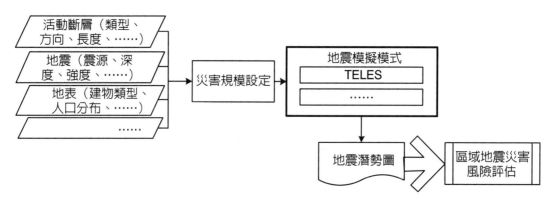

圖5-6　地震潛勢分析程序

5.1.3　坡地災害

　　根據臺灣「山坡地保育利用條例」第三條中之山坡地定義進行山坡地劃分後，臺灣屬高山／山坡地之面積占全臺灣土地面積約73.24%（行政院主計總處，n.d）。臺灣坡地災害多屬於土石流、山崩、地滑等類型的坡地災害，係與風水或地震災害共存之複合性災害。因臺灣地形陡峭、地質脆弱、河川短促等不良條件下，每當挾帶大量雨水的颱風過境，臺灣山坡地區均會傳出土石流災情、國土的流失，時而造成嚴重的人員傷亡。

　　坡地災害多發生於地廣人稀、氣候變化大的山區，較難以預警。臺灣山區坡地災害類型多屬土石流或崩塌，於災害發生後常造成道路中斷，導致人員、物資運輸困難。

壹、坡地災害特性概述

　　坡地災害類型根據其運動形態之外在觀點可粗略分為落石（rock fall）、山崩（landslide）、地層滑動（complex landslide）、土石流（debris flow）及潛移（creep）等類型，以下就較常發生且易致災之落石、地層滑動或山崩及土石流進行說明。

一、落石

　　如山坡地表裸露處，因風化嚴重且坡度過於陡峭時，鬆脆的土石或岩塊會因地球引力或因外力影響以自由落體向下墜落或沿坡面滾動，在重力與質量交互作用下會產生具有高破壞性的衝擊力，在其墜落範圍內的人、物都將受到傷害，具有高度危險性，而落石常發生於峽谷、峭壁或斷崖等具有陡峭地形特性的區域，例如臺灣東半部的中部橫貫公路、太魯閣國家公園內的燕子口、布洛灣等地，皆為落石高發生區域，常發生遊客被落石砸傷等消息。

二、山崩、地滑

　　地層滑動主要係指山坡地、丘陵地或台地等土方失衡所造成之向下滑動現象，其發生時速度較落石緩慢且土石混雜，以連續性向下運動，通常會造成大面積的破壞，並掩沒下方人、物。例如2010年4月25日下午約兩點半時，國道三號高速公路南下三點一公里處發生了順向坡面滑動，約兩個足球場大5、6層樓高之土方由西向東崩滑，中斷了道路及掩沒了行進中之車輛，造成了嚴重的傷亡，根據國家災害防救科技中心坡地災害防治組陳組長實地勘察後，初步歸納出造成此次災害之原因，共四點，如以下所述：（陳聯光，2014）

1. 災害為順向坡地層向下坡滑動造成之災害。

2. 該處順向坡為砂岩與頁岩相互堆疊而成，上部十數公尺是厚層砂岩，其下則是泥層，因此在岩層界面處產生滑動。

3. 上層厚砂岩風化嚴重、具豐富的垂直節理、容易透水，而下層之頁岩透水性較差，以致於兩岩層界面處含水量較高，岩層界面處因而摩擦力降低導致滑動。

4. 滑動岩體龐大，可能超出岩錨承載力，造成岩錨斷裂。

三、土石流

　　土石流是颱風、豪雨期間坡地災害中最為常見之災害，其成因為上游崩落之土石或泥漿堆積於河床、山溝林間或溪流兩旁，於豪雨驟降致使溪水瀑漲時，原堆積層之土石因含水量達飽和狀態下，形成一種高濃度水砂混合兩相流（two-phase flow）的黏稠狀流體，具有大量土砂礫石集中並呈隆起之先端部（forefront），在重力牽引作用與山坡坡度加乘下以段波型態做高速運動並產生強大的順坡破壞力，可於極短暫時間內沖毀或淹沒所經之處的建物、道路或橋梁等人工設施。根據行政院農委會水土保持局（以下簡稱水保局）之土石流防災資訊網上對於土石流之定義，土石流係指泥、砂、礫及巨石等物質與水之混合物，受重力作用所產生之流動體，沿坡面或溝渠由高處往低處流動之自然現象（行政院農業委員會水土保持局，n.d.a）。其將土石流分成礫石型（granular flow）及泥流型（mud flow）兩種型態，其中礫石型大多為大顆粒之石塊，主要為砂石、礫石和卵石等所組成，其運動方式以碰撞和滾動為主，泥水只扮演潤滑的角色，流速約在3～10 m/s之間；泥流型則以顆粒較小的石塊組成，主要為黏土、粉土和砂等細顆粒；其運動方式以泥水本身的流動為主，而砂石則懸浮於其中，流速約為2～20 m/s。當雨量多、土石多及坡度多共同成立時土石流便可能發生，表5-9為土石流可能發生前可觀察出之徵兆特性。當所在之溪流具備土石流發生前徵兆時，應即時告知身旁人員並往溪流兩側撤離。

表5-9　土石流發生前徵兆

順序	幾小時前	一小時前	幾分鐘前	發生土石流	微兆	原因
1	○	○	○	○	附近有山崩或土石流發生（視覺）	代表周邊坡面與地質已處於不穩定狀態
2	△	△	△	△	野溪流量突然增加（視覺）	上游可能有豪雨
3	△	○	○	○	有異常的山鳴（聽覺）	上游可能已發生崩塌或土石流
4	△	○	○	○	溪水流量急遽減少（視覺）	上游野溪可能已被崩塌土石阻塞
5	△	○	○	○	溪水中帶有流木（視覺）	上游可能發生山崩或河岸沖蝕
6		○	○	○	溪水異常混濁（視覺）	
7		○	○	○	溪流中有石頭摩擦聲音（聽覺）	因溪流流量增大
8		○	○	○	有腐植土臭味（嗅覺）	上游可能發生山崩樹倒，從樹木腐植層散發出之臭土味
9		○	○	○	有樹木裂開之聲音（聽覺）	上游可能發生土石流，撞裂樹木之聲音
10		△	△	△	動物有異常行為（視覺）	動物的感官比人類敏銳，表示可能已發生人無法感受到的大自然異常現象
11			○	●	感覺地表震動（觸覺）	土石流滾動時造成之震動
12			○	●	上游有「Go」聲音（聽覺）及火光或像雷光的閃電	土石流流動時，巨石撞擊造成的現象

註：●表必定發生、○表發生可能性高、△表有發生可能

資料來源：行政院農業委員會水土保持局，n.d.b，https://246.swcb.gov.tw/Info/Debris_Introduction?

根據水保局所公布之108年全臺灣土石流潛勢溪共計1,725條，分布於17縣（市）、159鄉（鎮、市、區）、689村（里）、原住民地區計780條（行政院農業委員會水土保持局，n.d.c），其中南投縣為臺灣唯一不靠海之縣

市，地形多為山坡地，故擁有最多之潛勢溪流數，全臺灣各縣市之土石流淹水潛勢溪流分布如圖5-7。

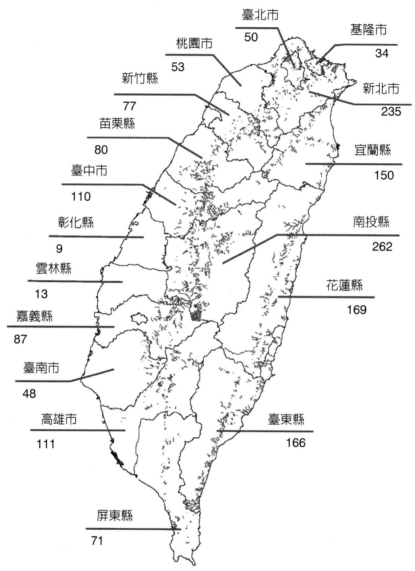

臺北市
50

基隆市
34

桃園市
53

新北市
235

新竹縣
77

苗栗縣
80

宜蘭縣
150

臺中市
110

彰化縣
9

南投縣
262

雲林縣
13

嘉義縣
87

花蓮縣
169

臺南市
48

高雄市
111

臺東縣
166

屏東縣
71

圖5-7　全臺灣縣（市）土石流潛勢溪流分布

貳、坡地災害潛勢分析

　　坡地災害潛勢分析主體為土石流潛勢溪流，根據水保局之《土石流潛勢溪流劃設作業手冊》（2013）中土石流潛勢溪流係指「依據現地土石流發生之自然條件，配合影響範圍內具有保全對象等因素，綜合評估後，判斷有可能發生土石流災害之溪流。」，其中土石流潛勢溪流之初步判定共分為三階段，各階段執行事項說明如下：

1. 首先由直轄市或縣市政府進行提報，再以保全對象（具門牌住址或有水、電等居住事實之住戶或建物及交通設施）及溪谷地形（集水面積大於3公頃且溪床坡度的於10度以上）之先決條件且符合歷史災害（經航遙測影像判釋、災例報告、資料蒐集及現勘訪談，集水區有土砂災害者）或地質災害敏感區（依相關圖資，確認擬新增土石流潛勢溪流之集水區，是否具有地質災害之潛勢）其中之一條件者進行初步判斷。

2. 通過初步判定門檻後再進行第二階段之現地調查作業進行提報之溪流資料蒐集等作業。

3. 第三階段根據各項條件評定風險潛勢等級、土石流潛勢溪流位置圖、影響範圍劃定與保全對象初步建置、舉辦說明會及審查作業及土石流潛勢編碼，其中評定風險潛勢等級之評估項目有發生潛勢評分與分級（以地質因子為評估對象）及保全危害度評估與分級（以人為建施為評估對象）兩項；土石流潛勢溪流位置圖係透過1/25,000地形圖判斷河谷地形所在位置與土石流潛勢溪流之集水區。影響範圍則以1/5,000彩色航照圖或相片基本圖繪製與編修溪流線形與影響範圍。保全對象初步係針對影響範圍所覆蓋之住戶資料建置；當確定所提報之溪流已被判定為土石流潛勢溪流後便需邀請專家學者及地方政府相關人員，辦理「土石流潛勢溪流說明會」進行修正作業。審查會則依據「土石流災害潛勢資料公開辦法」第五條規定，請相關機關（構）及專家學者進行審查，依審查結果修正相關圖資及更新土石流災害潛勢資料庫；土石流潛勢溪流編碼規則為「簡化市名稱（兩字）DF（Debris Flow）三碼流水號」（例如：北市DF001）編碼規則辦理，其中由正北方為起點，以逆時鐘方式決定鄉鎮區

及鄉鎮區中村里鄰與溪流之排序與編號。

對於審查認定之新增土石流潛勢溪流，發函通知相關單位，公開土石流潛勢溪流編號、所在行政區、位置圖、風險潛勢等級及初估保全住戶數等資料並同時公開於土石流防災資訊網（http://246.swcb.gov.tw）。需針對新增之土石流潛勢溪流以行文方式請地方政府於防汛期前建立保全清冊及土石流防災疏散避難計畫，圖5-8為整體流程。藉由公告之土石流潛勢溪流可進行「土石疏散避難圖」繪製，以供土石流防災疏散避難演練參考使用。

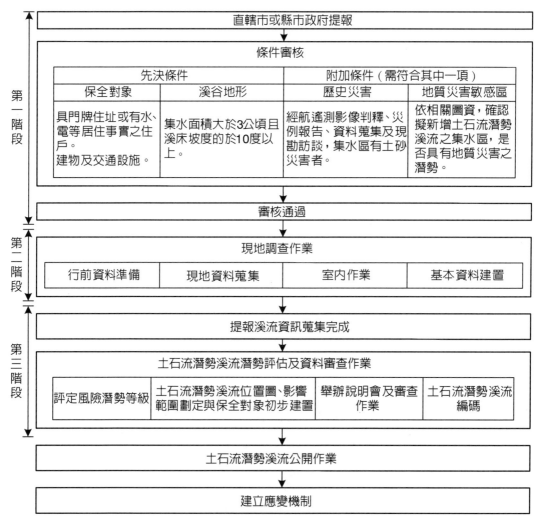

圖5-8　土石流潛勢溪流判定作業流程圖

若偏遠山區發生崩塌或土石流災害，造成道路、橋梁及維生系統毀損，將嚴重威脅民眾生命及財產之安全，而偏遠山區對外連絡道路可能僅有一條，若遭土石淹沒，則會形成孤島區域，即區域內民眾將失去對外連繫與資源運輸的管道，且重症病患也將失去唯一的道路就醫途徑，此時將無法透過陸上運輸機具（汽、機車）進行救援或物資遞送，例如臺中市和平區南勢里南勢聚落、梨山里舊佳陽聚落、自由里的雙崎及烏石坑聚落與達觀里竹林聚落，均為孤島效應之高潛勢村落。

5.1.4　海嘯災害

　　「海嘯」一詞源自於日語的「津波」（Tsunami），其意為「港邊的波浪」，其中「津」即「港」的意思，而「Tsunami」於1963年的國際科學會議中被正式列入國際術語。海嘯為一種波長極長、週期極大的海洋波浪運動，其形成絕大部分原因是受到海底地震所引發造成海面強烈擾動，產生重力波向四方傳播之現象。海嘯的生成主要係因地震造成海床斷層錯動進而擾動水體所形成的，但非所有的海域地震都會引發海嘯，淺層的大地震是最常見的觸發因子，而深源地震或小規模地震較難以引發海嘯，因海嘯係大量的海水於短時間內產生垂直移位，所形成之海嘯波，或為鄰近海底地形平緩抬升，水深由深變淺、海嘯波前進的速度變慢造成堆積者。

　　就臺灣及其鄰近地區發生之歷史海嘯紀錄統計結果（蔣瀞儀，2007），臺灣海嘯多發生於臺灣北部、東部及南部，臺灣本島西側就地形與位置而言，海嘯發生之機率相對較低，但有專家學者曾提出潛在危機，Liu等人（2007）認為2006年的屏東恆春地震事件，是將來大型隱沒型斷層產生海嘯地震（Tsunami-genic Earthquakes）的警訊。

壹、海嘯災害特性概述

　　海嘯多好發於海溝或是大規模地殼運動區及年輕的地殼摺疊處，於南中國海（South China Sea）及菲律賓海板塊之間有馬尼拉海溝，其為島弧海溝（Island Arc-Trench）位於南中國海的西邊，可能為一破壞性海嘯波的發源地。若南中國

海一帶發生大規模地震形成海嘯，恐對臺灣西南沿海造成威脅。根據海嘯發源處與臺灣之距離可分爲遠距（far-field）海嘯與近地（near-field）海嘯，對臺灣而言，遠距海嘯多半來自太平洋，首當其衝臺灣東部海岸，但因臺灣東部海岸地形陡峭且海深數千公尺，故由太平洋傳來的遠洋海嘯波浪會因地形受到阻擋破壞結構，並不易堆高沿海岸上溯。例如1960年智利大地震引發的海嘯在臺灣量測到的波高在基隆只有66公分，花蓮只有30公分（徐明同，1981）。臺灣近地海嘯發生需有極大規模的能量使海水產生垂直錯動，此狀況可能發生於基隆與宜蘭外海，該區域地震頻繁及擁有較淺之海底地形。依據歷年發生海嘯紀錄統計，臺灣極少有海嘯侵襲，主因爲海嘯多來自臺灣東部太平洋海底地震，不利海嘯成形。然，鑒於日本「東北地方太平洋近海地震」所造成的嚴重災情，位處環太平洋地震帶上的臺灣對於海嘯災害的預防及減災工作仍應所有防範。

海嘯產生需具備震源位於深海處、地震能量足以帶動水體波動及具備開闊並有由深漸淺之海岸等三大條件，因此發生於淺海之地震較難以產生海嘯，由此可知地震規模（M）與海嘯等級（m）存在統計關係，如：

$$m = 2.61M - 18.44 \qquad （式5-3）$$

由式（5-3）中可知，當的地震並不會引發明顯的海嘯，只有規模6.5以上之地震才有可能引發災害性的海嘯。海嘯又爲海上之長浪，由發生地區以輻射狀向四面八方傳播猶如漣漪般，其速度將視震央之海洋深度而定，計算式表示爲：

$$v = \sqrt{gh} \qquad （式5-4）$$

式中：v爲淺水波的傳播速度、g爲重力加速度、h爲海洋深度，由此公式可知海嘯能量的傳播速度與海水深度成正比，即海嘯生成距離海平面愈深其傳播速度愈快。然，海嘯波高與其破壞力是成正比關係。通常海嘯發生時，於開闊海域中因其高度與一般浪高相似，故難以察覺，只有在接近海岸附近之淺水域時，海嘯因地形而上溯才較容易以觀測察覺，表5-10爲海嘯波高與人造物損壞程度關係表。

表5-10　海嘯波高和人造物破壞程度關係

海嘯波高（m）	1	2	4	8	16	32
聲音			海嘯前碎波產生的浪濤聲（如暴風雨般的聲音）			
			海岸波浪捲動聲（如雷鳴）			
				波浪衝擊岸邊的巨大聲響（如遠方雷擊聲或爆破聲）		
木造建築	結構部分損毀	完全被沖毀				
磚造建築	結構保持完整				完全被沖毀	
鋼筋混泥土建築	結構保持完整					完全被沖毀
漁船		部分損壞		50% 損壞	完全損壞	
養殖竹筏	完全損壞					
防潮林	輕微受損，海嘯能量被部分抵消，漂流物被阻擋			部分損壞，仍可阻擋漂流物	全數沖毀，失去防潮效果。	

資料來源：日本國土交通省氣象　，n.d，http://www.jma.go.jp/jma/kishou/know/faq/faq26.html

　　日本氣象廳將海嘯警報分為大海嘯（3 m以上）、海嘯（1～3 m）與海嘯注意報（0.2～1 m）等三類，其中大海嘯警報中又分為5 m（預測波高介於3～5 m之間）、10 m（預測波高介於5～10 m之間）及10 m超（預測波高大於10 m）三種級別，當日本氣象廳收到海嘯訊息或其預測值達到上述分級時將進行發布作業，關於臺灣海嘯警報發布作業請參閱第十章。

　　根據海嘯歷史紀錄，中央氣象局將國內各沿海行政區依受到海嘯威脅性分成三級（表5-11），也將沿海地區劃分為北部、東北、東部、東南、西南及海峽等六大沿海區位，各沿海地區劃分及範圍請參見圖5-9及表5-12。

表5-11　臺澎金馬沿海地區海嘯危險性分級

區級	縣市	說明
I	新北市、基隆市	歷史資料顯示有海嘯災害者。
II	臺中市、彰化縣、雲林縣、嘉義縣、臺南市、高雄市（含東沙、南沙）、屏東縣、臺東縣、花蓮縣、宜蘭縣、澎湖縣	歷史資料顯示可能有海嘯紀錄或疑似海嘯紀錄，但無海嘯災害者。
III	桃園縣、新竹縣、新竹市、苗栗縣、金門縣、連江縣	歷史資料顯示並無海嘯紀錄，但可能受影響者。

附註：臺北市、嘉義市、南投縣未臨海，無海嘯威脅。

資料來源：中央氣象局，n.d.g，https://www.cwb.gov.tw/V7/knowledge/encyclopedia/eq069.htm

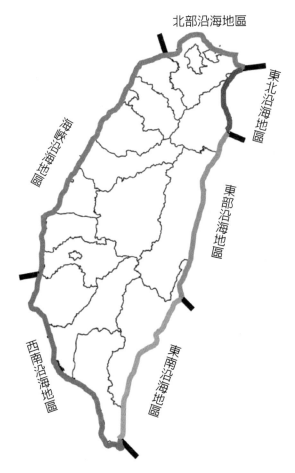

圖5-9　臺澎金馬沿海地區海嘯警戒分區劃分圖

表5-12　臺澎金馬沿海地區海嘯警戒分區劃分表

分區名稱	分區範圍
北部沿海地區	包括新北市及基隆市沿岸。
東北沿海地區	包括宜蘭縣頭城鎮至蘇澳鎮沿岸。
東部沿海地區	包括宜蘭縣南澳鄉至臺東縣長濱鄉沿岸。
東南沿海地區	包括臺東縣成功鎮至屏東縣滿州鄉沿岸。
西南沿海地區	包括臺南市至屏東縣恆春鎮沿岸。
海峽沿海地區	包括桃園縣至嘉義縣沿岸，以及澎湖縣、金門縣與連江縣等離島區域。

資料來源：中央氣象局，n.d.i，https://scweb.cwb.gov.tw/zh-TW/Guidance/protection/228。

　　海嘯來臨時是有所徵兆的，海嘯通常係因地震所導致，所以應隨時注意是否有大地震之發生，而海水因地層突然下陷會使岸邊出現急速退潮現象，故於海邊出現海水有快速退潮現象時，應快速前往高處避難並大聲告知附近群眾，必要時可能需進行二次避難以防海嘯再次襲捲，若於避難處發現遠處有二次海嘯來臨時往更高處避難，於海嘯發生時避免海嘯危害最好的方式就是「及早預警」，迅速往高地「避難逃生」，以下有七點注意事項，作為人員避難時的參考：（內政部消防署，n.d）

1. 首先要考慮到自身的安全，因為一旦身體受傷，就很難進行避難。

2. 避難時必須要往高處走，必要時，甚至還得進行二次避難，走到更高的地方，因為海嘯危害的程度，往往不是靠過去的經驗可以判斷的，進行時寧可作最壞的打算。

3. 近海地震引發的海嘯，避難時間短，儘量不要靠車輛避難，因為短時間路上突然湧入許多車輛，容易造成交通阻塞，而且車輛被捲入海嘯，人員更不容易脫困。

4. 海嘯來襲時一切以避難為先，不要過於掛念家中貴重物品或自家漁船，海嘯第一波與後續第二、三波的間隔可能很長，潮水暫時退去後，不要立即返家或是到港口探視自家漁船。

5. 平時應將家中的家具予以固定，避免地震造成家具傾倒導致人員受傷，

甚至影響第一時間的避難逃生。

6. 海嘯已經造成淹水而來不及避難，必須就近往高處逃生，人員若浸泡在水裡，容易被大型飄浮物撞擊而受傷。

7. 海嘯已經造成淹水而來不及避難，人員應儘量遠離堅硬的設施，例如岩岸、鋼筋混凝土結構，避免水流衝擊使得人員碰撞到這些地方而受傷。

貳、海嘯災害潛勢分析

　　海嘯源設定原則考慮了斷層走向、地震破裂長度L、寬度W、深度H、規模Mw、滑移量D、傾角、滑移角等因素，再以半彈性體理論推估地表垂直變位量以及海嘯初始波高剖面推估地表垂直變位量，並決定海嘯初始波形，部分近臺海嘯源考慮地拴效應（指在地震活動中，啟動點或被鎖住區塊往往在空間上有較大之位移量），地拴效應在海嘯波生成時，會造成局部較大之波高，對於短距離或直進之海嘯有較大之影響。根據行政院災防應用科技方案之「臺灣潛勢高於預期之海嘯模擬與研究」所模擬之22個海嘯情景（各情境如圖5-10，其中T1至T18為海溝型海嘯源，T19至T22為斷層型海嘯源）結果顯示以T2（馬尼拉海溝1）、T8（亞普海溝）及T1（花蓮外海）海嘯，對臺灣相對有較大影響。

　　取得海嘯源模擬結果後，可透過數值模式進行海嘯上溯高度與淹溢之潛勢範圍劃設，目前常見之海嘯數值模式有美國南加大Vasily Titov所研發之MOST（Method of Splitting Tsunami Model）、日本海嘯學者Fumihiko Imamura所研發之TUNAMI（Tohoku University Numerical Analysis Model for Investigation）與美國康乃爾大學土木與環境工程學系劉立方教授所研發之COMCOT（Cornell Multi-grid Coupled Tsunami model），其中MOST模式非直接求解海嘯之動力方程式，因此較不適用於溢淹計算；COMCOT可計算多重尺度之波浪傳播現象，如遠海之大尺度海嘯傳播以及近海之小尺度海嘯傳播等，該模式亦能計算移動邊界之海嘯溢淹情形。待完成各數值模擬成果後便可進行海嘯潛勢圖之產製，圖5-11為新北市之海嘯災害潛勢區位圖，由圖中可看出新北市之淡水區、三芝區、路門區、金山區、萬里區、瑞芳區及貢寮區；基隆市中山區、中正區及仁愛區等沿海一帶是最有可能受海嘯侵襲之影響。

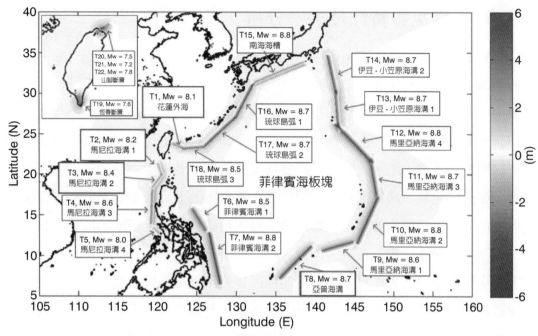

資料來源：財團法人豐泰文教基金會，n.d，http://www.fengtay.org.tw/paper.asp?page=2011&num
　　　　=1272&num2=198

圖5-10　18種海溝型（T1～T18）及4種斷層型海嘯源（T19～T22）空間分布

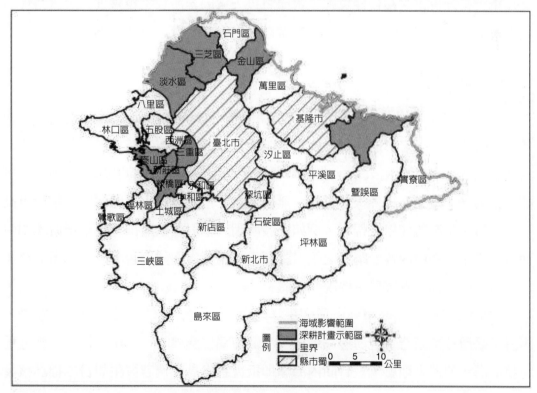

資料來源：新北市政府，2012，新北市災害防救深耕計畫。

圖5-11　海嘯災害潛勢區位

⚡ 5.2　人為災害特性及潛勢分析

　　根據國家災害防救科技中心（National Science and Technology Center for Disater Reduction, NCDR）之人為災害（Man-made disasters）定義為「泛指人類活動中，由於人為失誤或惡意，技術或設備失常所引發人員傷亡、財產損失、環境與生態破壞的意外性事故。此外，依照世界衛生組織的定義，疫病、傳染病等並不歸屬於天然與人為，此類流行病屬傳染性疾病，若為人為惡意或疏忽將病菌傳播，如恐怖攻擊、病毒郵包，則歸屬於人為災害。」而天然災害亦有可能受人為影響而引發，例如山坡地因人類經濟活動大量砍伐樹木，造成山坡地表失去保護，於豪雨期間造成之土石流，即因人為活動所引發之天然災害，此種災害以人為天然災害稱之。而人為災害亦有可能係因自然環境之異變造成，例如地震造成管線破裂，使大量有毒氣體外洩甚至引發爆炸，此種災害以天然人為災害稱之。

　　臺灣土地面積狹小，市區之基礎建設完善但分布極為密集，若發生巨大災害時極易造成複合性災害，例如石化管線所造成之氣爆使道路損毀，此為管線災害又為重大交通災害之複合性災害，本節將以人為因素所致之災害進行災害特性概述與潛勢分析，其中潛勢分析中應考慮自然災害所引發之自然人為災害。

5.2.1　輻射災害

　　輻射屬於能量傳遞的一種，並以加馬射線（Gamma Ray）等之電磁波，與如電子般高速粒子之形態傳送。通常依照能量高低或游離物質能力，將其分成非游離輻射和游離輻射兩大類。非游離輻射，指能量低無法產生游離之輻射，例如：太陽光、燈光、紅外線、微波、無線電波、雷達波等；游離輻射，指能量高能使物質產生游離作用之輻射，例如一般所謂的輻射或放射線，都是指游離輻射而言。近年來臺中內較受矚目之輻射議題為核四廠之興建與否，故本章將以核能電廠所造成之輻射災害為主要說明主體。

　　由5.1.2節中可知臺灣地處環太平洋地震帶上，斷層帶多且地層活動頻繁，再者，臺灣核電廠皆鄰近海邊之地區，潛藏海嘯侵襲風險。其中，核三廠鄰近馬尼拉海溝，如遇大地震，短時間內海嘯即抵恆春半島，倘若發生如日本福島核災

之情形，造成核電廠輻射外洩，則全臺灣都會籠罩在輻射災害中，因此對於相關防護措施，需要事前完整且縝密的規劃，強化災害之整備，以備災害發生時，將損失降至最低，圖5-12為臺灣核能發電廠分布圖。因應福島核災複合式核災事件，行政院會於2015年11月26日通過「核子事故緊急應變法」部分條文修正草案，參考美國、日本的核能監管、核子事故緊急應變設計，修正核子事故緊急應變機制。修正後的法條將核子事故應變與中央災防體系結合，未來中央災害應變中心將不只應變自然災害，也包含核子事故，而核子事故應變開設主政單位由原能會改為中央災害應變中心。這次修法也加入風險控管的概念，依距離核能電廠遠近設有多種的風險準備與防護措施；雖然目前已經規劃核子事故緊急應變計畫區（Emergency Planning Zone, EPZ），這次修法進一步擴大風險準備範圍，增加了鄰近區域，將區域內的地方政府納入緊急應變準備範圍。本章節將針對核子事故所造成之輻射災害進行災害特性概述與潛勢分析。

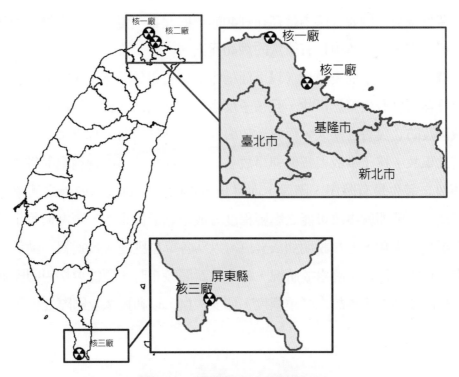

圖5-12　臺灣核能發電廠分布

壹、輻射災害特性

輻射為無色、無味、無聲、無息，並存在於吾人生活周遭環境，人類無法以感官直接感受放射性物質的存在，必須以儀器來偵測與度量。此外，放射性物質穿透力強，無法利用防護裝備保護人員免受放射性物質傷害，且放射性物資只能移除，無法利用化學及物理方法消除，因此，對於其災害規模設定，無法類似一般天然災害以受災程度定義之。

輻射之基本單位為西弗（或稱西沃特，原文為Sievert，簡寫為Sv），因西弗單位大對於輻射偵測表達上較不易，故一般使用毫西弗（mSv）或微西弗（μSv）表示，其中1西弗1,000毫西弗1,000,000微西弗。而人體所能承受之輻射量表示方式以「輻射水平」（radiation level）單位之「微西弗／時」或「毫西弗／年」最為常見。根據103年原子能委員會輻射偵測中心對臺灣地區核設施周圍環境之直接輻射、落塵、植物、環境水樣、農畜產物、海產物及沉積物試樣等輻射監測結果係符合法規劑量限值（一般人之年劑量不超過1毫西弗）。自然環境中基本上充滿了背景輻射，例如人體內就存在鉀40的放射元素，但其量非常微小，並不會造成任何傷害，而香蕉中也有微量的鉀40元素。

根據行政院原子能委員會（以下簡稱原能會）對於「核子事故」之定義係指核子反應器設施發生緊急事故，且核子反應器設施內部之應變組織無法迅速排除事故成因及防止災害之擴大，而導致放射性物質外釋或有外釋之虞，足以引起輻射危害之事故。核子事故與輻射彈事故，以及輻射意外事故統稱輻射災害。然，核子事故之發生是有時序、階段，而且是漸進的，其對設施內外之衝擊程度不一，因此，平時即就事故可能之影響程度分成緊急戒備事故、廠區緊急事故及全面緊急事故三大類，各類說明如表5-13，以為各單位應變人員通報、動員、應變之參考。另為使民眾了解事故狀況，於事故新聞發布時，原能會採用國際通用之國際七級制淺顯說明事故之嚴重程度，如表5-14，以利民眾及國際社會了解事故狀況。

表5-13　核子事故分類

事故類別	說明
緊急戒備事故	發生核子反應器設施安全狀況顯著劣化或有發生之虞，而尚不須執行核子事故民眾防護行動者。
廠區緊急事故	發生核子反應器設施安全功能重大失效或有發生之虞，而可能須執行核子事故民眾防護行動者。
全面緊急事故	發生核子反應器設施爐心嚴重惡化或熔損，並可能喪失圍阻體完整性或有發生之虞，而必須執行核子事故民眾防護行動者。

資料來源：行政院原子能委員會，n.d.a，https://www.aec.gov.tw/緊急應變/什麼是輻災/核子事故/核子事故分類--5_39_3558_3559.html

表5-14　國際核能事件分級制

等級	準則 1 人與環境	準則 2 輻射屏障與控制	準則 3 深度防禦
7 級最嚴重意外事故	放射性物質大量釋放，具有大範圍健康和環境影響，要求實施緊急計畫和長期應對措施。		
6 級嚴重意外事故	放射性物質明顯釋放，可能要求實施區域性緊急計畫。 輻射造成幾十人死亡。		
5 級大範圍意外事故	放射性物質有限釋放，可能要求實施部分區域性緊急計畫。 輻射造成多人死亡。	反應爐爐心受到嚴重損壞。 放射性物質在設施範圍內大量釋放，公眾受到明顯輻射暴露機率高。 其發生原因可能是重大臨界事故或火災。	
4 級局部範圍意外事故	放射性物質少量釋放，除需要局部採取食物管制外，通常不要求實施緊急計畫的應對措施。 至少有1人死於輻射。	燃料熔融或損壞造成爐心放射性總量釋放超過0.1%。 放射性物質在設施範圍內明顯釋放，公眾受到明顯輻射暴露的機率高。	

等級	準則 1 人與環境	準則 2 輻射屏障與控制	準則 3 深度防禦
3 級嚴重事件	輻射劑量超過工作人員法定年限值的 10 倍。 輻射造成非致命確定性健康效應（例如燒傷）。	工作區中的輻射劑量率超過 1Sv/h（距離 1 公尺處）。 非設計預期的區域嚴重汙染，公眾受到明顯輻射暴露的機率低。	核電廠接近發生事故，安全措施全部失效。 高活度密封射源遺失或遭竊。 高活度密封射源錯誤交付，並且沒有適當的輻射處理作業程序。
2 級偶發事件	一名公眾成員輻射劑量超過 10mSv。 一名工作人員的輻射劑量超過法定年限值。	工作區中的輻射劑量率超過 50 mSv/h。 非設計預期的區域受到明顯汙染。明顯汙染係指 (1) 相當於 10 TBq 鉬 -99 之液體汙染。 (2) 相當於 1 TBq 銫 -137 之固體放射性物質洩漏。 (3) 相當於幾 10 GBq 碘 -131 在建築物內的氣體放射性。	安全裝置失效，但無實際發生事件。 發現高活度密封無主射源、器件或運輸貨品，但安全裝置保持完好。 高活度密封射源包裝不當。
1 級異常警示	無安全顧慮		一名民眾受到輻射暴露超過法定限值。 安全措施發生問題，深度防禦仍有效。 低活度射源、裝置或運輸貨品遺失或遭竊。
0 級未達級數	無安全顧慮		

資料來源：行政院原子能委員會，n.d.b，https://www.aec.gov.tw/緊急應變/什麼是輻災/核子事故/國際核能事件分級制--5_39_3558_3560.html

以下內容主要以行政院原子能委員會102年之輻射災害防災業務計畫內容進

行摘錄說明（輻射災害防救業務計畫，2013）。輻射災害事件可能的狀況，就災害特性描述其成因及致災結果，其包括輻射意外事件、放射性物料管理及運送等意外事件、核子事故及輻射彈爆炸事件等。

一、輻射意外事件

1. 臺灣目前使用放射性物質之機關（構）約有12,500餘家，其中多為醫療、工業及學術研究方面之使用，圖5-13為國內中小企業於北、中、南、東

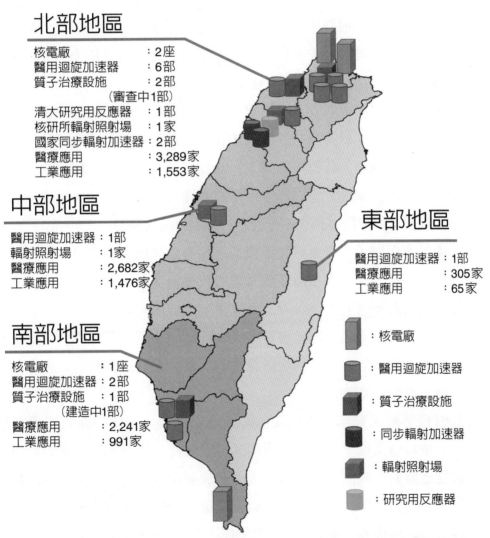

北部地區

核電廠	：2座
醫用迴旋加速器	：6部
質子治療設施	：2部
	（審查中1部）
清大研究用反應器	：1部
核研所輻射照射場	：1家
國家同步輻射加速器	：2部
醫療應用	：3,289家
工業應用	：1,553家

中部地區

醫用迴旋加速器	：1部
輻射照射場	：1家
醫療應用	：2,682家
工業應用	：1,476家

東部地區

醫用迴旋加速器	：1部
醫療應用	：305家
工業應用	：65家

南部地區

核電廠	：1座
醫用迴旋加速器	：2部
質子治療設施	：1部
	（建造中1部）
醫療應用	：2,241家
工業應用	：991家

：核電廠
：醫用迴旋加速器
：質子治療設施
：同步輻射加速器
：輻射照射場
：研究用反應器

參考資料：行政院原子能委員會，n.d.c，https://www.aec.gov.tw/核物料管制/管制動態/小產源管制動態--6_48_170.html

圖5-13　104年臺灣放射性同位素應用現況分布

等四地區之分布情形，其中核電廠計有3座；醫用迴旋加速器計有10部；質子治療設施計有3部；輻射照射場計有2部；研究用反應器計有1部；同步輻射加速器計有2部；醫療應用計有8,517家；工業應用計有4,085家。對於各類放射性物質之使用，事前需經審查輻射作業場所安全及輻射防護計畫合格始得安裝，並應經檢查合格發照後方得使用。輻射工作人員應接受原能會指定之訓練，並領有輻射安全證書或執照始得從事輻射作業，如有發生人員接受劑量超過游離輻射安全標準之規定，或輻射工作場所以外地區輻射強度或水中、空氣中、汙水下水道中所含放射性物質之濃度超過游離輻射安全標準之規定者，設施經營者依法應立即採取必要之防護措施並立即通知原能會。

2. 目前國際間對於輻射安全高度重視，各類使用放射性物質之儀器設備需強化其自有之輻射安全功能，以防止因人為操作失誤而造成輻射外洩或射源遺落之情形。若有射源遺失，設施經營者依法應立即通知原能會，原能會接獲通報後，應立即派員搜尋並提供必要之協助。設施經營者應依相關規定負責提供調查、分析，於期限內提供報告。

3. 國內外案例顯示，廢棄射源不慎被送至有熔煉爐之鋼鐵廠，則可能製成被汙染鋼鐵成品流入市面造成暴露，或被高溫氣化造成廠區汙染。輻射作業場所若不慎發生火災等意外災害，造成放射性物質洩漏或有洩漏之虞，設施經營者應在原能會督導下進行輻射偵測、風險評估、除汙及復原，並提供救災人員足夠之防護資訊，救災人員應於輻射防護專業人員引導下進行救災作業。

4. 放射性落塵係來自核試爆及他國核設施事故，不同地區的核爆或核事故，依核爆高度、位置、核爆型態、氣象條件等有不同程度的影響。放射性落塵的警戒值分兩階段，當偵測放射性落塵活度達第一階段時，應加強放射性落塵之偵測，當其活度達第二階段警戒值時，除需加強放射性落塵之偵測外，並應告知民眾加強管理食品之衛生及生產。國際間對核試爆多已停止大氣層試爆，現階段係由原能會輻射偵測中心進行環境輻射值變動之密切監控。

5. 使用核動力之人造衛星或含有放射性物質之人造衛星墜落地球時，若經大氣層墜落地表時，其所含放射性物質可能會對其墜落地區附近產生影響，因此，如有人造衛星墜落臺灣地區時，應通知原能會派員前往偵測處理。

二、放射性物料管理及運送等意外事件

放射性物料係指核子原料、核子燃料與放射性廢棄物，目前臺灣國內並無生產，皆由國外進口，其管理可分為處理、貯存、運送與最終處置。可能之意外事件概述如下：

（一）核子原料管理及運送等意外事件

國內核子原料皆為含天然放射性物質之原料或設備，此類天然放射性物質的輻射強度低，平時由原能會列管並定期執行視察。當意外事件發生時，由輻射防護專業人員進行處理。

（二）核子燃料管理及運送等意外事件

核子燃料可分為新的核子燃料與用過核子燃料。前者仰賴進口無處理與處置的問題，其內含濃縮的可分裂物質，輻射強度低，在貯存與運送階段，為防止核臨界的發生，在運送時需以設計完善的包封容器承裝後才能運送，在貯存時也需有完善的預防措施；後者則具有大量的放射性分裂產物與衰變熱，輻射強度極高，也含有可分裂物質，在貯存與運送階段，除需防止核臨界的發生外，也應防範輻射傷害，同時在運送及貯存時亦需有設計完善的包封容器承裝及完善的預防措施。當發生管理及運送等意外事件發生時，需由核工與輻防等專業人員進行妥善處理與管制。

（三）放射性廢棄物管理及運送等意外事件

應由業主及原能會進行嚴密監控管理，並預為規劃運送之相關應變計畫，防範意外之發生。當放射性廢棄物管理及運送等意外事件發生時，其輻射影響雖不大，但仍應於輻射防護人員監督下，儘速處理，以避免汙染擴大。

三、核子事故及輻射彈爆炸事件

（一）核子事故

2011年3月11日於日本福島縣外海發生規模高達9.0之強烈海底地震，並隨之引發大海嘯，導致福島第一核電廠反應爐冷卻系統故障，廠內發生一連串氫爆和失火，輻射外洩到空中、土壤和海洋中，是全球自1986年烏克蘭車諾比核電廠事故以來最嚴重的核災。

（二）輻射彈爆炸事件

輻射彈（髒彈）是一種裝有傳統炸藥及放射性物質的爆裂物，專家們認為輻射彈未來將是恐怖份子最可能使用的手段之一，引爆後放射性物質會隨爆炸能量及風向四周散播，造成民眾與設施的汙染，其威力大小取決於傳統炸藥形式、數量及放射性物質與強度。此類放射性物質不見得會造成立即性輻射傷害，但遭汙染者會憂慮致癌機率的增加而產生心理傷害。

貳、輻射災害潛勢分析

依據行政院原子能委員會100年10月31日以會技字第1000017283號函公告第三核能發電廠核子事故緊急應變計畫區域為8公里，故其災害潛勢範圍可定義成以第三核能發電廠為圓心之半徑8公里的範圍所及之區域。若災情規模擴大，其警戒範圍也會跟著擴大，警戒區內依核子事故中央災害應變中心命令執行民眾掩蔽、碘片發放及疏散等民眾防護工作。惟若以疏散撤離之角度考量，為使災區內之遊客與居民都能順利疏散，並考慮道路交通之負荷量，擬以核子事故發生初期，針對3公里範圍內及下風向之對象進行第一波疏散撤離，3至8公里範圍為備援疏散區域，以分批疏散之方式減輕交通負荷，圖5-14係以核一廠為例進行半徑8公里至30公里方圓進行核能災害潛勢範圍畫分。

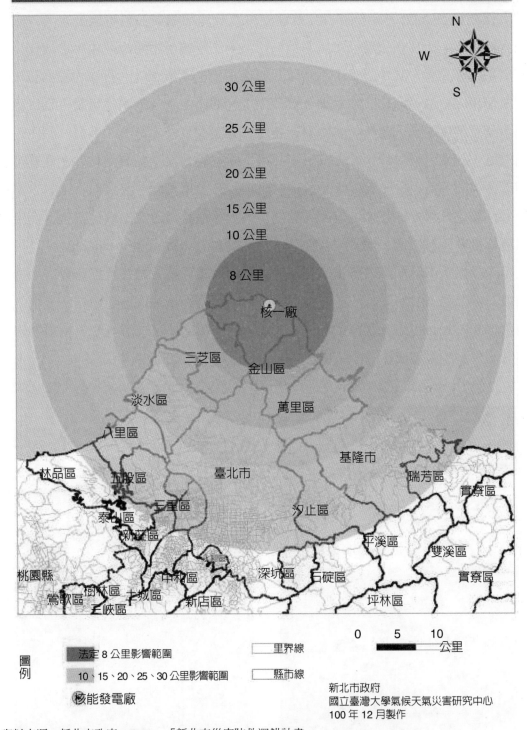

資料來源：新北市政府，2012，「新北市災害防救深耕計畫」。

圖5-14　新北市核一廠輻射災害可能影響範圍

5.2.2 公用氣體與油料管線災害

依據災害防救法施行細則第2條所定義之公用氣體與油料管線災害（以下簡稱管線災害），係指公用天然氣事業或石油業之管線，因事故發生，造成安全危害或環境汙染者。其中之公用天然氣一般係指民生瓦斯管線，石油管線為石化工業所使用之石油或石化氣體管線。管線係現代都市中重要的基礎建設，為供應國內產業及民生之需求，布設範圍遍布各地，如其受到外力影響（地震、施工）造成洩漏，甚致引發爆炸、火災或環境汙染，除影響人民生活的便利外，亦有可能造成嚴重的人員傷亡。管線中具危險性之項目有公用氣體（天然氣管線）、油料管線或石化氣體管線等，可能衍生氣爆、火災等危及性命之區域性毀害。而公用氣體與油料管線災害，屬人為災害或天然災害後之二次災害，例如2014年7月31日晚上於高雄市前鎮區與苓雅區發生臺灣歷年以來最重大的管線爆炸災害，造成三多一、二路、凱旋三路、一心路等多條重要道路嚴重損壞，而爆炸所產生的震波與揚起的土石也造成人員傷亡、車、建物的損壞，於爆炸時也產生持續性的氣燃狀況，其中也造成了許多燒傷意外，事發現場照片如圖5-15。

(a) 氣爆發生時情形　　　　　　　　　　　(b) 氣爆後路面情形

(c) 因氣爆側躺的汽車　　　　　　　　(d) 被揚起石塊破壞的汽車

圖5-15　高雄氣爆後災情現況

　　其爆炸原因在於現場救災人員與事業單位未能正確判斷情勢與配合所致，屬於人為災害。因此，管線災害特性之掌控需配合相關事業單位為之，平時應建立完善之管線分布資訊並嚴密管控與修繕作業，不可懈怠。本章節將就天然氣與油料管線進行災害概述與潛勢分析說明。

壹、公用氣體與油料管線災害特性概述

　　燃料氣體燃料氣（俗稱瓦斯），主要有兩種：即桶裝瓦斯和天然瓦斯。其中桶裝瓦斯為液化石油氣（Liquified Petroleum Gas, LPG），乃石油煉製產品之一，主要成分為丙烷並以鋼瓶（容量可分為5、10、20公斤裝等）形態供應使用，而鋼瓶桶裝瓦斯因其成分著火點低且比重較空氣重，易於洩漏後累積於空間下方，若遇火源將釀成災害，較不安全。天然瓦斯俗稱天然氣（Natural Gas, NG），為遠古時代動植物與泥沙等物質混合後，再於地底下承受地層壓力、地球內部溫度及細菌分解等作用後漸變成現在的石油能源，其主要成分為甲烷，經

提煉後以管線供應使用，故使用上較桶裝瓦斯方便，再者，著火溫度高、較空氣輕，會向上飄散於大氣中，於通風良好之環境中安全性較桶裝瓦斯高。天然氣除了可以氣體方式輸送外，尚可透過低溫冷凍高壓處理成液化天然氣（Liquefied Natural Gas, LNG），使其成為一種無色、無臭的液體，體積也將縮減為氣態時的六百分之一左右，主要目的在於方便儲存運送。

　　鋼瓶裝液化石油氣需以人工運送故安全性較低，且供應極不方便，目前供應對象多以餐飲業為主。天然氣輸送管線因需埋設於地底下且需考量路權是否取得容易、是否容易被破壞、施工維護是否方便等因素，因安全顧慮沿線均配置配氣站、隔離站及開關站等，其中配氣站是依據地區用氣需求狀況而設立的，主要目的是把天然氣減壓後供用戶使用；隔離站及開關站的功能在於管線因受意外事故、搶修或維修時可緊急關閉或隔離，一般設置於人口密集地區、主要河川和活動氣層的地區；而配氣站和隔離站另外又設有排放塔，排放塔之作用在於緊急時可安全將天然氣排放於大氣之中。輸送瓦斯的管線多為碳鋼管，若有漏氣則其原因可類分為非外力及外力破壞兩種，非外力破壞是指管線因埋設時間久遠或環境改變（如潮濕）造成管材銹蝕，管線破裂而漏氣；外力破壞一般是因施工不慎挖斷管線造成漏氣。然，為防範管線漏氣，平時維護檢查及施工前地底埋設管線前置調查有其之必要性。

　　在油料部分，據台灣中油股分有限公司之石油教室說明（台灣中油股份有限公司，n.d.a），其煉製方法之不同油料石油燃料可區分如下：

一、蒸餾油與蒸餘油

　　　原油經過分餾後，可以分成兩大部分，其一為氣化後再凝結而成之餾份，稱為蒸餾油（distillate fuel），如汽油、煤油、柴油等等。另一為沸點高，成黑色，殘留於分餾塔下部之油份，稱為蒸餘油（residual fuel或residual oil）。

二、白油與黑油

　　　一般而言，白油（clean oil）多指蒸餾油，黑油（dirty oil）則指原油、蒸餘油、以及蒸餘油與蒸餾油混合而成之中間油品。

三、輕油與重油

　　輕油（light fuel）一般多指柴油。重油（heavy fuel）則指粘度較柴油為高之油料，一般多指燃料油或燃料油與柴油混合而成之中間油料。

　　在油管輸送作業中，必須依輸油量的大小選擇使用不同口徑、不同馬力的泵浦。油管的基材大多是特別訂製的鋼卷，每段長6公尺或12公尺，再經焊接而成。依輸送油料種類的不同，可分為黑油管及白油管，黑油管所輸送的是原油、燃料油或柏油等高黏度的油料，管線並有保溫層包覆，以維持油料的流動性；白油管則輸送汽油、柴油、航空燃油、石化品、液化石油氣等較輕質油料。台灣中油股份有限公司之全臺主要輸送管線分布，從臺灣北端至南端的油管約有一千六百多公里長。中油公司現有主要的油管系統如下：（台灣中油股份有限公司，n.d.b）

1. 基桃油管：自基隆三十三號碼頭至桃園煉油廠，輸油作業油庫有基隆油庫、八堵油庫、石門油庫及五股油庫等。
2. 深澳－石門油管：自深澳輸油站至石門油庫。
3. 桃新油管：自桃園煉油廠至新竹油庫。
4. 新中油管：自新竹油庫至臺中港油庫及臺中港輸油站。
5. 中－王油管：自臺中港油庫，臺中港輸油站至王田油庫。
6. 南部油管：自高總廠至王田油庫包括永康油庫、豐德油庫、嘉義油庫、民雄油庫及王田油庫。
7. 橋頭－高廠油管：自橋頭油庫至高雄煉油廠。
8. 花蓮－北埔油管：自花蓮碼頭至北埔油庫。
9. 蘇澳油管：自蘇澳碼頭至蘇澳油庫。

　　除油料運輸網路，尚有環島油輪，油罐汽車及油罐火車等運輸方式。輸油作業中，在收發油庫及中繼站負責輸油操作的人員必須隨時注意輸油動態，因為任何一項意外或疏忽都會造成嚴重的後果。表5-15為臺北市轄區台灣中油公司現有主要的油料輸送系統管線規格。

表5-15　臺北市轄區中油公司主要油料輸送系統

管線種類	輸送燃料	尺吋（吋）	起點	迄點
油管	燃料油管	14	淡水河北岸開關站	內溝溪
	汽油管	10		
	汽油管	8		
	航空燃管	4	內湖配氣站	松山機場
氣管	天然氣管	16	淡水河北岸開關站	內湖配氣站
		12		
		8		
		16	五股沼澤區南岸	淡水河北岸開關站

資料來源：臺北市政府，2014，「臺北市災害防救計畫」。

　　然造成管線災害之因素有外力破壞、腐蝕洩漏、自然災害、設備失效及人員操作疏失等五大因素，各述如表5-16。

表5-16　管線致災因素說明

致災原因	說明
外力破壞	指管線因外單位施工致管線破壞洩漏，或管線因蓄意盜油而加以破壞（即盜油破壞）。
腐蝕洩漏	指管線因內、外腐蝕致發生洩漏。
自然災害	指管線受大自然力量破壞，如地震、洪水等。
設備失效	指管線因材質老化破壞造成漏油。
人員操作疏失	指管線因公司本身操作人員之疏失，致發生洩漏。

資料來源：本文整理。

貳、公用氣體與油料管線災害潛勢分析

　　一般管線系統埋設於道路底下，而國內地下管線之布設，多位於人口密集處，郭玫君、陳偉堯（2003）指出：「導管瓦斯公司的管線大都位於都會區中」，此意味著人口愈多與集中的地方，管線與埋設新管的需求將相對提

升；T.Y.LIN顧問公司（2004）也指出：「已埋設之管線也需進行修護與更新工程」，此類工程開挖都可能增加標的管線本身或其他事業單位管線受到外力損壞的風險。

　　管線之災害潛勢分析，賴於完整之管線分布資訊取得，方能有效的進行完整之災害評估工作。因管線多沿道路進行舖設，故管線之災害潛勢分析重點著重於人口及道路密集之處，其中人口與道路之密度與管線之分布為正相關，即人口愈多、道路愈密集之處其管線分布將愈複雜，地上經濟活動型態愈多，管線種類也會愈多，例如臨近工業區之住宅區或於工業區內之住宅區，其管線分布可能因工廠之間需進行油料、氣體交換而將具有高危險性之管線布設於住宅區道路上，若發生爆炸則可能造成嚴重。再者，臺灣加油站分布多位於人口密集之住宅區內，故加油站應列入分析範圍。

　　由上述中，可歸納出管線潛勢災害分析因子有人口、道路、管線及具有高危險性且易燃物質之儲存點位等資訊，再以密度、疊合度或其他分析方法，以評估區域管線災害之潛勢區位。再者，因管線之施工方式與管理方法日新月異，故管線可根據其使用年限與管理方式以加權方式或分類進行區別，例如都市計畫區與老舊社區之管線施工方法與管理方式均有所不同，其安全性也較新布設之管線差，較常施工區域之管線亦有可能因施工而有所損害，故其分析所需考量之因素較多較為複雜，圖5-16為本書針對管線災害所提出之潛勢分析程序，以供參考。

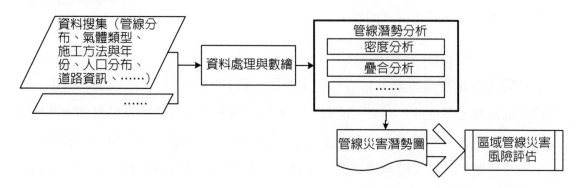

圖5-16　公用氣體與油料管線災害潛勢分析流程

5.2.3 毒性化學物質災害

　　根據毒性化學物質管理法第三條之毒性化學物質定義係指「人爲有意產製或於產製過程中無意衍生之化學物質，經中央主管機關認定其毒性符合下列分類規定並公告者。」其共分四類，第一類毒性化學物質：化學物質在環境中不易分解或因生物蓄積、生物濃縮、生物轉化等作用，致汙染環境或危害人體健康者；第二類毒性化學物質：化學物質有致腫瘤、生育能力受損、畸胎、遺傳因子突變或其他慢性疾病等作用者；第三類毒性化學物質：化學物質經暴露，將立即危害人體健康或生物生命者；第四類毒性化學物質：化學物質具有內分泌干擾或有汙染環境、危害人體健康者，其中第四類毒性化學物質不需取得許可、登記備查、核可等證照即可逕行運作。毒性化學物質（以下簡稱毒化物）可能因工廠貯存設備故障、人員疏忽、運輸時載具損毀……等造成洩漏、爆炸、產生有毒煙霧、腐蝕液體外漏、火災……等，會危險人體健康、物品安全或環境汙染等重大災害。有毒化學物質因其成分，多具有毒性、腐蝕性、易燃性、易爆性等特性，故於災害發生時基本上難以使用一般方式處置，臺灣之毒化物防救體系之主管機關爲行政院環保署，其主要進行所公告之毒化物之管理與處置，一般生活中若有疑似中毒之情形，例如飲水過量導致水中毒、聞到疑似有毒氣體而覺身體不適者，並非屬於其管轄，關於公告列管之有毒化物可於行政院環保署網站查詢（行政院環保署，n.d）。隨臺灣國內化學工業日益發達，化學工業意外災害及環境汙染等公害已是需要全民共同正視之問題。

壹、毒性化學物質災害特性概述

　　列管之毒化物種類繁多且特性各不相同，儲存的型態以液體或氣體爲主，其除具危險性及毒性外，亦有可能存在放射性、腐蝕性、可燃性及反應性，其中反應性爲不相容之物質相互結合後所產生之化學反應，可能產生大量之氣體與熱能，若反應劇烈則有可能產生爆炸，通常所產生之氣體含有毒物質。根據毒化物之特性所產生之災害可略分爲可燃性化學物質所引發之火災、反應性有毒物質產生之爆炸及燃燒時或爆炸後產生之毒氣體擴散、腐蝕性物質透過氣體或液體進行擴散。有毒氣體於災害後會以氣態或液態等形式擴散造成衍生災害，例如藉由呼

吸、接觸或散落於食物上導致誤食等方式危害人畜之性命安全；災害現場之人員因暴露於毒化物擴散範圍內，如果防護不全有可能造成直接性的傷害；災害時有毒物因燃燒生成之廢氣或有毒粉塵隨風飄落附著於農作物表層或住家環境裡，有可能造成間接性的傷害。再者，有毒物之影響是相當長遠的，其會存在於食物鏈中且難以消除，長久累積之下可能產生物種基因上的病變，甚至於危害到物種的生存。毒化物於災時之擴散方式需根據其形態及影響其擴散之因子進行綜合評估，例如毒化物係以氣體方式進行擴散，需根據災時之氣候狀況考量風速、風向等因子，進行可能擴散方向與範圍分析，對可能影響之潛勢區發布毒化物警戒並啟動應變機制。

　　一般於有毒物之測量係以劑量概念進行評估，通常為每公斤（體重，kg）攝取多少毫克（mg）來表示，以體重為70公斤之成年男性而言，有毒物致命劑量為50毫克／公斤，即只要其攝取超過3,500毫克就有致命危險，目前環保署所公告列管之有毒物質有173項。毒化物災害根據暴露途徑不同其急救方法亦有所差異，吸入性傷害多為呼吸道傷害，不知情民眾在無防護狀況下，藉由呼吸將有毒物質吸入身體內部造成傷害，通常會造成呼吸困難，此時需將傷患移至有新鮮空氣處，再由受過訓練之醫護人員供給氧氣，避免不必要之移動並立即就醫；眼睛接觸可能造成眼睛不適或灼傷，應儘速以溫水緩和沖洗患部直致汙染物去除，以紗布覆蓋雙眼並立即就醫；皮膚接觸者應立即移除衣物並使用蘇打水或以清水緩和沖洗身體暴露部分，再請醫護人員持續觀察。據美國工業衛生協會（AIHA）所制定之緊急應變規劃指引（Emergency Response Planning Guidelines, ERPG）中依毒性物質之允許暴露程度可分為三種，如表5-17。

表5-17　毒性物質允許暴露程度

暴露程序	描述
ERPG-1	人員暴露於有毒氣體環境中約一小時，除了短暫的不良健康效應或不當的氣味之外，不會有其他不良影響的最大容許濃度。
ERPG-2	人員暴露於有毒氣體環境中約一小時，而不致使身體造成不可恢復之傷害的最大容許濃度。在此範圍之內應視為暖區。
ERPG-3	人員暴露於有毒氣體環境中約一小時，而不致對生命造成威脅的最大容許濃度。在此範圍之內應視為熱區。

　　毒化物災害除了會造成人類傷亡外，對於自然環境與生態亦有所影響，如有毒物經由水進入河川或土壤，可能造成大量魚蝦死亡並嚴重地汙染水質，再經由食物鏈影響人類之生活飲食；若有毒之粉塵經由風吹飄散於空氣中，會經由降雨擴散至世界各地，若雨降落於水源區則會汙染水源品質，最後還是會危害到人類的生命與健康。由上述可知，毒化物質或是輻射等無法以人工方式去除，需透過時間或自然生態循環方式進行排除之災害，都是會以直接或間接方式透過食物鏈影響人類本身，但生態因人類經濟活動需求下大肆地被破壞其循環結構，導致生態回復力下降，此將延長這種類型災害影響時間，亦大幅嚴重地球生態。

貳、毒性化學物質災害特性分析

　　於毒化物災害潛勢分析時，應考量毒化物特性、擴散量、風向及風速，研判發生災害之可能性與影響範圍，因此可採用風花圖（Wind rose）（如圖5-17）進行災害潛勢分析並劃設列管毒化物運作場所之潛勢範圍。風花圖意指針對某一氣象觀測站，蒐集一段特定時期風向、風速之觀測資料後，依出現次數（或次數百分比）繪製於八分位（或十六分位）的底圖上，每線段代表一羅盤方位，其

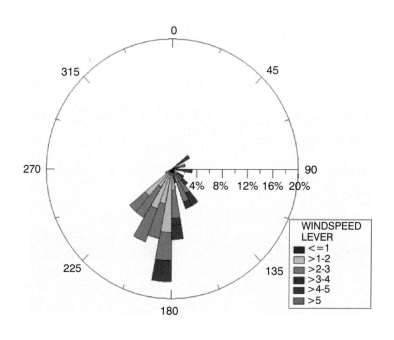

圖5-17　風花圖示意圖

長度與該方向吹來風之頻率成正比，靜風頻率則填在中心，透過風花圖可了解某地某時期內之風向風速分布情況與各風向發生頻率。風花圖通常應用於單一毒化物災害事件之風向機率表示，在國內單一點位毒化物災害潛勢分析工具有OSAP 2000（美國Information Dynamics, Inc. 發展）、PHAST（DNV Technica公司發展）、ALOHA（美國EPA與緊急應變單位使用）、SAFER（DuPont公司發展），進行潛勢區域分析；對於大規模災害情況下，如地震造成多處工廠之毒化物外洩意外，形成大量點狀分布情形時，因其對環境影響程度實爲複雜，故一般以設定緩衝區（buffer）簡化分析程序，根據上述之分析毒化物災害潛勢分析流程可爲圖5-18所示。

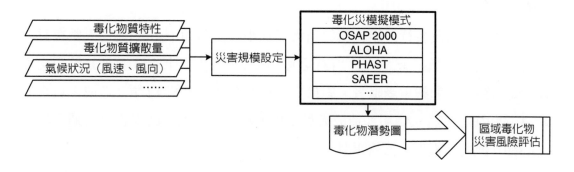

圖5-18　毒性化學物質災害潛勢分析流程

　　毒化物爲擴散類型災害，依據「毒性化學物質災害疏散避難作業原則」之「毒性化學物質災害應變管制區域畫設模擬表」所述，多數之毒性化學物質管制區域畫設範圍爲800公尺，故毒化物運作場所周遭800公尺內之範圍也應納入災害潛勢區。在定義災情是否達到重大災害之指標部分，以臺中市爲例係建議採用美國工業衛生協會（American Industrial Hygiene Association, AIHA）所制定之緊急應變規劃指引（Emergency Response Planning Guidelines, ERPG）爲依據，依毒性物質之允許暴露程度進行劃分，以人員暴露於有毒氣體環境中約1小時，而不致使身體造成不可恢復之傷害的最大容許濃度爲重大災害警戒值。

5.2.4　重大交通災害

　　近年臺灣交通設施發展齊全迅速，運輸網絡綿密完善，活絡全臺灣人口流動率進而帶動觀光發展與提升社經效益。而運輸動線增加所帶來不僅為運輸動線之衝突點增加，人流與車流之曝光量亦相對增加，故發生交通事故之風險亦隨之升高。臺灣國內的運輸管道多以陸路為主，透過一般道路、快速道路、高速公路及軌道等方式進行人、物的運輸，通常一般較常發生重大交通災害的路段是在高速公路或快速道路等可高速行駛之道路；而軌道運輸部分則以臺灣鐵路公司與臺灣高鐵公司所營運之鐵路為主；其他尚有航空運輸與海上運輸，航空運輸在臺灣內部雖然次數較少，但若發生災害，其影響範圍將比陸路運輸方面之災害來得廣闊且嚴重。

　　依據交通部及各行政組織對於重大交通事故定義如下：(1)死亡人數在三人以上；(2)死傷人數在十人以上；(3)受傷人數在十五人以上；(4)重要鐵路平交道或重要道路之交通嚴重受阻者。對於交通事故分類可分為A1類（造成人員當場或24小時內死亡）、A2類（造成人員受傷或超過二十四小時死亡之交通事故）及A3類（僅財物損失）三種類型。

壹、重大交通災害特性概述

　　重大交通災害類型可分為道路系統、軌道運輸、航空運輸及港埠航運，各運輸系統災害概述如下：

一、道路系統

　　道路系統以高速公路、快速道路、省道等三種為具危險潛勢者，此三種道路之速限較其他鄉道或一般道路來得高，行車速度及車流量也較為高，因高速行駛故較容易發生事件外，交流道分匯流處因速差關係亦容易發生重大事故。根據交通部國道高速公路局之103至106年A1類之交通事故統計結果（如表5-18）顯示，其中國道A1類交通事故主要肇事原因第一位為「變換車道或方向不當」71件，佔該年度A1事故之26.01%；其次為「未注意車前狀態」共70件，佔該年度A1事故之25.64%。統計103至106年國道A1類主要肇事原因，亦以「變換車道不當」及「未注意車前狀態」最多，其次

則爲「拋錨未採安全措施」、「未保持行車安全間距」及「酒後（後）駕駛失控」等。

表5-18　103至106年國道A1類交通事故肇事原因件數統計

年度	變車或方向不當	換道方不當	未意前狀態	注車狀態	拋錨未採安全措施	未保持行車安全距離	酒後（後）駕駛失控	車輪脫落或輪胎爆胎	違反特定標誌（線）禁制	其他疏失或行爲	超速失控	其他	合計
103	17	13	7	5	0	5	2	4	2	4	59
104	20	16	13	4	7	4	4	2	2	5	77
105	21	20	5	6	4	3	4	1	0	3	67
106	13	21	7	8	6	5	1	3	1	5	70
總計	71	70	32	23	17	17	11	10	5	17	273
事故比例（%）	26.01	25.64	11.72	8.42	6.23	6.23	4.03	3.66	1.83	6.23	100.00

資料來源：交通部國道高速公路局，n.d，http://www.freeway.gov.tw/Publish.aspx?cnid=516&p=2849

106年國道A1類交通事故主要肇事車種多以「小客車」爲主，其次依遞減排序爲「聯結車」、「小貨車」、「大貨車」，就肇事車種分析，大貨車與聯結車之事故比例相對於所占交通組成仍屬偏高。於肇事時間分布上A1類型之時間分布較爲平均，而A2與A3事故多發生於上班（7～12時）、下班（14～20時）之交通尖峰時間，以下午尖峰時間最爲明顯。各國道之交通事故發生率（如表5-19）以國道1號與3號兩主要交通動脈爲大宗，所占比例約90%，其餘國道因長度較短且交通量較少，故交通事故總數相對較低，僅有10%左右。

表5-19　106年各國道A1、A2、A3事故件數與肇事率統計表

國道	A1	A2	A3	合計	事故發生率
國道 1 號	37	980	15,054	16,071	65.70%
國道 2 號	3	38	719	760	3.11%
國道 3 號	22	540	5,445	6,007	24.56%
國道 3 甲	0	10	54	64	0.26%
國道 4 號	1	18	153	172	0.70%
國道 5 號	2	43	140	185	0.76%
國道 6 號	2	38	324	364	1.49%
國道 8 號	0	10	143	153	0.63%
國道 10 號	3	28	654	685	2.80%
合計（平均）	70	1,705	22,686	24,461	100.00%

資料來源：交通部國道高速公路局，n.d，http://www.freeway.gov.tw/Publish.aspx?cnid=516&p=2849

二、軌道運輸

　　在軌道運輸方面臺灣有高鐵、臺鐵及高雄輕軌，臺灣高鐵之營運速度最高可達300公里／小時穿越各縣市，在高速提速與降速以及進入場站且具有相當多處轉轍器環境下，沿線均為事故潛勢區域，尤以高鐵進出車站時更需注意。於高速行進下如遇地震、強風、豪雨或邊坡滑動等災害，均可能造成重大交通事故，其以天然災害告警系統（Disaster Warning System, DWS）監測下，隨時預警將可能發生之災害傷亡降至最低；傳統鐵路方面，鐵路運行雖為專有路權，並具任何車輛不可侵入之特性，惟仍有平交道作為公路穿越鐵路之用，屬軌道運輸高事故潛勢區域，再者，沿線與車站站體亦為事故發生潛勢區域。

三、航空運輸

　　於航空運輸方面，雖航空器於場站內滑行時多能立即發現危險而返航檢修，惟起飛與降落時危安之虞相對較高，因此以航空器起降之黃金11分鐘（起飛3分鐘，降落8分鐘）航管範圍作為危險潛勢區。

四、港埠航運

　　港埠航運方面，最有可能發生貨輪翻覆、散裝貨輪輸送氣爆、油輪失火爆炸等重大事故，均可能造成人員傷亡或波及岸壁工作人員。一般常見之災害為輪船因觸礁漏油事件，雖然不致於發生重大傷亡，但對於環境會造成嚴重的破壞，除了會影響油汙範圍之生態，對於觀光、漁業等經濟體而言也會造成直接性的損失。

貳、重大交通災害潛勢分析

　　根據載具與交通特性，可將重大交通災害潛勢分析分為道路、軌道、航空及船運等四種型態，而交通災害之潛勢分析可類似於管線災害之分析方式，不同交通管道、航線之如不同管線交織情形，但其所考慮之因子、分析模式及災害規模不盡相同。於特性概述中可略知道路事故潛勢區域多位為國道或省道等交流道處，可高速行駛路段亦為高潛勢區域，再者，可根據歷年交通統計資訊劃設目前高潛勢區域；軌道運輸高鐵部分，整體運輸線段均為潛勢區域，但高鐵之潛勢區應可根據行駛路段進行潛勢分級，例如行駛於坡地高潛勢災害之路段可列為高潛勢區，臺鐵部分則以平交道或山區地質較脆弱區域為高潛勢區；航運可根據各航空公司之航線進行潛勢區域劃分，而可能造成航運災害之因素眾多，難以預料，故航線均為高潛勢區；船運則可考量海象、地形等因素，判斷出何處為可能致災之區域再與船運路線套合分析高潛勢區域。圖5-19為總結重大交通災害潛勢分析之參考流程。

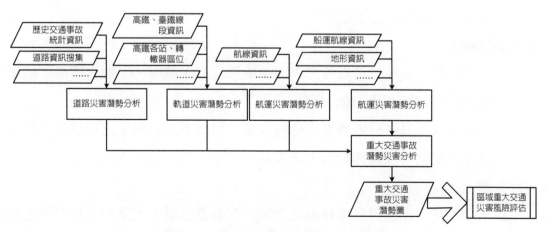

圖5-19　重大交通災害潛勢分析流程

5.2.5　森林火災災害

　　根據災害防救法施行細則第二條森林火災係指「火災發生於國有、公有或私有林地，造成林木損害或影響森林生態系組成及運作者。」，而森林火災的行為受許多條件左右，其中影響野火發生的條件如熱能供應、氧氣充足及燃料累積等，輕度的野火僅影響森林生態系的景觀與演替的方向與速度，可促進部分植物的天然下種，加速林地的養分循環，或藉以抑除部分下層競爭植物，而達到森林經營的目的。然嚴重的大火不僅將摧毀整個生態系，更可能波及整個地球的生態環境。

壹、森林火災災害特性概述

　　森林火災會因基本條件、自然條件及社會、經濟條件等三種原因形成，各形成條件如下所述：（行政院農委會，2008）

一、基本條件

　　　森林火災之發生必須有燃料、熱源及氧氣等三項條件之存在，一般通稱為火三角，三者缺一不可，移除任一條件，即可滅火。

　1.燃料：如森林中之枝幹、枯枝落葉、雜草等有機物質皆係燃料之組成。

　2.熱源：可提供大量之能量使燃料引燃形成林火。森林中的燃料燃燒點約在攝氏250度至300度，因此，極容易受天然或人為影響產生火。

　3.氧氣：森林發生火災後即形成熱對流，致使氧氣源源不絕地進入火場，形成持續的燃燒。氧氣濃度會隨森林之生長有所差異，密林之空氣不易流通，林火擴展速度較慢。

二、自然條件

　　　即燃料、氣象及地形等三大因子所形成之火環境，了解火環境才能掌握林火行為，有效擬訂滅火策略。

　1.燃料因子：分布於地表層之枯枝落葉、枯倒木、雜草、灌叢為最易起火之處；樹冠、枝條為樹冠火之來源；根系、埋藏之枯木則為地下火之來源。

　2.氣象因子：溼度對於森林火之控制具有重要影響，大氣中之相對溼度與

溫度之變化及風向、風速決定森林火之擴展速度。臺灣各區域間氣候差異明顯，每年10月至翌年4月，中、南部山區乾旱異常，若稍有不慎則星火即可燎原。

3. 地形因子：地形之變化產生區域性之微氣候，不同之坡向、坡度其微氣候條件即會有極大之差異，例如南向坡即較北向坡溫度高；坡度較陡者火易擴張；在峽谷地區之森林火則易產生煙囪效應。

三、社會、經濟條件

臺灣地區人口稠密，丘陵地帶之農事偶需引火整地或移除枯枝落葉等廢棄物，稍一不慎即釀成森林火災。復因週休二日實施，出入山區旅遊者眾，稍有不慎極易引發森林火災。

由上述之條件可知，誘發森林火災或助於森林大火蔓延因素很多，而樹種也會是森林火災形成的原因之一，如針葉林相較於其他樹種容易發生火災。溫帶氣候、陡峭的地形亦容易引起森林火災的擴展；南向坡因為較乾燥，相較於北向坡容易起火。除此之外，人為疏忽而引起的森林火災也是重要影響因素（郭雅欣，2007）。

貳、森林火災災害潛勢分析

森林火災災害潛勢資料係指依森林區域內之氣象、地形、植被、災害紀錄及其他相關基本資料，分析模擬區域內各處災害潛勢，劃分成不同等級之預警資料（行政院農業委員會，2009）。行政院農業委員會（2009）「森林火災災害防救業務計畫」則指出，臺灣森林火災依發生之海拔高度，可概分為高山草原火災、中高海拔針葉樹林火災、低海拔闊葉樹林火災及海岸林火災等樹種形式，就其近況加以模擬、並推估災害之規模及損害。在未能取得前述圖資、而歷史災害紀錄有限的情況下，一般在森林火災潛勢區域製圖時，係以植群型態、高程、坡度、坡向及人類活動範圍（即聚落、道路、營地……等距離為因子）等五項資料作為圖層基礎，並依據圖5-20步驟建立森林火災潛勢圖。

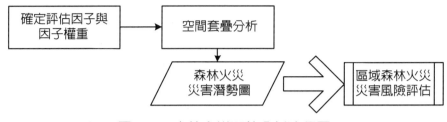

圖5-20　森林火災潛勢分析流程圖

一、依據災害防救法規定可分為「自然災害」及「人為災害」，請簡述兩種災害之特性與差異並舉例說明。

二、水災可能成因為何？

三、請舉例說明淹水潛勢圖之應用。

四、請說明地震種類與引發原因為何？

五、請敘述斷層之種類與其形成原因為何？

六、請說明坡地災害類型與形成原因。

七、請問土石流潛勢溪流如何判定?

⚡ 參考文獻

中央氣象局，n.d.a，取自中央氣象局全球資訊網氣象百科——大氣概述，http://www.cwb. gov.tw/V7/knowledge/encyclopedia/me016.htm（擷取日期：2014/09/22）。

中央氣象局，n.d.b，取自中央氣象局全球資訊網颱風百問——颱風對臺灣的影響，https://www.cwb.gov.tw/V7/knowledge/encyclopedia/ty038.htm（擷取日期：2019/02/26）。

中央氣象局，n.d.c，取自中央氣象局全球資訊網颱風百問——颱風對臺灣的影響，https://www.cwb.gov.tw/V7/knowledge/encyclopedia/ty041.htm（擷取日期：2019/02/26）。

中央氣象局，n.d.d，取自中央氣象局全球資訊網地震——地震活動彙整，https://www.cwb.gov.tw/V7/earthquake/rtd_eq.htm

中央氣象局，n.d.e，取自中央氣象局全球資訊網颱風百問——颱風的災害與預防，https://www.cwb.gov.tw/V7/knowledge/encyclopedia/ty052.htm（擷取日期：2019/02/26）。

中央氣象局，n.d.f，取自中央氣象局全球資訊網業務統計——分區地震次數統計，http://www.cwb.gov.tw/V7/service/notice.htm（擷取日期：2014/09/22）。

中央氣象局，n.d.g，取自中央氣象局全球資訊網地震百問——何謂震度？，https://www.cwb.gov.tw/V7/earthquake/quake_preparedness.htm（擷取日期：2014/09/22）。

中央氣象局，n.d.h，取自中央氣象局全球資訊網地震防護——交通部中央氣象局地震震度分級表，http://www.cwb.gov.tw/V7/knowledge/encyclopedia/eq069.htm（擷取日期：2019.02.27）。

中央氣象局，n.d.i，取自中央氣象局全球資訊網海嘯防護——海嘯警界分區劃分表，https://scweb.cwb.gov.tw/zh-TW/Guidance/protection/228（擷取日期：2019.02.27）。

日本國土交通省氣象廳，n.d，http://www.jma.go.jp/jma/kishou/know/faq/faq26.html（擷取日期：2014.09.22）。

財團法人豐泰文教基金會，n.d，http://www.fengtay.org.tw/paper.asp?page=2011&num=1272&num2=198（擷取日期：2014.09.22）。

經濟部中央地質調查所，n.d.a，臺灣活動斷層觀測系統及便民查調服務平臺，http://twgeopublish.moeacgs.gov.tw/GipOpenWeb/wSite/ct?xItem=125498&mp=105&ctNode=1233（擷取日期：2014/09/22）。

經濟部中央地質調查所，n.d.b，http://fault.moeacgs.gov.tw/MgFault/Default.aspx?LFun=1（擷取日期：2014/09/22）。

經濟部水利署，2013，取自經濟部水利署水利統計簡訊第262期別——臺灣地區102年降雨量概況，http://file.wra.gov.tw/public/PDF/441015194471.pdf。

消防署全球資訊網，2014，http://www.nfa.gov.tw/（擷取日期：2014.09.22）。

內政部消防署，n.d，http://enews.nfa.gov.tw/issue/950914/images/radio.htm（擷取日期：2014.09.22）。

經濟部，2013，河川管理辦法，中華民國102年12月27日經水字第10204607390
　　號令。

行政院主計總處，n.d，http://www.dgbas.gov.tw/（擷取日期：2014.09.22）。

行政院農業委員會水土保持局，n.d.a，取自土石流防災資訊網——土石流&
　　土石流災害，https://246.swcb.gov.tw/Info/Debris_Definition（擷取日期：
　　2019.02.27）。

行政院農業委員會水土保持局，n.d.b，取自土石流防災資訊網——土石流
　　特徵，https://246.swcb.gov.tw/Info/Debris_Introduction?（擷取日期：
　　2019.02.27）。

行政院農業委員會水土保持局，n.d.c，取自土石流防災資訊網——土石流潛勢
　　溪流統計，https://246.swcb.gov.tw/Info/Potential_Statistics?（擷取日期：
　　2019.02.27）。

行政院原子能委員會，n.d.a，https://www.aec.gov.tw/緊急應變/什麼是輻災/核子
　　事故/核子事故分類--5_39_3558_3559.html（擷取日期：2019.02.27）。

行政院原子能委員會，n.d.b，https://www.aec.gov.tw/緊急應變/什麼是輻災
　　/核子事故/國際核能事件分級制--5_39_3558_3560.html（擷取日期：
　　2019.02.27）。

行政院原子能委員會，n.d.c，https://www.aec.gov.tw/核物料管制/管制動態/小產
　　源管制動態--6_48_170.html（擷取日期：2019.02.27）。

臺灣中油股份有限公司，n.d.a，取自臺灣中油股份有限公司石油教室：石
　　油產品知多少，https://www.cpc.com.tw/cp.aspx?n=1338（擷取日期：
　　2019.02.27）。

臺灣中油股份有限公司，n.d.b，取自臺灣中油股份有限公司石油教室：四通
　　八達輸油網——油氣輸儲，http://www.cpc.com.tw/big5/content/index01.
　　asp?sno=194&pno=108（擷取日期：2014.09.22）。

T.Y.LIN顧問公司，2004，「基隆市共同管道系統整體規劃期末報告」，內政部
　　營建署委託計畫，臺北。

行政院環保署，n.d.，取自行政院環保署毒災防救管理資訊系統，http://toxiceric.

epa.gov.tw/Chm_/Chm_index.aspx?vp=MSDS（擷取日期：2014.09.22）。

交通部國道高速公路局，n.d，http://www.freeway.gov.tw/Publish.aspx?cnid=516&p=2849（擷取日期：2019.02.27）。

臺中市政府，2013，「102年度臺中市災害防救深耕計畫」，臺中市政府消防局委託計畫，臺中。

行政院，2012，「災害防救法」。

陳聯光，2014，「國道3號崩塌事件調查初步探討」，災害管理科技與知識專欄，http://www.dmst.org.tw/e-paper/03/001.html（擷取日期：2014.09.22）。

吳瑞賢，2006，「天然災害防治導論」，全華科技圖書股份有限公司。

趙克常，2013，「地震概論」，五南圖書出版股份有限公司。

陳弘毅，2008，「防災與避難」，鼎茂圖書出版有限公司。

行政院農委會，2008，「森林火災災害防救業務計畫」。

郭雅欣，2007，「臺灣的森林火災」，科學人雜誌知識庫。

蔣瀞儀，2007，「臺灣地區海嘯災害潛勢評估」，國立中正大學地震研究所碩士論文。

徐明同，1981，「海嘯所引起之災害」，中央氣象局氣象學報第二十七卷第一期，頁1-15。

郭玫君、陳偉堯，2003，「天然氣管線地震災損評估方法」，瓦斯季刊（Fuel Gas Quarterly），第64期，第10-18頁。

國研院災防中心，2012，「淹水、坡地災害知多少？災害潛勢地圖防災應變的安全導航！」，http://www.narlabs.org.tw/tw/epaper/section_1/information.php?SECTION_1_ID=59（擷取日期：2014.10.08）。

Liu Philip L-F, Wang Xiaoming, Salisbury Andrew John., 2007. Tsunami Hazard and Forecast Study in South China Sea. School of Civil & Environmental Engineering, Cornell University.

第6章 防災地圖類別概述與繪製

⚡ 6.1 國內外防災地圖繪製概念與成果

　　由於自然環境詭譎多變，因此在過去的25年中，世界各地許多國家政府和研究機構，都在研議災害問題的防治策略，並都投入了相當的資源，嘗試製作防災地圖。臺灣，位處歐亞大陸板塊和菲律賓海板塊交接處，坡地約占70% 的總面積，多具有陡峭的和脆弱地質；再者，臺灣地區存在降雨時、空分布不均特性，再加上氣候混亂的影響，大雨成災的情況近來層出不窮，除水量過大造成的淹水災情外，各類型的坡地災害事件，如土石流及崩塌問題等，亦屢見不鮮。此外，除前述水災及坡災等常見的環境災害外，地震可能引發的環境災害，也是另一個不可忽視的潛勢。因此，就災害防救觀點，如何在災害來臨或發生前，對潛在災害威脅程度、大小及範圍，能有一定程度的掌握，以利後續制定相關整備及應變計畫，已成為世界各國科學與工程技術的研發重點之一。

　　「災害防救法」第22條、第7項指出「為減少災害發生或防止災害擴大，各級政府應依權責實施災害潛勢、危險度、境況模擬與風險評估之調查分析，及適時公布其結果。」亦即，各級政府應產製、公開、管理防救資訊與防災地圖，提供全國民眾簡單明瞭之災害潛勢及防救災資訊，促使居民更進一步認識自我生活環境及災害風險，並提升災害意識。其中，防災地圖更是提供給民眾資訊的重要媒介，藉由有效標示鄉（鎮、市、區）與村（里、部落）可能致災位置、防災疏散避難處所、疏散避難和物資運送路線與現有防救災相關資源位置，以期民眾可以在平時就了解及熟悉災害發生時的必要資訊，進而於面對災害威脅時，利用疏散避難方向之引導，安全抵達避難處所或安全地點，將災害損失降至最低。平時

也可藉此認識自我生活環境及各種災害風險，提升災害認知；各級政府也可利用防災圖資作為災時應變、救災指揮及資源調度時的參考（單信瑜等人，2011）。根據單信瑜等人的研究（2011）指出，目前在國內防災地圖的形式大致可分成四種形式：(1)災害潛勢圖；(2)疏散避難路線圖；(3)社區防災地圖；(4)校園防災地圖等。這四種地圖的形式與目的並不相同，相對使用時機亦不相同，其內容定義與使用時機的內容如下：

壹、災害潛勢圖

災害潛勢圖標明災害潛勢之可能地區，或標示出災害可能的影響範圍，供作區域防災規劃的參考依據。「災害潛勢地區」表示依其潛勢製作過程的假設或依據，較可能發生災害位置，因此有災害潛勢之地區，不一定每次都會發生災害；「未有潛勢標示地區」可能是因為沒有保全對象、沒有模擬分析或過去未曾有災害發生紀錄，但該區域仍可能在極端危害事件或是環境改變狀況下會而發生災害（國家災害防救科技中心，2014）。

「災害潛勢地圖」是各種災害防救地圖的基本資料，透過災害潛勢地圖可以進行減災整備規劃、收容場所區位適宜性分析、疏散避難路線規劃而衍生出各類災害防救地圖，同時「災害潛勢地圖」亦可在災前加強整備工作、災害應變中做為簡易預警作業等。使災害防救從業人員能熟悉跨災害領域的業務操作與協調工作，做好資訊綜整的幕僚工作，協助各級指揮官進行災害應變決策幕僚作業（國家災害防救科技中心，2014）。茲以臺灣及世界各國各式災害潛勢圖為例，說明災害潛勢圖的構成與作用如下：

一、臺灣災害潛勢與風險地圖

目前國內提供災害潛勢的單位基本上是由其相關業務主管根據其專業所繪製之。就水災而言，以經濟部水利署所提供的淹水潛勢地圖（如圖6-1）為例，並參考近3年該區重大淹水地區等歷史事件，就該區淹水嚴重地區、村落人口聚集處、重要保護標的或歷年颱風豪雨有實際執行水災疏散撤離之區域等原則，據以劃定水災危險潛勢地區。就地震災害而言，目前我國多以臺灣地震損失評估系統（Taiwan Earthquake Loss Estimation System,

TELES）進行假設情境模擬、推估，其所產製之地震災害潛勢圖如圖6-2所示；TELES系統之目標有三：首先是單一地震震災之境況模擬，其中可包括協助各縣市政府研擬地區災害防救計畫，以及針對最大可能地震，廣泛評估損害、傷亡與損失；其次目標是震災問題的早期評估，其中包括協助中央與地方災害應變中心擬定緊急應變對策等；最後是結合地震危害度分析，進行各種震災風險評估等。就天然災害而言，以國家災害防救科技中心所提供的天然災害潛勢地圖（如圖6-3）所示，災害潛勢圖資包含兩大部分：「災害潛勢數值資料」與「天然災害潛勢地圖」。天然災害潛勢地圖（含縣市圖幅及鄉鎮區圖幅），分為不同降雨級距的淹水潛勢，每一張地圖中包含淹水潛勢範圍、河川水位站與一、二級警戒水位值、土石流潛勢溪流與影響範圍及其警戒值、坡地災害警戒值（縣市圖幅包含各鄉鎮坡地災害警戒值、鄉鎮區圖幅包含各村里坡地災害警戒值）、環境地質基本圖（含岩屑崩滑、岩體滑動、落石、順向坡、大規模崩塌潛勢區等資料）、雨量站名稱與位置、山區聚落分布位置、活動斷層、重點監控道路或橋梁、社會福利機構位置（詳細資料在數值資料中）。

　　臺灣目前風險地圖的產製過程（以水災為例）如圖6-4所示，依據「水災危險度、脆弱度與風險地圖製作技術手冊」製作水災危險度、脆弱度及風險地圖。製作流程共分10個程序，包括：資料蒐集、淹水潛勢模擬、脆弱度因子分類、危險度因子分級、脆弱度因子分級、權重訂定、危險度等級計算、脆弱度等級計算、水災風險等級計算，及水災危險度、脆弱度、風險地圖繪製。分別以生命面向與財產面向進行分級計算，再代入手冊中之水災風險公式，輔以GIS軟體繪製各面向之危險度地圖與脆弱度地圖，並採用風險矩陣將生命面向與財產面向之水災風險值以GIS軟體出圖完成水災風險圖（如圖6-5與6-6所示）。

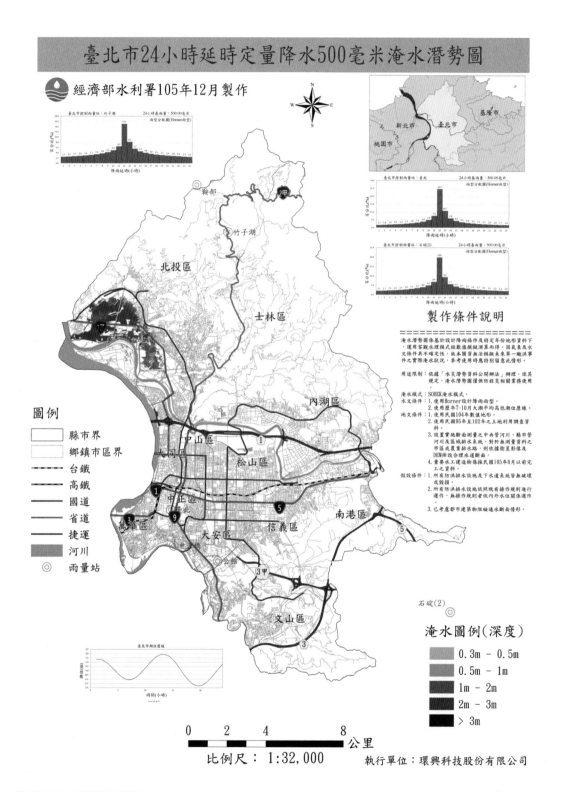

圖6-1　臺北市淹水潛勢地圖

資料來源：經濟部水利署。

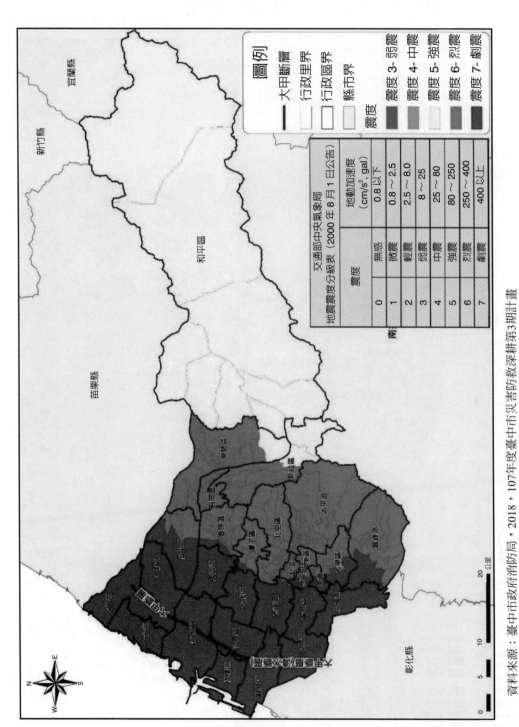

圖6-2　大甲斷層事件之地表震動強度PGA分布圖

資料來源：臺中市政府消防局，2018，107年度臺中市災害防救深耕第3期計畫

圖例			
───	大甲斷層		
	行政里界		
	行政區界		
	縣市界		
震度			
	震度 3- 弱震		
	震度 4- 中震		
	震度 5- 強震		
	震度 6- 烈震		
	震度 7-劇震		

交通部中央氣象局（2000 年 8 月 1 日公告）
地震震度分級表

震度		地動加速度 (cm/s², gal)
0	無感	0.8 以下
1	微震	0.8～2.5
2	輕震	2.5～8.0
3	弱震	8～25
4	中震	25～80
5	強震	80～250
6	烈震	250～400
7	劇震	400 以上

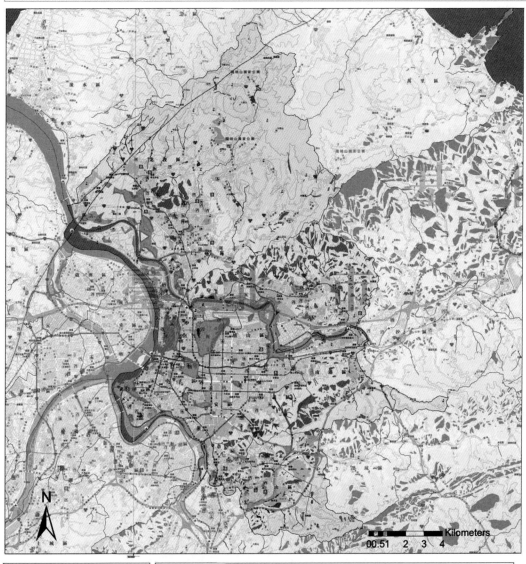

台中市天然災害潛勢地圖 一日暴雨 600mm 淹水潛勢

鄉鎮	淹水警戒值	坡地災害警戒值	土石流警戒值
士林區	300	430	500
大同區	320	-	-
大安區	320	430	-
中山區	300	550	550
中正區	320	-	-
內湖區	330	500	500
文山區	320	500	500
北投區	300	500	500
松山區	330	-	-
信義區	360	560	600
南港區	320	560	600
萬華區	360	-	-

鄉鎮	站名	水位 一級警戒值	水位 二級警戒值
大同區	中山橋	9.2	7.1
中山區	大直橋	9.8	8.0
文山區	萬福橋	22.9	20.3
萬華區	中正橋	10.5	8.3

圖例

- 聚落
- 雨量站
- 水位站
- 社福機構_老人
- 社福機構_身障
- 社福機構_兒童
- 重點監控路段
- 重點監控橋梁
- 活動斷層
- 土石流潛勢溪流

- 岩屑崩滑
- 岩體滑動
- 落石
- 順向坡
- 淹水深度 (0.5~1) m
- 淹水深度 (1~2) m
- 淹水深度 (2~3) m
- 淹水深度 (>3) m
- 土石流影響範圍

105.06

資料來源：國家災害防救科技中心，2016，https://reurl.cc/Eoel1

圖6-3　臺北市天然災害潛勢地圖（一日暴雨600mm）

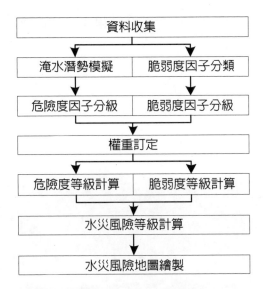

資料來源：張倉榮，2011，臺灣脆弱度及風險地圖製作與整合應用（1/2）

圖6-4 臺灣風險地圖製作過程

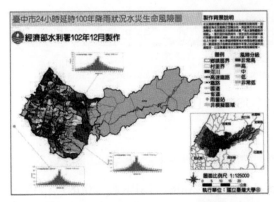 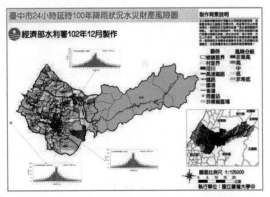

資料來源：經濟部水利署，2013，臺灣脆弱度及
風險地圖製作與整合應用（2/2）

資料來源：經濟部水利署，2013，臺灣脆弱度及
風險地圖製作與整合應用（2/2）

圖6-5 臺中市水災生命風險圖

圖6-6 臺中市水災財產風險圖

二、美國山崩潛勢圖

　　美國地質調查所在2000年所出版的National Landslide Hazards Mitiga-
tion Strategy（USGS, 2000）中指出，山崩潛勢圖（Landslide Susceptibility
Map, LSM）是建構機率式山崩危害度圖及進行風險評估時不可或缺的基礎
資料，而山崩目錄圖（記錄山崩時間空間分布資訊的圖）又是進行山崩潛勢

分析所需的樣本，最後上述兩者結合而得山崩風險圖，如圖6-7所示。

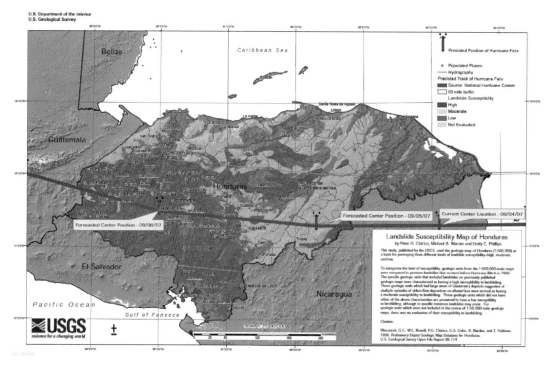

資料來源：USGS，1998，http://geology.er.usgs.gov/eespteam/terrainmodeling/Landslide_Hazards.htm

圖6-7　美國地質調查所（USGS）山崩潛勢圖

三、義大利山崩潛勢圖

義大利在Landslide in Italy Special Report 2008（ISPRA, 2008）報告中即明確指出IFFI計畫（Inventario dei Fenomeni in Italia–"Italian Landslide Inventory"）之目標是在調查義大利境內山崩，並製作山崩目錄圖（landslide inventory map）及測繪山崩危害度圖（landslide hazard mapping）。該方法基於山崩歷史資料蒐集、航照判釋及現地調查，工作方法流程如圖6-8所示，其成果如圖6-9所示。

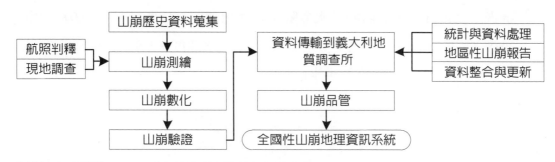

資料來源：楊樹榮，2011，各國國家型山崩潛災計畫概況

圖6-8　義大利IFFI計畫流程

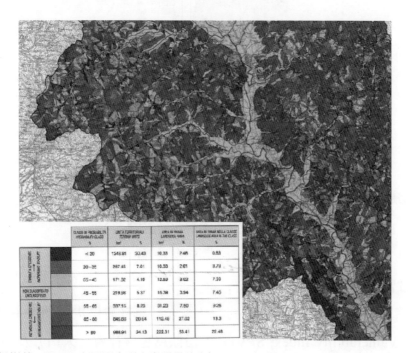

資料來源：楊樹榮，2011，各國國家型山崩潛災計畫概況

圖6-9　義大利Tiber河上游流域山崩危害度圖

四、英國淹水潛勢地圖

　　歐洲的洪水危險圖（flood danger map）製作當中包含眾多參數用來描述危險指標，例如常見的洪水流速、深度等。以英國洪水危險圖為例，英國採取下式計算洪水危險：

$$HR = h + (v + 0.5) + DB \qquad （式6-1）$$

透過上式可計算出此區的洪水危險值並產出如圖6-10所示。式中*HR*：風險等級（hazard rating）、*h*：洪水深度、*v*：洪水速度、*DB*：土石流指數。透過GIS空間計算後則可產製洪水危險圖。

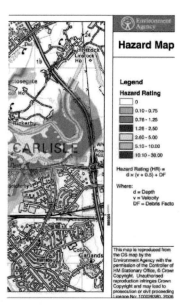

資料來源：經濟部水利署，2012，洪災風險管理研習

圖6-10　英國洪水危險圖

五、歐盟社會洪災脆弱度指標圖

歐盟對於社會洪災脆弱圖的製作需先計算社會洪災脆弱度指標（Social Flood Vulnerability Index, SFVI），指標為包含社會（人口）及經濟層面所呈現的數值（表6-1）可分為5種類別，最後繪製社會洪災脆弱度指標圖（如圖6-11）。而透過災害事件對經濟損失造成的影響，可產出有關災害所造成的經濟損失風險地圖（如圖6-12）。

表6-1 分區人口及人口密度表

LUCode	Shape_Area	Population density	Total population	LUCode	Shape_Area	Population density	Total population
	Sq ft	/million sq ft			Sq ft	/million sq ft	
Nearstream	47884074	4.648	223	Industrial	15707807	18.590	292
Nearstream	77091525	4.648	358	HDResidential	18722787	92.951	1740
Nearstream	3890745	4.648	18	GolfCourse	6363515	4.648	30
Urban	37360770	74.360	2778	Industrial	1585359	18.590	29
Farming	132969468	13.943	1854	Industrial	1364746	18.590	25
Urban	80210915	74.360	5965	Orchards	3304478	9.295	31
Urban	131147302	74.360	9752	HDResidential	65833049	92.951	6119
Farming	569365177	13.943	7938	School	1616451	92.951	150
Farming	582945503	13.943	8128	OpenSpace	1000215	4.648	5
Urban	194373174	74.360	14454	Industrial	761053	18.590	14
Farming	88342218	13.943	1232	Urban	5352265	74.360	398
Farming	388565989	13.943	5418	HDResidential	6898335	92.951	641
Urban	44559471	74.360	3313	Orchards	4935957	9.295	46
Urban	105386332	74.360	7837	HDResidential	878329	92.951	82
Nearstream	18744923	4.648	87	Urban	1545240	74.360	115
Farming	128069786	13.943	1786	Crop/Pasture	19135006	9.295	178
Urban	3597366	74.360	268	Crop/Pasture	34895872	9.295	324
HDResidential	21645098	92.951	2012	HDResidential	4372023	92.951	406
HDResidential	6767180	92.951	629	Industrial	2735070	18.590	51
Industrial	1721705	18.590	32	Commercial	3618339	92.951	336
Orchards	50989002	9.295	474	GolfCourse	5053763	4.648	23
Orchards	16911348	9.295	157	GolfCourse	2727100	4.648	13
OpenSpace	2388435	4.648	11	Urban	2603077	74.360	194
Crop/Pasture	41444365	9.295	385	WWTP	2781978	4.648	13
Crop/Pasture	7681981	9.295	71	Crop/Pasture	6603500	9.295	61
Commercial	4079362	92.951	379	HDResidential	89434532	92.951	8313
HDResidential	328375	92.951	31	Urban	1493862	94.360	111
School	542738	92.951	50	Crop/Pasture	441149507	9.295	4101
OpenSpace	739210	4.648	3	Park	1023238	4.648	5
Industrial	54852278	18.590	1020	HDResidential	5991219	92.951	557
Floodplain	1470515	65.065	96	Commercial	3435879	92.951	319
Industrial	7408749	18.590	138	Commercial	62	92.951	0

LUCode	Shape_Area	Population density	Total population	LUCode	Shape_Area	Population density	Total population
	Sq ft	/million sq ft			Sq ft	/million sq ft	
HDResidential	11911371	92.951	1107	HDResidential	51439503	92.951	4781
Commercial	4532347	92.951	421	Orchards	15976396	9.295	149
HDResidential	62641647	92.951	5823	Orchards	112375782	9.295	1045
Urban	2195635	74.360	161	Airport	16337733	46.475	759
Floodplain	4936539	65.065	321	Floodplain	3182930	65.065	207
Commercial	19206957	92.951	1785	Orchards	214702251	9.295	1996
OpenWater	4239	0.000	0	OpenWater	21588168	0.000	0
Commercial	7164	92.951	1	OpenWater	16846983	0.000	0
HDResidential	298960645	92.951	27789	Industrial	7336333	18.590	136
Commercial	4466501	92.951	415	HDResidential	4998150	92.951	465
School	3958199	92.951	368	OpenSpace	3481887	4.648	16
Commercial	842027	92.951	78	Commercial	26266954	92.951	2442
Commercial	8551385	92.951	795	OpenWater	2469682	0.000	0

資料來源：經濟部水利署，2012，洪災風險管理研習

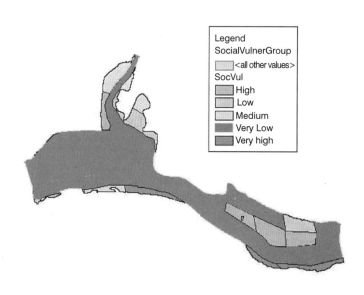

資料來源：經濟部水利署，2012，洪災風險管理研習

圖6-11　社會洪災脆弱度指標圖

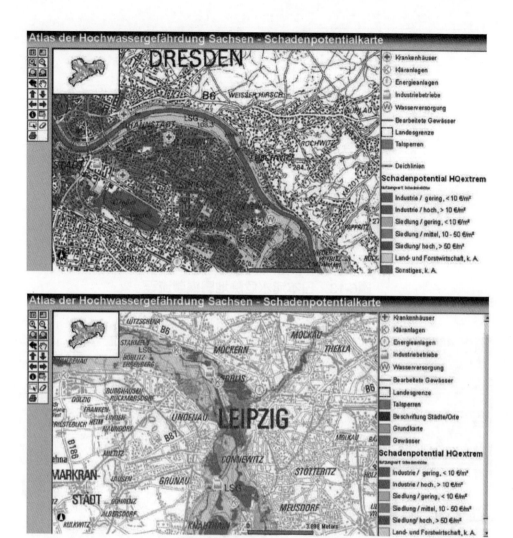

資料來源：經濟部水利署，2012，洪災風險管理研習

圖6-12 德國洪災經濟損失圖

六、日本淹水危險地圖

　　日本淹水危險地圖的製作，在日本，淹水危險地圖的編製步驟可參照圖6-13，編製流程包括編製專家委員會的成立、資料收集、計算條件的設定、洪水氾濫模擬、社會經濟狀況與洪災損失評價、洪水氾濫危險區域圖的確定等六個步驟。日本立川市洪水危險地圖如圖6-14中所示。

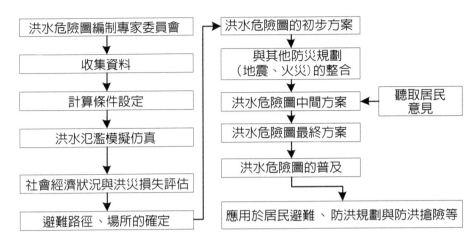

資料來源：張倉榮，2010，脆弱度及風險地圖分析方法之研究

圖6-13　日本淹水危險地圖編製流程

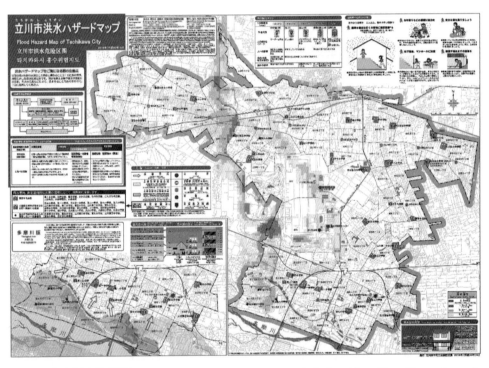

資料來源：日本立川市防災網，n.d.，http://www.city.tachikawa.lg.jp/bosai/bosai/bosai/hazard-map/hazard-map.html

圖6-14　日本立川市洪水危險地圖

七、中國洪水風險地圖

　　目前在中國經常進行洪水風險分析的方法有：歷史洪水調查法、水文學法、水力學法等。歷史洪水調查法是將各次大洪水的淹沒邊界和淹沒水深標明在地形圖上。水文學法是進行洪水頻率分析，依據河道及周邊區域地形地貌描繪不同頻率洪水的淹沒範圍、淹沒水深。水力學法一般是通過數學模型，求解連續方程和運動方程，利用差分法計算出各運動時刻的流速、流向和水深。目前上海市區洪水風險圖的製作選用的是水力學方法，選取水力學方法的原因如下：上海市區地勢低平、水災成因複雜；水力學方法除了能夠提供洪水淹沒範圍、水深和流速外，還能夠提供洪水淹沒過程、淹沒歷時等資訊。上海市區洪水風險圖的製作，其步驟如下：(1)根據需求確定需要製作洪水風險圖的區域；(2)編制初步報告。包括數據完備性分析、製作方法選擇、費用評估等內容；(3)基礎數據獲取、整理；(4)進行洪水頻率分析，確定流量和洪水過程線；(5)進行洪水風險分析，確定特定洪水重現期下因堤防潰決或暴雨可能形成的洪水位與淹沒範圍等；(6)製作洪水風險圖（如圖6-15），編制洪水風險圖最為關鍵的一步是進行洪水風險分析，確定洪水淹沒要素（淹沒範圍、水深等），如圖6-16所示。

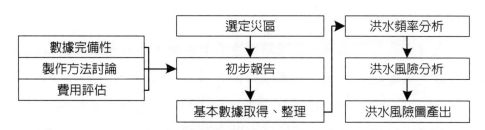

資料來源：李娜，2011，上海市區洪水風險圖的製作研究

圖6-15　上海市區洪水風險圖製作流程

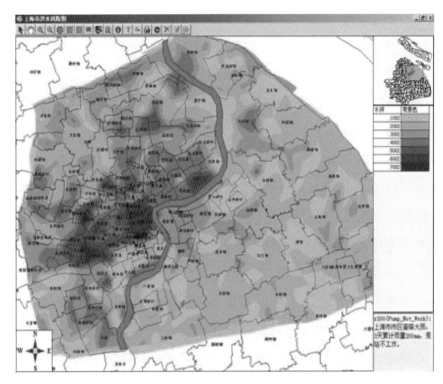

資料來源：李娜，2011，上海市區洪水風險圖的製作研究

圖6-16　上海市區洪水風險圖

貳、疏散避難路線圖

　　圖資內容主要有三部分，首先是災害潛勢區域，其次是避難路線及避難收容處所位置，最後是人員遇災的疏散方向等資訊（如圖6-17）。在國外文獻中如Cheng et al.（2011）藉由潰壩模擬洪水到達時間以及易淹水地區完成疏散避難時間，於災害發生之前評估該地區之緊急疏散計畫（Emergency Evacuation Plan, EEP），並應用於中國大陸西南花溪區水壩鄰近之易淹水地區；Larsen et al.（2011）則是模擬野火（wildfire）擴散至社區之緩衝時間，探討鄰近地區之緊急疏散避難計畫時間；Li et al.（2012）以最佳化模式探討當颶風（hurricane）形成時，不同地區之聚落適合之避難處所、路線、運輸方式及其他多種限制條件下，訂定一最佳疏散避難計畫（如圖6-18），而疏散避難路線中的訂定原則主要為考量需有良好的疏散路線，如疏散避難路線不能夠穿越溪流、溪溝，並且盡量

利用現有道路；不隨溪流，不經過危險路段、陡坡區；避開有潛在崩塌的擋土牆、駁坎等陡峭地區。避難場所之空間需能容納眾多民眾以及放置糧食等空間，急救站之設立地點也必須在避難處所內為宜（黃全諗等，2012）。在國內如花蓮市，規劃避難路線之方法，是由各里鄰近避難收容地點選定及選取主要道路之綜合評估結果，進行災民避難疏散路線規劃，擬定完成之避難疏散路線圖，如圖6-19所示。

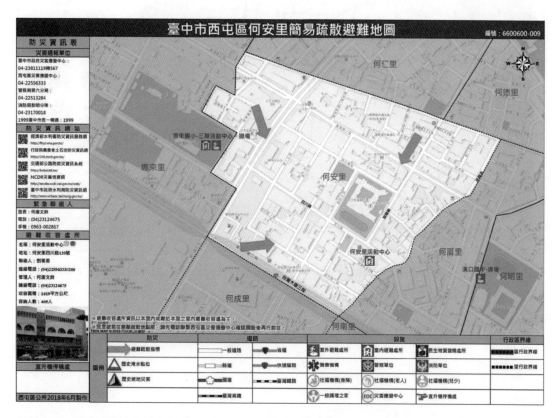

資料來源：臺中市政府全球資訊網，n.d.，https://www.taichung.gov.tw/10104/Lpsimplelist

圖6-17　臺中市西屯區簡易疏散避難圖

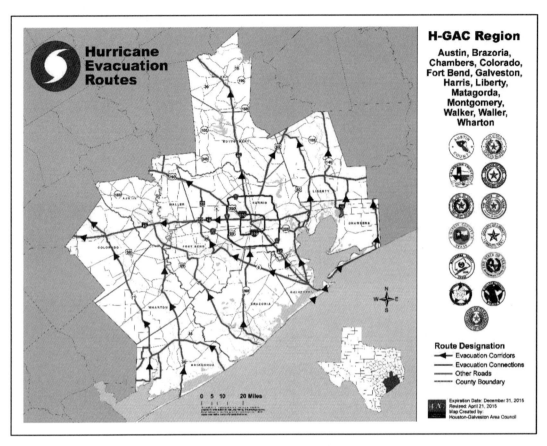

資料來源：Neal Insurance Agency，2015，http://www.neal-insurance.com/hurricane-evacuation-routes.html

圖6-18　美國地區颶風疏散圖

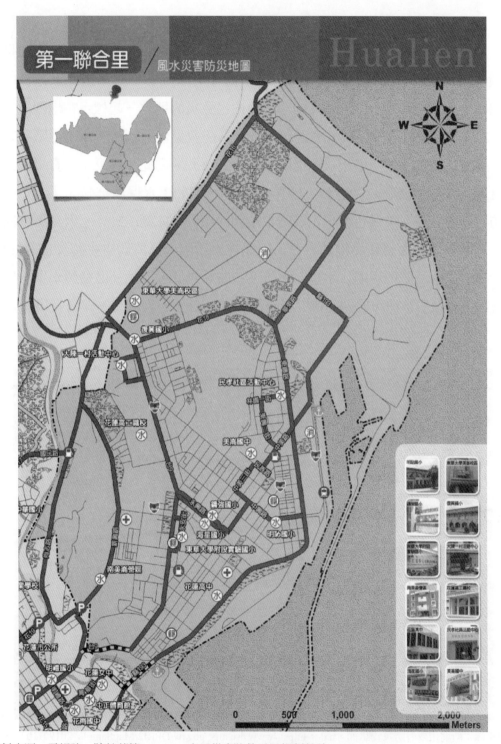

資料來源：雷祖強、陳柏蒼等，2014，市民災害防救手冊規劃設計。

圖6-19　花蓮縣花蓮市第一聯合里疏散避難地圖

參、社區防災地圖

　　社區防災地圖係由社區幹部、民眾與專家一起討論社區而制定，特別是經由環境踏勘後，在民眾自己對環境風險有認知的情況下，討論出社區適合的避難處所、弱勢族群的位置、指揮中心，連同易致災的地點一起標示在地圖上（如圖6-20），並且整合社區內外資源，建立社區防救災輸送網絡，標示社區自我抗災、避災、減災等預防措施（單信瑜等人，2011）。爰此，各災害權責單位亦陸續針對社區層級產製防災地圖，如表6-2所示，例如：水保局推動的「土石流自主防災社區計畫」中，包含了社區防災地圖的產製（如圖6-21），因應漸臻完善的災害防救體系而有新的推動方法，因此推出「水土保持局自主防災社區2.0推動計畫」；水利署則透過「水患自主防災社區計畫」，協助社區繪製水災防災地圖（如圖6-22）；消防署則透過「災害防救深耕五年中程計畫」納入社區防災地

資料來源：新北市政府防災資訊網，n.d.，https://www.dsc.ntpc.gov.tw/DPRI2/MapSample_20190110.html

圖6-20　新北市永和區新廊里避難地圖

圖繪製（如圖6-23），後續103年至106年推動「災害防救深耕第2期計畫」，提升直轄市、縣（市）政府全國鄉（鎮、市、區）公所防救災作業能力，因執行成效良好，行政院於106年7月12日核定於107年至111年接續推動「災害防救深耕第3期計畫」。上述各災害權責單位所推動的各式計畫內容顯示，防災地圖已逐漸廣泛應用至村里、社區層級。

表6-2　社區防災地圖資訊內容

計畫名稱	土石流自主防災社區計畫	水患自主防災社區計畫	災害防救深耕五年中程計畫	災害防救深耕第2期計畫	災害防救深耕第3期計畫
業務機關	水保局	水利署	消防署	消防署	消防署
實施時間	2004 年起	2010 年起	2009-2013	2014-2017	2018-2022

資料來源：土石流防災資訊網，n.d.，https://246.swcb.gov.tw/AllFiles/DebrisPage/communityPic/99%E5%AE%9C%E8%98%AD%E7%B8%A3%E5%86%AC%E5%B1%B1%E9%84%89%E4%B8%AD%E5%B1%B1%E6%9D%91.jpg

圖6-21　水保局土石流自主防災社區地圖案例

資料來源：臺南市政府水患自主防災社區，n.d.，http://www.tainanfrc.com.tw/PDF/Community_11_05_105.
　　　　　pdf#page=21&zoom=100,0,982

圖6-22　水利署社區水災防災地圖案例

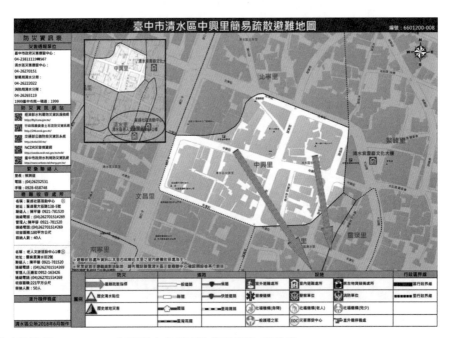

臺中市政府消防局，2018，107年度臺中市災害防救深耕第3期計畫

圖6-23　消防署社區防災地圖案例

肆、校園防災地圖

教育部建置「防災教育數位平台」，並完成推動防災科技教育深耕實驗研發計畫，透過校園災害防救計畫協助示範學校持續繪製與更新校園防災疏散地圖，例如：嘉義市北園國民小學於102年度之計畫中，則將新校舍納入防災避難疏散之範圍，並請區域防災教育服務團協同專家共同修正地圖內容，結合學區淹水潛勢增加颱洪水災疏散避難地圖，更新防災聯絡電話，張貼在校園明顯處，如圖6-24、6-25所示。

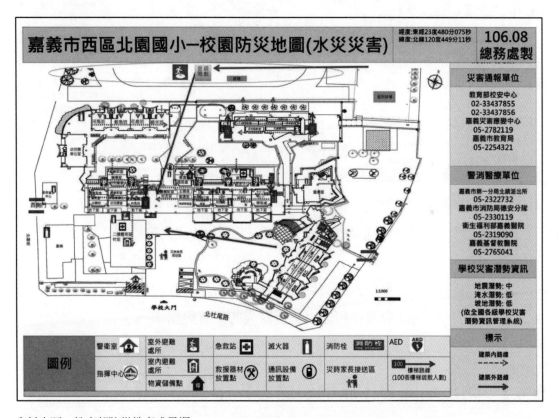

資料來源：教育部防災教育成果網，n.d.，http://tnjbox.psjh.cy.edu.tw/disaster/schoolListForm.asp?sID=25

圖6-24 北園國小防災地圖（水災災害）

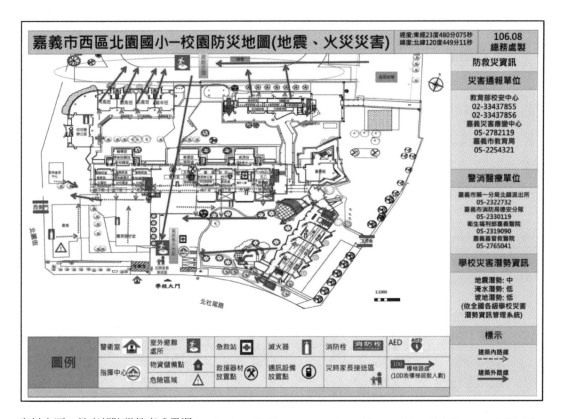

資料來源：教育部防災教育成果網，n.d.，http://tnjbox.psjh.cy.edu.tw/disaster/schoolListForm.asp?sID=25

圖6-25　北園國小防災地圖（地震、火災災害）

　　因此，下一章節將會針對臺灣目前所推動的防災地圖加以介紹及討論，希望能讓讀者對於防災地圖的製作和應用有更深入的了解與認知。

⚡ 6.2　防災地圖製作原則與繪製程序

　　防災地圖包含的資訊內容非常廣泛，日本的全國治水防砂協會（Japan Sabo Association）提到一般情況下，防災地圖包含基本的自然災害潛勢地區，如坡地、颱洪、海嘯、火山爆發等災害，另一方面，政府製作防災地圖通常包含在災害潛勢區中的其他訊息：概略的疏散避難路線和避難地點、評估災害的可能性和頻率、警告和疏散系統、與災害有關的基本資訊。聯合國災害救濟組織（UNDRO）強調防災地圖是針對特定的災害現象，建立地理的、空間的、資

訊的過程，能夠面對對於居民、財產、基礎設施和經濟活動的威脅（盧彥佑，2013）。而國內政府及學者將防災地圖定義爲一種專業度極高的客製化地圖，其將災害防救資訊以點、線、面的方式繪製成圖，以便於傳達與利用。其圖資內容除一般地圖的基本繪製內容外，尚需加入專業分析之防救災資訊，以規格化、易讀之版面設計方式，便於災時達到快速閱讀、立即避難之目標。目前國內防災地圖主要係呈現以下列兩項內容爲主，並依製作原則、繪製程序、地圖內容三部分進行說明，茲分述如下。

1. 災害潛勢圖：標明災害潛勢之可能地區，或標示出災害可能的影響範圍，主要係提供防救災人員使用。

2. 疏散避難圖：提供一般民眾及防救災人員了解避難收容處所位置及防救災情資，或連同標示避難方向，主要以鄉（鎮、市、區）或村（里，含部落）等二種地圖爲原則。必要時應將歷史災害區域或潛勢分析進行套疊，透過災害風險共有，以強化民眾自主防災之效能。

壹、製作原則

1. 因地制宜：各地因災害類型、所轄幅員大小不同，直轄市、縣（市）政府可自行決定製作之災害類型及行政區層級，並可納入地方生活及觀光等便民資訊，另倘基於繪製特定目的，直轄市、縣（市）政府可依需求自行調整圖面內容格式，以擴大防災地圖使用效能。

2. 具易辨識性：考量地區獨特環境條件以及特殊之人、事、物特性，完整分析各地區面臨之災害以及應有之處置，並清楚標示可能發生之災害類型及地點、災害影響範圍、避難收容處所、疏散避難方向、防救災設施與設備等資訊位置。

3. 內容完整性：防災地圖內容應呈現完整資訊，以有效傳遞民眾防災訊息。

4. 保持常新：由於地形地貌或各項設施，會因大自然或人爲破壞而有所改變，原繪製之相關防災地圖內容，恐受影響有失眞之虞，故每年應定期檢討修訂，圖面所列各項防災資訊如有變更，亦需即時更新，以隨時保

持常新。

5.文字符號：使用之文字或符號應注意國際共通語言或標示之意義。

貳、繪製程序

一、災害歷史調查

以災害事件為主的紀錄內容，包括災害類型、發生時間、發生地點、規模與災情等資料，並依據災害狀況、受損情形、災害範圍等，明列詳細之歷史災害資料，以備查用。此外亦可將個人災害經驗併入討論與調查，以加強未來災害防救之實務經驗。

二、災害潛勢分析

針對轄內災例及潛災地區進行災害類別之調查分析，並針對發生時間、發生地點災害情形、災害原因等進行相關研析，對應及修改防災圖資。

三、基本特性調查

1. 自然環境調查：地區地理位置、河川、溪流與排水溝渠、地形與地質、坡度與坡向、道路（含路寬）、橋梁與維生管線等項目。
2. 社會環境調查：行政區位、人口、產業、土地使用、災害弱勢民眾、老舊建物與公共建物等項目。

四、實地踏勘

邀請有關專家、學者或地方民眾進行實地踏勘，以文字或相片記錄方式，找出環境中危險與安全區域，及相關災害防救問題，進一步分析地區易致災因子，相關程序建議如下：

1. 實地調查踏勘草圖繪製：取得相片基本圖（1/5000或1/10000）或是足夠代表地區現況之適合比例地圖，再至現場與當地村（里）長或是長年居住現地民眾及地質專家，共同進行現勘，討論易受災地點及災害潛勢區域，並將討論結果繪製 A4 紙張大小草圖紀錄建檔。
2. 基本圖層建構：基本圖層建構先以A0尺寸為主，內含地區地貌地形圖，並清楚標示水域、道路及重要設施相關地理位置如水庫、電塔等。

3. 資料蒐集：配合基本圖層建構，將疏散避難方向、避難收容處所、當地重要建物或地標及災害處理單位等資訊，繪製於基本圖層上，並與當地災害歷史進行交叉比對。

4. 實地校正勘驗：利用已繪製完成之防災地圖草圖，再至現地與當地村（里）長、村（里）幹事、民眾共同進行現地勘驗，以確保其正確性。

五、檢視疏散避難計畫

　　參考踏勘警戒區、避難收容處所及初繪疏散避難方向等，據以訂（修）定疏散避難計畫。

六、防救災有關情資

1. 防救災專業人士：如警消醫療單位、村（里）人事資料、災害通報單位等。亦可調查並加註地區於災時可提供協助之相關專業人員。

2. 防救災情資分布資訊：各類防救災機具及物資儲備地點（如各種救災機具、物資存放位置、取水點等）。

3. 緊急應變資源：除了一般公共之物資儲存設施外，亦可調查鄰近之大型購物商場、診所、西藥房、五金行、雜貨店等相關可發揮自救或協助救災功能之資源處所。

七、救災單位與通訊資料更新確認

　　針對災害發生時之主管單位與相關救災人力、器材、救災物資等之通訊與相關資料，進行整備並定期更新。

八、防災地圖製作

　　完成上述資料之收集與彙整調查資料後，擬定地區之防災地圖，並納入疏散避難計畫。另與本地圖相關之計畫，應於每年防汛期前檢核校正。

參、地圖內容

一、地圖標題（名稱）

1. 鄉（鎮、市、區）：○○縣（市）○○鄉（鎮、市、區）防災地圖。

2. 村（里，含部落）：○○縣（市）○○鄉（鎮、市、區）○○村（里）防災地圖。

二、地圖編號

地圖編號主要係依行政院主計總處所公布之行政區域及村里代碼（http://www.dgbas.gov.tw/ct.asp?xItem=951&ctNode=5485）進行編製，其格式如下，各縣市代碼，如表6-3所示。

1. 共10碼：縣（市）＋鄉（鎮、市、區）＋村（里，含部落）

　　　　　　　　　　　計7碼　　　　　　　3碼

2. 考量同一鄉（鎮、市、區）或村（里，含部落）之地圖會有2張以上之情況，請於編碼最末端加註（1/n）表示：n代表張數，第1張為1/n、第2張為2/n、第3張為3/n⋯第n張為n/n。

3. 範例：以臺中市為例，假設臺中市律定西屯區的代碼為600，在村（里）層級西屯區何德里的代碼為022，整個里需要2張圖才能涵蓋，表示方法如下：

   (1) 鄉（鎮、市、區）之地圖編號：臺中市西屯區：6600600。

   (2) 村（里，含部落）之地圖編號：臺中市西屯區何德里：6600600-022（1/2）及6600600-022（2/2）。

表6-3　各直轄市、縣（市）編號代碼表

縣（市）	代碼	縣（市）	代碼	縣（市）	代碼
宜蘭縣	10002	臺東縣	10014	臺北市	63
新竹縣	10004	花蓮縣	10015	高雄市	64
苗栗縣	10005	澎湖縣	10016	新北市	65
彰化縣	10007	基隆市	10017	台中市	66
南投縣	10008	新竹市	10018	台南市	67
雲林縣	10009	嘉義市	10020	桃園市	68
嘉義縣	10010	連江縣	09007		
屏東縣	10013	金門縣	09020		

資料來源：行政院主計總處，n.d.，https://www.stat.gov.tw/ct.asp?xItem=14380&CtNode=1519&mp=4

三、主體圖

　　主體圖爲本地圖之主要內容，採用內政部防救災雲端計畫──地理資訊平台系統底圖TGOS Map爲主，地形圖、衛星或航空器拍攝之影像爲輔，標示疏散避難方向、避難收容處所、防救災資源等，依災害類別及使用目的所需資訊，加以繪製。

四、防災資訊

（一）必要欄位

　　1. 行政區位圖。

　　2. 災害通報單位：單位名稱、電話。

　　3. 緊急聯絡人：鄉（鎮、市、區）長、村（里）長及村（里）幹事等相關人員之姓名、電話。（個人相關資料，依個人資料保護法規定辦理）

　　4. 避難收容處所：場所（建築物）名稱、地址、電話、適災類別。

　　5. 製圖單位與日期。

（二）建議欄位：各地方政府依需求彈性增列。

　　1. 防災資訊網站。

　　2. 直升機起降點。

　　3. 災害警戒值。

　　4. 避難原則。

　　5. 其他。

五、圖例

　　本地圖之圖例，分爲道路、設施、標示、行政區域界線等4部分，除「設施」部分應列有必要項目外，餘各地方政府視需求引用（增列）所需圖例即可，說明如下：

1. 「道路」部分：係參考「道路交通標誌標線號誌設置規則」，包含：國道、快速道路、省道、縣道、鄉道、高速鐵路、臺灣鐵路。

2. 「設施」部分：主要參酌國內外通則訂立。

(1) 必要項目：室內避難收容處所、室外避難收容處所。

(2) 建議項目：如人車轉運集結點、醫療院所、消防單位、警察單位、身心障礙福利機構、老人福利機構、物資儲備點、取水點、直升機起降點、指揮中心、救援器材放置點、通訊設備放置點、公務部門、海嘯避難收容處所等14項。

3. 「標示」部分：參酌國內現有標示與國外通則，包含：海嘯危險區域、疏散避難方向、適用海嘯災害、適用地震災害、適用水災災害、適用土石流災害。

4. 「行政區域界線」部分：鄉（鎮、市、區）界線、村（里，含部落）界線。

六、指北針

依主題圖範本之指北針標示，原則上以北方朝上為主，若各地區實地狀況不許可，則不在此限。

七、比例尺

各直轄市、縣（市）及地方因情況特殊者，可自行訂定相關比例，但以相關資訊可清楚呈現為原則。

⚡ 6.3　防災地圖應用案例

災害管理可概分為減災、整備、應變及復原重建等四階段，掌握與了解各地區之災害潛勢是防災工作之首要，本章節防災地圖之應用案例除說明防災地圖本身如何被使用及應用，更延伸至防災避難看板規劃設置、避難疏散路線規劃及以校園災害避難為案例，說明各類災害避難疏散原則，茲分述於下各小節。

6.3.1　防災地圖之應用

依據國家災害防救科技中心（NCDR）「103年天然災害潛勢圖資說明手冊」中，防災地圖可應用於減災、災前整備及災中應變階段之預警等三階段（如圖 6-26），茲分述如下。

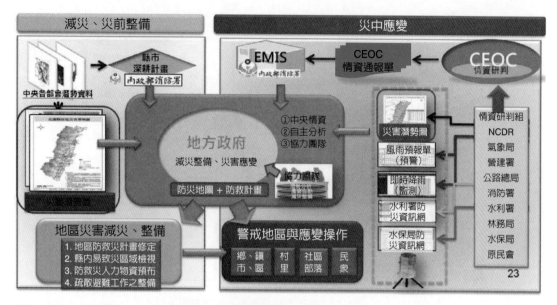

資料來源：王俞婷等，2012，坡地災害潛勢地圖製作與應用。

圖6-26　防災地圖之應用示意圖

壹、減災階段──防災地圖之製作

　　國家災害防救科技中心（NCDR）彙整各部會署產製之天然災害潛勢地圖與數值資料，可以提供地方政府結合專業團隊及民眾參與繪製地區防災地圖，推動作業架構如圖6-27所示。在製作防災地圖的過程中，可以透過災害潛勢地圖內的資訊，如環境地質資料、災害潛勢、社福機構、疏散路線、避難處所、緊急聯絡電話、重要地點（醫院、公所、派出所）、重要設施等，再將其繪製在防災地圖中，製作自己地區的防災地圖，除可提供災前整備之用以外，也可以更了解自己居住環境的危險區域在哪裡，進一步進行相關之減災措施，以利整體防災架構的完整性。

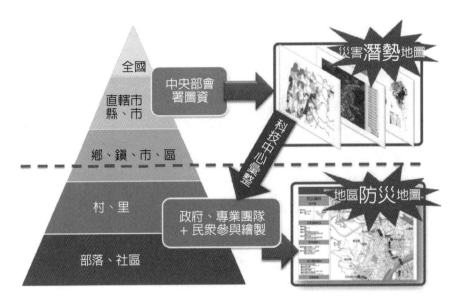

資料來源：國家災害防救科技中心，2014，103年天然災害潛勢圖資說明手冊。

圖6-27　災害潛勢圖於防災地圖應用推動之架構

貳、災前整備階段

在災前整備階段，縣市政府及鄉鎮市區公所可利用天然災害潛勢地圖，依據所轄區內高淹水潛勢地區及高坡地災害潛勢地區（含土石流、崩塌、落石及順向坡等）加強整備，期降低災害衝擊與損失，具體可行作為包括（國家災害防救科技中心，2014；王俞婷等人，2012）：

1. 擬定水災保全計畫，劃設水災保全區域，如圖6-28所示。
2. 依據災害潛勢，規劃避難收容所與疏散避難地圖。
3. 防汛機具備料支援預劃。
4. 預布抽水機及防汛機具。
5. 防汛缺口查察應變。
6. 加強警戒區河川安檢巡防、瓶頸段清淤。
7. 加強疏通排水及雨水下水道設施。
8. 防救災工作準備（水門抽水站測試、沙包、通訊系統）。

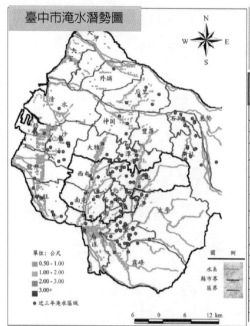

事先掌握水災危險潛勢地區及相對應保全對象、避難場所、避難路線及移動式抽水機、砂包蛇籠等預布地點。

水災危險潛勢地區	保全戶數	保全人數	避難處所	避難所地址	里長(撤離通報)	聯絡電話
西屯區港尾里	3		西屯區公所	市政北二路 386 號	張阿淑	
廣福里			西屯區公所	市政北二路 386 號	吳徐財	
永安里			西屯區公所	市政北二路 386 號	馮長山	
福安里			大治地政事務所 26 號		楊志義	
福和里	11	12	福安地區各里聯合活動中心	中工三路 199 號 2、3 樓	張清和	
南屯區鎮平里	1	4	南屯區公所	南屯區南屯路二段 407 號	廖秀里	
南屯區南屯里	23	92	南屯區公所	南屯區南屯路二段 407 號	林秋潭	
東區東信里	13	52	東區區公所	長福路 245 號	謝春池	
東區東英里	1	4	東區區公所	長福路 245 號	林瑞森	
東區十甲里	9	9	東區區公所	長福路 245 號	林炳照	
東區干城里	5	5	進德國小	進化路 135 號	陳碧芝	
東區東門里	5	5	大智國小	大智路 359 號	莊錦雄	
東區東橋里	9	9	大智國小	大智路 359 號	邱麻春	
東區東南里	4	4	大智國小	大智路 359 號	宋茂蘭	
東區來源里	10	10	大智國小 3	大智路 359 號	何朝西	
東區振興里	8	8	大智國小	大智路 359 號	劉作文	

應特別註明需協助弱勢族群

圖6-28　水災保全計畫整備具體作為

9. 依據社福機構資料，事先掌握弱勢族群，提早告知撤離準備，預先排除撤離執行可能困難。

10. 依據重點監控道路橋梁，加強物資準備及運送路線規劃，避開危險路段。

11. 依據災害潛勢地區，推動防救災教育宣導、建立自主防災社區。

12. 推動長期土地利用規劃，降低災害暴露與風險。

13. 山區聚落或收容所位處坡地災害影響區域內，必須事先擬定避難路線（替代道路）之檢視、預布救災資源（例：挖土機、車輛、人力）等，如圖6-29所示。

14. 山區偏遠聚落位於坡地災害影響區周邊，且鄰近無收容所，於颱風豪雨期間應準備（預防性）疏散撤離工作，特別是弱勢族群，或是提早整備防救災資源（山區以7日份物資為原則），如圖6-30所示。

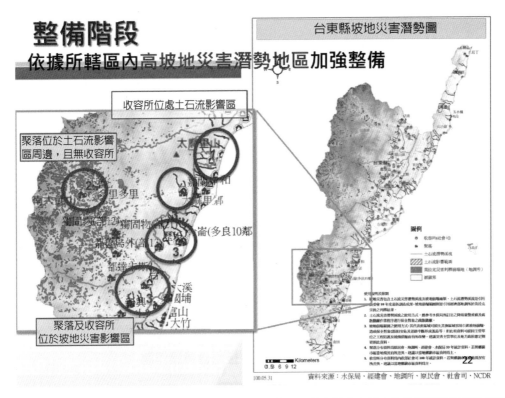

資料來源：吳亭燁，2012，防災（潛勢）地圖之說明與應用，臺東縣政府災害防救深耕計畫教育訓練教
　　　　　材。

圖6-29　聚落所在之週邊環境狀況

資料來源：吳亭燁，2012，防災（潛勢）地圖之說明與應用，臺東縣政府災害防救深耕計畫教育訓練教
　　　　　材。

圖6-30　高坡地災害潛勢地區整備具體作為

15. 山區聚落聯外道路屬於重點監控路段，於颱風豪雨期間容易中斷或是提前進行交通管制之道路，山區聚落必須做好預防性疏散避難計畫，以防孤島效應。

16. 社福機構位於坡地災害潛勢範圍內，短期建議擬定預防性疏散計畫，結合NGO團體協助辦理。因應高齡化社會，長期應考慮位址遷移計畫，以降低疏散作業困難與社會成本。

17. 聚落及收容所位於坡地災害影響區，加強避難、收容場所之整備，或是因應極端事件，需重新評估避難處所之收容能力。

參、災中應變階段

　　縣、市應變可利用雨量警戒門檻值地圖或縣市坡地災害警戒地圖結合降雨預報研判致災重點區域，提前預警。例如：利用累積雨量門檻值（淹水災害、坡地災害、土石流災害），搭配氣象局「風雨預報單」或即時「降雨監測」進行應變簡易情資研判，掌握全市應變重點，儘早進行防救災暨疏散避難作業，或是主動關心可能生災害情況之對象（如圖6-31、6-32）。鄉、鎮、區應變值班同仁，可透過災害潛勢地圖了解村、里災害雨量警戒值。或是利用額外標示，顯示動態災情、資訊，進行搶救災資源調度分配。

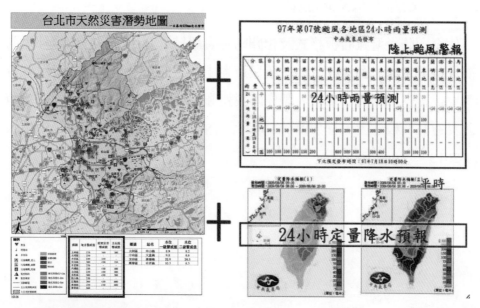

圖6-31　累積雨量門檻值（淹水災害、坡地災害、土石流災害），搭配風雨預報單

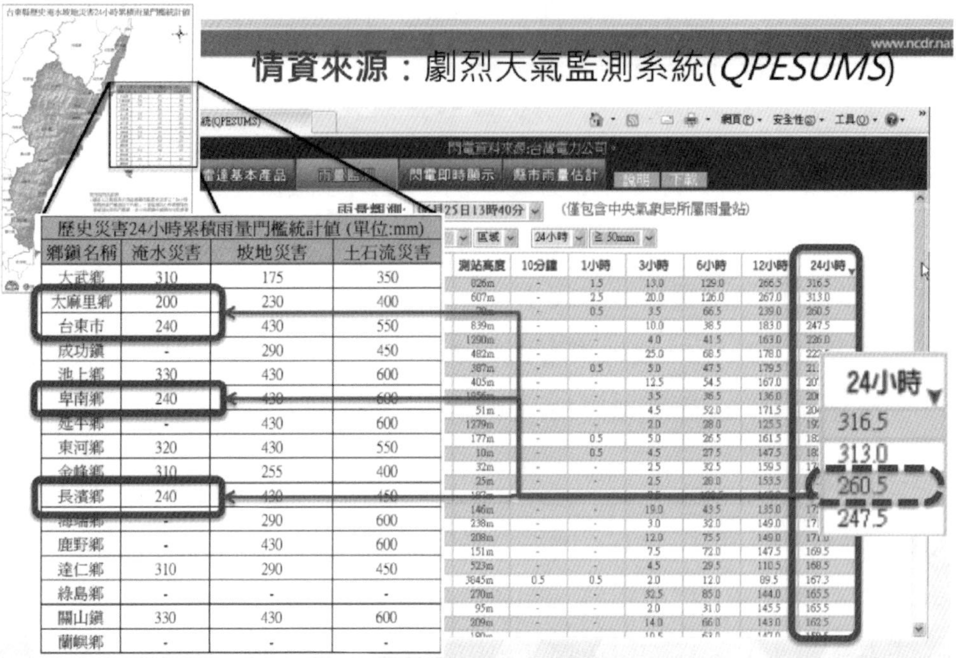

資料來源：吳亭燁，2012，防災（潛勢）地圖之說明與應用，臺東縣政府災害防救深耕計畫教育訓練教材。

圖6-32　累積雨量門檻值（淹水災害、坡地災害、土石流災害），搭配即時降雨監測

6.3.2　防災避難看板規劃設置

　　為使全國防災避難看板格式及相關防災資訊統一合用，目前內政部消防署訂定「防災避難看板」圖示，分為「疏散避難處所方向指示牌」及「避難收容處所告示牌」，提供各機關（單位）製作防災避難看板之參考，俾繪製與使用有所依循。防災避難看板建置流程如圖6-33所示（內政部消防署，2014；臺中市政府，2012；2013）。

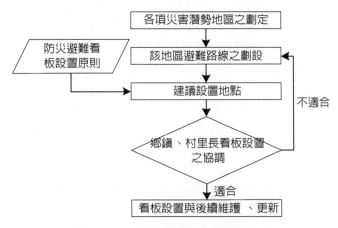

圖6-33　防災避難看板建置流程

　　續由各鄉鎮市公所與村里辦公室協助進行避難地圖看板之工程設置以及後續的維護管理。茲將防災避難看板之樣式、規格及細部說明分述於下：

壹、避難收容處所方向指示牌

　　主要設置於避難收容處所鄰近區域，於災害發生時引導民眾疏散避難方向，內容包括指示方向、圖示、距離、避難收容處所中英文名稱、公所名稱、聯絡電話及製作日期等資訊，下列2種樣式，依實際需求及經費預算至少擇一設置，及調整擺放距離。

　　1.樣式一：簡單標示避難收容處所之方向及距離，如圖6-34。

　　2.樣式二：提供避難收容處所之方向及距離，並標示目前所在之區域位置，如圖6-35。

圖6-34　避難收容處所方向指示牌 （樣式一）　　**圖6-35　避難收容處所方向指示牌 （樣式二）**

貳、避難收容處所告示牌

　　主要設置於避難收容處所牆面或周圍明顯地點，內容包括避難收容處所中英文名稱、空間面積、容納人數、公所名稱、聯絡電話及製作日期等資訊，下列2種樣式，依實際需求及經費預算至少擇一設置。

　　1.樣式一：圖面簡單標示避難收容處所基本資訊，分為橫式及直式2種，如圖6-36。

　　2.樣式二：圖面標示避難收容處所基本資訊及其「內部平面配置圖」，如圖6-37。

圖6-36　避難收容處所告示牌（樣式一）

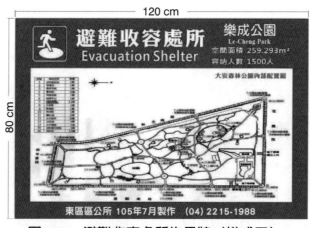

圖6-37　避難收容處所告示牌（樣式二）

參、防災避難看板之應用

　　疏散避難處所方向指示牌以及疏散避難處所看板可依不同道路條件與狀況分別製成不同物件，另各地方政府可依需求自行組合運用成一個完整的避難指標系統，如圖6-38所示。

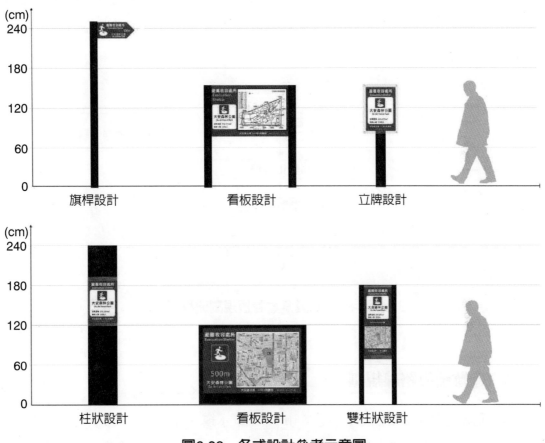

圖6-38　各式設計參考示意圖

　　基於上述避難疏散路線與防災避難看板之基本資訊，再依各別災害性質之差異情形，建立出屬於各類型災害的避難規劃方式與防災避難看板設置地點選定。透過避難疏散路線擬定，經由各區公所與里長就轄內重要據點進行看板設置協調，確認路線規劃或地點位置並無錯誤，再委請各區公所與里長協助進行避難地圖看板設置工作以及後續維護與更新事項。各式防災避難看板設置地點之選定，建議合乎下列三大原則：

1. 鄰近避難收容場所四周。

2. 位於避難疏散道路上。

3. 位於十字路口上。

避難場所看板規劃設置於避難場所四周，讓民眾了解災時可提供避難收容之地點；而方向指示牌規劃設置於避難路線與十字路口上，藉由方向指示牌之導引，民眾可於災害發生第一時間立即往避難場所疏散，設置防災避難看板規劃流程如圖6-39所示。

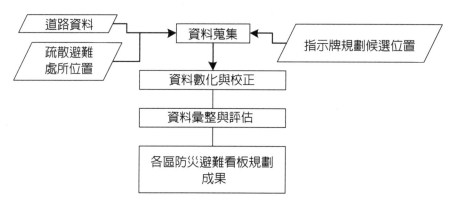

圖6-39　防災避難看板規劃流程圖

6.3.3　避難疏散路線規劃

目前防災體系係由中央、縣（市）及鄉（鎮、市、區）三級防災會報組成，並於災害發生時設立對應的救災指揮組織，且各層級亦訂有各式防災計畫，在組織體系上已近完備。然各層級防救災規劃內容，對於避難收容據點配置之適宜性與鄰近疏散避難路線之規劃，仍尚待完備。因此，藉由地理資訊系統空間分析與展示功能，將防救災資料庫中建置之資訊，呈現其空間屬性資料於地圖上，包含防救災資源、據點及道路等資訊，並將當地居民於災時所需的資訊與避難疏散道路層級納入，綜合規劃疏散避難路線圖以備使用。是項圖面資訊包含：

1. 村里界線圖：明顯劃分出村里之界線，讓民眾清楚辨識該村里位於該鄉鎮市之相對地理位置圖。

2. 道路圖：依不同層級之道路，擬定避難疏散路線。

3. 避難收容處所：當發生重大災害時，供當地居民避難疏散之處。

4. 避難疏散路線：告知民眾當發生重大災害時，如何安全、快速到達避難收容處所。

針對避難疏散路線評估與規劃擬定，國內已有許多相關研究，以下彙整避難疏散路線評估相關研究，是為避難疏散路線規劃之理論基礎。

1. 李威儀等（1997）將防災道路劃分為三級，分別為緊急道路、救援輸送道路與避難輔助道路，並指出於不同道路寬度下，影響交通動線之防災力因子與影響範圍，如表6-4所示，以此檢討該研究區域內防救災交通動線系統及動線本體與周邊土地之使用現況。

表6-4　影響交通動線之防災力因子與影響範圍

道路寬度	避難救災層級	影響因子	影響範圍
4～12米	避難輔助	單側停車	人員通行有效寬度不足
		圍牆	車輛無法通行
		電線桿、變電箱	倒塌或爆炸造成阻隔
		單雙側停車	車輛通行困難
		圍牆	倒塌或爆炸造成阻隔
		招牌	招牌墜落造成人員傷亡
		電線桿、變電箱	阻礙通行
		騎樓	騎樓因結構因素引起建物傾倒
15～18米	救援輸送	單雙側停車	招牌墜落造成人員傷亡
		電線桿、變電箱	阻礙通行
		招牌	騎樓因結構因素引起建物傾倒
		騎樓	機車停放造成人行動線阻隔
		人行道	周邊商業行為造成有效寬度縮減
20～50米	緊急	單雙側停車	騎樓因結構因素引起建物傾倒
		招牌	機車停放造成人行動線阻隔
		騎樓	周邊商業行為造成有效寬度縮減
		高架橋	高架橋因地震強度之影響造成阻隔
		捷運	高架捷運受震之損壞及人員傷亡

資料來源：李威儀等，1997，臺北市都市計畫防災系統之規劃

2. 李玉生等（2007）考量都市計畫現有道路系統、現況調查及實質空間條件外，賦予彰化鹿港福興地區整體道路系統不同的防救災機能，以下分三級之防救災道路系統的空間規劃系統說明之，如表6-5所示。

表6-5　彰化鹿港福興地區防災與避難道路分級表

道路層級	路寬	說明
緊急通道	20 米以上	指定路寬 20 米以上之主要聯外道路為第一層級之緊急道路。於災害發生後，要在第一時間內排除障礙加以搶通，對緊急道路沿線之人員及車輛實施通行管制。
救援輸送通道	15 米以上	對於輸送道路必須維持在 15 米以上，主要以聯繫緊急道路及避難據點之物資輸送，架構成完整之交通路網。主要提供避難人員避難路徑，及車輛輸送物資至各防災據點之機能。
消防通道	8 米以上	此層級是消防道路，所以在執行上要將此類型的道路予以區隔，為考慮消防車輛滅火的活動，以區域內路寬 8 米以上之道路為指定對象。為了保持消防車輛行進暢通與消防機具操作空間之確保外，還必須滿足有效消防半徑 280 米的要求，以避免產生消防死角。
避難通道	8 米以下	區域內 8 米以下道路為指定對象，主要是在避難收容處所、防災據點之設施無法臨接前三個層級之道路網時，而劃設一輔助性的路徑，部分地區 4-6 米的道路因停車問題及不當佔用，影響其為避難輔助道路之功能，且人員避難為避難輔助道路最主要之功能。

資料來源：李玉生等，2007，彰化縣鹿港福興地區都市防災空間系統規劃示範計畫

3. 張寬勇等（2002）進行大里市避難道路劃設分級時，將防救災道路分為三級，如表6-6所示。

表6-6　大里市防災與避難道路分級表

道路層級	路寬	說明
緊急道路	20 米以上	此道路必須保持暢通，同時於救災必要時得實施交通管制，以利救災行為之順利。
救援輸送道路	15 米以上	此層級道路主要作為消防及擔負便利車輛運送物資至各防災據點之機能為主，亦作為避難人員通往避難地區路徑之用。
避難輔助道路	8 米以上	此道路層級之劃設，主要作為在各個指定作為避難收容處所、防災據點之設施無法連接前兩個層級知道路網時，必須劃設一輔助性質的路徑聯絡其他避難空間、據點或連通前兩個層級道路。

資料來源：張寬勇等，2002，災害損失推估系統之建置

4. 許聖富（2003）針對基隆市的防災道路系統，運用層級劃分的方式，並以現有的實質空間條件、道路的地理位置以及路幅寬度等，分別賦予不同的機能，其道路層級、路寬如表6-7所示。

表6-7　基隆市防災與避難道路分級表

道路層級	路寬	說明
緊急道路	20 米以上	此道路必須保持暢通，且於救災時得實施交通管制，以確保救災工作之順利進行。且必須有開放空間、布設防救災據點的導引標誌。
救援輸送道路	15 ～ 20 米	參考其他都市防災計畫的相關研究均將 15 至 20 米的道路列為第二級的防災道路。
避難輔助道路	10 米以下	此一道路層級的劃設，主要作為避難收容處所、防救災據點之設施無法連接前兩種層級的道路時，必須劃設一輔助性的路徑來連絡其他避難空間、據點或前兩種層級的道路。

資料來源：許聖富，2003，基隆市防災道路與避難據點之規劃

綜合上述文獻，避難疏散路線可分成避難輔助、救援輸送、緊急道路等三種，其劃設原則與肩負功能分述如下：

一、避難輔助道路

以路寬4～10公尺之道路為主，其主要功能為當各避難收容處所無法連接前兩個層級（救援輸送、緊急道路）之路網時，提供一輔助道路，藉以聯絡其他避難收容處所與前兩個層級道路。

二、救援輸送道路

以路寬10～20公尺之道路為主，其可為緊急道路及聯絡避難收容處所之輔助道路，並兼具消防、物資輸送等功能，確保災時救災人員可迅速抵達災區進行救災與物資輸送等任務。

三、緊急道路

以路寬20公尺以上之道路為主。於災時供作救災人員迅速到達防災指揮中心、醫療救護中心等單位之用。於此前提下，道路需保持暢通，故於災時應視狀況進行交通管制，以因應大量疏散、救災與支援之交通流量。

避難疏散路線的規劃方式，考量道路之路寬資料，並依路寬將道路進行分級，各層級路線分負其被規劃賦予之任務；其主要目的在於確保民眾於災害發生之第一時間，可立即判斷適當避難疏散路線，安全前往避難收容處所疏散。

以臺中市政府為例，臺中市政府資訊中心提供之道路路寬資料，將臺中市道路分為避難輔助道路、救援輸送道路、緊急道路等三種層級，在評估道路與避難收容處所之連結情形，並納入淹水潛勢（24小時累積450毫米降雨量）、歷史災情（易淹水位置）等資訊後，將之以地理資訊系統進行整合，輸出為避難疏散路線圖，以供作災時避難疏散、緊急救援與物資輸送之用，並施行必要之實地勘察與Google街景比對，製作避難路線之基本資料及照片等相關紀錄，避難疏散路線規劃流程如圖6-40所示。

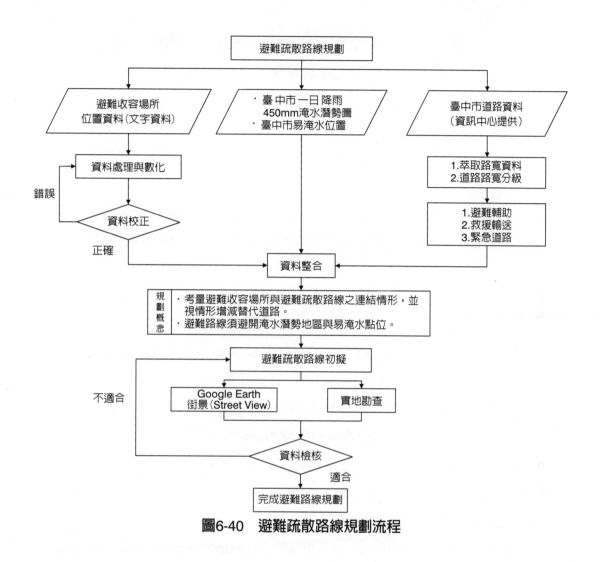

圖6-40　避難疏散路線規劃流程

一、其防災地圖的製作原則主要依據行政院災害防救委員會所訂定的《防災地圖作業手冊修正規定》，其製作原則有哪要點？請詳述。

二、《防災地圖作業手冊修正規定》當中也有提供防災地圖適當的作業程序及步驟，製作程序，其製作程序有哪幾項，請說明並詳述其工作項目之內容。

三、目前在國內防災地圖的形式大致可分成四種形式，而臺灣風險地圖產製又屬災害潛勢圖，其製作程序為何?並畫出其流程圖。

四、請說明災害潛勢分析的執行流程，並畫出流程圖。

五、為使全國防災避難看板格式及相關防災資訊統一合用，目前內政部消防署訂定「防災避難看板」圖示，分為「疏散避難處所方向指示牌」及「避難收容處所告示牌」，提供各機關（單位）製作防災避難看板之參考，其防災避難看板建置流程為何？請說明並畫出流程。

六、以校園為例，若今日需繪製有關地震的校園疏散避難地圖，我們需遵循哪些原則去繪製，請說明其製作原則。

⚡ 參考文獻

土石流防災資訊網，n.d.，http://246.swcb.gov.tw/preventInfo/PrecautionCommunity.aspx（擷取日期：2015.01.20）。

王俞婷、張志新、陳怡臻、黃俊宏，2012，「坡地災害潛勢地圖製作與應用」，2012臺灣地理資訊學會年會暨學術研討會。

中央地調所，2005，「地質圖資管理及資料庫整合建置計畫」。

日本立川市防災網，n.d.，http://www.city.tachikawa.lg.jp/bosai/bosai/bosai/hazard-map/hazard-map.html（擷取日期：2019.03.04）。

永和區新𧟰治安社區服務網，2013，http://community.ntpd.gov.tw/NTPDWeb/wSite/ mp?mp=115（擷取日期：2014.09.10）。

內政部消防署，2014，「防災地圖作業手冊修正規定」。

行政院農業委員會，2008，「森林火災災害防救業務計畫」。

李娜、程曉陶，2011，「上海市區洪水風險圖的製作研究」。

李威儀等，1997，「臺北市都市計畫防災系統之規劃」，臺北市政府都市發展局委託研究。

李玉生等，2007，「彰化縣鹿港福興地區都市防災空間系統規劃示範計畫」，內政部建築研究所研究計畫成果報告。

吳亭燁，2012，防災（潛勢）地圖之說明與應用，臺東縣政府災害防救深耕計

畫教育訓練教材。

徐明同，1981，「海嘯所引起之災害」，中央氣象局氣象學報第二十七卷第一期，頁1-15。

張倉榮、許銘熙、林國峰、賴進松、潘宗毅，2010，「脆弱度及風險地圖分析方法之研究」。

張倉榮、許銘熙、賴進松、譚義績、潘宗毅、張向寬，2011，「臺灣脆弱度及風險地圖製作與整合應用（1/2）」。

張寬勇等，2002，「災害損失推估系統之建置」，國立臺北科技大學，臺北。

國家災害防救科技中心，2013，「校園防災地圖製作及疏散避難演 」。

國家災害防救科技中心，2014，「天然災害潛勢圖資說明手冊」。

國家災害防救科技中心，2016，https://reurl.cc/Eoe11（擷取日期：2019.02.26）。

許聖富，2003，「基隆市防災道路與避難據點之規劃」，防災道路研討會。

新北市政府防災資訊網，n.d.，擷取新北市永和區新廊里避難地圖，https://www.dsc.ntpc.gov.tw/DPRI2/MapSample_20190110.html（擷取日期：2019.03.04）。

陳柏蒼、雷祖強、陳勝義、林俞伶、潘堂盛、陳昶憲，2014，「市民災害防救手冊規劃設計」，災害防救科技與管理學刊，第3卷第2期。

單信瑜、王价巨、馬士元、林立潔與陳俐樺，2011，「防災地圖之製作與應用」，公共工程電子報，Vol.35，http://www.pcc.gov.tw/epaper/10006/map.htm.

黃全諭、鍾佩蓉、曹鼎志、鄭錦桐，2012，「山區疏散避難路線規劃之研究」。

楊樹榮、鄭錦桐、冀樹勇、紀宗吉，2011，「各國國家型山崩潛災計畫概況」。

教育部防災教育成果網，n.d.，http://tnjbox.psjh.cy.edu.tw/disaster/schoolList-Form.asp?sID=25（擷取日期：2019.02.27）。

臺中市政府全球資訊網，n.d，取自生活及防災各區簡易防災避難地圖——西屯區各里簡易疏散避難地圖，https://www.taichung.gov.tw/10104/Lpsimplelist

（擷取日期：2019.02.27）。

臺中市政府消防局，2018，107年度臺中市災害防救深耕第3期計畫。

盧彥佑，2013，「我國防災地圖內防災資訊之研究——以水災防災地圖為例」，2013臺灣災害管理研討會，社團法人臺灣災害管理學會，臺北。

經濟部水利署，2012，「洪災風險管理研習」，荷蘭國際水利環境工程學院。

經濟部水利署，n.d，取自水災保全計畫資訊服務網淹水潛勢圖下載——臺北市淹水潛勢圖，http://140.116.77.34/DPRC/02.html（擷取日期：2019.03.04）。

經濟部水利署，2013，臺灣脆弱度及風險地圖製作與整合應用（2/2）。

經濟部水利署防災資訊網，n.d.，http://fhy.wra.gov.tw/PUB_WEB_2011/Page/Frame_MenuLeft.aspx?sid=11&tid=30（擷取日期：2015.01.20）。

臺中市政府，2012，「101年度臺中市災害防救深耕計畫——成果報告」。

臺中市政府，2013，「102年度臺中市災害防救深耕計畫——成果報告」。

臺中市政府全球資訊網，2018，https://www.taichung.gov.tw/10104/Lpsimplelist（擷取日期：2019.02.26）。

臺南市政府水患自主防災社區，n.d.，http://www.tainanfrc.com.tw/PDF/Community_11_05_105.pdf#page=21&zoom=100,0,982（擷取日期：2019.03.04）。

蔣緯鳴，2006，「下水道短管推進力分析」，國立中央大學土木工程學系碩士論文。

蔣瀞儀，2007，「臺灣地區海嘯災害潛勢評估」，國立中正大學地震研究所碩士論文。

Anna C.Y. Li, Linda Nozick, Ningxiong Xua, and Rachel Davidson (2012), "Shelter location and transportation planning under hurricane conditions", Transportation Research Part E: Logistics and Transportation Review, Vol. 48., Issue 4. 715–729.

ARES., 2008, http://www.ops.fhwa.dot.gov/publications/fhwahop12050/sec3.htm（擷取日期：2014.09.10）。

Cuiyun Cheng, Xin Qian, Yuchao Zhang Qingeng Wang, and Jinbao Sheng (2011), "Estimation of the evacuation clearance time based on dam-break simulation of the Huaxi dam in Southwestern China", Nat Hazards 57:227–24.

Fukao, Y., (1979) "Tsunami earthquakes and Subduction processes near deep-sea trenches", J. Geophys. Res. 84, pp.2303-2314.

ISPRA., (2008) "Landslide in Italy, Special Report".

Jeremy C. Larsen, Philip E. Dennison, Thomas J. Cova, and Charles Jones (2011), "Evaluating dynamic wildfire evacuation trigger buffers using the 2003 Cedar Fire", Applied Geography, vol. 31, Issue. 1., pp.12-19.

USGS., (2000) "National Landslide Hazards Mitigation Strategy", U.S. Geological Survey Open-file Report 00-450.

USGS，1998，http://geology.er.usgs.gov/eespteam/terrainmodeling/Landslide_Hazards.htm（擷取日期：2014.09.10）。

第7章 避難收容之處所及物資整備

近年來災害發生的頻率與規模皆相對增加，故在面臨天然災害的威脅時，避難收容處所的存在與妥適運作，對於急需安頓身心的災民而言更顯其重要性。相關資料（Shelter Centre, 2011）曾定義庇護所為「一個適合居住的遮蔽空間並且是個提供居住者隱私和尊嚴的安全健康環境」。若考量災害發生過程所需提供之功能，則本章所著重的「避難收容處所」則為大規模災害發生時可供作為避難或救治傷害等用途之設施，是讓人民於災害發生時可自行或於災害防救人員或警察指揮下，快速到達且足以讓人生命安全受到保障之避難處所或廣域避難處所避難稱之。由此定義可知，當災害發生時，避難收容處所是維護災民生命安全之第一線，因此對於承擔災害防救責任的各地方政府，應該積極地針對所管轄區域內之既有與可能避難收容處所進行通盤性的評估與調查。

由於避難收容處所為避難系統中不可或缺的一環，無論是強調緊急避難、臨時收容或中長期收容等不同功能之避難收容處所，皆為災時受災民眾生命、希望之所賴。因此，避難處所之整備工作，包含造冊列管避難處所地點、容量、物資、聯絡人等詳細資料，皆需每年定期檢討、更新，並評估避難處所之適當性及安全性，以維其所被賦予之功能。而一般對於避難收容處所之選擇，多以具備開闊空間為主要設置標準，故常包含學校、活動中心、區公所等公共設施；再依其使用功能，而區分為臨時醫療、物資存放、臨時災民收容等處所。若為進一步考量避難收容處所設備之完整性，則應就災時收容災民之人道立場、提升災民接受避難收容時之福祉感等角度考量，做為各處所設備提升改善之依據。在本章中除就避難收容處所之設置或選擇方式進行介紹外，並對各避難收容處所收容能量估

算以及安全性評估等面向提供操作過程之說明，以期讀者對此重要避災設施有更深一層之了解與掌握。

⚡ 7.1　避難收容處所適災性評估

如前所述，避難收容處所的主要功能在為災時或災後提供災民安心避難之處所，尤其在颱風、水災、地震等天然災害頻仍的威脅下，避難收容處所於災害發生時本身安全性考量更形重要。然而，當相同的一個避難收容處所於面對不同類型災害時，它是否仍可在某類災害特性下適用（在本書中將之簡稱為適災性），則會因為避難收容處所之所在地域背景條件而有所差異。因此，本節將針對如何進行避難收容處所適災性及安全性之評估進行說明，而其流程（如圖7-1所示）首先對已知候選地點就特定某災害類進行潛勢分析，在評估該位置的相對安全性及其加權危險度後，定義該處所之適災性。針對幾種常見災害，以下分別說明所需資料及詳細分析方式。

圖7-1　避難收容處所之適災性分析流程

7.1.1　風水災害

在進行風水災害（颱風與水災）潛勢分析時，首先需對其災害規模予以設定。若以特定日降雨量作為風水災害防護規模之設定標準，則可根據風水災之「危害度」而劃設出潛勢區域。由於避難收容處所必須具備安全及快速疏散等避難考量，因此必須避開風水災危害度高潛勢區域外，且應同時考慮可能受災居民在避難或疏散時之路線服務性及路徑長短。風水災避難收容處所適災性分級可參

考下列方式：

1. 疊圖：將避難收容處所候選點位分布圖與淹水潛勢圖套疊，進以評估避難收容處所是否處於淹水潛勢範圍內，或其避難疏散道路是否因遭到淹水而無法通行。若候選避難收容處所遭遇前述任何一狀況，則表示該處位於不安全位置。

2. 淹水危害度分級：根據各避難收容處所候選點位之所在里別，進行風水災淹水危害度分級劃分（參見圖7-2）。

3. 適災性評估：若候選避難地點所在村里別風水災害危害度分級屬高潛勢者，則該候選點位之風水災適災性評估則列為第三級，屬此級之避難收容處所需進一步評估是否為多層建築物，如為多層建築物則可運用高樓層空間，惟如是前提下，因該處所僅能供其周圍小區域民眾垂直避難之用，建議排除其於風水災害避難之用；若其所在之村里別風水災害危害度分級屬中潛勢者，避難收容場所適災性評估則列為第二級；若其所在村里別風水災害危害度分級屬低潛勢者，則其避難收容處所適災性評估列為第一級（如表7-1所示）。

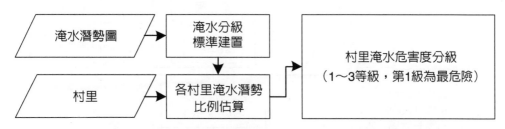

圖7-2　候選點位所在里別之淹水危害度分級流程

表7-1　風水災危害度分析及相對適災性分級

危害度分級	相對適災性分級
高潛勢	第三級
中潛勢	第二級
低潛勢	第一級

7.1.2 地震災害

在地震災害的避難收容處所適災性評估部分，可依據周良皡等人（2011）
所提之避難收容處所簡易適震性評估方法進行。其評估方式係就避難收容處所之
「距鄰近活斷層距離」、「地質種類」以及「坡地災害敏感區」等三因子，採評
點法進行評估，分析流程如圖7-3所示。前述評估結果後呈現各避難收容處所相
對的危險程度，如：「應有疑慮」所指者係地震發生時相較於其他處所危險度高
者。

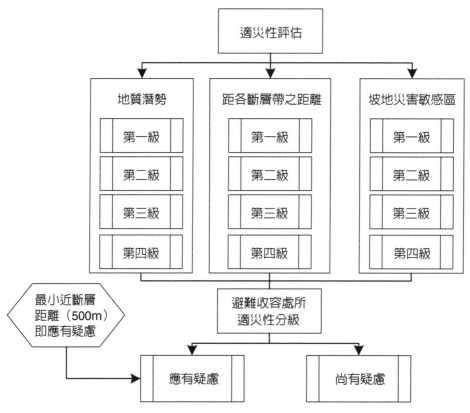

圖7-3　避難收容處所地震災害適災性評估分析流程

地震災害適災性評估方法中，各類因子及其分級之說明如下：

1. 距鄰近活斷層距離：由於分析場址受地震之影響程度與距震源之距離成
   反比關係，故可利用中央地質調查所公布之活斷層，計算各避難收容處

所至其鄰近各活動斷層中之最短距離，並將距離進行分級評分（表7-2所列為4級類分級案例）。此外，考量「近斷層效應」具有較高之地表最大速度與最大加速度比值、顯著脈衝震波與瞬間能量輸入等特性，因此距離各斷層低於500m（即容許「最小近斷層距離」）之避難收容處所，可直接評定為高危險之避難收容處所。

2. 地質種類：對於不同地質特性而言，同一種地震事件的能量波傳入後，會在特定的週期範圍有較明顯的放大現象（Mohraz, 1976; Seed et al., 1976）。若建築物自然振動週期與地盤放大週期一致而產生共振，將會對建築物造成嚴重的損害。Lee et al.（2001）提出之臺灣地區地盤分類圖，可為避難收容處所之場址地質條件分4級評分參考（如表7-2所示）。

3. 坡地災害敏感區：臺灣因複雜多變的地理及地質環境，地震引致之二次災害，亦不可忽視，如山崩、地滑、土石流等地質災害，若避難收容處所位處此類坡地災害敏感區域，則地震發生可能導致該處所之安全疑慮。中央地質調查所建立之坡地地質敏感區資料庫，可為分析各避難收容處所與坡地敏感區對應關係之依據。本文以評點法所做之「無潛在災害」、「潛在災害不嚴重」、「潛在災害次嚴重」及「潛在災害嚴重」等4級評分，如表7-2所示。

表7-2 臺中市避難收容處所分類調查

項目	分級	數值	得分
分別距各斷層之距離（m）	第一級	3600 ≦ X	1
	第二級	2100 ≦ X < 3600	3
	第三級	1250 ≦ X < 2100	5
	第四級	500 ≦ X < 1250	7
		0 ≦ X < 500	即為高危險
地質潛勢之分級	第一級	B site class（一般岩石）	1
	第二級	C site class（軟弱岩石及非常緻密土壤）	3
	第三級	D site class（堅硬土壤）	5
	第四級	E site class（全新世沉積物、3m 以上厚度之軟泥層）	7

項目	分級	數值	得分
坡地災害敏感區	第一級	無潛在災害	-
	第二級	潛在災害不嚴重	1
	第三級	潛在災害次嚴重	3
	第四級	潛在災害嚴重	5

資料來源：修改自周良皞等人，2011，避難收容場所之簡易適震性評估方法

7.1.3　土石流災害

基於災害防救主管機關之職責，行政院農業委員會水土保持局不定期對土石流潛勢溪流資訊進行更新，亦同時對各潛勢溪流進行避難處所及路線之分析與公布。茲就農委會水土保持局對「土石流潛勢區判釋」與「避難收容處所選定」之作業方式概述如下：

1. 土石流潛勢區判識：根據行政院農業委員會水土保持局公布之土石流潛勢溪流影響範圍劃設作業，分為三個階段，首先於室內進行影響範圍之初步劃設，以此為依據於進行現地調查時再依現地地形、地貌加以修正，最後於室內作業進行編修。

2. 避難收容處所選定：行政院農業委員會水土保持局對於土石流災害之避難收容處所，區分為外地收容所與在地緊急避難處所，其中外地收容所係針對在地有災害擴大之虞或易形成孤島地區，由地方政府依實際狀況安排，並協助弱勢族群（病患、老弱、幼童、行動不便等）與保全住戶進行外地疏散避難。而對於在地緊急避難處所之其選定原則，包括：

   (1) 土石流潛勢溪流區與在地緊急避難處所距離不可過長，步行以不超過30分鐘為宜。

   (2) 避難處所之空間需能維持潛勢地區居民日常生活作息。

   (3) 不能位於可能崩塌之潛在危險地區。

   (4) 不能位於危險孤立的腹地（易淹水及不易與外界聯絡之區域）。

   (5) 與外界需有安全的通路。

而若避難收容處所無法滿足以上條件時，則建議應以疏散至外地收容所爲宜。

⚡ 7.2　避難收容處所能量評估

　　災害潛勢分析是減災階段的重要工作之一，透過災害潛勢分析可了解各類災害潛勢分布狀況，進而評估災害所可能造成的損失，或據以檢視災害潛勢範圍內保全對象的數量及分布狀況。因避難收容處所應具有收容民眾、提供醫療及物資存放等功能，因此既有避難收容處所之於災害潛勢所需之能量評估與檢計，是在減災階段所應完成的重要工作。

7.2.1　避難收容處所種類

　　當災難發生時，依避難民眾停留時間長短及災害發生之時序，避難處所可區分爲緊急避難處所、臨時避難處所、臨時收容處所及中長期收容處所等四個不同層級之防災避難空間，其劃設考量基礎如表7-3所示。

1. 緊急避難處所：災害發生三分鐘內，人員尋求緊急避難之處所，其屬個人自發性避難行爲，避難處所以各開放空間爲主，包括空地、綠地、公園及道路等，因時間緊迫，因此在對策上並無特定指定之據點，完全視當時情況而定。

2. 臨時避難處所：此一層級之功能是以收容暫時無法直接進入臨時收容處所、中長期收容處所之避難人員爲主，並以待救援之方式，經引導進入層級較高收容所，或待餘震結束後，視情況決定下一步行動之處所，指定的處所以鄰里公園、兒童遊戲場、國小、國中爲主。

3. 臨時收容處所：此一層級之目的在於提供大面積的開放空間爲安全停留的處所，居留時間較臨時避難處所長，可搭蓋臨時帳蓬或可提供短期的留宿，待災害穩定至某一程度之後，再進行必要之避難措施，指定處所爲社區性或全市性公園、體育場所、國中。

4. 中長期收容處所：此一據點之設置目的，在於提供災害重建完成前，從

事避難行為所需之生活設施，並為當地避難人員獲得各種情報資訊的處所，因此必須擁有較完善的設施及可供庇護的處所，以學校、社教機構、機關用地、醫療衛生機構為主要指定處所。

表7-3　各層級避難收容處所之劃設考量基礎

種類	空間名稱	劃設指標
緊急避難處所	基地內開放空間	周邊防火安全植栽。
	鄰里公園	
	道路	
臨時避難處所	鄰里公園	鄰接避難道路、至少鄰接一條輸送或救援道路、平均每人 2 平方公尺的安全面積、至少兩向出口且有效寬度大於避難人口／1800 公尺。
	大型空地	
	廣場	
	停車場	
臨時收容處所	全市型公園	鄰接輸送、救援道路。
	體育場所	
	兒童遊樂區	
中長期收容處所	學校	鄰接輸送、救援道路。
	社教機構	
	機關用地	
	醫療衛生機構	
	活動中心	

7.2.2　避難收容處所收容能量規劃

避難收容處所能量估算，目前尚未有具體的官方標準。關於避難處所收容能量評估之相關研究，李佩瑜（2000），將都市防災設施與相關法令以鄰里單元的觀念進行規劃，建立救災避難圈域，再利用人口規模調整救災避難圈域之服務半徑及各項設施區位。張益三及蔡柏全（2003）以都市計畫中國小用地為避難圈中心，考量自然人文等界線條件及鄰里單元觀念來進行避難圈劃設，其指出每

人避難面積之計算應考量避難處所當時之情境與整備與否進行評估。綜合前述研究，則可歸納出不同種類避難處所之每人最小避難面積，如表7-4所示；若考量各災害類型特性及實際使用需求，則各類災害下避難處所規劃之每人避難面積應高於最小避難面積，如表7-5所示。

表7-4　各類避難處所之每人最小避難面積

種類	每人最小避難面積
緊急避難處所	每人 0.5 平方公尺
臨時避難處所	每人 1-2 平方公尺
臨時收容處所	每人 2 平方公尺
中長期收容處所	每人 2-4 平方公尺

表7-5　各類災害下與避難處所收容每人最小避難面積

災害種類	種類	每人避難面積
水災	臨時避難處所	每人 2 平方公尺
地震	臨時避難處所	每人 2 平方公尺
	臨時收容處所	每人 4 平方公尺
土石流	臨時避難處所	每人 2 平方公尺
複合型災害	臨時避難處所	每人 2 平方公尺

7.2.3　避難收容處所設施評估準則

　　由於避難處所兼具避難或救治傷害等用途，因此避難收容處所除需評估其空間收容能量外，其設施、設備是否足以提供基本生活所需亦是一大考量。為此，921家園重建聯盟調查組（王鴻楷、曾旭正、林盛豐等人），曾製作避難處所或據點之設備調查表，若再將活動中心等公共設施內之常見設備種類予以彙整，則可彙整出表7-6所示之避難收容處所應有基本設施。

表7-6　避難收容處所之空間設施建議表

類型	名稱	備註
防災資訊溝通	廣播系統	麥克風、大聲公
	通訊用具	一般電話、手機、無線電、對講機
	就近之各單位連絡表單	
空間、設備	消防設備	消防栓、滅火器
	照明設備	手電筒、緊急照明
	衛浴設備	
	幼兒照護或授乳空間	
	垃圾收集處	
生活設施	電器用品	電風扇、電視機、收音機
	日常用水	自來水、運補
	用電	台電供電、建築物附設緊急發電、移動式緊急發電
	飲水機、冰箱	
	炊具用品	
	寢具用品	睡袋、毯子
	救護包	

⚡ 7.3　避難收容處所安全性評估

　　避難收容處所雖然會因其收容時間長短而有所差別，而為避免引發二次災害，避難收容處所本身安全性亦需充分考量。因此，避難收容處所之安全性評估，除可釐清各候選處所是否適於作為天然災害時之避難收容處所外，亦可就有安全疑慮之處所，提出適當之改善、檢修、補強或另選合適處所替代之建議方案，以確保災民生命安全。完整之避難收容處所安全性評估，應該包含消防安檢及建物安檢；消防安全檢查多由各級消防單位協助進行，各受檢處所之檢查文件如表7-10所示，消防安全評估可以此檢查結果為據作為基準。

表7-10 消防安全檢查紀錄表

檢查種類	□第一種 □第三種	檢查類型	□平時檢查 □檢修申報專業性複查 □聯合抽查 □檢舉案件 □營利事業登記 □其他	檢查單位		檢查日期	年 月 日

場所名稱		地址	鄉鎮市區 路街 段 巷 弄 號

管理權人姓名(名稱)		國民身分證統一編號		最近一次受理檢修申報日期		檢修機構名稱		檢修人員	

適用法令及條次
- □消防法第_____條
- □各類場所消防安全設備設置標準 (_____年_____月_____日發布或修正)
- □建築技術規則高層建築物專章
- □建築技術規則
- □台灣省火災防救辦法 (55.07.16發布)
- □舊有建築物防火避難設施及消防安全設備改善辦法

項別	檢查情形	檢修申報複查	項別	檢查情形	檢修申報複查	項別	檢查情形	檢修申報複查
滅火器 (大型滅火器)	□符合 □配件損壞 □數量不足(____滅火效能值) □壓力不足 □其他	□外觀 □性能	**火警自動、手動警報設備**	□符合 □分區鳴動 □一齊鳴動 □受信總機故障 □探測器損壞或拆除 □手動報警機故障或拆除 □報警標示燈故障 □火警警鈴故障 □耐燃保護不符 □耐熱保護不符 □其他	□外觀 □性能 □綜合	**連結送水管**	□符合 □中繼幫浦組件故障 □緊急聯絡電話故障 □手動啟動裝置故障 □水帶箱設備不足 □啟動表示燈故障 □出水口損壞或遮蔽 □送水口標示脫落或損壞 □耐燃保護不符 □耐熱保護不符 □中繼幫浦□專用 □兼用,設於____層	□外觀 □性能 □綜合
室內外消防栓設備	□符合(測試放水壓力____kgf/cm²) □幫浦組件故障 □箱內裝備不足或損壞 □消防栓箱操作障礙 □水壓不足(____kgf/cm²) □送水口損壞或無標示 □啟動裝置故障 □底閥故障 □耐燃保護不符 □耐熱保護不符 □其他	□外觀 □性能 □綜合	**瓦斯漏氣警報設備**	□符合 □受信總機故障 □檢知器損壞或拆除 □漏氣表示燈故障或拆除 □警報裝置故障 □耐燃保護不符 □耐熱保護不符 □其他	□外觀 □性能 □綜合	**消防專用蓄水池**	□符合 □幫浦組件故障 □手動啟動裝置故障 □採水口(投入孔)標示脫落 □有效水量不足(____m³) □緊急聯絡電話故障	□外觀 □性能 □綜合
滅火 **自動撒水設備**	□符合 □各樓層均設 □十一樓以上設 □幫浦組件故障 □撒水頭損壞或拆除 □撒水淨空間不足 □查驗管拆除 □送水口損壞或無標示 □警報裝置故障 □末端查驗閥放水壓力不足 □耐燃保護不符 □耐熱保護不符 □其他	□外觀 □性能 □綜合	**緊急廣播設備**	□符合(測試音壓____dB) □擴音機故障或拆除 □無法強制廣播 □揚聲器數量不足 □音量不足(____dB) □耐燃保護不符 □耐熱保護不符 □其他	□外觀 □性能 □綜合	**緊急昇降機、特別安全梯間排煙進風設備**	□符合 □排煙(進風)機故障 □排煙(進風)口故障或遮蔽 □進風口面積不合 □連動用探測器未設或故障 □手動啟動開關故障或未設 □排煙受信總機故障 □排煙(進風)量不足(____m³/分) □排煙口高度或面積不足 □耐燃保護不符 □耐熱保護不符 □其他	□外觀 □性能 □綜合
火 **水霧滅火設備**	□符合 □幫浦組件故障 □排水設備不符 □水霧頭損壞或拆除 □水霧頭放水障礙 □感知撒水頭損壞或拆除 □送水口損壞或無標示 □耐燃保護不符 □耐熱保護不符 □其他	□外觀 □性能 □綜合	**緊急電源** **發電機**	□符合 □故障 □自動切換裝置故障		**消防上必要設施** **室內排煙設備**	□符合 □排煙機故障 □防火閘門故障或遮蔽 □連動用探測器故障或未設 □排煙總機(控制盤)故障 □排煙量不足(____m³/分) □防煙區劃未設或損壞 □耐燃保護不符 □耐熱保護不符 □其他	□外觀 □性能 □綜合
			蓄電池設備	□符合 □容量不足 □電池組損壞 □其他				
設 **泡沫滅火設備**	□符合 □幫浦組件故障 □原液量不足或變質 □泡沫頭損壞或拆除 □感知撒水頭損壞或拆除 □警報裝置故障 □泡沫放水障礙 □耐燃保護不符 □耐熱保護不符 □其他	□外觀 □性能 □綜合	**出口標示燈**	□符合 □故障或拆除 □照度不足 □規格不符 □其他	□外觀 □性能	**緊急電源插座**	□符合 □標示脫落 □220 V相序不符 □未接緊急電源 □耐燃保護不符 □耐熱保護不符 □其他	□外觀 □性能 □綜合
			避難方向指示燈	□符合 □故障或拆除 □照度不足 □規格不符 □其他	□外觀 □性能			
備 **海龍、滅火設備、乾粉、CO₂**	□符合 □連動裝置故障 □控制盤故障 □警報裝置故障 □噴頭損壞或拆除 □耐燃保護不符 □耐熱保護不符 □其他	□外觀 □性能 □綜合	**避難逃生設備** **緊急照明**	□符合 □故障或拆除 □照度不足 □規格不符 □其他	□外觀 □性能	**必要設施** **無線電通信輔助設備**	□符合(應經實際通話測試) □未設 □增幅器分配器未設或損壞 □接頭未標示 □洩波同軸電纜損壞 □耐燃保護不符 □耐熱保護不符 □其他	□外觀 □性能 □綜合
			避難器具	□符合 □故障或拆除 □開口封閉(操作面積不足) □下降空間障礙 □標示脫落或拆除 □其他	□外觀 □性能 □綜合	**其他設備**	□____設備,□符合 □不符合 □____設備,□符合 □不符合 □____設備,□符合 □不符合 □____設備,□符合 □不符合 □____設備,□符合 □不符合	□外觀 □性能 □綜合
防火管理	□符合(演練日期:_____) □本場所免設防火管理人 □未遴用防火管理人(含異動) □未擬定消防防護計畫(含共同、變更及施工) □未實施自衛消防編組訓練 □未依消防防護計畫執行防火管理事項(上次演練日期:_____) □防火管理人未接受複訓 □其他		**檢修申報性(複查報)**	□符合 □____年____半年未檢修申報 □其他 □查獲專技人員不實檢修(本項非專業性複查勾選)			□____設備,□符合 □不符合 □____設備,□符合 □不符合	
			防焰物品	□符合 □地毯□窗簾 未使用防焰標示物品 □現場未設有應使用防焰標示之物品 □本場所得免設防焰標示物品 □其他			□____設備,□符合 □不符合 □____設備,□符合 □不符合	

資料來源:內政部消防署

在結構安全評估部分，本節就內政部建築研究所公布之結構耐震能力初步評估法（表7-11）進行說明。其評估方式利用結構耐震能力初步評估表（表7-12），在現地勘查時將所鑑別結果填入表格中的18個評估項目，並依各項目之重要性配分乘上各檢查後之選項權數而計算得項目危險度評分，最後加總項目危險度評分成為避難處所之危險度評分總計（D）」。再以30分及60分為分界，此危險度評分總計（D）可對應至尚無疑慮（D ≤ 30）、應有疑慮（30 < D ≤ 60）及確有疑慮（D > 60）等三級評估結果，而各級評估結果之對應後續工作則為立即進一步詳細評估及檢測、建議應進一步詳細評估及檢測、持續進行例行評估及檢測。如同前述消防安全檢查結果，將各受檢處所之結構安全評估結果予以蒐集、彙整並分析，如此可以初步檢視避難收容處所是否於災害發生時能正常運作，也有利後續結構安全補強等決策之進行。

表7-11 結構耐震能力初步評估法

評估項目	內容
設計年度	建築物之耐震設計必須遵照耐震設計規範，早期的耐裝設計規範較不完備，因此耐震安全會受到影響。國內的建築技術規則係民國 63 年 2 月才頒布的，在此之前的耐震設計等於沒有規定。民國 71 年 6 月，建築設計規則有關地震力及鋼筋混凝土結構物的韌性設計，做了大幅度的修正。民國 78 年 5 月根據民國 75 年 11 月 15 日地震的發現，對臺北盆地區域的震力係數做了修正。民國 86 年 5 月就地震力的規定做了根本性的改變，使地震力的計算更趨精準。
地盤種類	從各類地盤的正規化加速度反應譜來看，地位越軟弱，引致的地震力越大。以往之設計，地震力對軟弱地位而言有低估的可能，因此會影響耐震安全。依目前耐震設計規範，地盤分為第一類地盤（堅實地盤）、第二類地盤（普通地盤）、第三類地盤（軟弱地盤）及臺北盆地區域四種，可根據工址土層鑽探資料計算地層週期 T_G 決定之。
工址震區地表加速度係數	根據建築物耐震設計規範，臺灣地區震區劃分為地震一甲區、地震一乙區、地震第二區及地震第三區，其對應之震區水平加速度係數（Z）分別為 0.33、0.28、0.23 及 0.18。各震區包括之鄉、鎮、市如規範所列。震區水平加速度係數高的區域，發生地震的頻率高，發生大地震的機會大，因此建築物的耐震安全受到的威脅也較大。根據評估內容中提供的公式計算，地震一甲區 Z 值為 0.33 因此權數為 1.0；對地震第三區而言，Z 值為 0.18，因此權數為 0。

評估項目	內容
地下室面積比 ra	建築物的地下室如果較大，地震時土壤所受壓力較小，結構體也比較不會發生差異沉陷的破壞。建築面積係地面以上建築物的水平投影面積，由評估內容提供的公式計算，當地下室面積為建築面積的 1.5 倍或以上時，權數為 0；當地下室面積等於零時，權數為 1.0。
基礎型式	基礎若為基腳，且基腳間無繫梁時，基腳較易在地震中發生土壤支承力不足之破壞或基腳結構體之破壞。基腳間若有繫梁相接，或採用筏基或樁基時，則因連為一體，係高度靜不定結構，基礎傳遞的力量可透過繫梁或地梁加以分配，結構安全性較高。
基礎土地承載力	基礎下的土壤承載力不佳時，地震時比較容易產生土壤承載力不足之破壞，以及結構體因差異沉陷過大產生之破壞。基礎下土壤的承載性是否良好，可從建築物的重量、地下室開挖的深度以及基礎下土壤的承載力綜合評估。
樑之跨深比，b	梁之跨深比為梁之淨跨與有效梁深的比值，此值越大，發生彎矩降伏的機會較大，結構體較具韌性。比值 b 越小，發生剪力破壞的可能性增加，結構物因較不具韌性，耐震能力較差。根據文 3.9，具韌性梁之淨跨距不得少於四倍有效梁深。依評估內容提供的公式來計算，當 b 值大於等於 10.0 時，其權數為 0；當 b 值小於或等於 2.0 時，權術 1.0。
柱之高深比，a	柱之高深比為柱之淨高與沿地震剪力方向之柱深的比值，此值越大，發生彎矩降伏的機會較大，結構體較具韌性。比值 a 越小，發生剪力破壞的可能性增加，結構物因較不具韌性，耐震能力較差。依評估內容提供的公式來計算，當 a 值大於等於 6.0 時，其權數為 0; 當 a 值小於或等於 2.0 時，權數為 1.0。
牆量指標	一棟建築物若不僅僅只以梁柱構熱來抵抗地震，如尚具有剪力牆，則可承擔一部分地震力，則構架發生的一些不良破壞模式對耐震能力的影響就沒有那麼大。構架問若填滿非結構 RC 牆或磚牆，也有類似剪力牆的效應。建築物若不具上述任何種類的牆，權數應取 1.0，若此種牆的量很多，則權數可取 0。
窗臺、氣窗造成短柱嚴重性	窗台若緊貼柱邊，會造成短柱。除會吸收較大的地震力外，其破壞模式也可能由彎矩破壞轉變為韌性較差的剪力破壞，使得耐震能力降低。RC 牆兩側有柱，若上邊開氣窗，會產生短柱，容易產生剪力收壞，也會降低耐震安全。評估時要看此種短柱現象是否很普遍，或僅有少數幾個地方，來決定其嚴重性。

評估項目	內容
磚牆造成短梁嚴重性	有時為了留走道，致使隔間磚牆並未填滿構架的兩柱之間，而留有有短梁的現象。短梁在地震時會引致高的剪力，但彎矩不大，因此會發生較不具韌性的剪力破壞，降低了建築物的耐震能力。評估時要看此種短梁現象是否很普遍，或僅有少數幾個地方，來決定其嚴重性。
軟弱層顯著性	建築物的一樓常因開放空間或做為商業用途使用，二樓以上的非結構 RC 牆或磚牆沒有下到一樓，致使一樓之極限層剪力強度較低。地震來接時，一樓會先產生塑鉸，俟其韌性用盡後，建築物就會發生軟弱層破壞，其對應的耐震能力低。軟弱層也不一定發生在一樓，因此若有某層之極限剪力強度低於其他各層時，就要根據其低多少的嚴重性來進行評估。
平面對稱性	結構物抵抗地震力之構材如左右、前後對稱，則勁度中心與質量中心通常不致有太大的偏心。如此些構材配置不對稱，勁度中心與質心可能具有大的偏心量，地震時易產生大的扭轉振動，增加損壞的可能性。評估時可根據估計的偏心量與平面寬度比值的大小給予適當的權數。
立面對稱性	結構物抵抗地震力的構材如果在立面上連續，勁度沒有太大的變化，則其地震時的動態反應較易掌握。結構物若有顯著的退縮，或譬如剪力牆到一半高度中止，則易造成結構立面上勁度過大的變化，地震時將產生不易掌握的特異動力反應，影響結構物的耐震安全。評估時可依勁度在立面上變異的程度，給予適當的權數。
變形程度	結構體若有基礎的差異況的，則可能會傾斜，而構材若強度不足，也會產生較大的變形。此些因素都會降低結構的耐震能力，因此應以此些現象的普遍性與嚴重性來決定權數。
裂縫鏽蝕滲水程度	鋼筋混凝土構材若具有裂縫，代表混凝土品質不良或強度不足。裂縫產生後，裡面的鋼筋較易產生鏽蝕，而鋼筋鏽蝕也會降低構材的強度。構材若有滲水現象，則鋼筋的鏽蝕與混凝土的老化必會加速進行，此些因素都會影響結構物的耐震安全，評估時係以此些現象的嚴重性來決定權數。
屋齡，（年）	屋齡較大的建築物，其構材老化的程度較嚴重，耐震能力因此也較低。由評估內容提供的計算式來看，屋齡超過或等於 50 年者，權數為 1.0，小於 50 年者，則線性遞減。
屋頂加建程度	此處所指的屋頂加建物，你指原設計不包含的一些加建物。由於加建物具有重量，且又位於最高的屋頂，地震時產生的地震力比設於其他樓層更大，對結構物的耐震安全具有相當之影響。評估時係以加建物的多少程度來決定權數。

參考文獻：內政部建築 究所，1999，鋼筋混凝土建築物耐震能力評估法及推廣。

表7-12　結構耐震能力初步評估表

避難處所：　　　　　　　　地址：

適用災害：　　　　　　　　編號：

GPS 座標：N　　　　E

評估日期：中華民國 101 年　　月　　日

項次	項目	配分	評估內容	權數	危險度評分
1	設計年度	4	□63年2月以前 (1.0)　□63年2月~71年6月 (0.75)　□71年6月~78年5月 (0.5)　□78年5月~86年5月 (0.25)　□86年5月以後 (0)		
2	距活斷層遠近	5	□100m以內 (1.0)　□100～500m (0.8)　□500～2000m (0.4)　□2000m以上 (0)		
3	工址震區加速度係數	5	(Z-0.18)/0.15：其中 Z：震區加速度係數		
4	地下室面積比，ra	5	0≦(1.5-r_a)/1.5≦1.0：r_a：地下室面積與建築面積總面積之比		
5	基礎型式	5	□基腳（無繫梁）(1.0)　□基腳（有繫梁）(0.5)　□樁基或筏基 (0)		
6	基礎土壤承載力	4	□極差·5t/m²以上 (1.0)　□不良·5～10 t/m² (0.67)　□尚可·10～20 t/m² (0.33)　□良好·20 t/m² (0)		
7	梁之跨深比，b	6	0≦(10-b)/8≦1.0 b：梁之淨跨距與大梁深之比值		
8	柱之淨深比，a	6	0≦(6-a)/4≦1.0 a：柱之淨高度與柱斷面較長邊之比值		
9	一樓牆量指標	8	□極差、無牆 (1.0)　□不良、少量牆 (0.67)　□尚可、每間至少一片牆 (0.33)　□良好、每間至少 2 片牆 (0)		
10	露臺、氣窗造成短柱數量	8	□高、50%以上 (1.0)　□中、25～50% (0.67)　□低、0～25% (0.33)　□無 (0)		
11	磚牆造成短梁數量	6	□高、50%以上 (1.0)　□中、25～50% (0.67)　□低、0～25% (0.33)　□無 (0)		
12	軟弱層題顯著性（注意特別開放空間）	8	□高、三片牆中斷 (1.0)　□中、二片牆中斷 (0.67)　□低、一片牆中斷 (0.33)　□無 (0)		
13	平面對稱性	6	□差、一字型 (1.0)　□尚可、L字型 (0.5)　□良、ㄩ或口字型 (0)		
14	立面對稱性	4	□差 (1.0)　□尚可 (0.5)　□良 (0)		
15	肉眼可見變形程度	4	□大 (1.0)　□中 (0.67)　□小 (0.33)　□無 (0)		
16	裂縫銹蝕滲水等程度	8	□多 (1.0)　□中 (0.67)　□少 (0.33)　□無 (0)		
17	屋齡，yr	3	yr/50≦1.0		
18	屋頂加建程度（未請照者）	5	□高、全棟 RC (1.0)　□中、半棟 RC (0.67)　□低、鋼架雨棚 (0.33)　□無 (0)		

項次	項目	評估內容	權數	危險度評分
分　數	總　計	配分　100		D：危險度評分總計

評估結果：　□確有疑慮（D > 60）　□應有疑慮（30 < D ≦ 60）　□尚無疑慮（D ≦ 30）

19. 本棟建築物歷年施工契約（內含圖說）是否齊全？　□全部齊全　□大約只保存 75%　□大約只保存 50%　□大約只保存 25%

20. 本棟建築物樓層數？　本棟建築物包括：(1) 地下室（　）層；(2) 地上（　）層；(3) 其它 _____

備註：1. 評估內容括號中之數字號字為權數，乘以配分為危險度評分。
2. 耐震能力評估標準：
a. 危險度評分總計（D）大於 60 分，耐震能力確有疑慮，應立即進行詳細評估或拆除。
b. 危險度評分總計（D）大於 30 至等於 60 分，耐震安全有疑慮，近期應立即進行詳細評估。
c. 危險度評分總計（D）小於等於 30 分，耐震能力尚無疑慮，但需繼續進行例行評估。
d. 第 19、20 兩項不列入危險度評分。

評估人：　　　　　評估單位：

管理人：　　　　　管理單位：

參考文獻：內政部建築研究所，1999，鋼筋混凝土建築物耐震能力評估法及推廣。

由於避難收容處所安全性評估是以消防安檢與結構安檢爲依據，因此，綜合評估結果與民生物資儲備處所相同。其原則如下：

1. 若消防安檢與結構安檢分別爲「合格」及「尚無疑慮」，評估爲「第一級」。

2. 若消防安檢與結構安檢分別爲「合格」及「應有疑慮」或分別爲「待改善」及「尚無疑慮」，則評估爲「第二級」。建議應持續追蹤複驗，若有必要時應進行結構改善。

3. 其他情況下則評估爲「第三級」，建議應持續追蹤或進行細部評估。在了解處所實際情形後，決定是否排除爲民生物資儲備處所，或是規劃整體改善措施以提升其安全性。

4. 若消防安檢與結構安檢分別爲「待改善」及「確有疑慮」者，則評估爲「建議更換」。

⚡ 7.4　避難收容之民生物資整備

當地區劇烈災害發生時，災區居民需於極短時間撤離家園並安置於避難收容處所等待救援或至災害結束爲止。假如災民原居住所因受災害影響而無法迅速復原，避難收容處所則必須提供基本民生物資以供災民日常生活所需，因此民生物資之準備實爲影響避難收容處所運作時之重要工作。目前國內之現行方式，各地區常在避難收容處所之外另行規劃民生物資儲備處所，儲備各式基本民生物資以備不時之需，並定期更新以確保儲備物資皆於使用期限內；在較偏遠地區，則多採用避難收容處所兼備物資儲備處所之方式，以期能在災害發生時提供所需物資，避免民生物資無法及時運補至避難收容處所之窘境。

7.4.1　民生物資之界定與儲備量

基本民生物資的種類因個人的生活習慣及地方文化有所差異，逢甲大學（2006）曾經依據臺灣地區天然災害之特性以及風俗文化，並參考南投縣九二一震災期間救援物資的發放統計分類，將民生物資分爲食品及生活物資兩大

類，生活物資是以用品為主；減災期間應著重「食品」之儲備，當災害規模較大，重建期較長時，則需「生活物資」的支援調度。各項民生物資之定義如表7-13所示。

表7-13 避難收容之民生物資類別、小類與細項說明

類別	小類	細項
食品	煮食類	米、泡麵、米粉、麵條、麵粉
	調味類	油、鹽、醬油、味精
	乾糧類	麵包、乾糧
	包裝及罐頭食品	八寶粥、早餐粥、玉米、高湯、肉類罐頭、魚肉罐頭、蔬菜罐頭、水果罐頭
	沖泡類	奶粉、麥片、杯湯
	飲水類	飲料、飲用水
生活物資	寢具用品	棉被、睡袋、帳篷、毛毯、睡墊、蚊帳
	個人日常用品	衛生紙、免洗衣褲、成人尿布、沐浴乳、洗髮精、衛生棉、毛巾、牙刷、牙膏、香皂、臉盆、消毒水、清潔劑
	公共衛生用品	生活用水、廁所
	衣物	衣服
	嬰兒用品	紙尿布、奶瓶、嬰兒奶粉、奶嘴
	照明設備	電池、手電筒、打火機、蠟燭、火柴、緊急照明
	炊食餐具	瓦斯 、瓦斯 罐、免洗碗筷、紙杯、刀具、鍋碗瓢盆
	其他物資	雨衣、報紙、救護包、電風扇、汽油、柴油、蚊香、防蚊液、收音機、帆布、雨棚

對於應準備的物資儲備量，民國91年公布的「直轄市、縣（市）危險區域（村里、部落）因應天然災害緊急救濟物資儲存作業要點範例」中要求必須依照轄內危險區域交通特性而區分為；(1)山地村里、孤立地區；(2)農村、偏遠地區及(3)都會、半都會地區等三種，而各區之安全存量則分別為七日份、三日份及二日份之糧食及民生用品。逢甲大學（2006）建議鄉、鎮（市）、區公所民生

物資各儲備據點之儲備量爲各儲備據點服務人口數之三日份糧食及民生用品。

7.4.2　民生物資維護管理機制

　　在災害應變的四個階段中，民生物資之維護管理應特別強調在減災時期之落實執行，其目的在於反覆檢視儲備工作是否完善進行，以便面對反覆不斷的災害管理工作循環（逢甲大學，2006）。在現有政府體制下，縣、市政府在天然災害民生物資儲備工作之主要專責單位爲社會局，其他相關單位（如工廠、公司及交通運輸管理單位）則配合社會局執行儲備工作；而鄉、鎭（市）、區公所層級之主要專責單位爲社會課或民政課，其他相關單位則配合社會課或民政課執行；此二層級之民生物資管理機制分別說明於後。

壹、直轄市、縣（市）政府層級之民生物資管理機制

　　民生物資之維護管理首重於減災時期之執行，縣、市政府於減災階段主要工作，包括：

　　1. 檢討及修正其相關民生物資儲備及調度運作標準作業程序。

　　2. 補充鄉、鎭、區公所管理儲備處所之民生物資種類及數量。

　　3. 依中央補助之經費採購所需物資。

　　4. 定期督導考核各儲備處所對民生物資儲備作業之執行。

　　依據前述原則，臺中市政府社會局考量其實務操作經驗而訂定出頗具參考價值之民生物資管理機制程序（圖7-6）及各管理階段之各項作業內容說明（表7-14）。

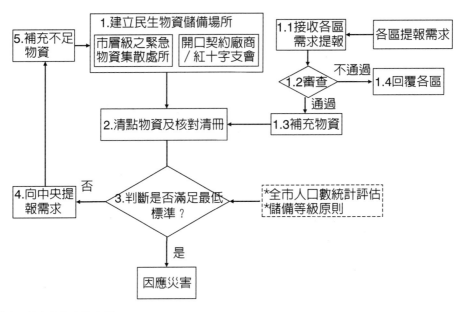

資料來源：臺中市政府社會局

圖7-6　臺中市政府之市政府層級民生物資管理機制程序

表7-14　臺中市政府之市政府層級民生物資管理機制程序說明

機制流程	說明
1. 建立民生物資儲備處所	1. 訂定臺中市因應天然災害緊急救濟糧食及民生用品儲存作業要點，救災物資指定專人管理儲存物品登錄、張貼品名、保存年限等標示（災害救濟物資標示標籤），並定期檢查。
	2. 建立各區之儲備等級，並計算各物資安全存量 = 每人安全存量天數 × 每人日消耗量 × 預估可能受災人口數，預估可能受災人口數 = 人口數 × 預估受災比例係數。
	3. 規劃建立市層級之物資儲備處所及物資儲備清單。本市市級物資儲備處所，係規劃大甲高中、大里高中及臺中市體育館（豐原區）等具備直升機可起降條件之位置，為緊急物資集散處所，於災時進行物資集中及分配等事宜，並統一由紅十字會規劃管理。
	4. 定期與紅十字會臺中市轄內支會聯繫，確認物資種類和數量及協助災害救助演練。
	5. 選定境內販賣民生物資之工廠，與其協定災害救助協定。
	6. 選定境內生產民生物資之廠商，與其協定災害救助協定。
	7. 建立定期清查之管理辦法。

機制流程	說明
1.1 接收各區需求提報	接收各區公所提報之物資需求。
1.2 審查	對區公所提報之需求進行審查，根據提報各區之人口數、儲備等級、目前各種物資儲備量、督導考核績效及歷次民生物資消耗量等要素，審查評估是否補助該區物資準備金。
1.3 補充物資	根據審查可提供之物資種類及數量給區公所。
1.4 回覆各區	經審查，認為目前該區尚不需撥款補助，則回覆暫時無法補助之原因。
2. 定期清點物資及核對清冊	1. 每年每季第一個月清查救災物資儲存情形。 2. 建立各儲備處所清點核對表，並清點物資種類及數量，包括檢查人簽名、檢查日期、物資名稱、單位、預估存量、實際數量、放置位置、儲放日期、有效日期、說明等，若有快過期限之物品除運送至社福單位等，亦需建立清冊。 3. 防汛期開始前，彙整儲備中心、各儲備分站、避難收容所、廠商及紅十字會之儲存物資清冊，並陳報社會司備查。
3. 判斷是否滿足最低儲備標準	配合全市之最新人口統計報表、儲備等級原則評估儲備量是否足夠；如果不足，則向中央提報救災物資補助金申請單；如果足夠，則靜待各區需求提出因應。
4. 向中央提報需求	當市評估儲備量不足時，通報中央，請求補助支援；需檢附各類物資清冊、報廢物資清冊、人口數、儲備等級等資料佐證需求。
5. 補充不足物資	根據中央補助款，添購不足之民生物資。（物資種類、單位、數量、儲備處所、登錄時間、保存期限）。

資料來源：臺中市政府社會局

貳、鄉、鎮（市）、區公所之民生物資管理機制

對於減災時期執行之民生物資維護管理，鄉、鎮（市）、區公所之主要工作為：

1. 檢討及修正鄉、鎮（市）、區公所災害管理民生物資儲備及調度運作標準作業程序。
2. 依直轄市、縣（市）政府提供物資補充各儲備處所需要之物資。
3. 定期管理各儲備處所之民生物資儲備作業之執行。

　　而臺中市政府社會局所研擬之區公所民生物資管理機制程序，如圖7-7所示；區公所之民生物資管理機制說明如表7-15所示。

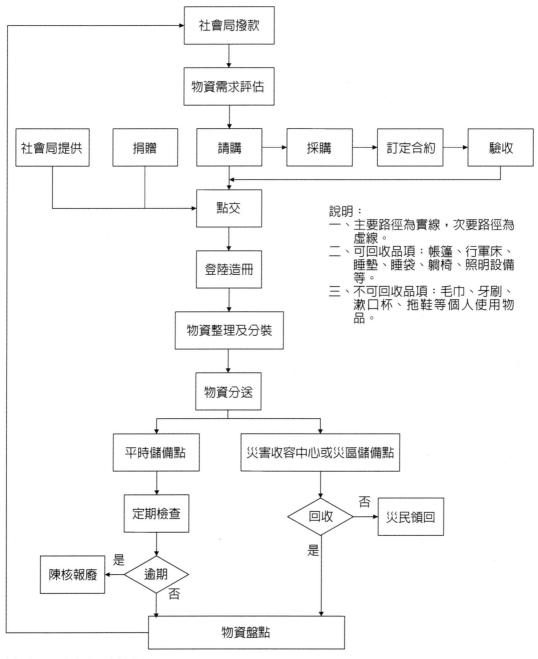

資料來源：臺中市政府社會局

圖7-7　臺中市政府之區公所民生物資管理機制程序

表7-15　臺中市政府之區公所民生物資管理機制程序說明

機制流程	說明
1. 平時救災物資之整備	1. 每年應按季清查災害救災物資儲存情形，發現快過期限之物品除運送至社福單位等應即刻辦理補充事宜。
	2. 評估區域需求，與廠商訂定開口契約或依採購程序辦理救災物資採購。
	3. 災害救災物資由區公所點收、分裝、分箱、分袋，按物品有無保存年限區分裝置。
	4. 災害救災物資指定專人管理儲存物品登入、張貼品名、保存年限等標示，並制定成冊。
	5. 建立區內民間物資支援機關團體名冊，並陳報社會局。
	6. 建立災害防救團體及民間災害防救志願組織名冊及聯絡電話，並陳報社會局。
2. 物資配送作業	1. 防汛期開始前，彙整各儲備場所、避難收容所及廠商之儲存物資清冊，並陳報社會局備查；每區公所應儲存約 50 人份盥洗物品及適量物資作為初期需用量。
	2. 建立各儲備場所清點核對表，並清點物資種類及數量，包括檢查人簽名、檢查日期、物資名稱、單位、預估存量、實際數量、放置位置、儲放日期、有效日期、報廢與否、說明等。
3. 盤點結報作業	1. 清點可回收之救災物資，並檢查是否有損壞需陳核報廢。
	2. 緊急收容中心撤除後，清點剩餘之物資、分類、列冊集中保管。
4. 向市政府提報需求	1. 當各區評估儲備量不足時，通報應變中心，請求補助支援。

資料來源：臺中市政府社會局

7.4.3　民生物資之準備與取得

　　避難收容之民生物資為災民於災時過渡期生活所需，因此需於減災及整備階段中儲備足夠之安全存量；但在災害發生之應變階段，若所準備之民生物資不足仍以供應災民所需，此時則需以緊急採購或物資調度等方式獲得。

壹、開口契約

　　由於食品類物資多有使用之有效或保存期限，當超過期限未使用將必須予以銷毀；如此對於管理單位而言，不僅需執行較頻繁之效期檢核且亦可能因過期銷毀而造成經費耗損之狀況。面對此問題，部分縣、市政府層級之民生物資管理單位係與「食物銀行」相互配合，對於即將到期之食品類物資藉以轉贈至弱勢民眾（圖7-8）。而對於鄉、鎮、區公所層級之民生物資管理單位而言，在每年物資採購經費有限情況下，利用開口契約與管理區內之食品製造商或經銷商訂定災時之食品供應服務，則是另一有效使用經費之可行方式。圖7-9為2015年與臺中市各區公所訂定開口契約之廠商分布圖，其契約物資除食品與飲用水外，尚有寢具類、衣物類、日常用品、燃料、發電機與抽水機等六大類。鄉、鎮、區公所必須掌握所簽訂之廠商數量及其所承諾提供之項目與數量外，亦應注意同一廠商是否與多個鄉、鎮、區簽訂開口契約，以確保災時民生物資之供給服務。

圖7-8　臺中市政府與紅十字會合作之食物銀行

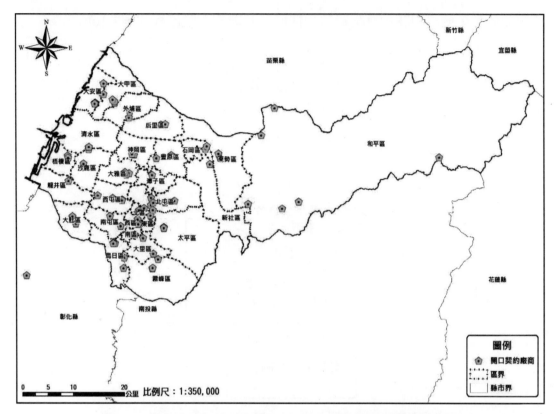

圖7-9　臺中市2015年各區之民生物資開口契約廠商分布圖

貳、物資緊急採購機制

　　當災害規模過大，以致事先所儲備或開口契約廠商提供之民生物資不敷使用，或是開口契約廠商因故無法履行時，負責單位機關可依「重大天然災害搶救復建經費簡化會計手續處理要點」第六點、第一項規定「災區搶救復建所需經費，在直轄市、縣（市）以下各級政府應依優先需要，先行動支所列災害準備金，及重大工程經費百分之一之準備金作為救災之用」，藉以編列經費作為臨時採購民生物資之準備金；或與鄰近超商或大賣場訂定緊急採購契約，以因應災害發生時物資短缺之狀況。若準備金不敷時，可依該要點之第六點、第二項「直轄市、縣（市）以下各級政府所列災害準備金如有不敷，應立即檢討年度預算相關經費執行情形，凡可暫緩辦理之工作項目一律停辦，並將原列預算移充災區搶救復建之用。」之規定，暫緩辦理原列預算之工作，將經費挪移至災區進行救災工

作，並於災後檢討相關預算經費執行情形，其緊急採購流程如圖7-10所示。

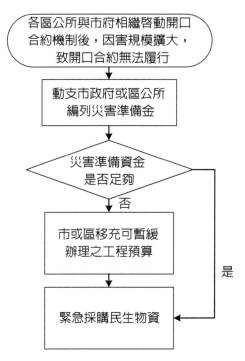

資料來源：臺中市政府社會局

圖7-10　縣、市政府之民生物資緊急採購流程

參、物資調度方案

　　災時鄉、鎮（市）、區公所之開口契約無法執行時，需提報至直轄市、縣（市）政府，由縣、市政府提供物資至災區。相對地，直轄市、縣（市）政府於災害應變階段主要工作爲根據災區之鄉、鎮（市）、區公提出之需求進行物資調度支援，或當鄉、鎮（市）、區公所無法處理時而接掌地區指揮作業，統籌民生物資分配或進行地區性物資募集作業等工作；若全縣、市之物資需求量大，以致無法自行處理時：(1)可向中央提報物資需求；(2)請求協調其他縣市調度支援；(3)透過物資募集作業或(4)慈善團體（如財團法人、慈濟等）之捐贈以解決緊急物資缺乏之問題，其流程如圖7-11所示。其中之物資募集作業需由縣、市政府社會局成立救災物資募集中心，並發布新聞稿，說明目前市政府需要之物資種類及

數量，再由社會局局長擔任指揮官，物資集散地之專責人員（建議科長級以上）統籌分派。此外，亦可透過物資募集作業之公告，接收慈善團體之物資捐贈，透過結合民間、社區及社會團體等資源，作為物資短缺時之緊急支援管道。

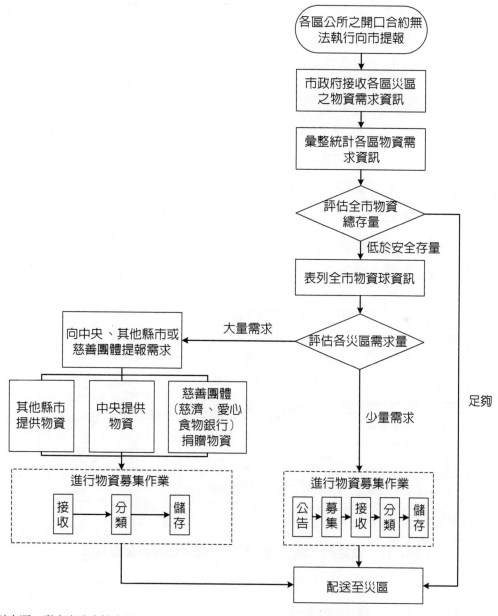

資料來源：臺中市政府社會局

圖7-11　縣、市政府之民生物資調度流程

7.4.4 災時物資受理及分配規定

物資分配、供給需有專責單位妥善分發，避免物資供給效率不彰或重複分配，導致部分災民物資過剩或不足等情事發生。而分配不公情形除將引起災民不滿情緒外，亦將衍生其他不可預期之問題，進而導致災後救援與復原作業更趨複雜難行。為此，臺中市政府曾制訂相關救災物資發放規定，本節將其物資受理及分配權責單位與流程予以彙整說明如下：

壹、直轄市、縣（市）政府層級

直轄市、縣（市）政府之物資受理及分配應由社會局負責統計災區物資需求，視災區位置、物資儲備處所位置、道路狀況及天氣狀況評估物資配送方式，並配送至災區單一收受窗口。若提供至各鄉、鎮（市）、區，則以應變中心指派單位為窗口；若直接提供至災區，則以申請人為主要負責人；若提供至避難收容處所，則由管理人負責或由災民推派之。單一窗口負責接收清點、發放與記錄等工作，其流程圖如圖7-12所示。

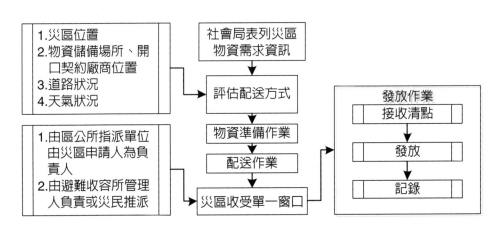

資料來源：臺中市政府社會局

圖7-12 直轄市、縣（市）政府物資受理及分配流程圖

貳、鄉、鎮（市）、區公所層級

鄉、鎮（市）、區公所之物資受理及分配應由社會課負責統計災區物資需求，視災區位置、物資儲備處所位置、道路狀況及天氣狀況評估物資配送方式，

並配送至災區單一收受窗口。若提供至各村里，則以各村里辦公室窗口；若直接提供至災區，則以申請人為主要負責人；若提供至避難收容處所，則由管理人負責或由災民推派之。單一窗口負責接收清點、發放與記錄等工作，其流程圖如圖7-13所示。

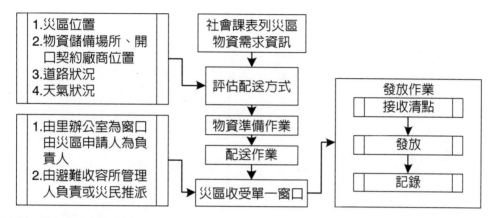

資料來源：臺中市政府社會局

圖7-13　鄉、鎮、區公所物資受理及分配流程圖

習 題

一、請利用emergency shelter、disaster shelter或evacuation shelter作為關鍵詞，上網搜尋三幅不同國家發生災害後之相關避難處所照片，並討論或比較各照片間之差異。

二、假設某地區在遭遇災害時，家庭、男性、女性及行動不便等四種可能避難民眾之人數比例為5：2：2：1，針對以下避難處所之平面圖（一、二樓避難空間相同）請估算可容納之收容總人數，並分配此四類災民之暫居空間配置。

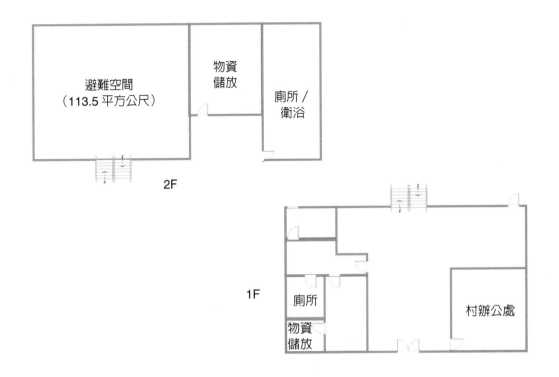

三、承上題，針對此避難處所若位於(1)山地村里、孤立地區；
(2)農村、偏遠地區及(3)都會、半都會地區等三種地點，分
別估算其所需糧食及民生用品之對應安全存量（以人天為
單位）。

⚡參考文獻

內政部建築研究所，1999，「鋼筋混凝土建築物耐震能力評估法及推廣」。

王鴻楷，1999，「九二一集集大地震全面勘災報告」。

李佩瑜，2000，「由鄰里單元觀點探討震災時救災避難圈之規劃」，成功大學
　　都市計畫研究所碩士論文。

周良皞、謝孟勳、李秉乾，2011，「避難收容場所之簡易適震性評估方法」，
　　2011臺灣災害管理研討會論文集，pp.87-88，臺灣災害管理研討會。

張益三、蔡柏全，2003，「建立都市防災規劃中基礎避難圈域之服務規模推估
　　模式」，第七屆國土規劃論壇學術研討會論文集，國立成功大學都市計畫學

系。

逢甲大學，2006，「天然災害民生物資儲備及調度運作標準作業程序之研究」，行政院災害防救委員會委託計畫成果報告。

逢甲大學，2015，「104年度臺中市災害防救深耕第二期計畫」，臺中市政府消防局委託計畫成果報告。

Lee, C.T., Cheng, C.T., Liao, C.W. and Tsai, Y.B. (2001), Site classification of Taiwan free-field strong-motion stations. Bulletin of the Seismological Society of America, 91(5), 1283-1297.

Mohraz, B. (1976), A study of earthquake response spectra for different geological Conditions. Bulletin of the Seismological Society of America, 66, 915-935.

Shelter Centre. 2011. Literature review for Shelter After Disaster. http://sheltercentre.org/ library/literature-review-shelter-after-disaster.

Seed, H.B., Ugas, C and Lysmer, J. (1976), Site dependent spectra for earthquake resistant design. Bulletin of the Seismological Society of America, 59, 909-922.

第8章 全民防災知識傳播

　　臺灣地理環境特殊，長期暴露於颱風、豪雨、地震等天然災害威脅之下，再加上社會快速發展、人為過度開發等因素，更增加了人為災害的潛在誘因；也因此根據聯合國統計，臺灣已被列為全世界最容易遭受天然災害侵襲的地區。災害（Disaster），一般定義為「自然」或「人為」事件，直接或間接造成人類生命、財產危害或損失者稱之。因此，吾人可以透過了解自然環境、人類社會組成環境及日常行為的構成來推測生活周遭環境可能肇發的災害類別，而面對這些既存的災害潛勢，吾人更應防患於未然，於日常生活中建立全民防災意識。

　　為健全災害防救體系，包含災前之預防、災時之緊急應變及災後之復原重建等作為，皆屬災害防救資訊普及所需致力的範圍，為其減災、整備階段之根基，目的在於建立全民正確之災害防救意識，傳遞各類災害正確的防範措施及防災觀念，藉此提升整體的災害防救與緊急應變能力，培養全民自保、自救及救人之基本防災理念，以期透過災前之預防及災中的適切應變減少可能衍生之損失。

　　為達成災害防救資訊普及、強化並整合資通訊傳遞系統，確保大規模複合型災害應變資通傳傳遞之功能，整合民間企業、社群網絡及社會媒體之能量已為必然之趨勢，本篇章之整體主由全民災害素養的培植、防災社區及企業防災等三大項所構成，茲於各小節依序整理介紹如後。

⚡ 8.1　全民防災素養培植

　　全民防災素養培植秉持的是「預防重於治療」的理念，期藉由學校與社會教育的宣導，傳遞正確的各災防範措施及防災觀念，以加強民眾對天然災害的認識並了解緊急應變的重要，達到全民防災觀念建立與災害知能提升的目的，進而強化社會整體抗災的能力。

8.1.1　防災教育概論

　　「防災教育」所指為災害防救的教育，其根本的概念並非控制災害的發生，而是減緩災害對人類所造成的傷害。而防災教育的目的，即在於透過教育的方法，培養民眾積極的防災行為，以就既知的災害潛勢有所準備，進而降低災害發生時所造成的生命、財產損失。

　　教育部（2007）的「防災科技教育深耕實驗研發計畫」中指出，防災教育可分為學校防災教育（Formal Education）及社會防災教育（Non-Formal Education）兩部分；學校防災教育主要是針對各級學校師生及行政人員所實施的天然及人為防災教育；社會防災教育則是針對一般公私部門、企業、非政府組織（Non-Governmental Organization, NGO）、社區及一般民眾所實施的天然及人為災害防災教育。廣義而言，防災教育操作的面相包含但不僅限於下列事項（教育部，2007）：

1. 強化民眾對各類災害的了解。
2. 培植民眾正確的防救災態度。
3. 輔導民眾進行災前的整備、擬定適當的緊急應變措施，並佐以定期的演訓。
4. 建立防災社區為單位的防災系統。
5. 加強學校行政人員及教師的防災訓練等。

　　防災教育屬全民教育，擬定施行方針時需考量因材施教，面對各族群、對象，需考量其組成背景，研議適當之宣導策略，以期欲布達的資訊能透過適切的宣導，廣泛的深入各家庭組織，進而普及於社區，達致「災害零傷亡」的最高期許。

8.1.2　防災教育基本理念與目的

　　防災教育是災害防救工作上最具經濟效益的投資，目的在於培養全民的防災素養；而系統化的學校教育則可做為最直接、有效的傳播途徑，為此，教育部在「防災教育白皮書」中提出防災教育的四個基本理念，包含：深植「預防重於治

療」之觀念、防災教育導向「永續發展」、建立主動積極的「安全文化」及邁向「零災害」的願景等，茲將之分述如下（教育部，2004）：

一、深植「預防重於治療」之觀念

民眾須對災害有一定的認知，且對於環境周遭措施的事、物可能存在的危害因子進一步的了解、確認，進而研提改善或解決方案並付諸行動，以避免因疏失導致意外災害之損失。此外，事先了解天然災害資訊或特性，有助於採取適當之防減災策略，以減低災害之損失。

二、防災教育導向「永續發展」

教育是一種持續不斷的歷程，完整的防災理念藉由系統化教育的推行，其成效可以從個人行為特質發展出來，進而帶動社會的進步與環境的改善，如此才能將防災教育徹底落實於社會各角落，進而建構人類生活之永續發展環境。

三、建立主動積極的「安全文化」

世界上沒有絕對的安全，只有危險程度相對的高低分別。防災教育的主動推行，目的在於喚醒一般民眾的覺知，進而使每個人養成安全習性，達到具體、主動、積極的成效，故防災教育是持續且永久性的工作。

四、邁向「零災害」的願景

災害的發生顯然無法避免，即使再進步的科技也只能減少災害的損失。唯有做好減災工作，才能降低災害所帶來的危害，以期能「與風險共存」。防災教育必須從學校做起，有賴徹底執行並由校園推廣至整個社會，教育部建議以下列四個步驟，循序漸進，由學校陸續擴展至全民，使全民皆有防災及緊急應變的常識與能力，如此才能使災害發生後的負面影響降至最低，以達到「全民防災」的願景。

1. 提升民眾對災害的認知。
2. 培養民眾具備防災素養。
3. 強化社會抗災能力。
4. 降低人民與社會的災害風險。

而就「防災素養」的建置而言，教育部匡列了三個操作面向與八個組

成元素，作爲「防災教育」推動的目標與內容，其之架構與意涵如圖8-1與表8-1所示。

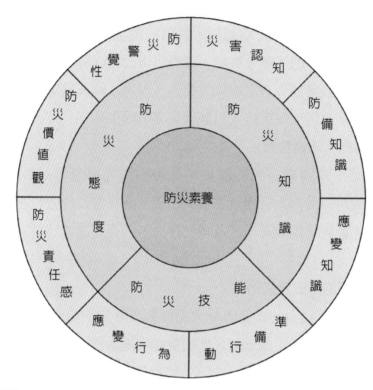

資料來源：教育部，n.d.，http://disaster.edu.tw/edu/poll/default.aspx

圖8-1　防災素養架構圖

表8-1　防災素養之名詞定義

名詞	定義
防災素養	對於可能造成人類生存威脅及生命危害的各類災害，具備一定程度的認識與正確的知識，並能主動的擷取災害相關訊息，對災害產生知覺且對防災具有正面積極的態度，及具備相當程度的能力與技能面對災害威脅。
防災知識	對於災害相關知識知悉與了解的程度，包括能了解生活環境中可能發生的災害種類、性質與因果關係，以及災害對於人類傷害的程度，並具備災害預防措施與災害應變行動的知識等。
防災態度	對於災害關心的程度、災害嚴重性的知覺程度、對防災救災所抱持的信念與價值觀，以及對於防災的責任意識等。包括具備積極之防災態度，對於災害的警覺性，能主動吸收防災相關之訊息，積極參與學校或社區防救災工作與防災演練。

名詞	定義
防災技能	具備災前準備、災時應變以及災後復原的能力。包括災害發生前的各項準備工作，災變時的因應行動，以及災後復建工作的執行等。
災害認知	對於災害認識與了解的程度，包含對各類災害的了解、災害成因的理解，並具備災害可能造成的危險和傷害等相關知識。
防備知識	對於災害防範與防治的知識，包含如何防範災害發生、災害發生前的準備工作、如何降低災害所造成傷亡與損失的知識等。
應變知識	對災害發生時應變與災害發生後處置的知識，包含對於災害發生時應變方法與災害發生後處理程序的了解等。
防災警覺性	對於自身與他人安全的關心程度，包含個人能意識到環境中的危險因子，主動察覺周遭環境的改變，以及警覺環境可能發生的災害等。
防災價值觀	個人對於災害與防災工作所抱持的信念，包含對自身與他人生命安全的重視程度，能體認災害發生的必然性與防災工作的重要等。
防災責任感	個人對於防災工作應盡職責的認同程度，包含能認同並積極主動承擔防災工作責任，及履行承諾完成防災準備工作等。
準備行動	對於災害未發生前各項準備工作的執行能力，包含災前準備工作與防災救災演練的落實，以及規劃防災計畫及擬定減災策略的能力等。
應變行為	面對災害發生時與災害發生後，個人能產生正確的因應行為與應變行動，包含正確的避災動作與應變措施，以及災後復原復建工作的執行等。

資料來源：教育部，n.d.，http://disaster.edu.tw/edu/poll/default.aspx

8.1.3　防災教育的重要性與未來展望

　　參照國外經驗，防災教育應分成學校教育、民眾教育及專業人員教育等方面，應有專責單位編列預算，投入到防災教育中，構成全民防災教育系統。現階段我國防災教育需加強災害防救業務主管機關間之橫向聯繫協調，並結合國家政策予以系統性規劃，整合防災教育資源，讓防災教育能深入全民，有效提升防災知識、技能與態度。防災教育影響層面甚廣，如要確實落實至學校教育中，應訂定相關辦法，促使中央與地方政府部門及學校設置專責單位或專責人員（內政部消防署，2013）。

⚡ 8.2　防災社區

「防災社區」是一個以社區為主體，經由民眾參與、培力（Empowerment）的過程，凝聚社區共識與力量，並藉由推動減災的措施來減少社區的易致災因子，降低災害發生的機率。當發生災害時，防災社區的組成可以避免災情的持續擴大；在災害發生之後，更能迅速推動復原、重建，邁向安全、永續社區發展。因此，本章節依據行政院災害防救委員會之「防災社區指導手冊」，說明防災社區之理念與內涵，介紹推動防災社區之工作內容、推動流程、操作方法等事項，並期望能加速落實、執行社區防救災相關作業，達成防災社區之目標。

8.2.1　防災社區與社區防救災之定義

當災害發生時，如果社區居民可以互相救助、彼此幫忙，就能減少人員傷亡及財產損失。防災社區不僅是要建構一個當災害發生時能迅速應變的社區，而是希望透過民眾的動員、防救災的學習與訓練、災害環境的檢視、減災對策的研擬、社區組織的建立、防救災設施與設備的整備等活動的過程，來改善居住環境的安全，並強化社區整體的防救災能力。一般來說，要成為防災社區至少要具備下列三項特性：

1. 有能力降低災害發生的風險。

2. 能承受災害的衝擊，並降低災害損失。

3. 災後可以迅速進行復原或重建，並能持續發展。

「社區防救災」所指為社區組織或民眾為了成為防災社區所進行於減災、整備、應變、重建等方面的各種努力與工作，具體而言，社區防救災包括（教育部，2009）：

1. 在平時透過居民的組織動員與參與，一起去學習及了解社區的人、物及環境等特性，並分析掌握社區在安全與災害防救上的問題。

2. 社區居民經由共同研討，在專業或行政的協助下，探討社區防救災課題，研擬包括減災、整備和緊急應變等各災害管理階段工作，輔以硬體與軟體的防救災對策，並初步擬定推動及推行計畫。

3. 成立社區防救災組織，並討論與研擬緊急應變對策，同時定期整備相關的器材，進行器材的操作訓練，並針對社區可能發生的災害，進行災害境況的模擬與演習。當大規模災害發生時，有助於社區居民依平日整備、演習的對策及操作程序，在第一時間內進行自救互救，減輕災害的損失。

4. 災後則透過社區的溝通及協調，以最短時間凝聚共識，以受災經驗爲鑑，研擬復原甚或重建計畫，以營造更爲安全的社區環境而努力。

簡言之，防災社區爲「具有防救災功能」的社區。當某個社區具備防災的社區意識，並能依災害管理時序適時地進行平時、災時到災後各項防救災工作時，就可以稱這類的社區爲「防災社區」；而社區組織或民眾爲了成爲防災社區所進行的各種努力與工作，都可以被稱爲「社區防救災」。

8.1.2　推動防災社區的面向

推動防災社區不但能減少災害發生的機率、降低災害造成的損失，更可以凝聚社區意識、提升社區行動力，營造出安全的生活環境，爲此，行政院災害防救委員會提出下列三面向供參：

一、災害防救面向

1. 強化民眾危機意識、災害認知與相關知識。
2. 減少導致災害的因子，降低災害發生機率。
3. 災後能迅速復原，且重建較易重現地方文化與社區特色。

二、社區組織面向

1. 組織動員、提升社區意識與認同。
2. 配合它項社區事務，推動社區營造。
3. 推動事項能合乎社區條件與需求，較容易被民眾接受。

三、支援體系面向

1. 建立與專業團隊、民間組織或地方政府的互動模式。
2. 強化緊急應變能力與自救互救技術。
3. 落實、執行各項災害防救工作。

8.2.3 防災社區相關理念

依據行政院災害防救委員會的定義，防災社區為「具有防救災功能，並朝向永續發展」的社區，其概念基於臺灣本土社區的特性，並結合了「耐災社區」、「抗災社區」與「永續社區」的理念所發展出來的。其中，耐災社區是具有「從災變中迅速復原與調適能力」的社區；抗災社區為具有「抵抗災害能力」的社區；而永續社區則是「一個能與災害共存」的社區，茲分述如下（行政院災害防救委員會，n.d.）：

一、耐災社區（Disaster Resilient Community）

耐災社區是將自然災害的發生視為不可避免的事情，因此著重在如何保護社區民眾的身家財產安全，克服災害對社區所造成的衝擊，而使損失降到最低，並使社區能於災後迅速地恢復且進行復原重建的工作。

二、抗災社區（Disaster Resistant Community）

抗災社區強調以社區為主，結合公部門與民間的力量長期進行減災的工作，以減少社區面對天然災害的風險。所以萬一發生災害時，社區內的人員傷亡及財產損失便可以被降到最低，而社區也能較快速的復原。

三、永續社區（Sustainable Community）

永續社區指的是一個瞭解其居住的實質環境，並能與災害共存的社區。換句話說，永續社區強調除了要能清楚了解社區的實質環境之外，還要透過共同合作、不斷地改善，來降低社區民眾與財產暴露於自然災害的機會，減少社區的易致災性（Vulnerability），以創造更高的生活品質。

永續防災社區的規劃是以「參與」和「社區」二者為基礎，透過社區參與的程序，協助社區了解自身所面臨的災害風險，並共同研擬與執行符合社區需求的減災規劃，降低人與財產暴露於自然災害的機會，朝向永續發展的目標前進。

8.2.4 防災社區的推動者

防災社區強調以社區民眾為主體來推動防救災的工作，然而除了社區民眾

之外，政府部門、地方組織、民間團體、學者專家，甚至企業的參與，對於能否成功推動防災社區具有相當的影響，而這些可能參與推動防災社區的角色彼此之間，應建立良好的夥伴關係與發揮應有的功能。防災社區的推動者分為以下三種身份，各推動者之資源關係圖如圖8-2所示（教育部，2009）。

一、參與者

社區內的居民、商家、當地的公務人員、小學老師或是消防分隊、派出所，以及衛生所等，都可以是防災社區的參與者；不過，社區民眾才是整個防災社區推動過程的主角。

二、專業者

提供災害防救的專業知識、協助社區分析災害環境，或是研擬解決社區防救災問題的專家或團隊就是推動防災社區的專業者。此外，社區裡具有防救災技能（例如水電技師、護士等）的民眾也可以是專業者。

三、促成者

促成者要主持及協助防災社區活動進行，且負責引導參與者思考、討論、提出意見，或適時化解參與者之間不同意見的衝突。

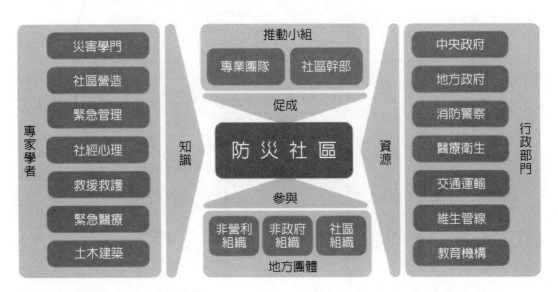

資料來源：教育部，2009，生活防災

圖8-2　防災社區各推動者之資源關係圖

8.2.5　防災社區推動流程

　　防災社區的推動，一方面在於災害防救相關知識與技術的學習，另方面則要講求如何建立一個強而有力、具備社區意識、願意參與防救災工作的社區。而由於每個社區具有各自的自然與社會環境，所面對的災害也未必相同。因此，規劃者需依據社區的特性與資源，掌握社區的需求與限制等條件，來規劃防災社區的推動事項與流程。如是方能培養民眾自動自發、自立自足的精神，以透過風險溝通、討論解決方法，以至於執行的落實等能力。行政院災害防救委員會根據過去實際推動防災社區的經驗，整理與歸納出下列八個推動步驟，如圖8-3及8-4所示，為有志推動防災社區者之參考，茲分述如下（行政院災害防救委員會，n.d.）：

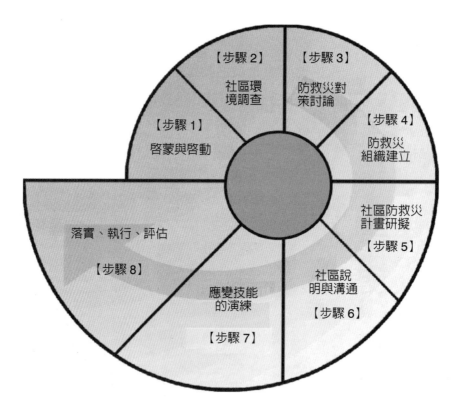

資料來源：行政院災害防救委員會，n.d.，防災社區指導手冊

圖8-3　防災社區推動八步驟概念圖

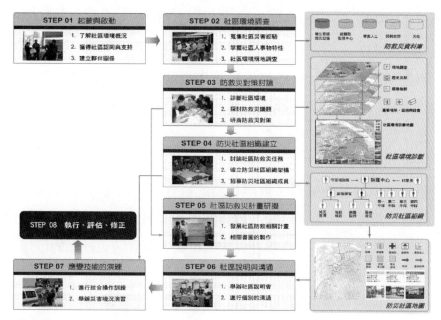

資料來源：教育部，2009，生活防災

圖8-4　防災社區推動八步驟流程圖

一、啓蒙與啓動

先要對社區的狀況有基本的了解，再開始拜訪社區幹部，以尋求社區的認同及支持；然後由專業團隊與社區共同籌組推動小組，一起討論推動事宜，並達成推動共識。接下來可以舉辦社區說明會，引發或鼓勵居民對此一問題的重視與興趣；同時要促使社區內部的團體或組織與外部的機關、團隊建立良好的夥伴關係，彼此都能認同，以獲得最大的支持。

二、社區環境調查

經由社區災害經驗的蒐集、自然與社會環境、防救災資源等的調查，界定社區需要考量的災害類型，並掌握社區內比較可能被災害影響的區域。接著由相關專家陪同社區民眾在社區裡走一遍，記錄各種的發現，並製作爲實地踏勘地圖，以作爲日後分析、討論的重要基礎。

三、防救災對策討論

整合各項社區環境調查的結果，共同討論、分析社區的易致災因子，並進一步整理出社區在災害防救上可能存在的諸項議題；然後針對各項議題

研擬出要如何解決的方法，或如何執行、處理的策略。

四、防救災組織建立

以先前研擬出的社區防救災對策作為基礎，討論社區防救災組織的工作內容並進行任務分工與編組；然後依照社區的特性，研擬合適的組織架構，建立起社區的防救災組織。

五、社區防救災計畫研擬

基於先前討論的基礎，依照社區的特性與需求，安排合適的防救災活動；同時考量推動所需的時程、預算與預期成果，整理成為日後可以付諸執行的社區防救災計畫，以作為社區未來推動、落實防災社區的依據。

六、社區說明與溝通

透過社區說明會或個別溝通的方式，將防災社區的推動成果與相關訊息傳達給社區民眾，引發大家的興趣，並促使更多人願意參與，達到提升社區整體防救災能量的目的。

七、應變技能的演練

考量社區內可能發生的災害類型，邀請地方的相關行政單位或民間組織到社區教導民眾應變救災所需的基本技能；並透過與外部組織、機關合作的方式，舉辦符合社區真實災害情境的演習，以強化社區的應變能力。

八、落實、執行、評估

防災社區需要長期且持續地推動，因此社區日後應定期針對各項計畫的推動與執行成果，予以評估、檢討，並針對其結果進行調整或強化，以朝向永續防災社區的目標邁進。

⚡ 8.3　企業防災

臺灣是全球最容易發生天然災害的地區之一，在全球氣候變遷影響所產生的極端性氣候，更大幅增加了臺灣氣候的變異程度及不確定性，也因而造成許多複合型災害的產生，導致民眾生命財產的損失，因此，如何發展系統性策略來因應，引導企業的投入及民眾意識的提升，已是目前刻不容緩的議題。從日本311

大地震事件中的省思，依據亞洲減災中心進行亞太區域的調查研究中顯示，63%
的企業沒有或不知道針對防災建立營運持續計畫（Business Continuity Planning,
BCP），亦即多數企業（尤其是中小企業）不明瞭BCP的重要性；從國內921大
地震（竹科）、東日本大地震（汽車、半導體）及泰國水災（汽車、硬碟），都
凸顯產業的相依性所形成的脆弱度。鑑此，協助企業了解本國的災害風險外，並
掌握國外產業相關威脅，納入企業營運持續管理（Business Continuity Manage-
ment, BCM），藉此增加企業的耐災力，確保員工的工作與收入，以維持家庭與
社區的生計。

　　本章節首先針對企業防災做一定義，說明BCM及BCP之意涵及履行企業社
會責任的能量，並介紹BCM之推動方式，展現政府與民間企業透過夥伴關係，
藉由良好的管理與監督，有效降低防災營運成本、增加企業競爭力與耐災力。

8.3.1　企業防災之定義

　　民間企業在災害防救方面，扮演舉足輕重的角色。Frankel等人（2014）
的著作提及：美國國土安全應用科學基金會（Applied Science Foundation for
Homeland Security, ASFHS）網站提出，身為美國稅法第501條、第C項、第3款
規定下的非營利組織，國土安全應用科學基金會的使命，是要保護美國免受人為
與自然災害，方法包含：

1. 匯集政府、民間與學界的力量，開發具有彈性且可持久的國土安全產品
   與服務，並將之商業化；
2. 為政府單位提供一流的指揮控制中心，以及；
3. 為第一線應變人員及其他國土安全最終使用者提供最新的訓練與演習方
   案。

　　日本2003年（平成15年）9月份召開的中央防災會議，提出「活化民間防災
力」的目標，分別從「防災造街」與「活用民間防災力」兩項主題進行，最終目
的是將政府與各種民間力量連結一起，包括民間組織、志工組織、企業等團體，
作為提升整體社會防災力的基礎。根據日本內閣府頒布的「災害基本計畫」，企
業在防災活動上所扮演的角色包括：(1)保障員工及顧客的安全；(2)經濟活動的

維持；(3)對社區居民的貢獻等3項，茲分述如下（行政院災害防救委員會、經濟部水利署，2008）：

一、保障員工及顧客的安全

　　建築物的安全性，是決定企業能否保障員工及顧客安全的關鍵。建築物本身的震災對策，除了設施的耐震化之外，還包括了防止建築物內部物品或設備倒塌或滑落，以及確保逃生路線等。日本在阪神大地震之後，實施「修訂建築物耐震基準的相關法律」，致力於修訂企業大廈等「特定建築物」的耐震基準，以確保建築物較高的耐震機能。

　　此外，為了防止海嘯所帶來的災害發生，企業應針對海嘯可能的危害，檢討相關防災對策，而且除了設施的對策之外，防災計畫與手冊的製作、防災訓練的實施、員工緊急召集方式、員工及其家屬的安全確認體制，也列為計畫重點事項。

二、經濟活動的維持

　　企業在事業活動的永續經營上，除了確保既有市場正常營運外，還必須確保員工的僱用，以及防止關係企業的混亂與破產。如阪神‧淡路大地震中，NESLEY公司因事先對電腦系統進行保護措施，使得在災後仰賴電腦的業務，能迅速回到正常的軌道。

　　因此，企業平時需對災害做好防備，方能於災害發生後，迅速回到原本的工作軌道，並保障企業的永續經營，而企業在災害對策上，需以「維繫事業活動，並繼續提供顧客或消費者產品服務」為基本方針。上述的防災計畫的企劃、立案、實行等事項，則總稱為營運持續管理（BCM）。

三、對社區居民的貢獻

　　日本災害對策基本法明定：「地方民眾除了需自我防災之外，還需自發性地參加地區防災活動。為了達成此目的，企業也必須給予必要的協助。」而此處所指的「民眾」，還包含當地企業本身的員工。

　　此外，日本東京都震災對策條例第9條規定「業者除了需協助政府機關實施震災對策外，還必須對自身的社會責任有所自覺，盡最大的努力防止震災的發生。」，以及「企業為減輕公司周邊地區的災情，必須對周邊居民，實施震災對

策活動，並和周邊居民共同攜手努力。」此乃企業以「企業市民」身分，對社會所應盡的責任（Corporate Social Responsibility, CSR）。例如，災害發生後，企業可開放部分辦公空間，作為居民暫時的避難場所，或是和行政單位、居民、志工共同進行物資上的支援，平時則積極與社區居民作防災議題的交流等。

目前受國際社會認同對CSR較正式的定義是「世界企業永續發展協會（WBCSD）」，其概要的意義為：企業社會責任是企業承諾持續遵守道德規範，為經濟發展做出貢獻，並且改善員工及其家庭、當地整體社區、社會的生活品質。在現今社會中，企業已被認為是一個多功能且具有多重角色與任務的機構，而不是以往只注重利潤的組織。而企業的社會責任通常可以普遍的指出有三點（內政部建築研究所，2009）：

1. 企業應該執行促進社會利益的活動。

2. 應該避免社會的損害發生。

3. 應該在法律限制範圍內求取企業的最大利益。

概括上述三點，企業CSR為在社會上所扮演的角色具有正面效應者。在防救災工作上，若企業能夠基於回饋的心態，幫助社會於災害發生時能夠免於過大的損失與傷亡，以及幫助社會能夠在短時間內恢復日常生活，對於其形象也有提升的效果。

一般企業目前所準備之緊急應變計畫，係針對災害發生時，為確保人員生命及公司財產安全的第一時間處理措施，但鮮少針對各個業務於中斷後，應執行之復原業務流程工作項目進行規劃。目前營運持續管理（BCM）權責單位多為環安衛單位或資訊部門，但由於皆屬於企業內部支援單位，因此於跨單位協調時，往往碰到業務單位事不關己的態度；隨著營運持續管理（BCM）制度的建置及落實演練，業務單位漸漸發現營運持續管理非僅是環安衛單位或資訊部門的責任，若未提供正確資訊並配合演練，未來業務將因此無法有效復原，因此從被動配合轉為主動參與。企業組織應落實公司治理精神，妥善管理營運風險（Business Risk）及作業風險（Operational Risk）（內政部建築研究所，2009）。

8.3.2 營運持續管理（Business Continuity Management, BCM）與防災機制的連結

由英國英國標準協會（British Standards Institution, BSI）所推動的營運持續管理系統標準BS25999：2006（BCM, Business Continuity Management）定義為（內政部建築研究所，2009）：

"Business continuity management is a holistic management process that identifies potential impacts that threaten an organization and provides a framework for building resilience and the capability for an effective response which safeguards the interests of its key stakeholders, reputation, brand and value creating activities"

從以上定義看來，BCM是用辨識出潛在之影響（或衝擊）嚴重威脅一個組織（含公私業組織），建構一架構提供快速有效之回復力及抗損能力，而對所有利益共享者、企業組織名譽及價值創造活動不受到負面影響（或衝擊）。

在英國英國標準協會（British Standards Institution, BSI）所推動的營運持續管理系統標準BS25999：2006，說明BCM是一連串的整合流程（The Unifying Process）：BCM內容應包含風險管理（Risk Management）、災害復原（Disaster Recovery）、設施管理（Facilities Management）、供應鏈管理（Supply Chain Management）、品質管理（Quality Management）、安全建康（Health and Safety）、知識管理（Knowledge Management）、緊急應變（Emergency Management）、危機處理（Crisis Communication）、安全管理（Security Management）等，BCM框架概如圖8-5所示，其程序為一項高度整合之科學與手段，不只侷限於災害復原之單一目的（內政部建築研究所，2009）。

而營運持續計畫（Business Continuity Planning, BCP）係企業為防止營運活動的中斷，透過發掘組織的潛在衝擊，結合預防和復建管理措施及程序，實施有效因應之持續管理作業，將可能的自然災害、意外、設備故障和蓄意破壞行為等造成的營運中斷的情形，降低到可接受的程度與範圍。

從以上定義看來，BCP亦是一項熟練的後勤計畫（Logistical Plan），讓企業組織在災害或可能造成生產中斷的任何情況下，可以讓企業組織的關鍵功能

（Critical Functions）在可預知的時間內部分或完全地快速復原，而不造成企業的損失。BCP主要精神包括：生命的安全確保、事業的繼續、預防二次災害及區域共生及區域貢獻，如圖8-6所示，由圖中可看出這四個精神是彼此重疊，其中以生命安全的圈子最大，此精神也是所有工作的基礎。由圖8-7也可看出當企業受到災害時，產能會下降到低點，透過BCP可以快速的讓企業的產能恢復到水準之上，在成本效益的考量下，建立BCP的效益是顯而易見的。

資料來源：內政部建築研究所，2009

圖8-5　營運持續管理（BCM）架構

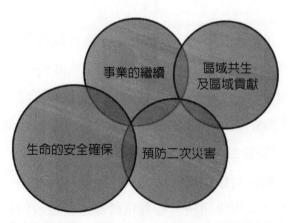

資料來源：日本內閣府，中央防災會議，民間と市場の力を活かした防災力向上に関する専門調査会

圖8-6　BCP主要精神示意圖

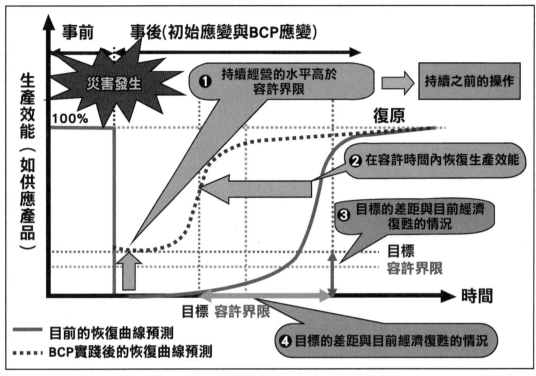

資料來源：日本內閣府，中央防災會議，民間と市場の力を活かした防災力向上に関する専門調査会

圖8-7　營運持續計畫示意圖

8.3.3　小結

　　企業在防災的四個階段不論對本身或社會皆可以提供極大的幫助，在國外而言，例如：印度洋海嘯過後，瑪莎百貨（Marks and Spencer）與慈善組織Care緊密合作，重建斯里蘭卡的村莊。加拿大咨詢公司戴菲國際（Delphi International）也與印尼慈善組織WALHI Walhi在蘇門答臘島進行了類似項目的合作。在國內而言，經濟部水利署於2012年已完成與統一超商、中油、台糖等三大企業合作的防救災機制，此機制可協助完成淹水災情概情調查，透過建立夥伴關係分擔社會責任。在高雄發生氣爆災難後，臺灣積體電路製造股份有限公司協助災後復建，結合達欣工程、互助營造及漢唐集成公司等10多家廠商，於災區針對災民立即性之需求進行修繕工作。

企業往往擁有迅速提供援助所需的資源、系統和基礎設施。因此，企業在面臨災害時，除了自身防災外，更能提供災區更多重建資源。

一、防災教育之基本理念有哪些？試概述之。

二、請分別說明防災社區與社區防救災的定義。

三、試述防災社區的推動流程。

四、請繪圖表示防災社區推動的夥伴關係。

五、何謂企業防災？請舉例說明。

六、營運持續管理（Business Continuity Management, BCM）程序是一項高度整合之科學與手段，其架構可概分為何？

七、何謂營運持續計畫（Business Continuity Planning, BCP）？其主要精神為何？

參考文獻

中央災害防救委員會，2013，「災害防救基本計畫」。

內政部消防署，2013，「建立我國推動防災教育策略之研究委託研究報告」，內政部消防署，新北市。

內政部建築研究所，2009，「企業防災與都市防災結合應用先期研究計畫」。

行政院災害防救委員會、經濟部水利署，2008，「日本全民減災教育運動與企業防災之研修」。

行政院災害防救委員會，n.d.，取自「防災社區指導手冊」，http://homepage. ntu.edu.tw/ ~lcchen/index.files/page0002.htm（擷取日期：2014.10.08）

林秀梅，2001，「國民中學防震教育課程概念分析」，國立臺灣大學地理環境資源學研究所碩士論文。

吳佳翰，2008，「企業生存的最後防線——營運持續管理BCM」，勤業眾信通訊，10月號。

吳瑞賢，2006，「防災教育教材編修、教案發展及推廣試行計畫期末報告」，

教育部，臺北。

許民陽，2005，「我國地震防災教育現況」，2005臺灣活斷層與地震災害研討會論文集，經濟部中央地質調查所。

教育部，2007，「九年一貫防災教學資源發展與課程推廣計畫」，教育部顧問室96年度「防災科技教育深耕實驗研發計畫」，臺北。

教育部，2004，「防災教育白皮書」，教育部，臺北。

教育部，n.d.，取自防災科技教育深耕實驗研發計畫推動辦公室http://disaster.edu.tw/ edu/poll/default.aspx（擷取日期：2014.07.28）

教育部，2009，「生活防災」，教育部，臺北。

BSI. (2006). BS 25999-1 Code of practice for business continuity management.

Margaret Arnold, Maxx Dilly, Uwe Deichmann, Robert S. Chen, Arthur L. Lerner-Lam, 2005: Natural Disaster Hotspots-A Global Risk Analysis. World Bank. Washington DC, USA.

日本內閣府，中央防災會議，民間と市場の力を活かした防災力向上に関する専門調査会。

Carl Frankel, Allen Bromberger（吳書榆譯），2014如何打造社會企業，時報文化出版，臺北。

第 **3** 部

災害防救應變規劃

日本311事件點出「防災意識的有無為生死存亡的分界
點」，前述章節撰述的前置整備，如何在臨災當下發揮最大
的預期效益，則有賴於應變機制的規劃與演練。有鑑於防災
事務規劃與演練的經驗傳承不易，本部以政府的「災情查通
報分工與架構」及「天然災害預警系統及機制」為基礎，結
合本書作者群多年的實務經驗，撰擬「災害防救演練規劃」
框架，以供災害防救工作從業人員參考之用。

第9章 災情查通報分工與架構

臺灣政府於莫拉克風災後重新檢討防救災相關之工作，前行政院災害防救委員會於2009年12月28日召開之，研商「災害防救深耕5年中程計畫」各縣市年度優先辦理工作項目及辦理期程會議時，增列檢討修訂現行疏散措施、災情查通報流程及中央與地區災害應變中心（Emergency Operations Center, EOC）作業程序等防災相關作業規範。以下針對各層級災害應變中心之建置，併同臺中市現行已建構完成之災情查報體系架構、運作方式、災情查報內容等相關作業加以說明。

9.1 各層級災害應變中心之建置

當某行政區發生大規模災害時，地方首長必須即時成立地方災害應變中心（EOC），若災害規模跨越縣市或涉及中央管理層級單位時，中央EOC及中央前進指揮所將與地方EOC配合救災任務與資源調派等救災協助。本節依序說明EOC之功能、EOC之指揮系統架構及EOC內部軟硬體之配置。

9.1.1 災害應變中心（EOC）之功能

根據學者林宜君（2010）之整理，EOC的功能有訊息處理、狀況評估及資源分配，包括以下項目：

1. 在因應期和復原期之早期，為災難處理的最高負責人提供一個運作的場所；提供統一事權的指揮和控制。
2. 確認清楚責任授權和監督，建立明確的指揮系統。
3. 作為資訊收集、評估、顯示及傳播的唯一定點；確保在EOC及現場的決

策者有充足而正確的資訊。

4. 協調人員、補給和設備的優先次序。

5. 提供聯繫與指示給外面的救難組織。

6. 評估額外援助的需要性，如相互支援或要求州與／或聯邦的支援。

7. 確認災民均已撤離並得到庇護。

8. 監測狀況並傳達對地方政府及民眾的警告。

9. 提供正確的消息並控制流言。

9.1.2 災害應變中心（EOC）之事件指揮系統

EOC必須有一個在災區的體系來執行各種任務和工作，而目前最常被使用的策略稱為事故指揮系統（Incident Command System, ICS），並包含四個面向，分別為「執行」、「計畫」、「後勤」、「財務行政」，如圖9-1所示。「事故指揮官」為負責擬定應變的目標和策略，監督進度，核准資源運用，決定復原歸建的時機和步驟，核簽所有的事故應變計畫；「執行」為協助制定策略，並確認、指派、監督資源的運用，以達成任務；「計畫」為負責更新、分析現況，並制定事故應變計畫；「後勤」為依據所需下訂單，並制定運輸、通訊、醫療等後勤相關的計畫；「財政行政」為分析成本，避免超支，制定合約，支付相關的單據以及應變人員的薪資（林志豪，2010）。

EOC與指揮站（Command Post）不同的地方有二。第一，EOC通常不在出事地點，指揮站（前進指揮所）是位於緊急事件或災難的現場直接指揮運作，所以可能有很多出事地點和很多指揮所，而每個指揮所皆直接與EOC連繫；第二，EOC的功用在於強化多個救難組織間的協調，而不強調個別工作上的細部運作（林宜君，2010）。

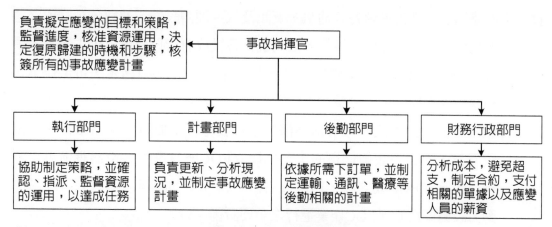

資料來源：修改自「林志豪，2010，災難最前線：緊急醫療系統的運作」

圖9-1　事故指揮系統基本架構

9.1.3　災害應變中心（EOC）之設置規劃

　　依據災害防救法第28條第2項規定：「各級災害應變中心應有固定之運作處所，充實災害防救設備並作定期演練」。面臨重大的災害事件時，往往需要集結大量的人、物力資源共同合作解決問題，且當下對於組織間密集溝通、協調的要求，遠超乎平時的預期，是以EOC設置之目的即在於為使得指揮系統有效率，讓救災活動與資源利用能更加迅速、靈活。EOC應依災害規模大小，由各級政府設立，當人、物力不足以應付災害狀況時，則請求上級單位的協助，成立更高層之EOC。

　　災害防救法雖規定EOC應有固定之運作處所，但並未要求該處所專為應變中心之用，囿於地方政府財力及空間之限制，大部分地方政府多傾向將EOC做為多功能之複合式會議場所使用，亦即平時EOC所在之處所可為會議、訓練、研討等用途，而當災害發生時立即轉換為EOC使用，如是之彈性運用原則除可充分發揮該空間之功能外，亦較符合經濟與實用原則。另，考量各級EOC若經大規模災害後，恐有安全疑慮或無法使用時，備援EOC此時即發揮作用，因此，各級EOC應規劃備援EOC，且為可立即利用之場所進行規劃。

　　為確保EOC可充分發揮其災情通報、資訊傳遞、命令傳達等危機處理的指

揮決策應變功能,其需具備各式通訊、資訊及軟、硬體設備,並與各級EOC之通訊網路系統作連接。為達此一目的,國內現行各級政府皆已建置EOC主體及各項應變設備(施),其各級EOC建置可分為七大部分,如表9-1所示,可供作業管人員對相關設備之控管,茲分述如下:

1. 動力設備:動力設備亦可稱為備援系統設備,主要以不斷電系統、發電設備為主,動力設備之目的主要為確立EOC所有電腦、電器設備可以進行作業,在EOC成立時,市府會有許多傳真或即時訊息傳遞到各地區,動力設備即為確保EOC作業進行之重要設備。

2. 通訊設備:通訊設備廣義可以視為所有與外界連繫設備,即為災時最重要之災情傳遞方式,包含無線電對講機、衛星電話、有線電話系統、傳真設備、電視、收音機或視訊系統;此外網路亦是目前相當重要之通訊設備,確保網路頻寬之足夠、聯繫之暢通,亦是目前通訊設備之重點項目。

3. 辦公設備:辦公設備包括電腦(桌上型、筆記型、平板)及投影設備,可以依照不同主題資訊顯示,使指揮官快速了解當前災害情勢。另外輸出設備、影印機、印表機、數位相機等皆為EOC需要之配備,以便輸出圖形、報表與文字訊息。

4. 急難救助設備:可以提供臨時性、緊急的急難救助,做為臨時性之使用,包括簡易醫療器材、安全帽、手電筒及睡袋等。

5. 家具與收納設備:家具與收納設備為維持EOC基本運作之要素,包括EOC需要相關之文件、緊急聯繫電話名冊等收納之用。

6. 圖資:將EOC所需之各類災害潛勢地圖、疏散避難地圖、防災地圖等配置在EOC之內,以利EOC指揮官參考,做出正確之決策;此外,災情查(通)報流程圖、EOC編組/任務分工表、EOC災情統計表等亦應於予懸掛。

7. 書面資料及表單:書面資料及表單包含EOC編組人員名冊、緊急連絡通訊、地區災害防救計畫、EOC作業手冊等,書面資料齊全於災時應變可全面掌握所需之資訊。

表9-1　災害應變中心使用設備清單

填表日期：○年○月○日　　　　　　　　　　　　　　填表人：○○○

設備屬性		設備名稱	有	無	數量	單位	備註	檢測更新日期
災害應變中心現況使用設備	動力設備	不斷電系統						
		發電設備						
	通訊設備	無線電對講機						
		衛星電話						
		電話系統						
		傳真機						
		電視						
		收音機						
		PDA 手機						
		視訊系統						
	辦公設備	桌上型電腦						
		筆記型電腦						
		投影機、投影幕						
		印表機						
		麥克風系統						
		數位攝影機						
		數位相機						
		平板電腦						
		互動式電子白板						
	急難救助設備	簡易醫療器材						
		安全帽						
		手電筒						
		睡袋						
	家具與收納設備	辦公桌椅						
		文檔櫃						
		儲物櫃						

	設備屬性	設備名稱	有	無	數量	單位	備註	檢測更新日期
災害應變中心現況使用設備	圖資	災害潛勢地圖						
		疏散避難地圖						
		防災地圖						
		地方行政區域圖						
		颱風動向圖						
		防救災據點分布位置圖						
		災情查（通）報流程圖						
		災害應變中心災情統計表						
		災害應變中心編組／任務分工表						
		其他						
	書面資料及表單	應變中心編組分工表						
		應變中心排班輪值表						
		應變中心會議簽到表						
		應變中心會議記錄表						
		應變中心災情通報表						
		應變中心災情管制表						
		應變中心災情統計表						
		應變中心排班輪值表						
		地區災害防救計畫						
		災害應變中心作業手冊						
		應變中心編組人員通訊錄						
		災害應變中心成立／撤除通報單						
		應變中心人員進駐簽到（退）表						
		應變中心申請國軍支援救災需求表						
		其他						

⚡ 9.2　災害通報流程

　　依據行政院103年7月1日院臺忠字第1030139440號函修正「災害緊急通報作業規定」，災害規模分級與通報層級規定如表9-2所示，由民眾透過119報案專線就災害發生或有災害發生之虞的地方進行通報，續由縣市單位的消防局勤務中心再行判斷災害等級，藉此通報至權責機關，各類災害主管機關如表9-3所示。

表9-2　災害規模分級與通報層級

災害規模分級	通報層級
甲級災害規模	通報至行政院。
乙級災害規模	通報至內政部消防署及災害防救主管機關。
丙級災害規模	通報至直轄市、縣（市）政府消防局及災害權責相關機關（單位）。

資料來源：行政院災害防救辦公室

表9-3　各類災害主管機關

災害種類	主管機關
風災	內政部
震災	
火災	
爆炸災害	
水災	經濟部
旱災	
公用氣體與油料管線、輸電線路災害	
礦災	
寒災	行政院農業委員會
土石流災害	
森林火災	
空難	交通部
海難	
陸上交通事故	
毒性化學物質災害	行政院環境保護署

以臺中市為例之災害應變中心在受理災情通報上分有「臺中市民一碼通1999」、「民眾119報案」、「災情查報系統人員報告」、「區級災害應變中心報告」、「警察局110」及「中央災害應變中心交付轉報」等六種管道，各管道依各類災害主管機關所制定之臺中市受理災情通報標準作業程序如表9-4所示。

表9-4 臺中市災害應變中心受理災情通報標準作業程序

作業流程	權責單位	步驟說明
受理災情通報	臺中市政府	壹、1999 臺中市民一碼通 專線提供四大服務，內容包括： 一、諮詢服務方面，是由話務人員提供之一般性市政簡易諮詢服務。 二、申請陳情服務方面，受理市民陳情、申訴、檢舉、反映、建議等服務案件。 三、派工服務方面，主要針對較急迫性案件，包括道路橋樑人行道坑洞處、路燈故障處理、影響公安路樹處理、危險廣告招牌等 23 項目。 四、活動查詢方面，本市最新活動訊息查詢。
	消防局	貳、民眾 119 報案 一、民眾利用現有之通訊設備（行動電話、公共電話、有線電話等設備）撥打緊急電話，經由一一九集中受理報案系統連接至消防局救災救護指揮中心，在值勤員接獲電話後受理報案。 二、災區或事故現場附近民眾，直接前往鄰近消防分隊向值班人員報案，再由值班人員接報後以有線或無線通訊設備及傳真等方式，轉報消防局救災救護指揮中心。
	民政局	參、災情查報系統人員報告 一、民政系統 （一）為避免漏失災情，賦予里、鄰長、里幹事災情查報責任（即為災情查報員之工作）。 （二）於災害發生時，災情查報員除主動前往災區查報外，並將獲知之災情，利用電話進行通報，如有電話中斷時，應主動前往分駐、派出所及各消防分隊。 （三）另區級民政課於災害來臨前應主動里、鄰長及里幹事注意災情查報。

作業流程	權責單位	步驟說明
受理災情通報	警察局	二、警政系統 （一）警勤區員警、義勇警察（以下簡稱義警）及民防協勤人員平時應主動與鄰、里長保持聯繫，建立緊急聯絡電話，如發現災情應立即通報分局勤務中心。 （二）如有線、無線電話中斷時，應由鄰近警察單位派員聯繫，以代替有線、無線電話通訊。 （三）對於偏遠、交通不便、易於發生災害地區，必要時應運用民力，賦予協助初期災情之報告任務。
	消防局	三、消防系統 （一）本局消防人員、義勇消防人員（以下簡稱義消）及消防救難志工團隊平時主動與里鄰長保持聯繫，建立緊急聯絡電話。 （二）災害來臨前，通知里鄰長及里幹事注意災情查報，各義消及消防救難志工連絡員於得知或發現災害狀況，先通報所屬消防分隊處理，再詳細瞭解查證續報。 （三）各義消編組人員於災害發生經消防分隊通知時，至負責區域迅速蒐集災情，並通報所屬消防分隊。 （四）若有線電、行動電話中斷時，各義消編組人員前往消防分隊進行災情通報，而由各分隊透過無線電系統，通報消防局救災救護指揮中心。
	各編組單位	肆、區級災害應變中心報告 一、災害應變中心接報 　　區級應變中心藉由民政、警政、消防三個查報系統或其他系統獲知災情後，將接獲之災情以有線通信設備或傳真等方式，直接轉報至本市災害應變中心。 二、各編組單位接報 　　區災害應變中心內部各單位將所獲知災情以有線通信設備或傳真等方式，直接報告所屬上級本市災害應變中心各編組單位。
	警察局	伍、警察局 110 轉報 一、區級災害應變中心電話接報 　　警察局勤務中心受理民眾報案或轄區員警將查獲之災情回報分局勤務中心後，再由警察局 110 系統將獲知之災情轉報區級災害應變中心。 二、災害應變中心警察局編組單位電話接報 　　災害應變中心內進駐警察局編組單位人員，接獲該單位內部人員以有線或無線通訊設備或傳真等方式，將所獲知之災情報告轉知。

作業流程	權責單位	步驟說明
	各編組單位	陸、中央災害應變中心交付 中央災害應變中心以有線或無線通訊設備及傳真等方式，將所獲知之災情通報消防局救災救護指揮中心或直接通報本市災害應變中心。

⚡ 9.3　災情查報通報流程

壹、現行災情查報通報體系

　　當災害發生時，災害通報工作主要目的在於確實掌握災情以及發揮救災效能，以於災害發生或有發生之虞時能迅速傳遞災情、掌握災情，採取必要應變措施。對此，內政部「執行災情查報通報措施」條文對於執行災情查報、通報任務之人員設定如表9-5所示。災情查報通報體系於「災害應變中心未成立時」與「災害應變中心成立時」有其自有之通報體系，架構如圖9-2及圖9-3所示，但於災情緊急時，得以電話通報，不必依體系逐級通報。任一層級單位（人員）接獲通報時應予受理，並轉報有關單位處置。災情查報通報的項目包括：(1)人員傷亡、受困情形；(2)建築物損毀情形；(3)淹水情形；(4)道路受損情形；(5)橋樑受損情形；(6)疏散撤離情形及(7)其他受損情形等。

表9-5　災情查報、通報任務人員

單位	人員
消防系統	消防人員、義勇消防人員（以下簡稱義消）及消防救難志工團隊。
警政系統	警勤區員警及義勇警察（以下簡稱義警）、民防協勤人員。
民政系統	村（里）、鄰長及村（里）幹事。

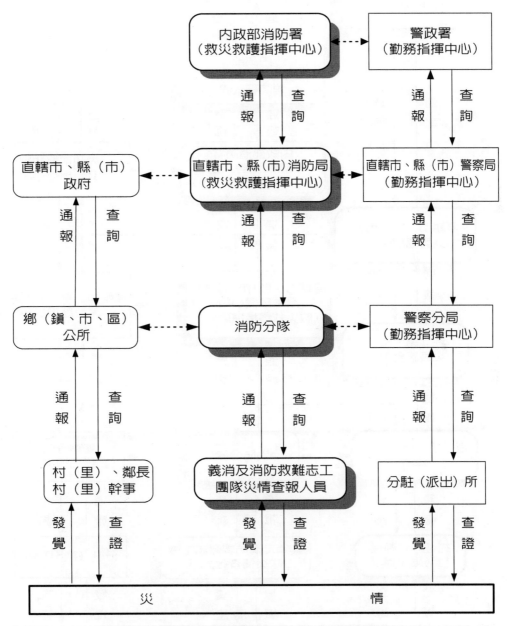

圖9-2　災情查報通報體系圖（EOC未成立時）

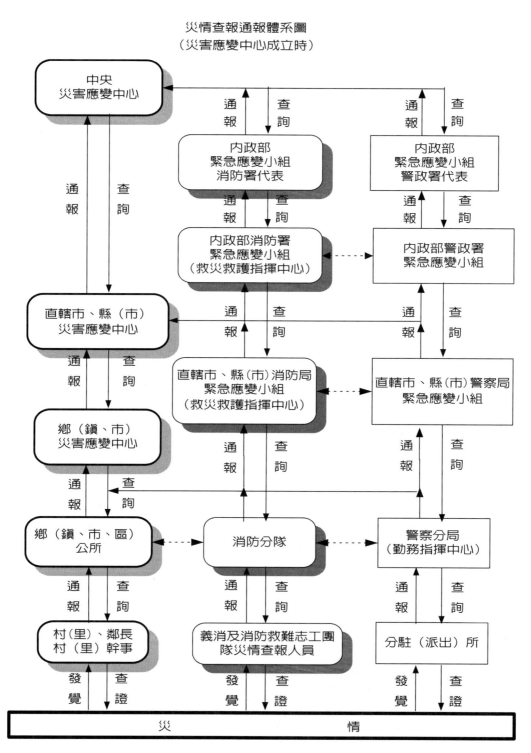

圖9-3 災情查報通報體系圖（EOC成立時）

以臺中市1999專線為例，其提供四大服務內容：(1)諮詢服務，由話務人員提供之一般性市政簡易諮詢服務；(2)申訴陳情服務，受理市民陳情、申訴、檢舉、反映、建議以及非派工之服務案件；(3)派工服務，針對較急迫性案件，接受市民通報後由話務中心直接派工處理。目前計有路霸及違規停車處理、市區道路橋梁人行道等坑洞結構損壞處理、人手孔破損處理、路燈故障處理、影響公安之路樹處理、工廠、營建及營業場所噪音舉發、環境公害汙染舉發、大型傢俱清運聯繫、道路無主垃圾清運、道路側溝清淤（雨水下水道）、人與動物噪音處理、交通號誌（紅綠燈）不亮申報修復、危險廣告招牌、遊民通報處理、流浪狗通報處理、坡地違規處理、排水道溢、淹水事件處理、緊急坡地坍塌處理、雨水下水道孔蓋等設施緊急處理、水閘門及護岸設施緊急處理、河川區盜採砂石事件處理、汙水下水道孔蓋等設施緊急處理、汙水下水道用戶接管新建工程緊急處理等23個派工項目；(4)活動查詢，本市最新活動訊息查詢。前述四大服務項目只要在臺中市轄區內以市話或手機直撥1999，即可向話務服務人員詢問或反映，獲得最迅速的處理。1999臺中市民一碼通服務流程圖如圖9-4所示；派工通報案件服務流程如圖9-5所示。

貳、現行災情查報通報情形

災害應變中心開設時，其災情查通報機制主要透過消防、警政及民政等三大系統，各系統處置方式說明如下：

一、消防系統

消防系統災情查通報流程如圖9-6所示。在消防系統中，由於多數民眾對於災情查通報機制並不熟知，其於災害發生，通常依直覺認知撥打119，透過消防局救災救護指揮中心來報案。若屬於民眾傷亡等事故，則由救災救護指揮中心派遣災害事故地點鄰近之消防外勤單位進行處置，並透過電腦資訊系統通報直轄市、縣（市）災害應變中心；若遇到無法由消防單位來處理的災情，則通報直轄市、縣（市）災害應變中心，由受理報案台受理後，根據災害情形與種類等，派遣各局處室調度人力及機具進行處置，或由各局處室通知各鄉（鎮、市、區）災害應變中心內相關單位進行處置。

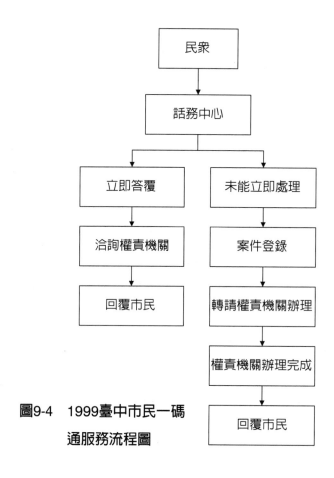

圖9-4　1999臺中市民一碼
　　　通服務流程圖

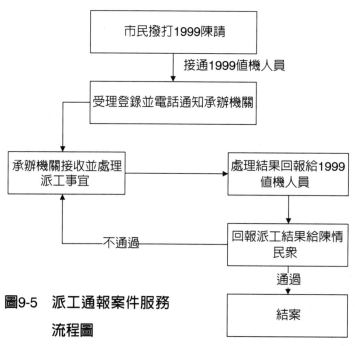

圖9-5　派工通報案件服務
　　　流程圖

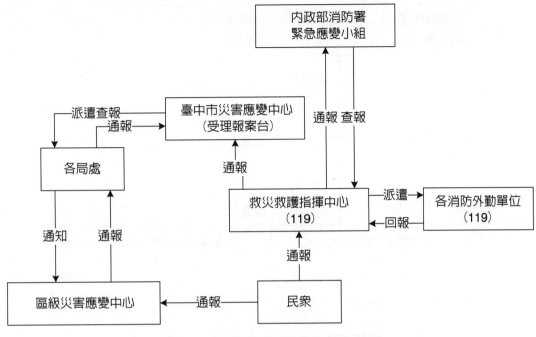

圖9-6　消防系統災情查通報流程圖

二、警政系統

　　警政系統災情查通報流程如圖9-7所示。在警政系統中，民眾報案後由勤務指揮中心視案件種類及情況，依其查通報流程進行後續處置。若外勤單位可以處理者，則派遣外勤單位進行處置，並將災情相關資訊透過資訊系統傳遞至警政署；若非屬於警政系統可以處理者，則通報鄉、鎮（市）、區災害應變中心，由其派遣人員、裝備、機具進行處置工作。另外，為利於災害防救工作的進行，各分局及分駐所也會派員進駐鄉、鎮（市）、區災害應變中心，協助救災工作的運行。

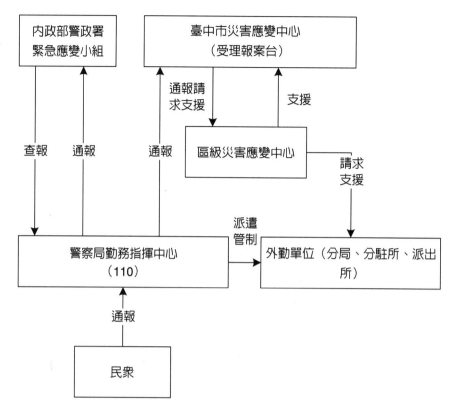

圖9-7　警政系統災情查通報流程圖

三、民政系統

　　民政系統災情查通報流程如圖9-8示。在民政系統中，民眾在發現有非屬人員傷亡的事故或災情發生時，可能會先行通知村、里長，或直接聯繫鄉、鎮（市）、區公所，然因各村里防救災資源相對有限，村、里長在接獲災情後，仍會通知鄉、鎮（市）、區公所派員協助處置；若災情規模較小，則鄉、鎮（市）、區公所可動員人力、裝備、機具自行處置，若災情較大，鄉、鎮（市）、區公所無法進行處置時，則再向直轄市、縣（市）災害應變中心請求支援。在災情通報方面，鄉、鎮（市）、區公所則會視情況將規模及影響範圍較大的災情通報至直轄市、縣（市）政府，一般如路樹傾倒、招牌掉落等較不緊急與嚴重之災情，鄉、鎮（市）、區公所在處理完畢後，較少需通報至市府。

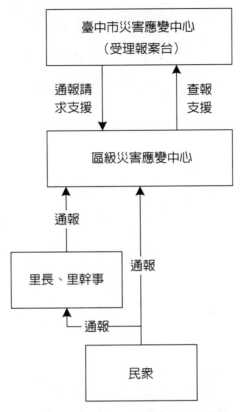

圖9-8 民政系統災情查通報流程圖

習 題

一、請說明災害應變中心（EOC）與指揮站（Command Post）之差異。

二、請說明災害規模分級與其對應之通報層級為何？

三、請問現行災情查通報體系之單位及通報人員為何？

四、請說明災害應變中心成立與否時之災害查通報體係架構差異為何？

五、試說明各災情查通報系統之架構為何？

⚡ 參考文獻

林宜君，2010，「災害風險管理專題」，中央警察大學出版社。

林志豪，2010，「災難最前線：緊急醫療系統的運作」，貓頭鷹出版社股份有限公司。

第10章 天然災害預警系統及機制

　　臺灣被列爲全世界最容易致災地區之一，歸納其主要原因可概分爲自然環境的敏感性升高及社會的易致災風險增加（行政院災害防救辦公室，2010）。由此可知，災害的發生在所難免，但經由對災害的認識與了解，輔以資訊、科技、應變機制及預警機制的提升，可充分掌握災害來臨的時機、強度或可能帶來之損害。因此，經由平時的減災工作規劃、災害預防整備、災害應變計畫的推動，當災害來臨時各應變組織得以密切協調配合進行搶救工作，使災害的損失降至最低。

　　預警是天然災害發生前，向可能受到影響的社會民眾發出警報，是以敦促社會民眾適時提高警覺、採取必要的防範措施及正確的避災行動，減少可能衍生的人民傷亡和財產損失。預警是以對天然災害的預先監測爲基礎，以民眾及時採取正確的避災行動爲終止（王宏偉，2013）。

　　天然災害的預警包括監測、警戒及應變三個階段，其分屬科技層面、制度層面和社會層面的範疇，如圖10-1所示。在監測階段，係以防災科學的知識和技術，應用既有科技就環境資訊進行觀察、評估和預報；在警戒階段，權責單位就環境資訊的變動，依既有的制度轉化爲警報，並以適當的方法或管道加以傳播，建議相關單位及受影響群眾採行因應措施；在應變階段，通常警戒資訊已產生相當影響，警報資訊所建議因應措施，透過既有的社會組織編制轉化爲行動。

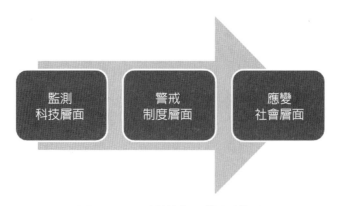

圖10-1　天然災害預警架構圖

　　鑑於各類天然災害警戒標準、發布方式及所代表意涵有所不同，考量防災人員操作及民眾之宣導認知，中央災害防救會報第21次會議通過「規劃各類災害警戒等級之顏色及燈號所表示之意函」決議（行政院101年3月27日院臺忠字第1010126718A號函），訂定統一顏色燈號分類並定義其代表意義，供各級防災單位發布警戒參照使用。警戒顏色燈號表示意函分為兩大部分，其一，參考現行主要災害警戒分級，警戒燈號顏色原則統一採用「紅色」、「橙色」、「黃色」及「綠色」等4類分級；其二，4類分級依照「危險等級」、「優先順序」、「管制方案」及「疏散撤離」等4大項目分別規劃定義各類意涵，詳如表10-1所示。

表10-1　各類災害警戒顏色燈號意涵表

顏色燈號		危險等級	優先順序	管制方案	疏散撤離
紅色	●	高	第一優先	禁止、封閉、強制	強制撤離
橙色	●	中	第二優先	加強注意	加強勸告、撤離準備
黃色	●	低	第三優先	注意、警戒、通知、警告	勸告、加強宣導
綠色	●	一般狀況、平時、整備作業			

　　災害發生時所造成的人民生命財產損失及社會成本付出往往難以回復甚至是無法回復的，而若能在災害來臨前適時提出警報，並持續掌握災情的動態與發展，將可以有效降低人民生命財產的損失。本章重點著重於論述及探討各類天然災害的預警機制和災害警戒顏色燈號意涵，茲就颱風、水災、土石流、地震、海

嘯、乾旱等災害之觀測、預警方法、機制及警戒顏色燈號意涵，將之分述於下各小節。

⚡ 10.1　颱風預警機制及警戒顏色燈號意涵

本小節依據中央氣象局「颱風百問」中的「颱風的預測與警報的發布及傳遞」，依序說明颱風之觀測系統、預警機制及警戒顏色燈號意涵，茲分述如下。

10.1.1　颱風監測系統

目前，因氣象觀測方法進步，對颱風的觀測也日益精確可靠，除在天氣圖上判知外，尚可採用下列各種觀測（中央氣象局，n.d.a）：

1. 施放無線電探空儀，以氣球攜帶能測高空各層之氣壓、氣溫、溼度、風向及風速，並能自動發出無線電報之儀器，偵知高空各種氣象情形。
2. 以飛機攜帶各種必要儀器，在颱風可能發生之地區上空偵察有無颱風發生，當颱風發生以後，也可以在颱風範圍內各方向、各高度穿越，實地偵測颱風內各種現象。惟目前西北太平洋地區這種飛機觀測，已從民國76年9月起停止作業。
3. 自飛機上在颱風之頂端投下附有降落傘之無線電探空儀，偵測颱風內部各種現象。
4. 利用氣象雷達可以看出在300至400公里內，颱風之位置、動向、雲雨分布的情況。
5. 利用氣象衛星更可定時拍攝照片傳至地面，對颱風之位置、大小、移動方向等，皆可提供正確資料。

上述各種設備和方法，氣象先進國家都已普遍採用，成效非常良好。而目前中央氣象局採用下列3種方式常見方式觀測颱風動態（中央氣象局，n.d.b）：

壹、雷達觀測

中央氣象局目前有4座S波段（10公分波長）雷達，3部為都卜勒氣象雷達，

1部為雙偏極化雷達,分別位於東部的花蓮、南部的墾丁、西部的七股及北部的五分山,除可以觀測來自太平洋、南海及巴士海峽等地的颱風外,也可觀測梅雨、寒潮等天氣系統。另外,再配合民航局、空軍等氣象單位的C波段(5公分波長)都卜勒氣象雷達,掃描範圍涵蓋了臺灣本島及鄰近海域,構成完整的氣象雷達觀測網,如圖10-2所示。氣象局的都卜勒及雙偏極化氣象氣象雷達可以每6至10分鐘一次,由天線最低仰角到最高仰角整體掃描,直接觀測雷達460公里範圍內的颱風中心的位置、移動方向、速度、雲雨分布情形及其環流強度,並以衛星、地面線路及微波等通訊方式將資料迅速的傳送到預報作業單位,使預報人員能夠據以發布颱風警報。而氣象雷達其最大有效觀測距離約460公里,更遠的颱風就必須借助如氣象衛星等其他的工具來觀測。此外,若颱風結構受到地形的破壞而使環流或颱風眼牆結構不完整時,雷達也可能無法對於颱風中心提供準確的觀測。另一方面,高大的建築物或是山脈也會阻擋雷達電波的傳遞,其後方的雲雨區或颱風位置即無法有效觀測。

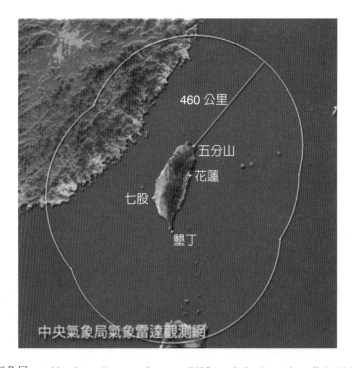

資料來源:中央氣象局,n.d.b,https://www.cwb.gov.tw/V7/knowledge/encyclopedia/ty081.htm

圖10-2 中央氣象局氣象雷達觀測網

貳、衛星觀測

颱風是發生於熱帶海洋上的劇烈天氣系統，在廣大海洋上無法建立很多氣象觀測站，只有從極少數的島嶼及航行船隻上的觀測得到一些氣象資料，憑這些少數資料對颱風動態的掌握是絕對不夠的，所以過去必須依賴偵察飛機進入颱風實地觀測。自有了氣象衛星後，可隨時監測熱帶海洋上的雲系變化，一旦形成颱風，就能立即充分掌握颱風的動態，並從衛星雲圖上分析出颱風的中心位置，估計颱風的強度和移動方向等，供颱風動向測報參考。並由對流雲系分布、雲頂高度的分析，提供降雨預報、暴風半徑研判的參考。自從西北太平洋地區停止偵察飛機實地觀測任務之後，在廣大洋面上，衛星觀測已成為掌握颱風動態的主要工具之一。而一般氣象衛星監測颱風大多使用可見光或紅外線頻道，自太空向下觀測颱風的雲系分布情形，雲系的分布會反映出颱風內對流雲發展的強弱及受到颱風氣流的影響。當颱風強度越強時，厚實的對流雲帶會呈螺旋狀環繞颱風中心，形成明顯的颱風眼，此時可以很容易分析颱風的強度並定出其中心位置，如圖10-3所示。但是當颱風強度較弱時，其中心雲系即不明顯，看不出颱風中心，甚至螺旋雲帶會受到高層的卷雲所覆蓋，而無法精確分析颱風中心，尤其是在颱風周圍的高低層氣流不一致時，颱風的高層和低層中心會落在不同位置，形成高低層中心分離的現象，增加颱風中心定位的困難，此一現象在夜間因為沒有可見光

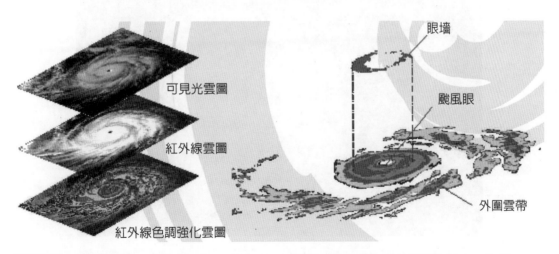

資料來源：中央氣象局，n.d.c，http://www.cwb.gov.tw/V7/knowledge/announce/PDFfile/observe6.pdf

圖10-3　衛星所看到的颱風主要結構

雲圖配合分析而更嚴重，常在早晨陽光出現後才發現中心定位有所偏差，使得必須修正颱風路徑預報。

參、颱風飛機投落送觀測／追風計畫

臺灣位在西北太平洋邊緣，四面環海，為了彌補廣大洋面上觀測資料的不足，中央氣象局執行「颱風飛機投落送觀測」（俗稱追風計畫），運用飛機載運垂直大氣探空系統（Airborne Vertical Atmostheric Profiling System, AVAPS）設備，以每架次約6小時時間，直接飛到海上颱風周圍約1萬3千公尺的高度投擲投落送觀測儀（Dropsonde）進行觀測，以取得颱風周圍關鍵區域內寶貴的大氣環境資料，相關資訊除納入颱風路徑預報及警報作業運用外，亦可供學界研究，以增進對颱風動力理論的瞭解。圖10-4為民國104年8月6日晚上追風計畫對蘇迪勒（SOUDELOR）颱風的投落送觀測飛行路徑，以及測得的925百帕風場資料。圖中同時疊加當時的紅外線衛星雲圖及雷達回波圖。

資料來源：中央氣象局，n.d.d，https://www.cwb.gov.tw/V7/knowledge/encyclopedia/ty087.htm

圖10-4　民國104年8月6日晚上追風計畫對蘇迪勒颱風的投落送觀測飛行路徑

追風計畫原爲「侵臺颱風之飛機偵察及投落送觀測實驗」（Dropwindsonde Observation for Typhoon Surveillance near the TAiwan Region, DOTSTAR）的代稱。此計畫始於民國91年，由前行政院國家科學委員會資助臺灣大學大氣科學系、交通部中央氣象局及國內多個學術研究單位合作進行臺、美、日3國的跨國國際合作研究計畫，其成果顯示確實有助於颱風監測及預報作業。自民國95年起正式由中央氣象局編列預算納入作業性觀測，並先後委託臺灣大學、國家實驗研究院臺灣颱風洪水研究中心等相關研究團隊執行。

實際觀測勤務的安排，分爲空中及地面團隊。空中團隊負責飛行至指定之拋投點投擲投落送觀測儀、接收測得的大氣環境資料、資料編碼、隨即傳送至地面；地面團隊負責颱風的持續監測、飛行路徑的設計、觀測資料的接收處理、並即時傳送至各國。這些寶貴的投落送資料在飛行的同時會即時透過衛星通訊傳送至中央氣象局，並隨即發送至世界各地主要氣象作業中心，提供氣象預報人員進行颱風的暴風半徑與強度估計。此外，投落送資料亦即時提供給數值天氣模式運用，透過超級電腦演算，以改善颱風路徑與結構的預報。

自民國92年開始觀測至106年止，追風計畫成功完成對64個颱風的80次飛行，投擲1,234枚投落送觀測儀。由中央氣象局的實際颱風路徑預報結果顯示，增加投落送觀測資料，平均可降低72小時颱風路徑預報誤差約6.2%。

10.1.2　颱風預警機制

每當有颱風形成時，氣象局便會依照世界氣象組織的規定加以編號、命名。同時每天定時舉行四次（8時、14時、20時及清晨2時）颱風預報討論會，詳細討論有關颱風之中心定位、24至48小時路徑預報、未來3至7天臺灣地區的天氣變化、颱風對臺灣地區可能造成之影響、各地風、雨之預測等，最後決定警報發布的階段及內容，並向外發布颱風的動態及預報其未來的變化（教育部，2012a）。

如果颱風有可能侵襲臺灣陸地或四周圍一百公里近海時，就會成立「颱風預報工作小組」，負責颱風警報的發布工作。一旦發布颱風警報，則每隔三小時會發布一次颱風警報，並利用自動化的電話傳眞、點對點服務系統等方式迅速將

警報資訊傳送各政府機構、災害防救單位、大眾傳播機構和各地方氣象站,及直接透過「166」、「167」氣象服務電話報導颱風警報消息,每日分別於5:00、10:00、11:00、16:30、21:00舉行五次颱風警報記者說明會,及與各廣播電台每日30次即時連線報導,隨時取得最新颱風警報資訊。同時中央氣象局以英文分析電報及無線電傳真方式對國際廣播,提供給航行海上之船舶及作業漁船應用,適時採取避風措施。各地氣象站收到警報資料後,即用電話傳真機轉送地方政府、防颱單位、大眾傳播機構(陳來發,2011)。另外,於海上陸上颱風警報期間每小時需加發一次最新動態消息,並依行政院人事行政局「天然災害停止上班及上課作業辦法」之規定於全日或上午半日停止上班及上課時,應於前一日晚間七時至十時前發布,並通知傳播媒體於晚間十一時前播報之。但前一日未發布當日停止上班及上課,於當日零時後,風雨增強,通報權責機關應於當日上午四時三十分前發布,並通知傳播媒體,於上午五時前播報之。下午半日或晚間停止上班及上課時,應於當日上午十時三十分前發布,並通知傳播媒體,於上午十一時前播報之,務使全國民眾能由多重管道迅速得知颱風最新動態及可能之影響,及早做好防颱準備(全國法規資料庫,2015)。

颱風之暴風雨主要出現在離中心數百公里之範圍內,中央氣象局目前之作業是以7級風(風速每秒13.9公尺,此風速下全樹搖動,行人逆風行走感困難)之範圍定為暴風圈,依據中央氣象局臺灣地區颱風警報發布之標準,可分為「海上颱風警報」、「海上陸上颱風警報」及「解除颱風警報」三類,茲將之分述於下:

1. 海上颱風警報:預測颱風之7級風暴風範圍可能侵襲臺灣本島或澎湖、金門、馬祖100公里以內海域時之前24小時,應即發布各該海域海上颱風警報,以後每隔3小時發布一次,必要時得加發之。

2. 海上陸上颱風警報:預測颱風之7級風暴風範圍可能侵襲臺灣本島或澎湖、金門、馬祖陸上之前18小時,應即發布各該地區海上陸上颱風警報,以後每隔3小時發布一次,必要時得加發之。

3. 解除颱風警報:颱風之7級風暴風範圍離開臺灣本島及澎湖、金門、馬祖陸上時,應即解除陸上颱風警報;七級風暴風範圍離開臺灣及金門、馬

祖近海時，應即解除海上颱風警報。颱風轉向或消散時，得直接解除颱風警報。

依據中央氣象局發布的颱風警報單，如圖10-5所示，內容包括下列各項（中央氣象局，n.d.e）：

1. 颱風編號及報數：說明本颱風警報是本年度第幾號颱風警報，以及本號警報的第幾次報告。

2. 發布時間：說明颱風警報的發布時間。

3. 颱風強度及命名：說明颱風的強度、其國際命名及中文譯名。

4. 中心氣壓：說明颱風中心的最低氣壓值。

5. 中心位置：以經緯度表示，並說明與臺灣某地的距離供參。

6. 暴風半徑：說明從颱風中心向外至平均風速每秒14公尺（7級風）處的距離及每秒25公尺（10級風）處的距離。

7. 預測速度及方向：速度以每小時公里數為單位，行進方向採用16方位表示。

8. 近中心最大風速：10分鐘平均風速的每秒公尺數（每小時公里數）與相當風級數。

9. 瞬間之最大陣風：瞬間最大陣風的每秒公尺數（每小時公里數）與相當風級數。

10. 預測位置：預測24小時後颱風中心的經緯度位置。

11. 颱風動態：分析動向及預測此颱風的變化情形。

12. 警戒區域及事項：說明陸上警報、海上警報及降雨警戒應戒備區域，並說明目前已發生較大風雨的氣象站或雨量站，最後提醒其他應注意防範事項。

13. 下次警報預定發布時間。

14. 颱風警戒區域和動態示意圖。

15. 颱風路徑潛勢預報圖。

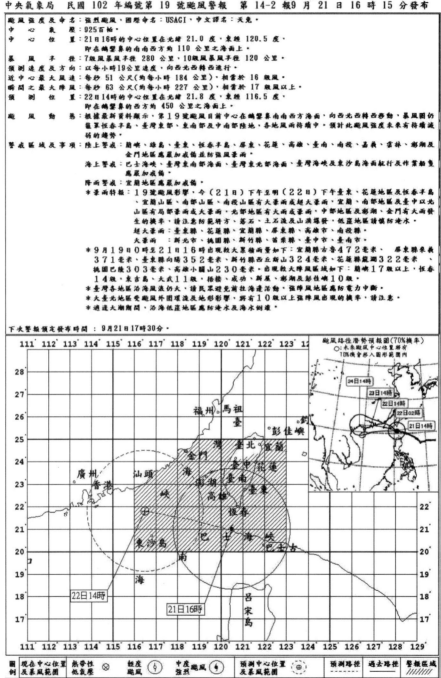

資料來源：中央氣象局，n.d.e，https://www.cwb.gov.tw/V7/knowledge/encyclopedia/ty089.htm

圖10-5　颱風警報單

而在颱風路徑預報方面，若能提供使用者可能的預報誤差範圍，將有助於決策者評估風險時的參考。由於路徑預測誤差與預報時段、颱風移動速度和預報路徑方向改變等因素有關，依這三種因素可以估計預報誤差之範圍。某一預報時間70%機率之機率範圍以圓形表示，其半徑則取自各誤差值的樣本數排序（由小到大）之70%的誤差值，其代表的意義是該時間颱風預報的位置有70%機會將落於此範圍內。因此可根據颱風預報路徑對應出該類颱風70%機率之誤差半徑，繪製成颱風路徑潛勢預測圖，如圖10-6所示。

資料來源：中央氣象局，n.d.f，https://www.cwb.gov.tw/V7/knowledge/encyclopedia/ty090.htm

圖10-6　2015年8月6日0800 LST蘇迪勒颱風之路徑潛勢預報圖

颱風路徑預測輔助產品7級風暴風圈侵襲機率預報，如圖10-7所示，表示以各地於未來120小時內受颱風7級風（每秒15公尺）暴風圈通過的機率，供社會

大眾及颱風防救災決策者參考，採取適當的防颱準備和因應決策。機率值係指7級風暴風圈通過之事件發生的機會，由近年中央氣象局預報誤差特徵獲得之統計結果計算而得。機率70%係指在預測時間範圍內，預測類似情況100次之中，颱風七級風暴風圈通過該處之案例有70次，未通過者有30次。此機率形式之資訊，可為風險評估之參考（中央氣象局，n.d.f）。

民國104年第13號（蘇迪勒）颱風於08月06日08時起颱風七級風暴風圈在未來120小時的侵襲機率

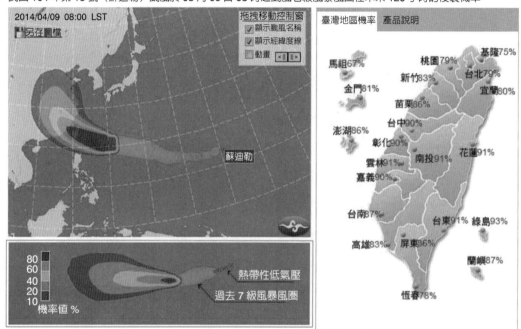

資料來源：中央氣象局，n.d.f，https://www.cwb.gov.tw/V7/knowledge/encyclopedia/ty090.htm

圖10-7　2015年8月6日0800 LST起120小時內，蘇迪勒颱風7級風暴風圈在120小時的侵襲機率

10.1.3　颱風警報警戒顏色燈號意涵

依據中央氣象局颱風警報警戒顏色燈號意涵，詳如表10-2所示，茲分述如下：

1. 海上陸上颱風警報（紅色）：預測颱風之七級風暴風範圍可能侵襲臺灣本島、澎湖、金門或馬祖陸上之前十八小時。

2. 海上颱風警報（橙色）：預測颱風之七級風暴風範圍可能侵襲臺灣本島、澎湖、金門或馬祖一百公里以內海域時之前二十四小時。

3. 解除警報（綠色）：颱風之七級風暴風範圍離開臺灣本島、澎湖、金門及馬祖近海時，應即解除颱風警報；颱風轉向或消滅時，得直接解除颱風警報。

4. 熱帶性低氣壓特報（黃色）：熱帶性低氣壓有威脅臺灣或鄰近海域，或有增強為輕度颱風之可能時。

表10-2　中央氣象局颱風警報警戒顏色燈號意涵表

警特報種類		顏色	定義
颱風警報	海上陸上颱風警報	紅色	預測颱風之七級風暴風範圍可能侵襲臺灣本島、澎湖、金門或馬祖陸上之前十八小時。
	海上颱風警報	橙色	預測颱風之七級風暴風範圍可能侵襲臺灣本島、澎湖、金門或馬祖一百公里以內海域時之前二十四小時。
	解除警報	綠色	颱風之七級風暴風範圍離開臺灣本島、澎湖、金門及馬祖近海時，應即解除颱風警報；颱風轉向或消滅時，得直接解除颱風警報。
熱帶性低氣壓特報		黃色	熱帶性低氣壓有威脅臺灣或鄰近海域，或有增強為輕度颱風之可能時。

⚡ 10.2　水災預警機制及警戒顏色燈號意涵

　　雨量與河川水位之監測，除了作水文分析以提供相關規劃之外，就颱洪期間之防洪而言，目的為即時蒐集各雨量與水位提供災害預警與水情預報。本小節除了說明雨量與河川水位監測系統外，並依據中央氣象局「豪（大）雨特報」、經濟部水利署「淹水警戒」及「河川警戒水位」預警機制，說明其定義及警戒顏色燈號意涵，茲分述於下各小節。

10.2.1 雨量與河川水位監測系統

氣象水文觀測系統包括雨量站、水位站、氣象雷達觀測站或雨量雷達。雨量、水位資料供作預報使用,在設置規劃上必須注意如下(教育部,2012b):

壹、雨量監測

雨量站之設置需考慮:

1. 密度:以有限的點雨量站雨量資料推衍代表整個集水區之雨量必有誤差,故必須考慮到雨量設置之密度。

2. 地型效應:在山區由於地型變化大,在設置密度上比平地高。

3. 雨量資料之相關性:以區域變數理論可以定量推求各雨量站資料之相關性,供作雨量站設置密度檢討。

4. 其他:各站設置地點之周遭環境考慮同設站之一般原則。

以淡水河流域為例,若僅採用經濟部水利署之測站,對於洪水預警或預報而言,站數密度不足;且在颱風期間,必須考慮易有某些測站傳訊失敗,無法取得資料之虞。故增加採用中央氣象局雨量測站資料為必須考慮之規劃,但應用於洪水預警系統需注意如下問題:

1. 以洪水預警要求短期雨量精確之情形下,氣象局測站選取位置要求較經濟部水利署者寬鬆,必須注意各站以往是否有易受地形或樹葉堵塞影響短期實測資料之準確度情形。

2. 目前氣象局限於人力與測站數不成比例,每四個月委外維護一次,汛期前是否完成維護,不致造成對資料準確性之影響。

3. 氣象局測站常以租借用地方式設站,常因用地另有他用或其他原因,必須遷站,對於區域雨量資料長期特性分析有不良之影響。中央氣象局遙測雨量站位置如圖10-8,雨量計架設如圖10-9所示。

(a) 雨量計布置

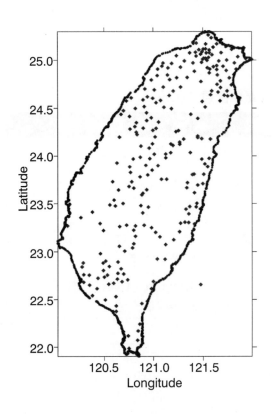

(b) 雨量資料記錄儀器

(c) 虎頭埤雨量站

資料來源：教育部，2012，https://140.125.154.179/disaster/upfile/file/UVFDTP06_%20_.pdf

圖10-8　中央氣象局遙測雨量站位置　　　　**圖10-9　雨量計架設**

貳、雨量雷達

　　雨量雷達與氣象雷達之比較如表10-3所示，臺灣尚無單以雨量觀測專用之雷

達。以中央氣象局位於臺北市東方約30 km的五分山氣象雷達為例，其天線之迴轉數為每分鐘六轉，採用5至6分鐘之觀測週期。雨量雷達計為探測靠近地面之降雨強度及降雨區域之移動資訊，為觀測之回波強度精度良好，原則上是以固定仰角運行；而氣象雷達不只探測降雨資訊，更用來了解降雨之立體狀況及成因，為觀測回波頂高度與回波強度，通常以變換之仰角運行，對於降雨量隨時間變化較為激烈時，氣象雷達將有較大之誤差。

表10-3　雨量雷達與氣象雷達之比較

比較項目	C-BAND 雨量雷達	都卜勒氣象雷達
1. 觀測目標	雨量	大氣現象
2. 觀測範圍	定量 120km 定性 198km 34,000 單元	定性 460km 非常大
3. 觀測頻率	每五分鐘觀測七次平均雨量	每五至六分鐘觀測一次 瞬間降雨量
4. 觀測精度	1mm/h（0-250mm/h） 高精度觀測值	12mm/h（16 層排列） 低精度估計值
5. 資料量化利用	可	困難
6. 輸出資料	5 分鐘平均雨量 1～3 小時累計降雨量 累計總降雨量	每五至六分鐘瞬間降雨量 1～3 小時累計降雨量 累計總降雨量
7. 觀測角度	三種仰角	十四種仰角
8. 時雨量	每小時十二組資料	不固定
9. 資料利用	可自行研發製作圖表	依賴氣象局開發
10. 資料校正	易	複雜
11. 洪水預報應用	可	供參考

資料來源：教育部，2012，https://140.125.154.179/disaster/upfile/file/UVFDTP06_%20_.pdf

　　雨量雷達之裝設不但可以連續性掌握靠近地面之降雨，亦能補足觀測地點地面雨量計之不足。經由雨量雷達之觀測值與遙測所得地面雨量計之觀測值使用即時校正，相對提升雨量雷達之測定精度。

雨量資料可由地面雨量站與雷達雨量站同時觀測，目前雷達雨量僅供做掌握降雨趨勢之用，定量資料仍以地面雨量站所測者為準，將來藉由進一步研究雨量與雷達回波之關係，可望提高雷達雨量之估算精度，做為雨量即時觀測與預報之用。目前臺灣氣象雷達網由中央氣象局的五分山、七股、花蓮及墾丁雷達、民航局的中正機場雷達、空軍的清泉崗及綠島、水利署李棟山等雷達站網連而成，對臺灣本島形成相當縝密之涵蓋範圍。

參、水位監測

以臺中市政府水利局水情監測為例，水位監測藉由監測站的物理量偵測，透過GSN與無線電雙傳輸條件，同時將水位這些水位及影像資訊傳遞到臺中市政府水利局水情中心平台及臺中市各區公所資訊站，作為資料的儲存、計算與展示。此外，透過資料庫的建置以及監測點輔助管理觀測設備之偵測資訊的回傳，將系統警戒及管理資訊透過APP程式進行資訊同步，並且分享給管理者及水利署，其整體架構如圖10-10所示，設備建置示意圖如圖10-11所示。

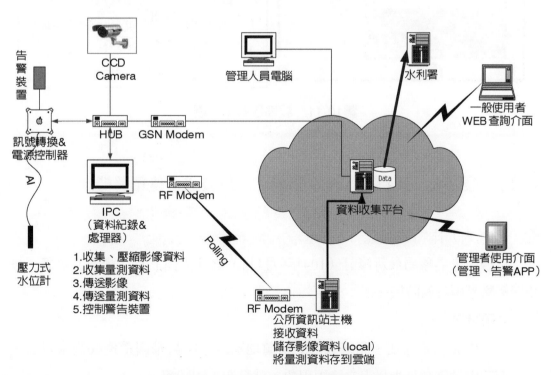

圖10-10　水位監測系統硬體架構圖

示意圖：

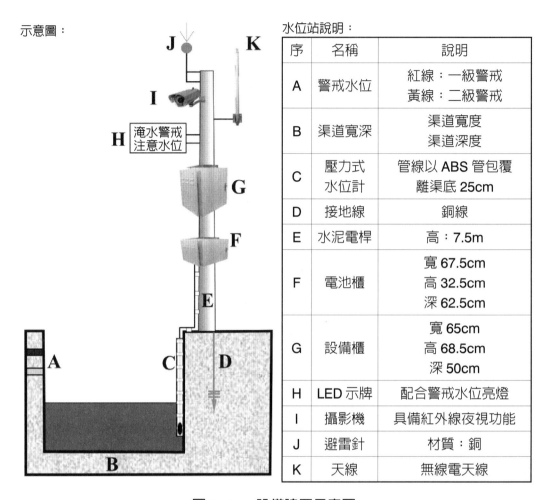

水位站說明：

序	名稱	說明
A	警戒水位	紅線：一級警戒 黃線：二級警戒
B	渠道寬深	渠道寬度 渠道深度
C	壓力式 水位計	管線以ABS管包覆 離渠底25cm
D	接地線	銅線
E	水泥電桿	高：7.5m
F	電池櫃	寬67.5cm 高32.5cm 深62.5cm
G	設備櫃	寬65cm 高68.5cm 深50cm
H	LED示牌	配合警戒水位亮燈
I	攝影機	具備紅外線夜視功能
J	避雷針	材質：銅
K	天線	無線電天線

圖10-11　設備建置示意圖

10.2.2　豪（大）雨特報、淹水警戒、河川警戒水位預警機制

壹、豪（大）雨特報定義

　　依據中央氣象局最新修訂（104年9月1日）之「大雨」及「豪雨」定義，發布與解除豪雨特報時機如下：

一、大雨特報

　　　　中央氣象局在預測或觀測到臺灣地區24小時累積雨量達80毫米以上，或時雨量達40毫米以上之降雨現象，就發布大雨特報。

二、豪雨特報

1. 豪雨：如預測或觀測到24小時累積雨量達200毫米以上，或3小時累積雨量達100毫米以上之降雨現象，就發布豪雨特報。
2. 大豪雨：24小時累積雨量達350毫米以上之降雨現象時發布。
3. 超大豪雨：24小時累積雨量達500毫米以上之降雨現象時發布。

三、解除豪雨特報或降為大雨特報之機制

當有連續降雨，且24小時雨量累積不到200毫米時，即可解除豪雨特報；但如果降雨量不到200毫米，卻在80毫米以上，且有可能造成災害時，便發布「大雨特報」。

貳、淹水警戒分級定義

根據經濟部水利署淹水警戒分級定義，如下所示（經濟部水利署，n.d.a）：

1. 二級警戒：發布淹水警戒之鄉（鎮、市、區）如持續降雨，其轄內易淹水村里及道路可能三小時內開始積淹水。
2. 一級警戒：發布淹水警戒之鄉（鎮、市、區）如持續降雨，其轄內易淹水村里及道路可能已經開始積淹水。

淹水警戒準確性受降雨時空分布不均、雨量站密度、地形地物、河川排水及其當時水位高低、沿海潮位、排水流路阻塞等因素影響，可配合即時雨量觀測（如QPESUMS）及當地降雨實況研判因應。

參、河川警戒水位分級定義

淹水警戒水位係指河川水位在短時間內可能溢出堤岸，為避免低窪地區因淹水致災，在洪水未溢出堤岸之前，以河川水位為基準適時發出淹水預警，以達早期因應處置之功效，稱之。根據經濟部水利署河川警戒水位分級定義，如圖10-12所示，茲分述如下（經濟部水利署，n.d.b）：

1. 三級警戒水位：河川水位預計未來2小時到達高灘地之水位，建議於河川區域活動之民眾、車輛、機具、財物自行離開等及關閉河川區域出入口所需之時間。

2. 二級警戒水位：河川水位預計未來5小時到達計畫洪水位（或堤頂）時之水位，建議地方政府防汛單位及救災機關動員準備（人員、機具及材料）。

3. 一級警戒水位：河川水位預計未來2小時到達計畫洪水位（或堤頂）時之水位，建議地方政府防汛單位依據災害防救法第二十四條執行勸告或指示撤離，並作適當安置所需之時間。

各河川依不同防救災需求到達計畫洪水位（或堤頂）的時間有所不同。

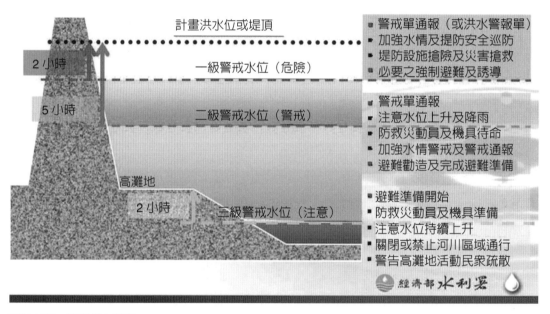

資料來源：經濟部水利署，n.d.c，http://epaper.wra.gov.tw/Article_Detail.aspx?s=E0AF20120A35313D

圖10-12　經濟部水利署河川警戒水位分級定義

肆、縣市管河川、區域排水（外水）警戒水位設定方式

　　縣市管河川、區域排水警戒水位目前無法源依據，以臺中市政府為例，縣市管河川、區域排水（外水）警戒水位設定方式，具有以下兩項考量因素，包括：

1. 中央管河川水位具有瞬間驟變之特性，其應變時間不完全可以適用於縣市管河川及區域排水系統。

2. 警戒水位係為提升早期預警功能所訂定，與民眾生命財產之保全密切相關，必須慎重為之。但是，臺中市各水位偵測站屬新建置階段，不論是偵測站在颱風期間的牢靠程度，或是偵測資料傳輸穩定性及可靠性問題，均未經長期的考驗，如僅採用偵測之水位資料計算水位上漲速率及應變時間，即時訂定警戒水位，恐有遺漏或誤報之虞。

經由上述兩項因素之綜合考量，臺中市政府水利局因應縣市管河川及區域排水特性提出兩種外水警戒水位訂定方式如後說明。

一、機動式警戒水位

以實際偵測水位為基礎，參考堤岸高度、水位上漲速率及民眾應變時間需求等因素，訂定各級警戒水位，如圖10-13所示，即：

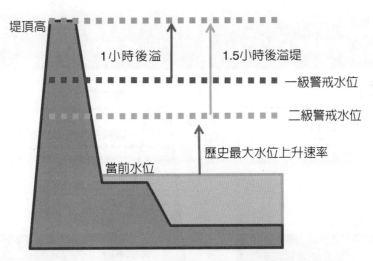

圖10-13　機動式警戒水位訂定標準

1. 二級警戒水位：依水位上漲速率估算外水位（含河川及區域排水）到達控制高度（計畫洪水位、堤頂）時間等於應變時間t_2時稱之。應變時間t_2＝90分。

2. 一級警戒水位：依水位上漲速率估算外水（含河川及區域排水）水位到

達控制高度（計畫洪水位、堤頂）之時間等於應變時間t_1時稱之。應變時間$t_1 = 60$分。

二、固定式警戒水位

根據河川或排水渠道集水區特性，預先指定一固定水位作為淹水警戒（即淹水警戒水位），只要實際水位到達該指定水位時，即發布各級警戒水位。另依據「中市水防字第1020052439號函」之工作會議決議，臺中市政府目前採用兩種標準，如圖10-14所示，說明如下：

1. 當堤頂高至渠底落差大於或等於3.5m時，二級警戒高度為距堤頂高之1.5m作為警戒值，一級警戒高度則為具堤頂高之1.0m作為警戒。

2. 當堤頂高至渠底落差小於3.5m時，二級警戒高度為距渠底深度之60%高度作為警戒值，一級警戒高度則為距渠底深度之80%高度作為警戒值。

3. 該警戒值視現地工程改善及觀測成果進行年度滾動式檢討做調整。

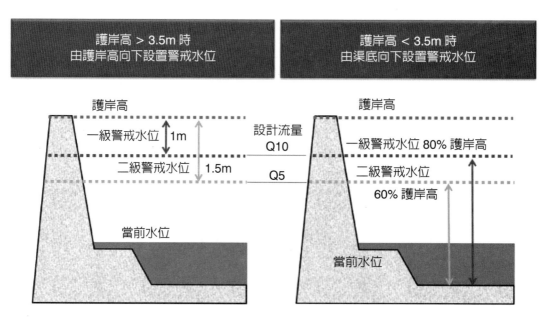

圖10-14　固定式警戒水位訂定標準

10.2.3　豪（大）雨特報、淹水警戒、河川警戒水位警戒顏色燈號意涵

依據中央氣象局豪（大）雨特報、經濟部水利署淹水警戒、河川警戒水位及臺中市政府警戒顏色燈號意涵，茲分述如下：

一、豪（大）雨特報警戒顏色燈號意涵（中央氣象局，n.d.g）

（一）大雨特報（黃色）

指預測24小時累積雨量大（等）於80毫米，或其中至少有1小時雨量達40毫米以上之降雨現象。

（二）豪雨特報

1. 豪雨（橙色）：指預測24小時累積雨量大（等）於200毫米，或3小時累積雨量達100毫米。

2. 大豪雨（紅色）：指預測24小時累積雨量大（等）於350毫米。

3. 超大豪雨（紅色）：指預測24小時累積雨量大（等）於500毫米。

二、淹水警戒顏色燈號意涵

1. 二級警戒（黃色）：1、3、6、12、24小時實際降雨量達二級雨量警戒值，發布淹水警戒之鄉（鎮、市、區）如持續降雨，其轄內易淹水村里及道路可能三小時內開始積淹水。

2. 一級警戒（紅色）：1、3、6、12、24小時實際降雨量達一級雨量警戒值，發布淹水警戒之鄉（鎮、市、區）如持續降雨，其轄內易淹水村里及道路可能已經開始積淹水。

三、河川警戒水位警戒顏色燈號意涵

1. 三級警戒（黃色）：河川水位預計未來2小時到達高灘地時之水位。

2. 二級警戒（橙色）：河川水位預計未來5小時到達計畫洪水位（或堤頂）時之水位。

3. 一級警戒（紅色）：河川水位預計未來2小時到達計畫洪水位（或堤頂）時之水位。

四、臺中市政府市管河川、區域排水（外水）警戒水位警戒顏色燈號意涵

1. 二級警戒（黃色）：當渠道水位持續上升到達堤頂所需時間為90分鐘內時。

2. 一級警戒（紅色）：當渠道水位持續上升到達堤頂所需時間為60分鐘內時。

⚡ 10.3　土石流災害預警機制及警戒顏色燈號意涵

　　土石流預警系統之功能係於土石流災害發生前，預先對危險溪流附近居民發出警告，通知危險區域居民依平時土石流災害演練之逃生路線到達避難場所，以期在硬體防災措施完成前經由預警系統欲先警告來達到保障人民生命安全之目的。本小節首先依據土石流防災資訊網，針對土石流觀測系統硬體設備作一介紹，其次針對土石流災害預警機制，敘述土石流災害預警標準作業流程圖，最後針對土石流紅、黃色警戒之定義，說明其定義及警戒顏色燈號意涵，茲分述如下。

10.3.1　土石流觀測系統

　　為了解土石流地區之實際雨量、現象及發生時間，特設立土石流觀測示範站，以及時追蹤掌握土石流的發生及動態資料的蒐集，並利用衛星通訊傳輸方式，將現地資料傳回應變中心，做為日後土石流發生基準值訂定與調查之參考依據，如圖10-15所示（行政院農業委員會水土保持局，n.d.a）。

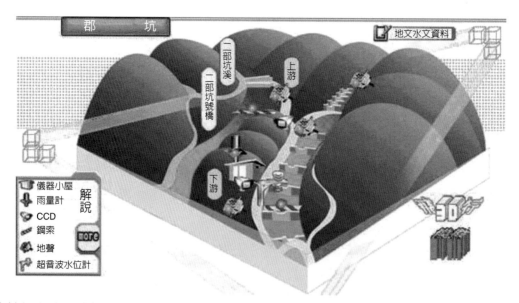

資料來源：行政院農業委員會水土保持局，n.d.a，https://246.swcb.gov.tw/info/stations_system?

圖10-15　土石流觀測系統架構圖

一般土石流觀測站可分為固定式觀測站與行動式觀測站，而固定式土石流觀測站觀測系統主要設備共分為六大部分，如圖10-16所示，如下所示（行政院農業委員會水土保持局，n.d.a）：

1. 鋼索檢知器：土石流發生時會衝斷鋼索檢知器，藉此發出土石流警戒警報。
2. CCD攝影機：觀測溪流動態情況，真實記錄土石流現場樣貌。
3. 地聲檢知器：偵測大地震動頻率，記錄土石流發生時所造成的震動頻率。
4. 衛星天線：透過衛星即時傳送現場各類現測成果。
5. 雨量計：蒐集降雨資料，作為發布土石流警戒警報的指標。
6. 資料接收中心整合各觀測儀器所的資料，自動進行儲存及控制觀測系統運作模式。

　　而行動式土石流觀測站（土石流獵人）架設以需要且機動為主，包含觀測儀器、展示系統、電力系統、通訊系統及資訊系統五大部分。說明如下（行政院農業委員會水土保持局，n.d.b）：

1. 觀測系統：架設儀器包含雨量計、攝影機等。
2. 展示系統：透過網際網路，結合土石流防災應變系統，提供各級單位現場即時資訊。
3. 電力系統：維持自主營運的電力系統包含發電機（付掛100公升油箱）、不斷電系統、電池組等。
4. 通訊系統：採用C頻衛星通訊傳輸，設備包含衛星天線、室內接收器及室外接受器等。
5. 資訊系統：設備包括工業電腦、影像伺服器、集線器、遠端控制電源開關、矩陣解碼器等。

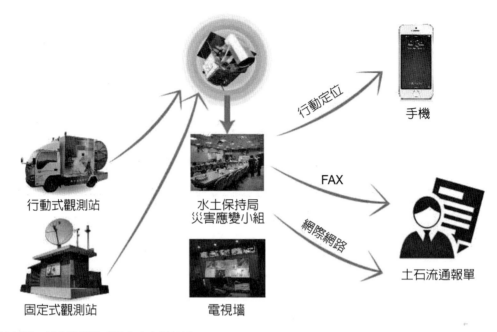

資料來源：行政院農業委員會水土保持局，n.d.a，https://246.swcb.gov.tw/info/stations_system?

圖10-16　土石流觀測系統設備的相互關係圖

10.3.2　土石流災害預警機制

　　土石流災害預警由水土保持局依據中央氣象局所提供的「氣象預報」及「雨量資料」，配合水土保持局研訂之「土石流警戒基準值」，研判土石流災害發生之可能性，並發布土石流警戒預報（紅色或黃色警戒）；地方政府依據當地氣候狀況，必要時得發布疏散避難警報撤離危險區居民，以達到災害零傷亡之目的，其預警標準作業流程如圖10-17所示，以下將分別敘述土石流警戒發生基準值訂定、土石流紅、黃警戒之意義、發布土石流警戒預報及土石流警戒預報及警戒區域之解除。

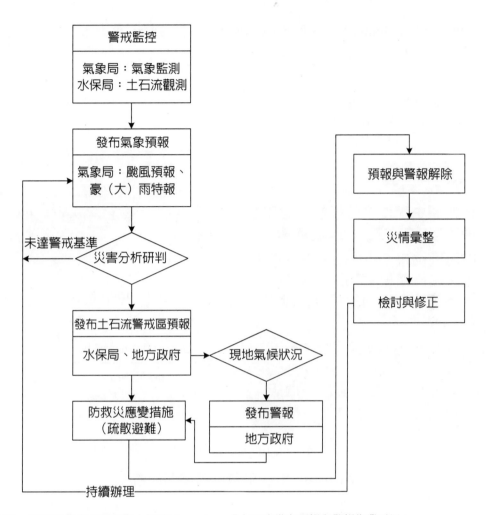

參考資料：行政院農業委員會水土保持局，n.d.c，「土石流災害預報與警報作業手冊」

圖10-17　土石流災害預警標準作業流程圖

壹、土石流警戒分區與發生基準值訂定

　　土石流警戒基準值係利用中央氣象局之雨量資料，以有效累積雨量及降雨強度之乘積為降雨驅動指標（Rainfall Triggering Index, RTI），如圖10-18所示，將具有相類似性質之土石流潛勢溪流集水區整合為一群集，以統計方法計算出同一群集之土石流降雨警戒雨量值，再行簡化為累積雨量，以訂定各地區之土石流警戒基準值，提供於疏散避難時之參考。某地區有效累積降雨量超過警戒值時，該地區就可能發生土石流，目前各地區之土石流警戒基準值主要分為九個級距（範

圍由200mm至600mm）。每年並依據新增之雨量資料、重大事件（如：地震、颱風），檢討修正（行政院農業委員會水土保持局，n.d.d）。

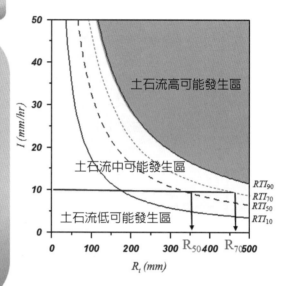

降雨驅動指標

$$RTI = I \times R_t$$

訂定方式

● 依據歷史雨場事件所計算之RTI值，以RTI_{70}(70%)作為基準。

● 在降雨強度 I=10 mm/hr 條件下，由降雨警戒基準值RTI_{70}推求土石流累積雨量警戒基準值R_{70}。

● 以50mm為1級距，設定土石流警戒基準值範圍以200mm為下限、600mm為上限(共9個級距)。

資料來源：行政院農業委員會水土保持局，n.d.d，https://246.swcb.gov.tw/Info/Debris_Function?

圖10-18　土石流警戒基準值說明圖片

　　土石流的發生與否和當地地形條件、地質條件及水文條件有密切的關係，因此採用降雨強度與有效累積雨量作為評估指標，以土石流發生之歷史資料及中央氣象局雨量資料進行機率式土石流警戒基準值之訂定。

　　目前土石流警戒基準值之訂定，係依據各地區之地質特性及水文條件，並考量前期降雨與雨場分割等因素，並配合地形、地質及坡度等地文因子，及機率觀念，逐一訂定各土石流潛勢溪流之警戒基準值，並公布於土石流防災資訊網，以便於各單位下載查詢使用。

貳、土石流「黃色警戒」及「紅色警戒」之定義

　　土石流「黃色警戒」代表的意義為：當某地區的「預測雨量」大於當地的

「土石流警戒基準值」，且實際雨量已達警戒雨量30%（警戒雨量≦350公釐）或40%（警戒雨量 > 350公釐），水土保持局即針對該地區發布黃色警戒，地方政府應勸告疏散避難；而土石流「紅色警戒」的意義爲：當某地區的「實際降雨」大於當地的「土石流警戒基準值」，水土保持局即針對該地區發布紅色警戒，地方政府應勸告或強制其撤離並作適當之安置，如圖10-19所示。

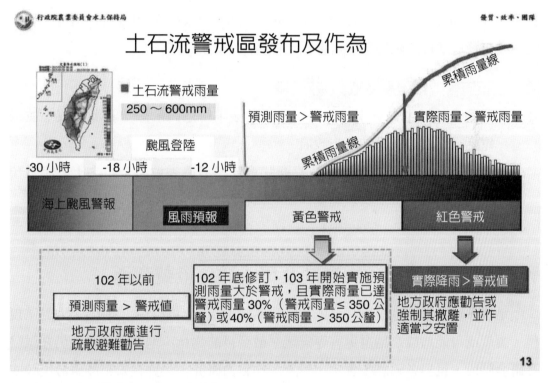

資料來源：行政院農業委員會水土保持局，n.d.e，https://246.swcb.gov.tw/disasterapplication/fancybox_
　　　webcourse?num=289

圖10-19　土石流警戒區發布及作為

參、發布土石流警戒預報

依據「土石流防災疏散避難作業規定」，土石流警戒發布時機如下：

1. 農委會訂定並公開各地區土石流警戒基準值。

2. 當中央氣象局發布某地區之預測雨量大於土石流警戒基準值時，由農委會水土保持局發布該地區爲土石流黃色警戒，地方機關應進行疏散避難

勸告。

3. 當某地區實際降雨已達土石流警戒基準值時，由農委會發布該地區為土石流紅色警戒，地方機關應勸告或強制其撤離，並作適當之安置。

4. 地方機關可依各地區當地雨量及實際狀況，自行發布局部地區為土石流黃色或紅色警戒。

目前水土保持局係配合中央氣象局定量降水預報進行發布，一天定時發布6次（00:30、06:30、12:30、15:30、18:30、21:30），如因應風雨特殊情勢，將不定時發布警戒（行政院農業委員會水土保持局，n.d.e）。

肆、土石流警戒預報及警戒區域之解除

1. 農委會依據中央氣象局提供資料研判後，可適時解除土石流警戒，並以電話或傳眞方式通知縣市政府。

2. 由地方機關依據當地雨量及實際狀況或參考農委會所公布之土石流警預報，適時解除警戒區域範圍。

⚡ 10.4　地震災害預警機制及警戒顏色燈號意涵

地震預測是指在地震發生之前，能夠明確地指出地震發生的時間、地點、規模、震度或可能造成之地震災害等資訊。截至目前爲止，地震預測技術仍在試驗及研發階段，世界各國許多專家、學者，均致力研究，也許在未來能研發出較成熟的地震預測技術。本小節依據中央氣象局地震測報中心資訊，針對地震觀測系統、地震預測之方法、地震速報系統、強震預警系統、臺灣地震損失評估系統及地震災害警戒顏色燈號意涵進行說明，茲分述於下各小節。

10.4.1　地震觀測系統

地震發生時，所引起之震波可用非常靈敏的儀器來記錄，這個儀器就是地震儀（Seismograph）。連結許多測站形成地震網，可用以計算地震的發生時間、位置及規模。

地震儀的運作原理相當簡單，最初的地震儀是由鋼繩或插在地上的架子，及掛在彈簧上沒有自動力的巨大球體所組成。地震發生時，地面上的一切東西都隨之運動，架子在搖動，而掛在彈簧上的巨大球體因慣性大所以在短時間內並不跟著搖動，而與地動有相對運動的關係，經過適當的處理，可視為一不動點，利用球體上的小針刺在搖動的紙卷上記錄這些變化，依重錘擺動方向之不同，可記錄水平和垂直方向之地動，如圖10-20及10-21所示（教育部，2012c）。

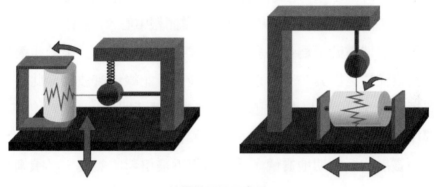

地震儀原理示意圖

資料來源：中央氣象局地震測報中心，n.d.a，https://scweb.cwb.gov.tw/zh-TW/Guidance/FAQdetail/42

圖10-20　地震儀示意圖

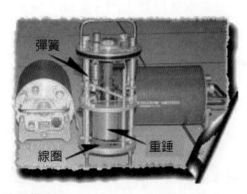

彈簧

線圈　　重錘

資料來源：中央氣象局地震測報中心，n.d.b，https://scweb.cwb.gov.tw/zh-TW/page/ObservationNetwork/221

圖10-21　地震儀構造

　　而地震儀主要分為四種類，分別為（中央氣象局地震測報中心，n.d.c）：

1. 短週期地震儀：此類地震儀設計大多用於記錄地動速度歷時。
2. 長週期地震儀：此類地震儀設計大多用於記錄地動位移歷時。
3. 強震儀：此類地震儀設計大多用於記錄地動加速度歷時。
4. 寬頻地震儀。

地震站依其歸屬測網之不同而負有不同的任務，因而設置所需功能的相關配備。地震站的主要任務及功能有三：(1)記錄近地地震；(2)記錄遠地地震；(3)供當地地震之震後調查之用。地震測網可大分為世界性地震網與區域性地震網，而各網之地震站應有如下配備（中央氣象局地震測報中心，n.d.d）：

1. 世界網之地震站：為偵測發生在全球各地的地震，受限於距離遠高頻率震波衰減快之因素，必須以長週期地震儀記錄地震波動。此外，亦需備有短週期地震儀，以準確記錄特定波相到達時間。
2. 區域網之地震站：主要在偵測範圍較世界網小的局部區域之地震，除了配備靈敏的短週期地震儀，為供報導近震引起的震度，必須備有強震儀以記錄之。

中央氣象局為加強地震觀測，自1989年成立地震測報中心，並積極執行「加強地震測報建立地震觀測網計畫」，建置臺灣完整的地震觀測網（簡稱CWBSN），測站分布於臺灣本島以及金門、澎湖、蘭嶼、彭佳嶼等離島，如圖10-22所示。各測站均裝配三軸向（垂直、南北和東西向）的短週期地震儀，地動訊號在當地數位化後利用數據專線即時傳送回中心處理。數位資料經由人工重新檢視、定位後建檔整理成資料庫，藉以研究、了解臺灣地震活動為長遠目標。

為了提升地震測報效能，中央氣象局在1997年執行「強地動觀測第二期計畫－建置強震速報系統」，加裝具即時作業能力之加速度型地震儀（強震儀），即時將強、弱地動訊息同步傳送回中心，加強了對各地震度之掌控。此舉不但加快有感地震消息發布的作業速度，且提升地震資料的準確度，而所接收各測站的震度資料亦可供災損之初步判斷。地震速報系統已穩定運轉，成為中央氣象局發布有感地震資訊的核心系統。

中央氣象局自2000年參與國科會「地震及活斷層研究」跨部會大型整合計畫，增設寬頻地震儀，各測站所收錄之資料透過數據網路專線傳回中央氣象局處

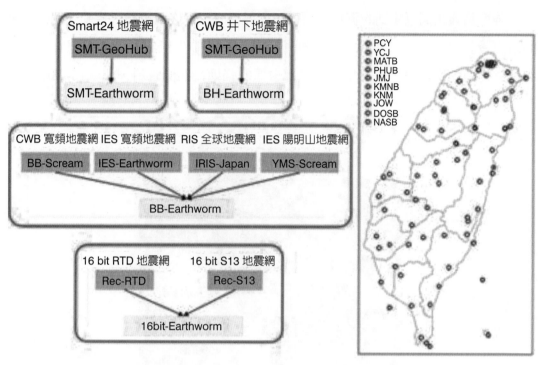

資料來源：中央氣象局地震測報中心，n.d.e，https://scweb.cwb.gov.tw/zh-TW/page/ObservationNetwork/170

圖10-22 中央氣象局強地動觀測網

理。由於寬頻地震儀之記錄頻寬較寬廣且感應器更為靈敏，能夠記錄完整地震波形，可彌補傳統速度型及加速度型地震儀紀錄之不足。藉由斷層面破裂過程的完整地震波形紀錄，將更有助於了解臺灣及鄰近地區大地構造與地震活動之關連性。

臺灣的地質狀況差異極大，造成各地區地振動特性不同，因此將某一地區的地震頻譜，廣泛地運用於其他不同地質狀況的地區從事耐震設計，此種做法並不恰當。例如：臺北盆地為一湖積盆地，盆地內堆積著厚而未固結之軟弱沉積土層，容易對某些週期的地震波產生放大效應，民國75年5月20日發生於花蓮附近規模6.2的地震與同年11月15日發生於花蓮外海規模6.8的地震，震央在花蓮附近，主要災區卻在臺北地區，可見不同地質所造成的場址效應不可忽視。縱使是在臺北盆地內部，不同地點其地振動特性差異也很大。

　　強地動觀測網蒐集到的資料將可供工程界檢討現行之耐震設計規範，俾使未來的耐震設計更符合經濟與安全的原則。有鑑於此，中央氣象局特自民國81年起逐年建立強地動觀測網，以蒐集臺灣各都會區的強地動觀測資料，如圖10-23所示。

資料來源：中央氣象局地震測報中心，n.d.f，https://scweb.cwb.gov.tw/zh-TW/page/ObservationNetwork/171

圖10-23　中央氣象局強地動觀測網

10.4.2　地震災害預警機制

　　依據中央氣象局2001～2014年的地震資料統計，臺灣地區平均每年約發生24,686次地震，也就是每天大概有68次之多，這時假定有人預測說：「最近臺灣地區將會發生地震」，由資料顯示其預測到之機率是非常高，但是，這種預測並無明確的時地描述，無法提供地震防災使用，因此也就沒有任何防災意義。

　　雖然準確的地震預報技術還有待努力，但由於各種地震觀測資料日漸增多，地震發生後可能造成的災害評估技術也越趨成熟，如：(1)可能發生破壞的地區；(2)破壞發生的機率；(3)破壞的程度；這樣一來對提升救災效率、降低生命財產的損失就有明顯的幫助。這也是目前地震預測技術的發展過程中，最可預

期的成效。以下針對地震預測之方法、地震速報系統、強震預警系統及臺灣地震損失評估系統進行說明。

壹、地震預測之方法

　　雖然人們至今對於地震發生的機制還沒有徹底了解，地震預測理論也還沒有充分建立，但是仍有許多嘗試性的地震預測研究方法，常見的有以下幾種：(1)測地法；(2)驗潮；(3)地殼變動的連續觀測；(4)地震活動；(5)地震波速度；(6)地磁及地電流；(7)活斷層及褶曲；(8)岩石破壞實驗和地殼熱流量的測定；(9)其他。茲選擇介紹一些重要的方法摘錄如下（中央氣象局地震測報中心，n.d.g）：

一、測地法

　　　　根據過去許多紀錄，在大地震發生時地殼會發生變動，而有時會發生在地震之前。因此測量地殼變動情形並研判地震前兆現象，是可以預測將否有大地震發生。例如西元1964年日本新瀉地區發生地震前有地盤下沉現象，因當地經常從事測量調查工作，故發現地震發生之前確有前兆現象可尋。

　　　　此外，地殼發生變動的面積會隨地震規模之增大而增加，也就是說地殼發生異常變動的範圍越廣，可能發生地震的規模也越大。

二、井水含氡量的變化

　　　　前蘇聯的科學家，在加爾姆地區發現到水井中的含氡（Radon）於地震前會增加，亦用以預測地震。氡是一種放射性氣體，科學家們認為當岩石受到強大壓力時，岩石內部產生無數微小裂隙，通常只有用顯微鏡才看得見。岩石有了裂隙之後，暴露於地下水的表面積自然也會增加，當地下水滲入裂隙之中，補滿裂開的空隙，可以接觸到較多的放射性物質，同時吸收更多量的氡。直到地震發生，岩石突然崩裂，氡的含量又逐漸下降。因此，監測井水含氡量，可以知道岩石受力情形，從而預測地震。

三、分析天然氣含量

　　　　德國杜秉根大學的地質學家恩斯特教授，在富有沼氣的杜秉根地方從事地下沼氣含量的分析，建立了一種具有地方特色的地震警告系統。在西元1969年，他首次觀測到探測器裡沼氣含量先增加0.2%至2%，而於經過強

烈地震後沼氣含量又告下降。又發生餘震時，沼氣含量也會增加。在1973年，恩斯特教授在中美洲的哥斯大黎加的首都聖荷西擔任客座教授時，與哥國的地質研究所合作研究，他以天然氣探測器觀測的結果，發現地球天然氣含量與火山爆發有連帶關係，此法也能預測地震。天然氣探測器主要在分析二氧化碳，因為在火山要爆發的那些地區，二氧化碳的濃度會高達12%。測定土壤內天然氣含量的方法簡單，測定工具只需一根1公尺的探測管，是屬於較經濟的一種預測地震方法。

貳、地震速報系統

地震速報為在地震發生後的數十秒至數分鐘內提出地震資訊，資訊包含：(1)地震發生時間；(2)震央位置；(3)震源深度；(4)地震規模；(5)各地震度等地震最基本參數，迅速地發表給大眾，以得知地震消息。以民國101年8月14日花蓮有感地震為範例，其相關資訊如圖10-24所示（中央氣象局，n.d.h）。

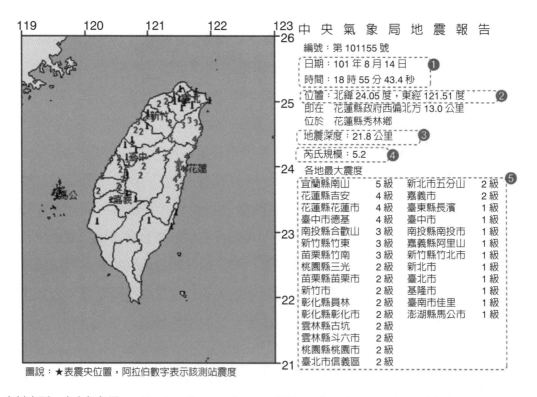

圖說：★表震央位置，阿拉伯數字表示該測站震度

資料來源：中央氣象局，n.d.h，http://www.cwb.gov.tw/V7/knowledge/announce/PDFfile/seismic2.pdf

圖10-24　中央氣象局地震報告

地震速報系統對地震發生後之救災工作而言，最迫切需要的是各地區的震度資料，而地震速報系統即是一套能快速提供各地震度資料的系統。依據中央氣象局對地震速報系統之規劃，以目前作業中之即時地震監測網為基本架構，在原有地震監測站增設由自由場強震儀等硬體設備，並透過現有數據專線，將弱震與強震等地震速報資料悉數傳回地震測報中心。結合軟體之研究開發，將強地動觀測網地震資料經由快速評估，以達到地震速報的功能。速報的資訊將可以減低二度的災害、加速救災反應及災後恢復。運用的層面如下（中央氣象局，n.d.h）：

1. 重要設施如電力及通訊網路系統能立即重整或調配系統提供服務。
2. 調整交通系統如火車避免駛入受損變形的路段及飛機避免降落受損的機場。
3. 救災機構能夠派遣有限的資源至最需要的地方。
4. 工廠經營者能由速報資訊判斷機器的停機檢修，避免受損後之機器繼續操作而造成更大損失。
5. 透過公共媒體能提供大眾可靠有時效性的地震資訊。

參、強震預警系統

　　強震預警系統是一套可迅速偵測地震並藉由震災區之預估發布警訊的系統。對一特定地區而言，該系統能在大地震發生後，地表面強烈振動之前，爭取地震能量傳遞的短短數秒乃至數十秒的時間，以空間換取時間，對某些重要公共設施（如：捷運系統、高速鐵路等），發出強震警訊，使其能有所因應，以降低震災。

　　強震預警系統除了快速偵測地震外，評估可能的災區做為預警的範圍，需要有充分的強地動觀測資料及相關研究。地震預警系統所利用之物理原理如下（中央氣象局，n.d.h）：

1. 地震時，地面強烈振動通常是由S波（剪力波）及表面波所引起，而S波及表面波傳遞速度較P波（初達波）傳遞速度慢。圖10-25為民國88年921地震，在新北市某處強震儀所收錄的地震紀錄，顯示在地震發生後約25秒初達波（P波）到達該站，接著剪力波（S波）、主振動波（表面波）

在地震發生後約41秒、51秒陸續抵達，圖上振幅大小直接反應震度歷時，可見震度4級以上的明顯震動持續超過20秒以上。

2. 地震波傳遞速度遠小於電話或無線電傳遞訊號的速度。

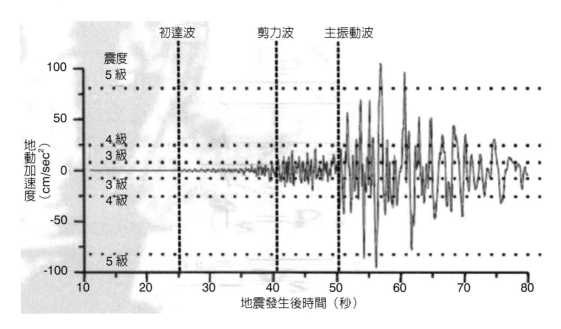

資料來源：中央氣象局，n.d.h，http://www.cwb.gov.tw/V7/knowledge/announce/PDFfile/seismic2.pdf

圖10-25　921集集大地震臺北地區之地動歷時

　　例如，有一個地震其發生地點距某城市100公里遠，地震發生後，P波大約於15秒後到達，而S波及表面波大約於25秒後才到達。假如在該城市設置一套偵測地震波的儀器，當其測到P波後立即發布警報，則該城市在受到強烈振動之前，便有10秒的預警時間。如果更進一步在震源附近設置地震儀，當其偵測到地震後，立即透過無線電傳送地震訊息，該城市將有更長的預警時間。

　　預警時間的長短依地震發生地點至預警地區之距離遠近而定，地震發生地點愈靠近預警地區則預警時間愈短。換言之，強震預警系統對在震央附近地區之功效不大，但是對距離較遠地區則功效顯著，例如：2016（民國105）年2月6日美濃地震為例，地震發生後約12秒即演算出初步震央資訊，對臺北地區可提供49秒的預警時效，如圖10-26所示。

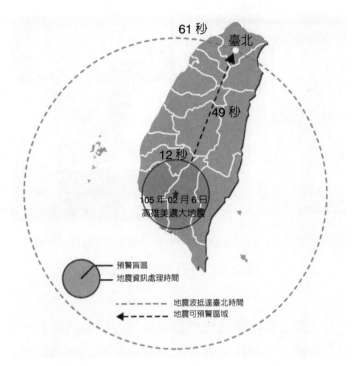

61 秒

臺北

49 秒

12 秒

105 年 02 月 6 日
高雄美濃大地震

預警盲區
地震資訊處理時間

- - - - - 地震波抵達臺北時間
◄- - - - 地震可預警區域

資料來源：中央氣象局地震測報中心，n.d.h，https://scweb.cwb.gov.tw/zh-TW/Guidance/FAQdetail/98

圖10-26　區域強震警報系統運作示意圖

肆、臺灣地震損失評估系統

　　TELES是Taiwan Earthquake Loss Estimation System的首字母縮寫，由國家地震工程研究中心（NCREE）參考原始HAZ-Taiwan和HAZUS的分析架構與評估對象，建置評估分析震災損失所需要之資料庫，並利用Microsoft Visual C++與MapInfo MapBasic 種程式來開發的臺灣地震損失評估軟體，其程式視窗介面如圖10-27所示。

　　TELES的應用大致分為震災早期評估系統、震災境況模擬和震災風險評估等三大應用和發展目標。震災早期評估系統主要針對各級政府災害應變中心的需求，在地震後的短時間內，推估地表振動強度的分布、一般建築物的損害狀態機率和數量、人員傷亡的程度與數量等，重點在簡易快速評估震災的分布範圍。震災境況模擬同樣探討單一模擬地震作用下的災害狀況，但因沒有時間的急迫性，可以針對各項已收集到的工程結構物進行損害評估，或推估其所引致的二次災害

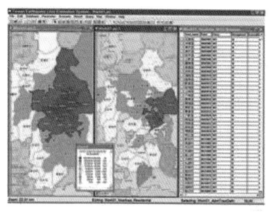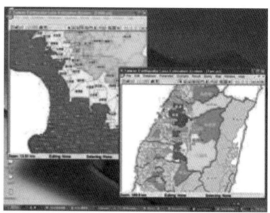

資料來源：臺灣地震損失評估系統，n.d.，https://teles.ncree.org.tw/AboutTELES.aspx

圖10-27　TELES應用視窗

和社會經濟的損失。震災風險評估有別於震災境況模擬的地方，是探討的對象通常固定少數幾項，但輸入多個代表與危害度分析相符的模擬地震的震源參數，每一個模擬地震代表不同地點和規模的震源，並有對應的年平均發生率，應用機率和統計理論求得各地區特定對象的震災風險，以下就震災早期評估、震災境況模擬、震災風險評估分別說明之（臺灣地震損失評估系統，n.d.）。

一、震災早期評估

　　TELES可提供地震剛發生時各級政府災害應變中心使用，推估地震可能致災的範圍、數量與分布等資訊。為節省計算所需的時間，基本上以鄉鎮區和土壤類別作為計算地表振動強度的最小地理單元，亦即將各鄉鎮區依其土壤類別細分為數區，利用震度衰減律和場址效應修正係數推估各區的最大地表加速度和結構反應譜等強地動參數。中央氣象局所發展的地震速報系統，在地震發生後數十秒內即可推算地震發生的日期、時間、規模、震源深度和震央位置等。當收到中央氣象局的地震測報資料後，TELES將自動啟動。首先根據中央氣象局發布的地震規模、震源深度和震央位置概估最大地表加速度超過10 gal的區域，並計算各區強地動參數。由於一般建築物在最大加速度達80 gal（相當於震度五級）以上時才容易有損害發生，因此TELES繼續根據上述計算所得，選取最大地表加速度超過80 gal的地區，作

爲後續各項損害評估或人員傷亡評估的研究區域。

　　各分區的一般建築物的數量和不同時段的人口動態分布等資料事先已統計並存放於資料庫內。於彙整該區域內一般建築物的數量，及根據地震發生時間彙整當時的人口動態分布資料後，基於強地動的推估結果，進行一般建築物的損害評估和人員傷亡評估，所用的分析模式和參數與一般境況模擬相同。

二、震災境況模擬

　　震災境況模擬即是根據震源參數、活動斷層特性、各地地盤特性、各項工程結構物的分布和數量統計等，利用先進科技的評估模式，依據使用者的需求推估前述各項地震引致的災害狀態。經由對地震引致災害的了解，可研擬防震減災的對策。譬如各縣市政府的地區防災計畫可依歷史性地震紀錄和活動斷層的分布，以機率理論推估影響該地區的最大可能地震，包含地震的規模和震央位置等資訊，利用震災境況模擬技術，瞭解地震災害的分布和數量，藉以規劃救災的人員和機具、醫療的設施和病床數、臨時避難所的數量和分布、民生必須品的庫存和調度機制、自來水、瓦斯和電力系統的緊急搶修策略和人力物料的調度等。

　　震災早期評估與一般震災境況模擬的主要差異在於時間的急迫性。由於震災早期評估系統必須在短時間（10分鐘）內求得緊急應變所需的數據，因此需適度簡化資料的精度，評估的內容主要是一般建築物的損害狀態機率和數量、人員傷亡的程度和數量。但一般的震災境況模擬，由於沒有時間上的限制，因此資料越詳細越好；只要資料夠充分，所採用的評估模式可盡量符合真實的狀況；交通與民生系統的損害評估不必侷限於單一設施的損害評估，也可進行網路分析或其他較複雜的損失評估。總而言之，使用者應根據需求盡量收集相關資料庫，根據現有資料的內容決定分析模式的複雜度和評估結果的項目。

三、震災風險評估

　　比較地震與其他天然災害的特性可知地震具有極大的不確定性，因此無法預知何時何地會發生規模多大的地震。強烈地震的延時通常不超過2分

鐘，事先又沒有任何徵兆進行臨時性的防震準備工作。因此平時即應作好防震準備，並擬訂緊急應變措施和復原重建計畫或政策。各項工程結構物所面臨的地震風險究竟有多大？政府或民間企業應如何面對地震風險？凡此種種問題都必須先進行地震風險評估。

地震風險評估乃結合地震危害度分析和工程結構物的易損性分析，進而求得工程結構物潛在的地震風險或損失。地震風險評估通常針對單一的工程結構物，譬如住宅、高速公路橋梁、高科技廠房或其他明確標的物，求得該標的物在一系列模擬地震作用下的損害狀態和可能的損失金額。每一模擬地震有其年平均發生率，因此將個別模擬地震的損失金額乘上年平均發生率，再累加起來即得該標的物的年平均損失。

由上述說明可知輸入的模擬地震應與地震危害度分析相符。換言之，在不同震央位置發生不同規模之地震的年平均發生率應符合地震危害度分析。根據歷史性地震紀錄的分析與統計，可計算各震區地震規模與年平均發生頻率的關係，進而將面震源離散成數個點震源，並將地震規模分爲數個離散的區間，求得與危害度分析相符的一組模擬地震。其次也應根據研究區域附近活動斷層的屬性，求得線震源的年平均發生率，並將其納入應輸入的模擬地震。一旦模擬地震定義清楚，接下來的震災境況模擬即可參考一般的分析流程和架構，計算標的物的損害狀態機率和可能的損失。

10.4.3　地震災害警戒顏色燈號意涵

依據中央氣象局地震報告警戒顏色燈號意涵，茲分述如下：

1. 紅色：芮氏規模達6.5以上，且測站最大震度達6級以上。
2. 橙色：芮氏規模達6.0以上，且測站最大震度達5級以上。
3. 黃色：芮氏規模達5.5以上，且測站震度最大達4級以上。
4. 綠色：未達上述標準之地震。

⚡ 10.5　海嘯災害預警機制及警戒顏色燈號意涵

　　大部分的海嘯是由於海底或鄰近海床之大地震所引起，但並非所有的海底地震都能產生海嘯。同時，亦並非所有的海嘯都大得足以造成災害，而是與當地海岸地形有著密切之關係，或是偶然的巨浪在海岸地區造成生命財產的損失。本小節依據中央氣象局「地震百問」及「地震常識系列」中，針對海嘯觀測系統、海嘯通報機制及海嘯警報警戒顏色燈號意涵進行說明，茲分述如下。

10.5.1　海嘯觀測系統

　　夏威夷的太平洋海嘯預警中心（Pacific Tsunami Warning Center），在地震發生時，在太平洋海嘯警報系統架構下的各地天文台或地震預防中心會將地震儀所收集到的數據，如：地震波抵達時間，一一發送到夏威夷州的太平洋海嘯警報中心。中心在接收到各地區之資料後，便會迅速計算出地震震央、深度和強度，從而評估出發生海嘯之機會，然後向參與的國家及地區發出詳盡的海嘯預測數據及報告，當中也預測了海嘯抵達太平洋沿岸各地區的大約時間和海嘯高度等。

　　感應地震震波的海底偵測站，發射超音波給飄在海面上的浮標，裝有接收器的浮標接收訊息後，再轉接給衛星定位系統，最後，衛星再將資料傳回預警中心，由電腦分析算出海嘯行進模式及規模，如圖10-28所示。

　　而國內為有效改善外海地震的監測效率，中央氣象局執行「臺灣東部海域電纜式海底地震儀及海洋物理觀測系統建置計畫」（MArine Cable Hosted Observatory, MACHO），在臺灣東部海域建置電纜式的海底觀測系統。計畫英文名稱縮寫為MACHO，諧音與我國重要傳統宗教信仰「媽祖」相近，具有保佑祈福、與自然和平共處的含意。

　　海底電纜由宜蘭頭城向外海鋪設，長度約45公里。纜線尾端水深約280公尺，裝置1個科學觀測節點（NODE）用以連接多種觀測儀器，包含海底寬頻地震儀、強震儀與海嘯壓力計各1部，以及其他科學觀測儀器。系統於100年11月14日正式完工啟用，觀測資料透過光纖海纜即時傳送回陸上站，並藉由陸域傳輸線路傳回氣象局，與現有的陸上地震觀測站整合分析，執行海陸地震聯合觀測，如圖10-29所示。

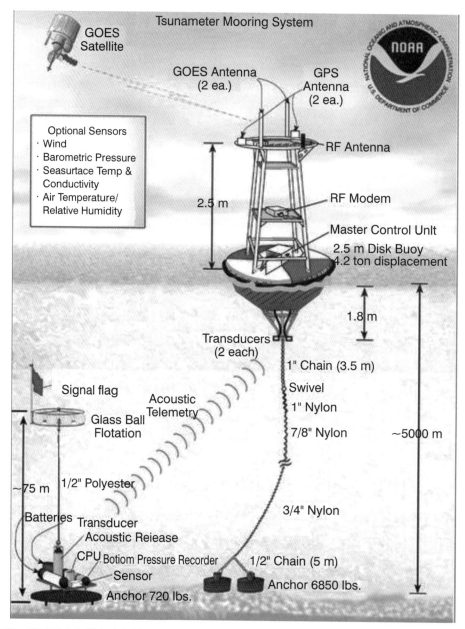

資料來源：美國國家海洋和大氣管理局（National Oceanic and Atmospheric Administration），https://zh.wikipedia.org/wiki/%E5%A4%AA%E5%B9%B3%E6%B4%8B%E6%B5%B7%E5%98%AF%E8%AD%A6%E5%A0%B1%E4%B8%AD%E5%BF%83#/media/File:Tsunami-dart-system2.jpg

圖10-28　感應地震震波的海洋偵測站

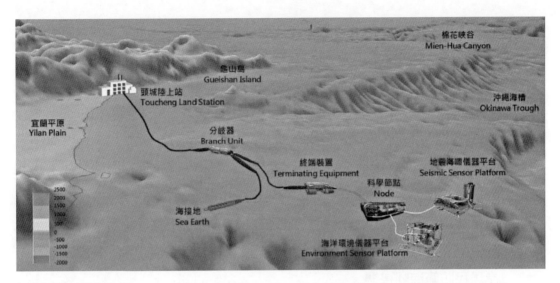

資料來源：中央氣象局，n.d.i，http://www.cwb.gov.tw/V7/knowledge/announce/PDFfile/seismic4.pdf

圖10-29　臺灣海域電纜式地震及海嘯觀測系統

　　當地震或海嘯發生時，地震儀與壓力計會將收集到的觀測資訊傳送回臺北中心端，即時進行分析處理並發布相關資訊，達到速報減災的目的。未來將視具體作業成效，評估以此海纜觀測系統爲基礎，繼續申請經費延伸纜線長度並增加觀測儀器等設備。

　　目前世界各國中，利用海纜觀測系統進行即時防災監測的國家並不多，臺灣位於環太平洋地震帶（火環）上，地處歐亞板塊與菲律賓海板塊相互碰撞擠壓的地震活躍區，建置即時傳輸之海底地震及海嘯觀測系統不僅符合需求，亦可使臺灣於相關領域跟上世界潮流並位居領先地位（中央氣象局，n.d.i）。

10.5.2　海嘯災害預警機制

　　臺灣地區海嘯警報的發布由中央氣象局負責，爲了防範海嘯的侵襲，中央氣象局除了密切監測臺灣地區鄰近海域的地震活動外，即時接收太平洋海嘯警報中心（PTWC）提供之海嘯電文，在研判確定海嘯對臺灣地區的影響後，迅速透過簡訊或傳眞等方式將海嘯警訊傳送到各相關岸巡、災害防救主管機關及大眾傳播媒體。

經中央氣象局研判海嘯將對我國沿海造成影響時，應儘速發布海嘯警報，其種類、發布時機、解除時機及通報對象如下：

一、因遠地地震所引起的海嘯之通報

1. 太平洋海嘯警報中心（PTWC）發布海嘯警報，經氣象局評估可能引起民眾關切，即發布「海嘯消息」，提供民眾參考。

2. 如警報內容預估6小時內海嘯可能會到達臺灣，即發布「海嘯警訊」，提醒民眾注意。

3. 如警報內容預估3小時內海嘯可能會到達臺灣，即發布「海嘯警報」，並迅速通報中央災害防救主管機關、相關單位以及新聞傳播機構，籲請沿岸居民防範海嘯侵襲。

4. 當臺灣沿海觀測到波高50公分以上之海嘯，即發布「海嘯報告」，並迅速通報中央災害防救主管機關、相關單位以及新聞傳播機構，採取必要措施。

二、因近海地震所引起的海嘯之通報

1. 當氣象局地震速報系統偵測到臺灣近海發生地震規模6.0以上，震源深度淺於35公里之淺層地震時，在發布之地震報告中加註「沿岸地區應防海水位突變」。

2. 當氣象局地震速報系統偵測到臺灣近海發生地震規模7.0以上，震源深度淺於35公里之淺層地震時，立即發布「海嘯警報」，並透過簡訊及傳真等方式，通報相關單位以及大眾傳播媒體，籲請沿岸居民準備因應海嘯侵襲。

三、解除機制

海嘯警報發布後，根據太平洋海嘯警報中心資料並綜合我國潮位站資料，經中央氣象局研判海嘯之威脅解除時，應即解除海嘯警報。

10.5.3　海嘯警報警戒顏色燈號意涵

依據中央氣象局海嘯警報警戒顏色燈號意涵，茲分述如下：

1. 海嘯警報

   (1) **紅色**：各警戒區域之預估波高最大為「大於6公尺」，或各警戒區域之
   預估波高最大為「3至6公尺」。

   (2) **橙色**：各警戒區域之預估波高最大為「1至3公尺」。

   (3) **黃色**：所有警戒區域之預估波高皆為「小於1公尺」。

2. 海嘯警訊（黃色）：根據太平洋海嘯警報中心發布之海嘯警報內容，當
   預估6小時內海嘯可能會到達臺灣時。

3. 海嘯消息（綠色）：根據太平洋海嘯警報中心發布之海嘯警報內容，經
   中央氣象局評估可能引起民眾之關切時。

4. 解除警報、解除警訊（綠色）：太平洋海嘯警報中心發布解除海嘯警
   報，或依中央氣象局潮位站資料，研判海嘯之威脅解除。

⚡ 10.6　乾旱災害預警機制及警戒顏色燈號意涵

　　水利署為事先掌握乾旱情勢及預警，應建立乾旱預警及水資源供需協調機
制，以執行水情蒐集及評估、統籌協調區域水源調度、備妥因應對策及通報等事
宜。乾旱預警期間，由水利署各區水資源局彙整所轄區域相關單位水源供需等資
料並予評估分析，並將預警處置情形通報水利署，若需由水利署協調處理部分則
由該署辦理。藉此預警期間之各種節水管理、區域水源調度及事先備妥之災害因
應措施，期能延緩進入旱災階段或進入旱災階段能順利執行抗旱相關事宜。

10.6.1　乾旱預警機制

　　依據「旱災災害防救業務計畫」（經濟部水利署，2014），乾旱預警作業
包括水情監測及水情評估，前者將蒐集之水文資料展現給決策者參考；後者為結
合水文預測及水源運用模式評估水情，即依據歷史資料、豐水期水源量、未來可
能的降雨量及水庫入流量等資訊，由水量平衡計算推估出未來某個時段內水庫蓄
水量及可運用水源量的可能變化情形，作業原理如圖10-30所示。

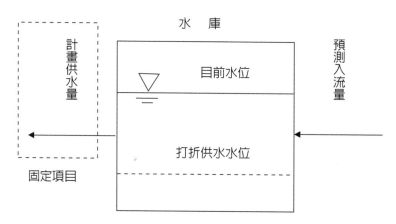

資料來源：經濟部水利署，2014，旱災災害防救業務計畫

圖10-30 乾旱預警預測水庫水位原理示意圖

以水庫操作系統為例，水位變動為計畫供水量及水庫入流量相減後之結果。例如某日供水量大於入流量時，則次日水庫水位將下降，反之則上升。水庫的計畫供水量為已知（每年11月訂出下一年度供水計畫），故系統加入預測入流量即能評估未來水庫水位（或蓄水量）變動的情形，此關係由下式表示：

預測水庫水位（或蓄水量）變化＝計畫供水量 — 預測入流量

預測入流量的時距以3個月為原則，以評估未來3個月水庫水位之變動。如果水位經評估後在3個月內可能低於需打折供水之水位時，進行水資源供需模擬，研提水資源供需方案。乾旱預警作業流程如圖10-31所示。

當透過乾旱預警作業，獲知水庫水源可能無法按照原計畫供水量供水或者需支援其他地區用水時，進行水源供需模擬分析，模擬改變供水量方式延長水庫供水日數（打折供水）或檢討支援供水能力。作業原理如圖10-32所示：

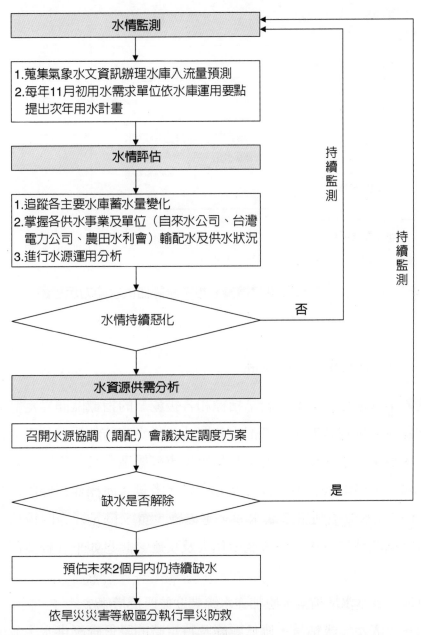

資料來源：經濟部水利署，2014，旱災災害防救業務計畫

圖10-31　乾旱預警作業流程圖

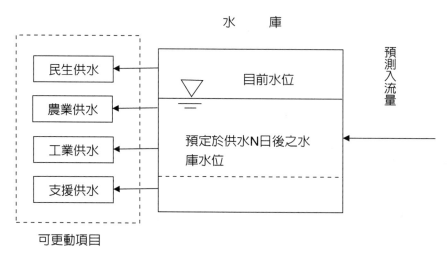

資料來源：經濟部水利署，2014，旱災災害防救業務計畫

圖10-32　水資源供需模擬分析系統評估供水能力示意圖

10.6.2　乾旱警戒顏色燈號意涵

　　為使乾旱管理更有效率，乾旱指標和各級乾旱的指標區間界定需能適當的反應評估區域的供需狀態。經濟部水利署「旱災災害防救業務計畫」依家用及公共給水、農業用水之缺水狀況，將旱災災害等級區分為一級、二級及三級狀況（表10-4），參酌該計畫等級之區分方式、考量水庫操作規線限水規則（圖10-33），並以水資源利用之缺水率，定義綠、黃、橙、紅等四級枯旱預警燈號以呈現不同的枯旱等級。各燈號所代表及反應之訊息如下（經濟部水利署，2014）：

1. 綠燈：表示水情稍緊，應加強水源調度並研擬措施。
2. 黃燈：表示三級枯旱，應於離峰及特定時間降低管壓供水，並停供行政機關及國營事件轄管噴水池、澆灌、沖洗外牆、街道及水溝等非急需或非必要之用水。
3. 橙燈：表示二級枯旱，應試放消防栓、露天屋頂放流及其他得停供之用水，另外每月用水超過1000度大用水戶之非工業用水戶減供20%，工業用戶減供5-20%，但醫療或其他性質特殊者，不在此限。游泳池、洗車、三

溫暖、水寮業者、及其他不急需之用水，減供20%。

4. 紅燈：表示一級枯旱，應配合實施分區輪流或全區定時停止供水，並配合定點供水策略。供水優先順序依序為居民維生、醫療、國防事業、工商事業、其他。

表10-4　旱災等級、水情燈號與缺水率關係表

旱災狀況	應變層級	水情燈號	缺水率	
			家用及公共用水	農業用水
一級狀況	旱災中央災害應變中心	二供水區水情燈號橙燈或一供水區水情燈號紅燈	>10%	>50%
	旱災經濟部災害緊急應變小組	二供水區水情燈號黃燈且涉水源調度或一供水區水情燈號橙燈，並經水利署研判水情恐持續惡化	5～10%	40～50%
二級狀況	旱災經濟部水利署災害緊急應變小組	一供水區水情燈號黃燈且涉水源調度，並經水利署研判水情恐持續惡化	2～5%	30～40%
三級狀況	水利署水資源局、水庫管理單位、地方政府、自來水事業、農田水利會、工業區及科學園區管理單位等應變小組	一供水區水情燈號黃燈或一供水區水情燈號綠燈且涉水源調度，並經水利署水資源局研判水情恐持續惡化	1～2%	20～30%

資料來源：經濟部水利署，2014，旱災災害防救業務計畫

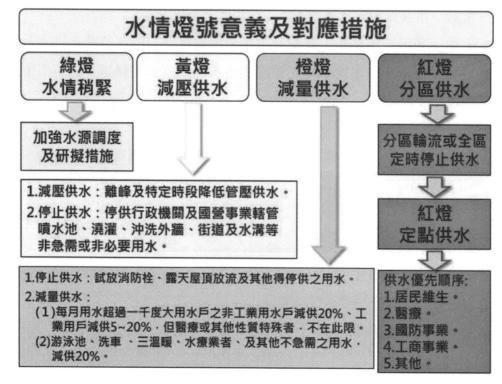

資料來源：經濟部水利署，2014，旱災災害防救業務計畫

圖10-33　水情燈號、水情意義及各階段限水措施說明

習題

一、依行政院101年3月27日院臺忠字第1010126718A號函，參考現行主要災害警戒分級，警戒燈號顏色原則統一採用「紅色」、「橙色」、「黃色」及「綠色」等4類分級，依照「危險等級」、「優先順序」、「管制方案」及「疏散撤離」等4大項目分別表示意涵為何？

二、請問中央氣象局發布海上及陸上颱風警報的標準為何？各警戒燈號顏色分別為何？

三、分別說明大雨、豪雨、大豪雨及超大豪雨的降雨定義。

四、請問經濟部水利署發布淹水警戒、河川警戒水位的標準為何？各警戒燈號顏色分別為何？

五、土石流「黃色警戒」及「紅色警戒」之定義為何？

六、依據中央氣象局地震報告警戒顏色燈號意涵定義為何？

七、依據中央氣象局海嘯警報警戒顏色燈號意涵定義為何？

八、乾旱警戒顏色燈號意涵定義為何？

九、請問中央氣象局採用那些常見方式觀測颱風動態？

⚡ 參考文獻

王宏偉，2013，「自然災害管理實務與技巧──領導幹部最關心的25個問題」，人民出版社，北京。

中央氣象局，n.d.a，取自中央氣象局常識／氣象百科／颱風百問／四、颱風的預測與警報的發布及傳遞／79. 目前觀測颱風的方法有哪些？，https://www.cwb.gov.tw/V7/knowledge/encyclopedia/ty079.htm（擷取日期：2019.03.04）。

中央氣象局，n.d.b，取自中央氣象局常識／氣象百科／颱風百問／四、颱風的預測與警報的發布及傳遞／81. 臺灣的氣象雷達網情形如何？，https://www.cwb.gov.tw/V7/knowledge/encyclopedia/ty081.htm（擷取日期：2019.03.04）。

中央氣象局，n.d.c，取自中央氣象局常識／宣導／氣象觀測系列／（六）由衛星看颱風，http://www.cwb.gov.tw/V7/knowledge/announce/PDFfile/observe6.pdf（擷取日期：2019.03.04）。

中央氣象局，n.d.d，取自中央氣象局常識／氣象百科／颱風百問／四、颱風的預測與警報的發布及傳遞／87. 颱風飛機投落送觀測／追風計畫，https://www.cwb.gov.tw/V7/knowledge/encyclopedia/ty087.htm（擷取日期：2019.03.04）。

中央氣象局，n.d.e，取自中央氣象局常識／氣象百科／颱風百問／四、颱風的預測與警報的發布及傳遞／89. 中央氣象局發布之颱風警報內容包含那些?，https://www.cwb.gov.tw/V7/knowledge/encyclopedia/ty089.htm（擷取日期：2019.03.04）。

中央氣象局，n.d.f，取自中央氣象局常識／氣象百科／颱風百問／四、颱風的預測與警報的發布及傳遞／90. 颱風路徑潛勢預報與7級風暴風圈侵襲機率預報的意義？，https://www.cwb.gov.tw/V7/knowledge/encyclopedia/ty090.htm（擷取日期：2019.03.04）。

中央氣象局，n.d.g，取自中央氣象局／防災氣象／天氣警特報／警特報顏色燈號，https://www.cwb.gov.tw/V7/prevent/alert_color.pdf（擷取日期：2019.03.04）。

中央氣象局，n.d.h，取自中央氣象局常識／宣導／地震常識系列／（七）認識地震預警，http://www.cwb.gov.tw/V7/knowledge/announce/PDFfile/seismic2.pdf（擷取日期：2019.03.04）。

中央氣象局，n.d.i，取自中央氣象局常識／宣導／地震常識系列／（四）臺灣海域電纜式地震及海嘯觀測系統，https://www.cwb.gov.tw/V7/knowledge/announce/PDFfile/seismic4.pdf（擷取日期：2019.03.04）。

中央氣象局地震測報中心，n.d.a，教育宣導／地震百問／二、地震／41.地震儀的構造如何？，https://scweb.cwb.gov.tw/zh-TW/Guidance/FAQdetail/42（擷取日期：2019.03.04）。

中央氣象局地震測報中心，n.d.b，擷取自觀測網介紹／各種觀測網介紹／即時地震觀測網，https://scweb.cwb.gov.tw/zh-TW/page/ObservationNetwork/221（擷取日期：2019.03.04）。

中央氣象局地震測報中心，n.d.c，擷取自教育宣導／地震百問／二、地震／43.地震儀的種類有那些？，https://scweb.cwb.gov.tw/zh-TW/Guidance/FAQdetail/44（擷取日期：2019.03.04）。

中央氣象局地震測報中心，n.d.d，擷取自教育宣導／地震百問／二、地震／44.地震站應有那些配備？，https://scweb.cwb.gov.tw/zh-TW/Guidance/FAQdetail/45（擷取日期：2019.03.04）。

中央氣象局地震測報中心，n.d.e，觀測網介紹／各種觀測網介紹／24位元即時地震觀測網，https://scweb.cwb.gov.tw/zh-TW/page/ObservationNetwork/170（擷取日期：2019.03.04）。

中央氣象局地震測報中心，n.d.f，觀測網介紹／各種觀測網介紹／自由場強地動觀測網，https://scweb.cwb.gov.tw/zh-TW/page/ObservationNetwork/171（擷取日期：2019.03.04）。

中央氣象局地震測報中心，n.d.g，教育宣導／地震百問／三、地震災害與預報／73.地震預測有哪些方法？，https://scweb.cwb.gov.tw/zh-TW/Guidance/FAQdetail/87（擷取日期：2019.03.04）。

中央氣象局地震測報中心，n.d.h，教育宣導／地震百問／三、地震災害與預報／84.何謂強震即時警報?，https://scweb.cwb.gov.tw/zh-TW/Guidance/FAQdetail/98

行政院農業委員會水土保持局，n.d.a，取自土石流防災資訊網網址http://246.swcb.gov. tw/debrisClassInfo/disasterstechnology/disasterstechnology1.aspx（擷取日期：2014.09.10）。

行政院農業委員會水土保持局，n.d.b，取自土石流防災資訊網網址http://246.swcb.gov. tw/debrisClassInfo/disasterstechnology/disasterstechnology2.aspx（擷取日期：2014.09.10）。

行政院農業委員會水土保持局，n.d.c，土石流災害預報與警報作業手冊，取自土石流防災資訊網網址http://246.swcb.gov.tw/preventInfo/downloads/%E5%9C%9F%E7%9F% B3%E6%B5%81%E7%81%BD%E5%AE%B3%E9%A0%90%E5%A0%B1%E8%88% 87%E8%AD%A6%E5%A0%B1%E4%BD%9C%E6%A5%AD%E6%89%8B%E5%86% 8A.pdf（擷取日期：2014.09.10）。

行政院農業委員會水土保持局，n.d.d，取自土石流防災資訊網網址http://246.swcb.gov. tw/debrisClassInfo/toknew/toknew7.aspx（擷取日期：2014.09.10）。

行政院農業委員會水土保持局，n.d.e，取自土石流防災資訊網網址http://246.swcb.gov. tw/debrisClassInfo/disasterdeal/disasterdeal1.aspx（擷取日期：2014.09.10）。

陳來發，2011，認識颱風與颱風災害防護，擷取中華民國災難醫學會，http://

www.disaster.org.tw/chinese/0721/0921/05.pdf（擷取日期：2019.02.26）。

陳柏蒼，2010，「水資源乾旱預警指標之建置與應用」，國立成功大學水利及海洋工程研究所博士論文。

臺北市政府，2015，抽水站排水系統水位預報及抽水機組智慧型操作策略評估工作，http://rdnet.taipei.gov.tw/xDCM/DOFiles/pdf/00/00/01/76/74/1040417-pdf-testproj-085903.pdf（擷取日期：2019.02.27）。

教育部，2012，取自教育部MOD防災教育數位平台／大專院校／颱洪／第六章洪水監測與預警，https://140.125.154.179/disaster/upfile/file/UVFDTP06_%20_.pdf（擷取日期：2014.09.10）。

教育部，2012c，取自教育部MOD防災教育數位平台／大專院校／地震／第十一章地震學概論，https://140.125.154.179/disaster/upfile/file/UVEQTP01_%20_.pdf（擷取日期：2014.09.10）。

臺灣地震損失評估系統，n.d.，https://teles.ncree.org.tw/AboutTELES.aspx（擷取日期：2019.03.04）。

經濟部水利署，n.d.a，取自經濟部水利署防災資訊網／警戒地圖／淹水警戒，https://fhy.wra.gov.tw/fhy/（擷取日期：2019.03.04）。

經濟部水利署，n.d.b，取自經濟部水利署防災資訊網／警戒地圖／水位警戒，https://fhy.wra.gov.tw/fhy/（擷取日期：2019.03.04）。

經濟部水利署，n.d.c，擷取水利署電子報──警戒水位嚴密訂防災避險更容易，http://epaper.wra.gov.tw/Article_Detail.aspx?s=E0AF20120A35313D（擷取日期：2019.03.04）。

經濟部水利署，n.d.d，擷取自經濟部水利署防災資訊服務網／警戒資訊／供水情勢（枯旱預警），http://fhy.wra.gov.tw/fhy/Alert/Dry/（擷取日期：2019.03.07）。

經濟部水利署，2014，「旱災災害防救業務計畫」，臺北。

第11章 災害防救演練規劃

　　日本311事件後，地方政府的檢討會議凝聚了一個新觀念：「防災不如減災」，而立論之基礎即在於既定事實所點出的「防災意識的有無爲生死存亡的分界點」（陳弘美，2012）。以日本岩手縣田老地區爲例，該地有過多次的海嘯侵襲紀錄，在國家發展與民生考量下，舉世注目的超級防坡堤在此孕育而生，不幸的是，也因爲工程浩大所造就的民族驕傲，讓當地居民對天災的不可預期失去了戒心。反觀日本釜石市，311海嘯當日，在十五公尺高的海嘯侵襲下，沿海中小學的師生無人傷亡，究其因，歸功於臨災者能於當下以平時之演練做適當之應變，而爲「釜石市奇蹟」。日本311的教訓是，「防災」作爲一個手段，卻非爲高枕無憂的必然；而「減災」則是提醒我們，自然的不可抗拒，面對潛在的災害，順勢而爲的平時演練與臨災時的應變，有其必要性。

　　雖然國內近年來災害防救演練相當頻繁，但卻多流於見「演」不見「習」的負評，殊不知藉由演練之過程、規劃與檢討去「發現」、「解決」問題，才是演練的最終目的。再者，基層防救災應變權責人員存有調動頻繁之現象，即便演後之「習」可獲，亦難以將此部分之經驗，予以傳承。鑑此，本文就災害事故防救演練所需之考量元素及流程，制定一演練架構通則，供第一線防救災業務人員依循、參考使用，以期演練之規劃能有效利用既有之資源及經費，並保留更多的能量予演練後檢討，深耕地方災害防救之應變作爲。本章茲就災害防救應變演練常見之類型先行撰述，續行研擬「災害防救演練架構之通則」，並就「兵棋推演」與「實兵演練」兩者的作業準備及執行程序，分別撰述於「兵棋推演與實兵演練架構之擬訂」，以完備本文建置之演訓執行架構，供作基層鄉鎮市（區）公所人員演練操作依循或參考之用。

⚡ 11.1　災害防救應變演練之類型

　　災防演練的主要目的在於檢驗災害應變系統的功能和確保應變期間的運作順遂，因此，透過實作的演練找出紙上作業及規劃的盲點，才是演練的主要目的。根據美國國土安全部（Department of Homeland Security, DHS）聯邦緊急管理總署（Federal Emergency Management Agency, FEMA）國土安全演習與評量計畫（HSEEP），美國災害防救應變演習可概分為「討論型演習」（Discussion-Based Exercises）和「操作型演習」（Operations-Based Exercises）兩大類型，茲分述如下。

11.1.1　討論型演習（Discussion-Based Exercises）

　　討論型演習目的在使參與者了解目前的計畫、政策、協議與程序，偏向於戰略與策略問題。此類型包含：

一、研討會推演（Seminar）

　　係指以授課、影像、講座、專題討論、專家講座等方式，用來協助參與人員了解相關計畫、政策、程序、協議、辦法、概念和想法，以達討論之效益，推演形式示意如圖11-1所示。

(a) 情境示意　　　　　　　　　　　　　　(b) 實務操作

圖11-1　研討會、工作坊推演示意圖

二、工作坊推演（Workshops）

　　類似研討會推演，但參與人員參與程度增加，透過互相討論方式，以擬訂具體政策為目標，例如：擬訂標準作業程序、緊急應變計畫、持續性之計畫等，推演形式示意如圖11-1所示。

三、桌上推演（Tabletop Exercises）

　　為在某個假設條件或模擬情境中，透過討論的方式，來檢驗災害應變能力的一種推演方式。桌上推演方式有難易程度之分，基本方式如深層討論（Facilitated Discussion），為在某一情境設定下，由全體參與者共同解決，每個階段解決所有問題，最終針對所有情境得到一個總體方案。而更精進之推演方式為參與者接收到非腳本之情境推演，將臨時情境分給相關參演人員討論，以期得到高水準之解決方案，推演形式示意如圖11-2所示。

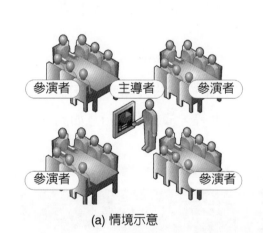

(a) 情境示意

(b) 實務操作

圖11-2　桌上推演示意圖

四、兵棋推演（Games）

　　為一種模擬、互動式推演，使用規則、數據和程序設計，以模擬真實情境，推演期間之狀況下達有其即時性，參與者的任何決策和反應將立即獲致相應之結果，推演之狀況不會因下了錯誤之決策而終止，藉以測試單位與單位之間的合作機制，且測試關鍵決策點是評估兵棋推演成功之主要因素，推演形式示意如圖11-3所示。

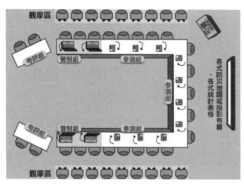 

(a) 情境示意　　　　　　　　　　　(b) 實務操作

圖11-3　兵棋推演示意圖

11.1.2　操作型演習（Operations-Based Exercises）

操作型演習目的在驗證計畫、政策、協定及程序，以釐清角色和職責，並找出在演習中之辦法缺失。此類型包含：

一、技術演習（Drills）

主為特定技術或技巧之訓練，以檢驗該項技術操作的純熟度和正確度，例如：避難收容處所收容管理、緊急醫療、消防救助等，演練形式示意如圖11-4所示。

(a) 情境示意　　　　　　　　　　　(b) 實務操作

圖11-4　技術演習示意圖

二、功能演習（Functional Exercises）

主要在考察和驗證多單位之間的協調、指揮和控制功能，在模擬情境之下，能立即反映出各單位間之協調整合能力，例如：災害應變中心開設、前進指揮所開設等。

三、全規模演習（Full-Scale Exercises）

通常是最複雜且資源密集的演習類型。此類型演習通常涉及多個單位、組織及權限，且內容需配合模擬狀況，所有涉及該模擬狀況之防救災事務全面納入，操演過程務求逼真，並加入時間的張力與獎懲的壓力，讓所有參演人員在擬真的演習氣氛中面對複雜、模擬之問題，藉以試驗、檢測和評估緊急管理計畫或緊急預案的主要功能，演練形式示意如圖11-5所示。

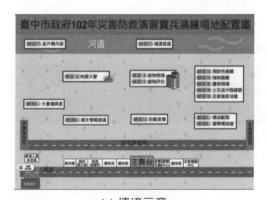

(a) 情境示意

(b) 實務操作

圖11-5　全規模演習示意圖

上述7種推演方式各有不同功能，可相互補充配合，美國演習架構與分類如圖11-6所示。一個好的演習計畫，應斟酌經費與時間的限制，採取不同的推演方式，以達到最佳的訓練效果，茲將上述7種推演類型之形式、即時性、部門間協調性、演習成本、演習地點之優缺點，整理如下表11-1所示。

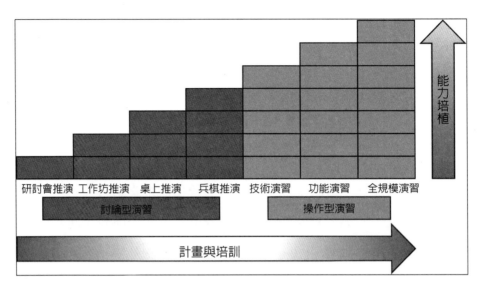

圖11-6　美國演習架構與分類

表11-1　演習類型之比較

演習類型	演習形式	即時性	部門間協調性	演習成本	演習地點	優點	缺點
研討會推演	授課方式	無	無	最低	室內	1. 事前準備簡單 2. 花費低	1. 被動告知資訊 2. 容易流於空談 3. 參與程度低
工作坊推演	討論方式	無	局限於討論階段	較低	室內	1. 事前準備簡單 2. 參與程度增加 3. 花費低	被動告知資訊
桌上推演	討論方式	無	局限於討論階段	較低	室內	1. 無時間壓力 2. 錯誤亦可重來 3. 花費較低	主導人需有深厚的專業背景
兵棋推演	互動方式	有	有	較高	室內	1. 模擬情境高 2. 測試主管應變能力 3. 執行成效高	1. 推演難度較高 2. 準備時間長

演習類型	演習形式	即時性	部門間協調性	演習成本	演習地點	優點	缺點
技術演習	單一技巧操作方式	無	無	較低	室內外	1. 對象單純 2. 動員規模較小 3. 能測驗亦能評量	僅對單一技術進行操演，無整體應變能力
功能演習	操作方式	有	有	較高	室內外	1. 模擬情境較高 2. 協調溝通能力	情境較單一，無法呈現整體應變程序
全規模演習	操作方式	有	有	最高	室內外	1. 模擬情境最高 2. 協調溝通能力 3. 加強參演者防災意識	1. 整體規模大、狀況不易掌控 2. 人力物力、時間金錢龐大

　　我國兵棋推演體系之發展，過去均以軍方為主力，並已累積相當之經驗，惟基於軍事機密之考量，相關技術與兵棋推演系統開發之程序極少對外公開（單信瑜等，2004）。而國內災害防救相關之兵棋推演，行政院災害防救委員會自民國92年起，始將兵棋系統之概念導入防救災相關領域，直至民國94年，國家安全會議、行政院反恐辦公室與行政院衛生署，參考歷年軍事與非軍事之相關兵棋推演開發經驗，連續舉辦大型兵棋推演後，國內防災相關之兵棋推演始有正式推演記錄。以表11-2茲整理國內兵棋推演相關資訊，其中國防部漢光系列以兵棋推演搭配實兵演練；國家安全會議舉辦之玉山推演、中央災害應變中心兵棋推演為利用圖上訓練原理進行之兵棋推演，其他系列之兵棋推演均為固定劇本簡報式演習，其性質較接近研討會。

表11-2　國內中央級兵棋推演相關資訊

演習名稱	主辦單位與頻率	演習類型	兵棋推演方式概要
漢光系列	國防部／每年度舉辦	電腦兵棋推演搭配實兵驗證	針對中國軍事進犯，以軍事戰略想定為基礎，以軍事應變為主，搭配電腦參數決定戰況，以無演習劇本方式連續進行

演習名稱	主辦單位與頻率	演習類型	兵棋推演方式概要
萬安系列	國防部／每年度舉辦	簡報式演習搭配實兵操演	針對猝然軍事突襲或大規模恐怖攻擊事件，演練全民防衛動員機制，搭配固定劇本演習
玉山推演	國家安全會議／民國94年起舉辦	圖上訓練兵棋推演	針對突發性國家安全危機，以國家安全戰略想定為基礎，搭配狀況表指示，決定危機等級，由演習管制組現場發布狀況，以演習劇本事先不公開方式連續進行
反恐推演	行政院反恐辦公室／民國94年起舉辦	簡報式演習	針對各種恐怖攻擊假想狀況，搭配固定劇本演習
新型流行性感冒BC級兵棋推演	行政院衛生署／民國94年舉辦（非常態性年度演習）	簡報式演習搭配實兵操演	針對禽流感爆發人傳人疫情，搭配固定劇本演習
中央災害應變中心兵棋推演	行政院災防會民國95年起舉辦	圖上訓練兵棋推演	針對颱風及地震引起之複合性災害，由演習管制組現場發布狀況，以演習劇本事先不公開方式連續進行

參考資料：單信瑜等，2004，大型災害危機管理決策模擬兵棋推演體系建置之研究

經過歷年國內中央政府重大之防救災演練，近年政府已將兵棋推演視為防救災演練之重點，且部分採用兵棋推演結合實兵演練。就災害防救法而言，地區災害防救工作並非僅縣市府層級之工作，各鄉鎮市（區）公所亦有職責，因此，鄉鎮市（區）層級之第一線防救災工作的執行能力，實有必要加以強化改善，才能使整體防救災成效提升。因此，在內政部消防署推動「災害防救深耕5年中程計畫」及「災害防救深耕第2、3期計畫」中，工作重點之一即在於輔導各鄉鎮市（區）公所之防救災應變演練。而在此之前，各鄉鎮市（區）公所多無實際操作經驗，既有腳（劇）本在事件、人員編組、功能、法定權責等亦多與現況不符，第一線防災業務從業人員多難憑一己之力兼顧所有面向，進行相關作業規劃。鑑此，擬就鄉鎮市（區）層級之兵棋推演與實兵演練，研擬合宜之架構，以供作基層鄉鎮市（區）公所人員演練操作依循或參考之用。

⚡ 11.2 災害防救演練架構之通則研擬

　　透過內政部消防署推動「災害防救深耕5年中程計畫」及「災害防救深耕第2、3期計畫」實際運作經驗及參考相關文獻歸納出，一個好的災害防救應變演練，無論是兵棋推演或是實兵演練，應著重於演練前的規劃與演練後之檢討，才能發揮應有之功效。一般而言，災害防救演練的基本架構概可分為演練前置規劃、規劃事項執行、成效評估及檢討等三大部分，各部分之元件組成如圖11-7所示，各部分之組成概述如後（石富元，2005；趙鋼等，2010；林志豪，2011；李秉乾等，2012）。

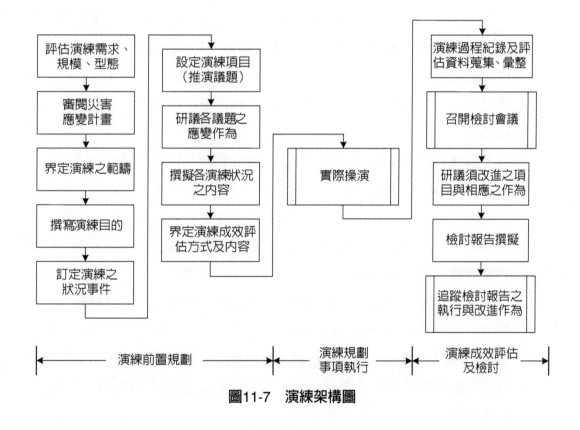

圖11-7　演練架構圖

11.2.1 演練前置規劃

　　演練前置規劃，目的在於檢視既有人力、物力及資源，就演練目（標）

的，具擬界定之演練範疇、範圍，茲就演練前置規劃部分應執行之事項，簡述說明如下：

1. 演練需求、規模、型態之評估：演練最重要的就是切合需求，亦是演練規劃的人力、物力、經費、時間、可用資源等考量，從上述之需求評估，去考量規模大小、災害類型及演練之型態。

2. 審閱災害應變計畫：考量規模大小、災害類型及演練之型態後，檢視既有之災害防救應變計畫，查察整體計畫應遵循之政策、法規，確認演練之目的、技術操作、動用之人員、裝備，以及各類事故之應變流程，診斷既有計畫，需行改進部分，作為演練規劃之參考。

3. 界定演練範疇：依據上述檢視既有之災害防救應變計畫，再選定某一種危害來做演練之主題，並註明演練之地點、時間、參演人員、參演機構、演練之種類等，通常就足以說明本次演練之概況。

4. 撰寫演練目的：將上述之決定描繪出具體之概況，亦為一完整演練的項目之一。

5. 訂定演練之狀況事件：依據所設定之演練範疇及目的，設定演練之狀況事件。所謂狀況事件，是演練中所要測試的應變功能，亦直接影響演練的表現評估和成效追蹤。大型的演練會設定數十個狀況事件，針對鄉鎮市（區）層級之演練，建議以十個左右之狀況事件為主。

6. 設定演練項目（推演議題）：依據上述之狀況事件，設定1～5個演練項目（推演議題），此類演練項目（推演議題）應為用以測試應變功能之情境，而不僅為求演練逼真而設之。

7. 研議各議題之應變作為：由上述之演練項目（推演議題），引領參與人員思考此類情況應有之應變作為，並透過討論之方式，讓應變作為更為具體可行。

8. 撰擬各演練狀況之內容：確認各議題之應變作為後，續行撰擬各演練狀況之細部內容，包含事故種類、嚴重性、發生時機、發生地點、演變速度、已施行之應變作為、衍生損害、有無預警、氣候或其他背景資料等。

9. 界定演練成效評估方式及內容：演練主目的在於檢驗平時整備成效，進而從中學習、檢討、策進。演練之前建議應邀請專家學者組成評估小組，並具妥完整的演練腳本、評估模式及評估表格予評估小組，由專業的第三方評核應變單位的減災、整備、應變作為以及標準作業程序、應變計畫擬具、施行之合宜性，藉此操作，亦可評估該單位既有資源與能力的限制，並測試跨單位之間的協調性；而操作型演練所要評估之重點除了上述之項目外，事故指揮系統之運作、資源運用及溝通能力等亦是評估之重點。

11.2.2　演練規劃事項執行

就演練工作的執行面而言，大致可分為討論型演練（如兵棋推演）和操演型演練（如實兵演練），討論型演練以室內操作為主，而操演型演練則以戶外操演為主。就災害防救演練推動實務而言，前述演練之基本架構有助於遺漏重要之細節，而為就前述事項進行有效管控，擬具第一線防救災業務人員擬訂演練規劃之工作清單，如表11-3所示，共分為任務、人員清單、資訊、導引和訓練、情境、後勤、評估、事後報告和建議等八大類別，以為演訓主導人員參考、依循之用。

表11-3　演練規劃工作清單

類別	項目
1. 任務	□演練需求、規模、型態之評估□界定演練範疇□撰寫演練目的 □訂定演練之狀況事件
2. 人員清單	□規劃小組成員□參演組成員□管制組成員□評估組成員 □觀摩人員□安全管制員
3. 資訊	□指示牌□媒體□公告□邀請函□社區支援□進度管控
4. 導引和訓練	□規劃小組成員□參演組成員、管制組成員、評估組成員 □觀摩人員□安全管制員
5. 情境	□旁白□設定演練項目（推演議題）□各議題之應變作為 □撰擬各演練狀況之內容

類別	項目
6. 後勤	□進度管控表□安全事項□演練地點□設備□溝通工具□餐點□圖資
7. 評估	□評估方式□評估表格□檢討會議
8. 事後報告和建議	□檢討會議□檢討報告□演練建議

11.2.3　演練評估檢討

　　通常演練過後皆設有長官講評，多以正面鼓勵為主，較為深入和嚴格之評論則於其後召開之檢討會議進行。演練評估檢討階段，主就全程參與之評核人員針對各演練步驟或機制具擬之建議，於檢討會議中逐項進行策進討論。演練後之檢討報告包含演練名稱、情境、演練狀況、演練過程、任務成果分析、功能表現評估、操作表現評估，以及最後的結論與日後欲採行的策進作為。是項檢討報告將列為日後施政改善之依據，並為翌次演訓檢核之重點。

⚡ 11.3　兵棋推演與實兵演練架構之擬訂

　　近年來世界各國將軍事兵棋推演模式導入災害應變搶救狀況推演，而為災害應變指揮官及專業幕僚人員之災害應變作業訓練，以提升參演人員應變能力，建立災害應變思維模式（趙剛等，2010）。本文前述之架構為演練通則性概述，適於各類型演練之用，而鄉鎮市（區）級兵棋推演與實兵演練之架構擬訂，亦可依此為據；其中，兵棋推演可再將多種或最嚴峻狀況納入推演的設計，而實兵演練則需考量經費、人力、物力等因素。以下就兵棋推演與實兵演練研擬流程進行說明。

11.3.1　兵棋推演架構研擬

　　本文建置之兵棋推演演練研擬架構如圖11-7所示，茲就「任務編組」及「實施方式」兩部分敘述如下：

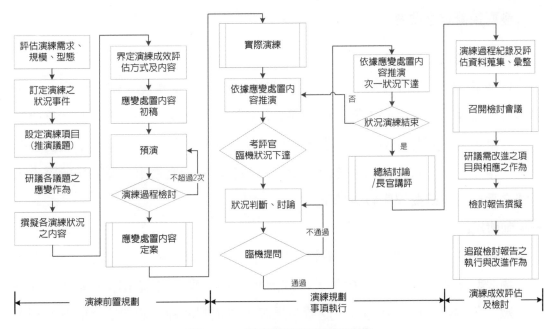

圖11-8 兵棋推演演練架構圖

壹、兵棋推演狀況推演任務編組

一、管制組

　　管制組編組成員以鄉鎮市（區）公所民政課之防災業務承辦人為主辦，各課室業務承辦人員為協辦。主要工作為蒐集轄區各種易發生之災害狀況，據以撰擬各種情境及狀況，並依鄉鎮市（區）級災害應變程序，研擬各假設情境級狀況下，各參與成員應有的應變作為與反應。

二、參演組

　　即演練之參演應變人員，由鄉鎮市（區）公所災害應變中心各編組成員擔任，演練中以地方首長或由各編組一級主管擔任應變推演之角色，根據發布之狀況，擬定應變對策並進行各項聯繫、協調及處置。

三、考評組

　　由直轄市、縣（市）政府之消防局、水利局等相關防災業務局處室或各縣（市）政府協力機構、學術單位之專家學者任之，主要工作為演練過程、應變作為及機制運作之流暢性評核，並提出改善建議，做為日後災害應

變對策擬定之參考。

貳、兵棋推演實施方式

目前鄉鎮市（區）公所之兵棋推演仍多數採用特定狀況、制式反應之固定腳本方式演練，如是之腳本僅及於知識之傳達，對防救災應變所需之靈活反應訓練，效果不大。鑒此，本文之重點，在於建置一包含臨機狀況下達及檢核的研擬機制，藉以建立防救災人員的靈活應變能力。茲就考量鄉鎮市（區）公所需求，組建之兵棋推演研擬程序敘述於下：

一、前置規劃

各區域之災害類型不同，演練議題亦不同，因此各鄉鎮市（區）公所之情境設計應考量災害事件發生、時間歷程經過、災害推演議題、災害狀況總數、各編組人員應變過程、處置結果等，並依照演練整體架構之前置規劃進行。在擬定腳本方面係透過管制組於正式推演前將擬定之各階段狀況提供各參演組人員，以事先進行狀況判斷並擬定狀況腳本，且透過預演方式，提報最佳之處制方式，但預演以不超過2次為原則。此外，兵棋推演之前置作業需製作二畫面簡報、音效處理及演練需求之圖資等。

二、規劃事項執行

（一）依據腳本推演

兵棋推演首先由管制組下達預先擬定腳本之狀況，相關推演內容透過二畫面傳達（一為文字說明，一為模擬畫面），顯示於螢幕畫面，並適時加入音效，使模擬狀況更為逼真，提供參演組人員目前狀況下達及推演議題之虛擬情境。

（二）臨機狀況下達

考評官於演練當時臨機下達狀況，參演組人員依所接獲之災情狀況實施狀況判斷及處置作為，並於當下立即進行口頭報告。

（三）狀況判斷、討論

考評官下達狀況後，在一定時間內（時間可自訂，不宜過長，建議管制於5～10分鐘內），由參演組進行狀況判斷、分組研討應變處

置內容，並於時限內立即進行口頭報告，此階段之演練可訓練參演組人員面對災時分析及應變處置能力。

（四）臨機提問

考評組就腳本內容及臨機狀況提出疑問，參演組人員提出口頭報告補充說明，若認爲說明合理可行，即由考評組指示進入下一階段狀況，但通常考評組不會中斷演練，會將其不適當之處列入檢討會議中討論。

（五）依據腳本推演，下達次一狀況

臨機提問完，若認定參演組提報之狀況處置合乎實際應變作爲，即由指揮官宣達依據腳本推演，下達次一狀況。

（六）總結討論／長官講評

待各狀況演練完畢後，進入總結討論，討論過程由考評組主導，各參演人員、觀摩人員均可提出疑問討論，而後由考評組進行解說、經驗傳授及優缺點講評，最後由出席參與之最高指導長官，針對本次演練進行綜合講評。

三、成效評估及檢討

無論任何演練，會後成效評估與檢討應屬最重要階段，然其卻爲國內兵棋推演常被忽略之處。關於成效評估及檢討，首先，兵棋推演過程需指定專人製作會議紀錄或以全程錄音方式進行資料蒐集及彙整，兵棋推演後立即召開檢討會議（最晚以不超過一星期爲限），會議檢視重點包含相關防災計畫及災害標準作業程序檢討處置方案、參演人員於應變處置過程中存在之盲點、單位的資源和能力的限制、跨單位之間的協調性及演練中不適當之處等，最後，將上述過程續同考評官裁評處置結果製作檢討報告，供鄉鎮市（區）公所於平時及翌次演訓參考、改進之用。

透過上述兵棋推演整體架構流程及各編組之工作項目，擬訂兵棋推演流程及各編組分工情形如表11-4所示，考量鄉鎮市（區）級災害應變中心之設備與經費，場地配置建議如圖11-9所示，「臺中市災害防救深耕第3期計畫」輔導各區公所兵棋推演演練，如圖11-10所示（以西區區公所爲例）。其中若災害潛勢、

防救災物資、行政區等圖資展示之畫面，能配合目前逐漸普及之互動式電子白板[1]，取代傳統之兵棋台，其作用、效果亦能更能與之提升。針對傳統兵棋台與互動式電子白板優缺點比較如表11-5所示。

表11-4　兵棋推演流程擬訂表

	事件	管制組	參演組	考評組
演練前置規劃	1. 回顧兵棋推演應變計畫	●		
	2. 演練需求、規模、型態評估	●		
	3. 界定演練範疇	●		
	4. 撰寫演練目的	●		
	5. 訂定演練之狀況事件	●		
	6. 設定演練項目（推演議題）	●		
	7. 研議各議題之應變作為	●		
	8. 撰擬各演練狀況之內容	●		
	9. 界定演練成效評估方式及內容	●		●
演練規劃事項執行	1. 災害應變演練		●	
	2. 模擬畫面操作	●		
	3. 推演議題、狀況說明操作	●		
	4. 災害潛勢、防救災物資、行政區等圖資操作	●		
	5. 音效操作	●		
	6. 視訊畫面操作	●	●	
	7. 臨機狀況下達、臨機提問			●
演練成效評估及檢討	1. 演練後之檢討說明及建議		●	●
	2. 演練過程紀錄及評估資料蒐集、彙整	●		●
	3. 召開檢討會議	●	●	●
	4. 研議需改進之項目與相應之作為	●	●	●
	5. 檢討報告撰擬	●		
	6. 追蹤檢討報告之執行與改進作為	●		

●表該組人員進行作業

---

[1] 電子白板既是白板，同時又是電腦螢幕，需與投影機、電腦相結合應用，在書寫內容及執行電腦軟體的操作可被存儲在電腦中（蔡建讀，2012）。

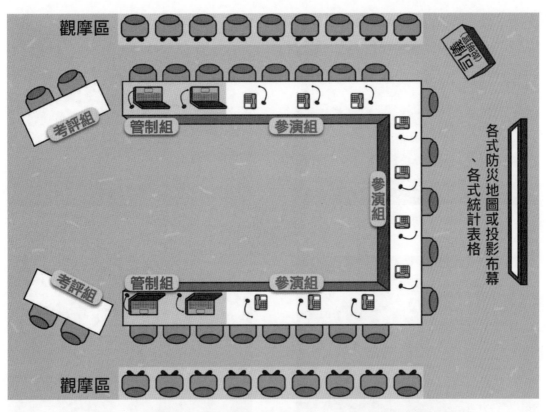

圖11-9 鄉鎮市（區）級災害應變中心兵棋推演場地配置圖

(a) 指揮官致詞

(b) 說明災害境況設定與推演方式說明

(c) 各組進行處置討論情形

(d) 各組進行處置討論情形

(e) 各組進行處置回覆情形

(f) 各組進行處置回覆情形

(g) 里鄰長觀摩

(h) 考評組臨機提問及討論

圖11-10　107年度臺中市西區地震災害兵棋推演演練紀錄照片

表11-5 傳統兵棋台與互動式電子白板模擬兵棋推演優缺點比較表

項目	功能性比較		優缺點比較	
	傳統兵棋台	互動式電子白板	傳統兵棋台	互動式電子白板
圖資建置	兵棋台上之地圖為固定地圖，準備道具亦有數量限制，無法將推演資料儲存。	可隨時更換圖資，在推演時更可隨時顯示各類圖表、文件，推演後更可將推演結果儲存，使用上更有功效。	劣	優
救災車輛建置	輔以救災道具人員、車輛進行推演，需實體模型車輛，推演時將採購大量模型救災車輛。	利用電子檔建置救災人員、車輛，使用之人員、車輛等可無限複製。	劣	優
假設模擬現場與客觀要件之建置	就整個平面去推想當時狀況發生，但是無法就狀況的主、客觀條件去加以考量，偶有與實際現場環境有所差異。	需要相當多的後製動作，使其能讓假設狀況主、客觀條件都能顯示出來，使戰術應用者不需到達現場，就能大概掌控現場狀況。	劣	優
資訊化以電腦為介面建置	無法透過介面使用於電腦，受限於地形地物及人車裝備項目之限制，獨自將所需模擬災害地點建置於兵棋台上有如（預售屋模型）並擺放救災車輛模型無法與各單位指揮官（推演官）互動性。	可透過電腦介面讓各單位指揮官（推演官）增加互動性，且可直接於互動式電子白板上做出畫線、連結等動作，可依實際需求，先行設計推演之頁面，將所需之物件、圖片、位置、數據圖表等相關資料建置，讓兵推過程生動而逼真的呈現。	劣	優
兵棋台材質建置之方便性	傳統兵棋台笨重攜帶不方便，搬運困難無法立即使用於災害現場，失去時效性。	資訊化互動式電子白板兵棋推演，攜帶方便，只有電子白板及電腦就能隨災害現場立即推演，降低救災人員損傷。	劣	優

資料來源：整理自蔡建讀，2012，運用互動式電子白板模擬兵棋推演防災成效之研究-民雄鄉為例

11.3.2　實兵演練架構之擬訂

本文建置之實兵演練作業研擬流程如圖11-11所示，其可概分為四個階段：

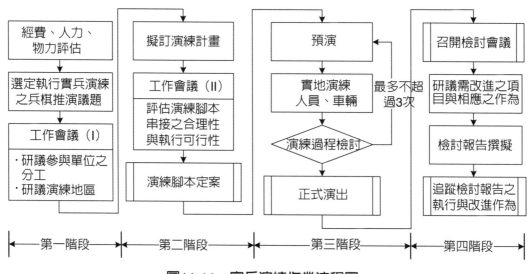

圖11-11　實兵演練作業流程圖

第一階段，在考量經費、人力、物力後，選取合適兵棋推演之推演議題、狀況事件等，並與相關單位進行協商，就演練場所、參與人員及相關權責分工進行釐清。各權責單位之分工應依災害防救法之權責劃分為之；在演練場所選定的部分，可就地方之歷史災害紀錄為演練標的區；在選定演練地區後，即行召開工作會議，是項會議中應邀集相關權責單位及當地之里長列席，說明初步之演練規劃，並於會後至現場勘查確定演練地點及演練方式，以便各單位可立即著手相關準備工作。

第二階段，擬訂演練腳本。針對演練腳本召開工作會議，邀集相關權責單位與會，並於會中就演練課題及狀況進行說明及討論，務求參與單位了解其於該次演習中所負之權責與分工，以確定腳本之可行性。

第三階段，現場預演，預演以不超過三次為限。其目的在確保演習歷程順遂，並提升參演人員之熟悉度，使演練當天人員、車輛、物資及設備等皆能順利到達定位。

第四階段，檢討評估，亦是目前國內演習最容易忽略之處。演練之後的檢討會議，不僅可就事故應變中應改進之事項進行討論，更可找出應變機制中未知之盲點。

一、災害防救應變演練之類型可區分為哪幾類？試概述之。

二、災害防救演練的基本架構概可分為哪幾部分？試概述之。

三、兵棋推演狀況推演任務編組分為哪幾組？各有何功能？

四、概述兵棋推演實施方式。

五、概述實兵演練之架構。

⚡ 參考文獻

石富元，2005，「目前臺灣災難演習的檢討」，取自臺北區緊急醫療應變中心網址http://dmat.mc.ntu.edu.tw/eoc2008/modules/wfdownloads/viewcat.php？cid=3（擷取日期：2014.09.15）。

石富元，2005，「災難應變之演習」，取自臺北區緊急醫療應變中心網址http://dmat.mc. ntu.edu.tw/eoc2008/modules/wfdownloads/viewcat.php？cid=3（擷取日期：2014.09.15）。

石富元，2005，「演習的規劃」，取自臺北區緊急醫療應變中心網址http://dmat.mc.ntu. edu.tw/eoc2008/modules/wfdownloads/viewcat.php？cid=3（擷取日期：2014.09.15）。

林志豪，2010，「災難來了怎麼辦？災難應變SOP」，英屬蓋曼群島商家庭傳媒股份有限公司城邦分公司，臺北。

李鴻源、林永峻，2003，「水災應變模擬系統建置研究案──以汐止地區基 河為例」。行政院災害防救委員會委託報告。

李秉乾、楊龍士、陳昶憲、連惠邦、馬彥彬、葉昭憲、雷祖強、陳柏蒼，2012，「101年度臺中市災害防救深耕計畫（成果報告）」，臺中市政府消防局。

李秉乾、楊龍士、陳昶憲、連惠邦、馬彥彬、葉昭憲、雷祖強、陳柏蒼，

2013，「102年度臺中市災害防救深耕計畫（成果報告）」，臺中市政府消防局。

單信瑜、馬士元、林永峻，2004，「大型災害危機管理決策模擬兵棋推演體系建置之研究」，行政院災害防救委員會委託報告〈PG9303-0268〉。

單信瑜、陳金蓮、林永峻、馬士元，2006，「災害應變中心作業效能提升之探討」，行政院災害防救委員會委託報告〈PG9502-0745〉。

陳勝義、陳柏蒼、馬彥彬、雷祖強、葉昭憲、陳昶憲、李秉乾，2012，「鄉鎮市（區）級災防演練考量元素與其之架構研議評估」，2012臺灣災害管理研討會，社團法人臺灣災害管理學會，臺北。

馬士元，2002，「整合性災害防救體系架構之探討」，國立臺灣大學建築與城鄉研究所博士論文。

蔡建讀，2012，「運用互動式電子白板模擬兵棋推演防災成效之研究──民雄鄉為例」，南華大學資訊管理學系碩士論文。

陳弘美，2012，「日本311默示」，麥田出版，臺北。

FEMA, 2013, Homeland Security Exercise and Evaluation Program (HSEEP).

國家圖書館出版品預行編目資料

災害管理與實務 / 陳柏蒼等著. -- 二版.
-- 臺北市：五南，2019.09
　　面；　公分
　　ISBN 978-957-763-583-9(平裝)

1.災難救助 2.災害應變計畫

575.87　　　　　　　　　108012912

5AD3

災害管理與實務

作　　者 ― 李秉乾　楊龍士　陳昶憲　連惠邦　葉昭憲

　　　　　　雷祖強　馬彥彬　李瑞陽　陳柏蒼（253.5）

　　　　　　莊永忠　黃亦敏　何智超

發 行 人 ― 楊榮川

總 經 理 ― 楊士清

總 編 輯 ― 楊秀麗

主　　編 ― 王正華

責任編輯 ― 金明芬

封面設計 ― 陳翰陞　姚孝慈

出 版 者 ― 五南圖書出版股份有限公司

地　　址：106台北市大安區和平東路二段339號4樓

電　　話：(02)2705-5066　傳　　真：(02)2706-6100

網　　址：http://www.wunan.com.tw

電子郵件：wunan@wunan.com.tw

劃撥帳號：01068953

戶　　名：五南圖書出版股份有限公司

法律顧問　林勝安律師事務所　林勝安律師

出版日期　2016年2月初版一刷
　　　　　2019年9月二版一刷

定　　價　新臺幣600元

經典永恆・名著常在

五十週年的獻禮——經典名著文庫

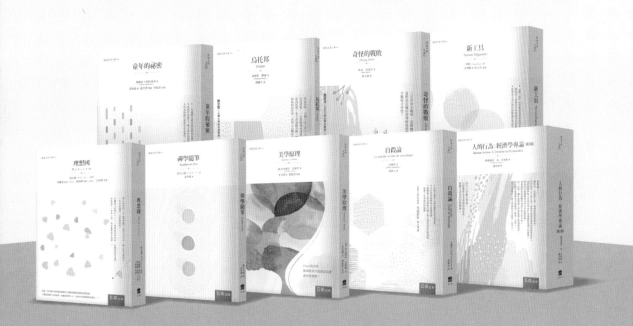

五南，五十年了，半個世紀，人生旅程的一大半，走過來了。

思索著，邁向百年的未來歷程，能為知識界、文化學術界作些什麼？

在速食文化的生態下，有什麼值得讓人雋永品味的？

歷代經典・當今名著，經過時間的洗禮，千錘百鍊，流傳至今，光芒耀人；

不僅使我們能領悟前人的智慧，同時也增深加廣我們思考的深度與視野。

我們決心投入巨資，有計畫的系統梳選，成立「經典名著文庫」，

希望收入古今中外思想性的、充滿睿智與獨見的經典、名著。

這是一項理想性的、永續性的巨大出版工程。

不在意讀者的眾寡，只考慮它的學術價值，力求完整展現先哲思想的軌跡；

為知識界開啟一片智慧之窗，營造一座百花綻放的世界文明公園，

任君遨遊、取菁吸蜜、嘉惠學子！